Dimensões sociais da fé do Antigo Israel

José Ademar Kaefer e Haidi Jarschel
(Organizadores)

Dimensões sociais da fé do Antigo Israel

Uma homenagem a Milton Schwantes

Dados Internacionais de Catalogação na Publicação (CIP)
(Câmara Brasileira do Livro, SP, Brasil)

Dimensões sociais da fé do Antigo Israel : uma homenagem a Milton Schwantes
/ José Ademar Kaefer e Haidi Jarschel (Organizadores) ; [ilustrações Pulika].
— São Paulo : Paulinas, 2007.

Vários autores
Bibliografia.
ISBN 978-85-356-0506-8

1. Bíblia. A. T. - Comentários   2. Bíblia. A. T. - Crítica e interpretação   3. Fé
(Judaísmo)   4. Israel - História   5. Schwantes, Milton   I. Kaefer, José Ademar
II. Jarschel, Haidi   III. Pulika.

07-2104   CDD-221.06

Índice para catálogo sistemático:
1. Israel antigo : Fé : Dimensões sociais : Antigo Testamento :
Bíblia : Interpretação e crítica   221.06

DIREÇÃO GERAL: *Flávia Reginatto*
EDITORES RESPONSÁVEIS: *Vera Ivanise Bombonatto e*
Matthias Grenzer
COPIDESQUE: *Monica Elaine G. S. da Costa*
COORDENAÇÃO DE REVISÃO: *Marina Mendonça*
REVISÃO: *Ruth Mitzuie Kluska*
DIREÇÃO DE ARTE: *Irma Cipriani*
GERENTE DE PRODUÇÃO: *Felício Calegaro Neto*
PROJETO GRÁFICO E EDITORAÇÃO: *Manuel Rebelato Miramontes*
ILUSTRAÇÕES: *Xilogravuras de Pulika*

Paulinas
Rua Pedro de Toledo, 164
04039-000 – São Paulo – SP (Brasil)
Tel.: (11) 2125-3549 – Fax: (11) 2125-3548
http://www.paulinas.org.br – editora@paulinas.com.br
Telemarketing e SAC: 0800-7010081
© Pia Sociedade Filhas de São Paulo – São Paulo, 2007

Sumário

Apresentação

Tem dias, situações e acontecimentos que nos dão vontade de dizer "Graças a Deus!". Encontrar o Milton nas encruzilhadas da vida é motivo para dizer isso. Foi em estado de graça que começamos a conversa para juntar nossas letras, oferta das nossas colheitas de fé e de caminhada comunitária. Foi assim que aprendemos com o mestre: as boas letras nascem da paixão de comer a Palavra e de partilhá-la com o povo.

Nosso tributo é oferta da graça, da paixão pela Palavra, da paixão de estar sentados(as) em roda com o povo e conversar, da graciosa paixão de se reunir à mesa com o Milton e comer a Palavra juntas(os), eucaristicamente.

O processo de elaboração destes textos é fruto de um mutirão. Milton foi um dos mestres a nos ensinar que só vale a pena as coisas acontecerem quando são em mutirão. Ele está sempre produzindo, semeando e colhendo em mutirão. Também nós nos sentamos na eira virtual para este mutirão. Também nós acreditamos que o trabalho em mutirão dá sentido às coisas e irradia poder coletivo. Nesta eira estão ex-alunas e alunos, professores dos cursos de pós-graduação em São Paulo, da Umespe, da Nossa Senhora da Assunção. Também estão velhos amigos e amigas de semeadura no trabalho pastoral trazendo sua oferta. Como você gosta de dizer, Milton, "é com muita alegria" que escrevemos estes textos para partilhar nossa amizade e agradecimento por aprender muito de ti neste grande mutirão da vida.

O Milton tem um estilo muito peculiar de escrever, com frases breves e precisas. Enaltecendo esta peculiaridade, introduzimos cada parte do livro com uma frase com a qual nosso homenageado inicia suas obras. Os textos, tributos dos

colaboradores, estão ligeiramente organizados seguindo os blocos literários da Bíblia hebraica.

Dentre os muitos que tiveram participação ativa neste mutirão, queremos agradecer especialmente à Paulinas Editora e a Matthias Grenzer.

Haidi e Ademar

Deus contigo, Milton!

Milton Schwantes: un obrero de la lectura popular de la Biblia en América Latina y el Caribe. En reconocimiento a su vida y su trabajo

Pablo Richard

Si me pidieran que resuma la vida de Milton Schwantes en siete palabras, yo diría: Exégesis – Hermenéutica – Biblia – Esperanza – Pobres – Liberación – Ecumenismo. Como dice Jesús: "Del corazón y de la mente del que cree en mi, saldrán ríos de agua de vida" (Jn 7,38). Esa es la vida de Milton y nosotros somos los que bebemos de esa sabiduría.

Milton navegó en todos los ríos turbulentos y peligrosos, tanto en Europa como en nuestro continente. Teología Política, Teología de la Historia, Teología de la Resistencia, Teología de la práctica revolucionaria, Teología contextual, Teología de la Esperanza, para llegar a ese mar inmenso de la Teología de la Liberación y de la Lectura Popular de la Biblia. Milton siempre hizo la relación entre teoría y práctica, entre ciencia bíblica y lectura popular, entre exégesis eclesial académica y exégesis pastoral y liberadora. Detrás de Milton hay una biblioteca, pero en su corazón, en su mente y en su trabajo está siempre el pueblo de los pobres y excluidos.

El libro recientemente publicado: *Profecia e Esperança. Un tributo a Milton Schwantes* (São Leopoldo, Ed. Oikos, Brasil, 2006), especialmente el artículo "Milton Schwantes: un perfil biográfico", de Martin N. Dreher. Aquí uno descubre que la vida de Milton ha sido una vida llena de años: 60 años de vida y esperanza. La humildad de Milton contrasta con su inmensa productividad espiritual y literaria, siempre al servicio de los más pobres y excluidos del Pueblo de Dios. Véase también a final de libro la Bibliografía de Milton.

Muchos de los libros más populares de Milton, son pequeños, pero son libros de ruptura, que abren caminos por donde es muy difícil no caminar. Algunos ejemplos:

- *Historia de Israel. Lugar y Origen (1984).*
- *Amos. Meditaciones y Estudios (1987).*
- *Sufrimiento y Esperanza en el Exilio. Historia y Teología de Pueblo de Dios en el siglo VI a.C. (1988).*
- *Proyectos de Esperanza. Meditaciones sobre Génesis 1–11 (1989).*
- *La familia de Sara y Abraham y otros estudios sobre Génesis 12–25 (1993).*
- *Historia de los orígenes de Israel. Aprender de pueblos en marcha y en alianza (1998),* y tantos otros.

Una experiencia extraordinaria ha sido *Ribla: Revista de Interpretación Bíblica Latino Americana,* publicada simultáneamente en portugués y español. El primer número fue publicado en 1988, con el título muy significativo: "Lectura Popular de la Biblia en América Latina. Una hermenéutica de Liberación". Era todo un programa de trabajo para el futuro. En la reunión fundante de RIBLA, en la cual tuve la alegría de participar, estuvieron presentes Carlos Mesters, Milton Schwantes, Jorge Pixley y otros. La presentación de número de la revista la hizo Milton, en la cual escribió: "Los dolores, utopías y poesías de los pobres se tornaron, a través de las comunidades, mediaciones hermenéuticas decisivas para la lectura de la Biblia en América Latina y El Caribe". En esa primera reunión se respiró un aire profético, que nos impulsó a crear la revista. En el 2005 llegamos al número 50, cuyo título fue: "Lecturas bíblicas latinoamericanas y caribeñas". En ese número escribieron unos 30 biblistas de América Latina y el Caribe. El primer artículo me tocó escribirlo y le puse el título: "RIBLA: 19 años de trabajo y 50 números publicados. Síntesis de nuestros logros más significativos". Hoy ya estamos llegando al número 54. Podemos decir, sin arrogancia, que RIBLA

ha creado *una escuela bíblica auténticamente latinoamericana y caribeña*. Hemos logrado reunir a los mejores biblistas, con una orientación a la vez exegética y popular. Milton ha sido un obrero activo en la construcción de esta escuela y de su revista RIBLA.

Lo que más me ha impresionado en los últimos tiempos en Milton, fue la enfermedad que sacudió su cerebro y partes significativas de su cuerpo. En el tiempo de su recuperación, Milton no disminuyó para nada su esperanza y su trabajo. No dio ni un paso atrás y siguió trabajando hacia adelante siempre. Cuanto más disminuía su fuerza, tanto más aumentaba su vigor y su empuje. Los efectos de su enfermedad no le impidieron participar en todas las reuniones de RIBLA en diferentes países de América Latina. Milton ha sido "el siempre presente" entre nosotros.

Jogadas novas
e lances ousados

Sílvio Meincke[1]

O menino com a bola despertou minha curiosidade. Primeiro, porque eu vinha da "picada" e não conhecia esse tipo de esporte. Segundo, porque o menino era um toquinho de gente, e a bola me parecia grandona demais para ele.

Fiquei intrigado ao ver como um piá daquele tamanho podia conduzir a bola com tanto domínio e encestá-la lá... onde suas forças mal alcançavam a cesta.

Ainda vejo o menino Milton com sua bola de basquete, naquele nosso primeiro encontro. Isso foi em 1957, quando ingressei no Instituto Pré-Teológico (IPT), em São Leopoldo, e fui morar no internato.

Alguns dias depois, eu queria participar do jogo dos meus novos colegas de turma, mas eles não permitiram.

– Tu não tens parte na bola – argumentaram.

Como eu não tinha dinheiro para comprar a minha parte, não pude jogar.

Mas o Milton ainda não era aluno do IPT. Ele morava no colégio, com sua mãe e seus irmãos. Quando ele jogava com os coleguinhas, eu podia fazer uma meia-linha com eles. A quadra era de chão batido, e nós jogávamos com os pés descalços.

---

[1] Pastor da IECLB, Schwäbisch Hall.

Derrota injusta

Anos mais tarde, agora como titulares do time de basquete do IPT, disputávamos partidas memoráveis com nossos principais rivais, entre eles o Colégio Sinodal e a Escola Normal Evangélica.

Quando ingressei na Faculdade de Teologia, logo assumi as aulas de educação física no IPT. Naquele momennto, os colegas passaram a ser meus alunos. Além das aulas regulares, coube a mim preparar os alunos para a próxima Olimpíada dos Colégios Evangélicos, programada para a cidade de Panambi. Tínhamos bons atletas, em todas as modalidades, mas nossa maior ambição era levantar a taça de campeões do basquete. Por isso, a equipe se preparou com garra e paixão. No entanto, na partida final, contra todas as expectativas, fomos derrotados.

Estávamos certos de que tínhamos sido vítimas de uma armação contra o IPT, que, no decorrer dos anos, tinha adquirido a fama de imbatível no esporte da cesta. Nos entreveros da disputa, o Milton sofreu faltas violentas, que o juiz não via. Além disso, corria um boato que nos revoltou: nosso adversário teria escalado dois jogadores de clube, com matrícula "fria" daquele educandário. Parecia-nos, também, que o jogo violento do nosso adversário contava com o apoio de pessoas influentes do comitê organizador da olimpíada. Inconsolável, o Milton sugeriu, ainda no dia da derrota:

– Amanhã, vamos começar os treinos para a revanche, daqui a dois anos!

Jogadas novas

Alguns meses depois, eu percebi que a equipe treinava sem meu conhecimento, além daqueles que tínhamos programado.

– Não é boicote – justificou o Milton –, mas a parada vai ser dura. Temos que ensaiar jogadas novas e lances ousados.

A revanche foi uma partida de alta qualidade técnica, e o jogo foi limpo. Vencemos com facilidade, principalmente com os lances novos e ousados, ensaiados naqueles treinos não programados por mim.

Recentemente, no início de abril de 2006, participei como palestrante do Concílio da Igreja Territorial da Saxônia, no qual um dos conciliares me perguntou:

– O senhor conhece o Milton Schwantes?

– É meu colega e amigo – respondi.

– Aqui, nesta mesma sala – prosseguiu ele –, quando ainda éramos Alemanha Oriental, tivemos uma discussão ferrenha com ele. Naquela ocasião, ele fez afirmações novas para nós e muito ousadas.

Paixão nova

Quando o Milton assumiu, como meu sucessor, os trabalhos de pastor na Comunidade Evangélica de Cunha Porã, a falta de uma quadra de basquete – imagino – não foi um problema para ele. A bola já não era mais sua grande paixão. Havia mergulhado nas profundezas milenares do testemunho bíblico, de onde trazia riquezas para o povo simples das roças do oeste catarinense. Com a mesma paixão e garra, agora, ensaiava métodos e palavras para compartilhar com as pessoas daquele lugar, no contexto delas, as riquezas que descobria nas Sagradas Escrituras.

Anos depois, reencontramo-nos na Faculdade de Teologia, como professores. Infelizmente, não reservávamos tempo para reencontros com a bola de basquete.

Certo dia, o Milton precisava de uma poesia para a capa de um dos seus livros. Fiz uma tentativa. Havia uma frase no meu poema que não estava boa, e ele apontou-a. No entanto, fez sua observação crítica com tanto cuidado e envolveu-a em tamanha empatia, que eu tomei a crítica como elogio, e a poesia está lá, assim como a escrevi, na capa do livro.

Faz alguns meses, o Milton e a Rose nos visitaram em Schwäbisch Hall. Eu estava concluindo a redação de uma palestra, com o título: "A Globalização neoliberal e as suas conseqüências para o Brasil". Comentei minhas teses, quando o Milton observou:

– Eu acho, Sílvio, que a parada é mais dura.

– Puxa – perguntei –, será que temos, como naquela vez, jogadas novas e lances ousados para vencer essa parada?

Parada dura

Eu concordo. A parada é dura. O pessoal de Davos vem com um jogo violento e tem muitos recursos. Os promotores da globalização neoliberal recebem apoio do Fundo Monetário Internacional, do Banco Mundial, da Organização Mundial do Comércio, das corporações transnacionais, dos detentores do mercado financeiro e da grande imprensa.

"Um temporal destruidor vai varrer o Brasil." Assim eu escrevi para *O Informativo de Teutônia*, já naquela vez, quando o Fernando Collor de Melo abriu as portas e as janelas da economia nacional ao livre mercado do neoliberalismo. Os promotores da ideologia e da economia neoliberais querem que as decisões sejam tomadas de acordo com os interesses do mercado e do capital, e não do Estado; muito menos do Estado Social, que protege os trabalhadores e as camadas mais frágeis da população. Querem liberdade para a dinâmica da oferta e da procura e da livre competição, inclusive além das fronteiras nacionais. E não desejam que o Estado intervenha.

Cada um deverá cuidar de si mesmo, afirmam os neoliberais. Quando cada um cuidar dos seus próprios interesses – afirmam e prometem –, todos serão beneficiados. Na competição e na concorrência, o mais forte deverá estabelecer-se. Os menos competentes deverão ceder o lugar, para que a economia seja mais eficiente. A inteligência do mercado – afirmam –, como se houvesse uma grande mão invisível, vai trazer o equilíbrio social.

Para que o Estado seja reduzido, terá de ocorrer a liberalização das proteções alfandegárias, a desregulamentação (flexibilização) das proteções (leis) trabalhistas e a privatização dos bens e serviços públicos. Não há outra alternativa – garantem –, senão essa – resumem: a liberdade total do mercado, a concorrência sem barreiras, o máximo de consumo, o constante crescimento. A intervenção do Estado, com a criação de políticas sociais, com leis de solidariedade para os mais pobres, jamais!

Infelizmente, as promessas grandiloqüentes do neoliberalismo não se concretizam. Pelo contrário, o fosso entre ricos e pobres, em âmbito mundial, está se abrindo mais e mais. O número de pobres aumenta, apesar da elevação da produção de riquezas. Acontece que a economia neoliberal radicaliza e agiliza

a agressividade do capitalismo. Assim, o capital vence não somente o trabalho (flexibilização), mas também o Estado (guerra fiscal), os países subdesenvolvidos (capital especulativo, mercado financeiro volátil). Até mesmo nos Estados Unidos, o país mais rico e mais poderoso do mundo, que adotou o neoliberalismo com radicalidade, essa ideologia está aumentando o fosso entre ricos e pobres. Enquanto o número de bilionários aumentou rapidamente nos últimos anos, quase 40 milhões de pessoas não têm nem mesmo previdência social. Em nome do progresso, da eficiência, da competição, do crescimento, sacrifica-se a vida dos menos rápidos e dos menos preparados.

Um exemplo de competência e eficiência da economia neoliberal é o diretor do Banco Nacional da Alemanha. Para aumentar os lucros do banco, ele submeteu-o a um processo de "saneamento". Dentro desse processo, demitiu 10 mil funcionários. Os acionistas gostaram e aumentaram o salário dele em torno de 1 milhão de euros por mês. Além disso, por ter comandado uma fusão bem-sucedida com outro banco, agraciaram-no com um prêmio de 50 milhões de euros.

Precisamos crescer, e cada um tem de ser melhor do que os outros. Assim, todos serão beneficiados, asseguram os neoliberais. No entanto, ao contrário do que prometem, o benefício é de poucos, em prejuízo de muitos. É a técnica do "cavalo e do tico-tico", compara o economista Rainer Geisler: "Trata-se os cavalos mais gordos com mais comida, para que os tico-ticos tenham mais estrume para ciscar".

Sinais de esperança

Mas há sinais de esperança. Em janeiro de 2005, reuniram-se em Porto Alegre, no Fórum Social Mundial, nada menos do que 150 mil pessoas para dizer que há alternativas e que outro mundo é possível. E na mesma capital gaúcha, em fevereiro de 2006, representantes de 348 igrejas se juntaram na Assembléia do Conselho Mundial de Igrejas (CMI), para orar: "Deus, em tua graça transforma o mundo". Não se trata de rezar e cruzar os braços para esperar que Deus faça acontecer. Não! Trata-se da disposição de colocar-se a serviço da graça de Deus, para que ela nos transforme e, assim, possamos modificar o mundo; possamos promover a gratuidade do amor, da solidariedade, da fraternidade, quando o neoliberalismo propõe que tudo seja regido pela concorrência, pelo lucro desen-

freado, pelo consumo sem limites, pela vitória do mais forte sobre o mais fraco. Enquanto os neoliberais dizem "crescer, competir, ser melhor do que os outros", em Porto Alegre se ouviu "crescer juntos, ser eficientes comunitariamente, democratizar as riquezas".

Poder da graça

Eu gostei muito da greve de fome do bispo Luís Flávio Cápio. Ele exigia a revisão do projeto de transposição de parte das águas do São Francisco. É que ele conhecia um projeto anterior, em menor escala, já em funcionamento. Ali, depois das terras irrigadas, apareceram os compradores de grandes áreas, grupos de investidores, inclusive estrangeiros. Tomaram conta das terras e criaram grandes lavouras de soja e uvas de mesa para exportação. Os tradicionais moradores do lugar tiveram que ceder lugar. É a eficiência, a concorrência, a competição do livre mercado.

O governo ouviu o protesto do bispo. Se tudo correr bem, vai dar àqueles moradores tradicionais os documentos das terras em que vivem, vai organizá-los em associações, ensinar-lhes técnicas agrícolas, para que possam usufruir os benefícios da irrigação. Talvez haja menos exportação, talvez ninguém fique milionário, mas o povo simples poderá ter vida digna.

Quando discursou na Assembléia do CMI, o bispo anglicano Desmond Tutu, que sobreviveu ao racismo na África do Sul, afirmou e repetiu que "o abraço amoroso de Deus inclui todos seus filhos e suas filhas, sem exceção, os homens e as mulheres, os brancos e os negros, os fortes e os menos fortes, os muito bonitos e os menos bonitos, os homossexuais e os heterossexuais, inclusive o Bush e o Bin Laden". Não é que Deus concorda – acrescento eu – com tudo que fazem e nós fazemos, mas ele nos convida para que nos coloquemos sob o poder da graça, e ele possa, então, abraçar-nos, assim como o pai bondoso da parábola abraçou o filho pródigo que voltava.

Sinais concretos

A parada é, realmente, muito dura. A globalização neoliberal da economia faz do ser humano apenas instrumento de produção e consumo. Transforma a

natureza apenas em matéria-prima a ser explorada. Mas há sinais concretos de esperança na América Latina, como já afirmei anteriormente:

- *O esgotamento da propaganda neoliberal, porque a máscara está caindo: a economia de livre mercado não consegue cumprir a promessa de criar o equilíbrio social.*
- *O novo despertar dos movimentos sociais que, depois de sofrerem uma espécie de atordoamento neoliberal, voltam a acreditar que um outro mundo é possível, como mostra o êxito do Fórum Social Mundial.*
- *A articulação de grande número de intelectuais, formadores de opinião, como demonstra, também, o Fórum Social Mundial, e que se empenham na criação de uma nova cultura política, na qual não apenas um pequeno grupo de poderosos define o conteúdo das ações políticas.*
- *A crescente conscientização, entre os cristãos, de que a economia, a cultura e a ideologia neoliberais não são compatíveis com a ética cristã, conforme mostram os posicionamentos das principais organizações eclesiásticas mundiais, como o Conselho Mundial de Igrejas, a Federação Luterana Mundial, a Aliança Mundial Reformada, a Conferência Européia de Igrejas, além de muitas Igrejas nacionais e territoriais.*
- *O surgimento de governos democráticos resistentes ao neoliberalismo e que contam com o massivo apoio das camadas populares, as quais, no decorrer da história, foram feitas pobres. As camadas populares estão articuladas, agora, em movimentos sociais e setores amplos das igrejas.*
- *O lento despertar de indivíduos e grupos nos movimentos pentecostais, para seu papel político.*
- *A integração dos países latino-americanos e caribenhos que, até agora voltados isoladamente para os Estados Unidos da América do Norte, começam a voltar-se uns para os outros.*
- *A crescente atuação conjunta dos países subdesenvolvidos na Organização Mundial do Comércio, a exemplo do grupo dos 20.*
- *As experiências com as novas formas de democracia direta, a exemplo do Orçamento Participativo.*
- *O Plebiscito no Uruguai, que decidiu não privatizar riquezas naturais e que fixou essa decisão na Constituição do país.*
- *A expulsão das corporações transnacionais de fornecimento de água, na Bolívia.*

- *O crescimento dos Grupos de Economia Solidária, principalmente no interior das Comunidades Católicas de Base, mas que ultrapassam os limites das Comunidades Eclesiais.*
- *A rede internacional antiglobalização neoliberal ATTAC.*
- *A bancarrota do governo dos EUA, que mantêm o valor do dólar com o poder das armas e já não conseguem esconder os frutos vergonhosos da sua economia neoliberal radicalizada, amplamente expostos em New Orleans e na existência daqueles 40 milhões de cidadãos excluídos da previdência social.*
- *Por fim, tudo indica que o papa Bento XVI não terá o mesmo interesse e poder para sufocar a teologia dos perdedores que alenta amplos setores dos movimentos sociais.*

Saber partilhado

Certa manhã, cheguei atrasado à Assembléia do CMI. Entrei no Campus da PUC e vi o Milton, também atrasado. Ele estava a caminho do salão, onde era realizado o estudo bíblico na nossa língua. Estava desanimado, irritado com a chuva e com a distância entre os prédios. Queria ir para casa, ainda naquele dia.

Fomos juntos para o estudo bíblico. No caminho, ele me alcançou um livro, e eu vi que trazia no dedo, assim como eu, o anel de tucum, preto, feito pelos indígenas. Fazia alguns anos que o indígena Evaldivo me presenteara com o anel.

– Usamos tucum – disse-me ele – e não usamos ouro. Por causa do ouro, nossos antepassados foram mortos.

Desde então, não tiro do dedo esse anel. Para mim, ele significa várias coisas: 1) Ele me lembra de que quero ser amigo de pessoas e grupos que são os perdedores na história de injustiças do Brasil. 2) Ele me lembra de que não desejo ser consumista, porque acredito que a vida é muito mais do que o ouro e outras riquezas que podemos comprar. 3) Ele me lembra de que pretendo ver o mundo, o ser humano, o progresso, a economia, a política, a história do Brasil e todas as coisas com os olhos dos vencidos e das vencidas, dos que foram feitos pobres, dos explorados colocados à margem; quero olhar, ver, analisar sob a perspectiva deles. 4) Quero ler a Bíblia com os olhos das camadas populares e fazer leitura popular da Bíblia, porque aprendi que essa leitura nunca é neutra; sempre é influenciada pelas experiências de vida de quem lê, pela sua posição na sociedade,

pelo trabalho que exerce, pelo contexto em que vive. Por exemplo, em um determinado acampamento de agricultores sem-terra, o governo da ditadura militar enviou um coronel para desmanchar o acampamento. Para dar uma de "vivo", puxou a Bíblia e leu a parábola do filho pródigo (que é, na verdade, a parábola do pai bondoso e dos seus dois filhos perdidos, dos quais o mais novo voltou). Uma irmã da Igreja Católica, acampada com os agricultores, fez uma coisa muito sábia. Buscou a Bíblia e leu a mesma parábola, sem fazer nenhum comentário. E todos entenderam. O coronel queria dizer: "Voltem para casa, filhos perdidos". Os agricultores, na segunda leitura, entenderam: "A terra não é tua, irmão mais velho. Ela é do pai e, portanto, dos seus filhos todos e de suas filhas todas".

Direito à fala

Quando entramos, atrasados, no salão do estudo bíblico, havia umas 120 pessoas. A maioria delas usava o anel de tucum. Além do Milton, tinha uma porção de renomados(as) exegetas. Mas quem falava não eram eles. Quem estava com a palavra eram as outras pessoas. Os exegetas ouviam atentamente, anotavam as falas. Ninguém corrigia ninguém. Na verdade, as pessoas que falavam, corrigiam-se e enriqueciam-se mutuamente.

Espiei e percebi o sorriso que iluminava o rosto do Milton. Sorria de um jeito como quem se deixa encantar por uma melodia muito bonita. O direito à fala – pensei comigo – é partilha de saber; é divisão de poder, um meio para democratizar as decisões. Democratizar as decisões – continuei refletindo – na América Latina significa dividir riquezas. Por isso – concluí – faz bem ouvir, quando novos governos de esquerda, que estão sendo eleitos na América Latina, não falam somente em crescimento, eficiência e competição, mas também em democratizar, em descentralizar o poder, em participação popular no governo.

Boa companhia

Perguntei ao Milton se eu deveria chamar um táxi, já que ele queria voltar para casa.

– Não – disse ele –, nada disso! Eu vou ficar!

Convidei-o, então, para um cafezinho. Esperei uns 20 minutos. Não avançamos nem cinco passos. A cada tentativa, alguém o segurava para abraçá-lo, para agradecer-lhe, para contar-lhe uma novidade, para fazer-lhe uma pergunta. E o Milton ouvia, sem pressa, com muita atenção e grande carinho. Então, fui buscar o café e o levei até ele.

Nos bons e velhos tempos
no oeste catarinense

Dario Schäfer[1]

No dia em que viajávamos a Cunhaporã, no oeste de Santa Catarina, chovia tanto que mal se enxergava os buracos da estrada. O fusquinha batia neles e respingava a sujeira da estrada em nossa cara. Idos de 1977. Estávamos indo visitar Milton e Beti. Mas também participaríamos do culto de inauguração do novo sino de uma pequena comunidade no interior.

O sino havia sido fabricado por uma fundição em Blumenau. Milton tinha vindo duas vezes do oeste e parado em nossa casa, na bela localidade de Trombudo Central. Por isso, nossa ligação com o sino e a inauguração.

Não consegui deixar de rir quando Milton apareceu lá em casa e disse que vinha encomendar um sino! Doutor em teologia, engajado na luta pela transformação das coisas, escritor, pastor, sua bandeira naquele tempo era a teologia da barranca. Da barranca do rio Uruguai. Mais que um nome, era símbolo de uma teologia que provém da fé e da vontade férrea de viver e de sobreviver dos colonos pobres do Alto Uruguai. Teologia de e para uma libertação bem contextualizada naquela terra vermelha e suada de imigrantes alemães, que gostavam – e certamente ainda gostam – de sua igreja luterana.

Mas um sino! Que tinha isso a ver com o engajamento de Milton junto aos agricultores e muitos sem-terra de sua região? Para ver isso é que empreendemos a jornada ao oeste.

---

[1]   Pastor da IECLB.

Muito gentilmente, mas também muito sutilmente, Milton me convidou a pregar no culto de inauguração. Em sua casa, em Cunhaporã, na manhã de domingo, ficamos sem saber ao certo o que fazer. Vamos até a comunidade ou não? Pois a chuva torrencial continuava sem parar. Pensamos no churrasco e no povo que, apesar de tudo, se preparara para a festa... Vamos! Decidimos.

A lama vermelha dentro e fora da igrejinha contrastava com o azul claro da torre – quatro pilares de concreto de cerca de cinco metros de altura, coberta de zinco novo, dentro da qual balouçava o tal do sino de Blumenau. Cerca de 100 pessoas se acotovelavam como podiam na pequena capela e fora dela.

Preguei sobre um texto do Apocalipse, creio que a doxologia final, que fala da esperança de um outro mundo. O povo ouvia com atenção. Mas algo lá no fundo me diz até hoje que muitos acharam que o Apocalipse não seria bem o apropriado para o momento. Milton também. Da mesma maneira que eu tinha ficado chocado com o sino, ele ficou com minha prédica deslocada.

Comemos churrasco sentados em bancos rústicos de madeira, debaixo de um telhado que não era grande o suficiente para aparar a chuvarada que descia. Metade de nossas partes traseiras ficou na chuva. O churrasco, porém, compensou.

Mas o que mais me impressionou foi o contato direto e amigo de Milton com o povo simples. Sentia o orgulho e a alegria do povo, a decepção por causa do tempo, ouvia as conversas, estava integrado. Era um deles.

Semanas depois, Milton me telefonou para tratar de um assunto. De lado, menciona algo impressionante: a torre do sino caiu logo no dia seguinte à inauguração! Comentário do teólogo da barranca: "Foi tua prédica sobre o Apocalipse".

Depois de me refazer, pensei que a razão talvez tenha sido outra: o peso do sino do Milton, que queria o maior, claro. Mas isso faz parte dele.

No tempo de estudo, nunca pensei que um dia pudesse ser amigo desse estudante sério, introvertido, preocupado consigo mesmo, com o trabalho que fazia incansavelmente. Até hoje não sei o que causou a transformação para ele se tornar o companheiro aberto, com humor perspicaz e uma fé que o levou ao encontro das gentes, com quem vive de maneira solidária e engajada. Seu trabalho com a teologia, especialmente do Primeiro Testamento, e ao mesmo tempo com a

comunidade, da qual certamente busca muita de sua inspiração, impressiona-me até hoje. E impressiona a comunidade mundial que hoje o conhece, ouve e lê.

Mas acho ainda que os primeiros tempos depois de seu estudo na Alemanha, sua estadia no Alto Uruguai, a criação da Editora Uruguai, o trabalho com o Plano PIAI, originado antes de sua estada lá, como algo nascido da base de vida do povo simples e para esse povo, colocou certamente o fundamento para uma decisão de fé que, creio eu, o acompanha e ampara até hoje.

No entanto, penso que quase tudo isso vem de dentro, de uma alma que quer ser grande, que luta contra as adversidades com uma tenacidade para viver, como a dos pequenos agricultores, que não têm nada a perder, mas lutam, esperam e caminham cada dia para um novo horizonte.

Especialmente hoje essa tenacidade, a calma histórica e os olhos abertos para as pequenas vitórias dentro das derrotas – também e em relevo o drama do Partido dos Trabalhadores –, são testemunhos de força e de fé que vêm de dentro… e de fora ao mesmo tempo. De dentro porque há muito Milton certamente se calejou ao enfrentar reveses e ver vitórias na vida. De fora porque é o Deus do povo que age, que enche de espírito, que mexe com o mundo e quer viver aqui.

Continua a ser bênção, companheiro, irmão e amigo. É sua tarefa.

O tribalismo não é um sistema pré-estado, ele é antiestado

(Milton Schwantes, *As monarquias no antigo Israel*: um roteiro de pesquisa histórica e arqueológica. São Paulo, Paulinas/CEBI, 2006. p. 11.)

Rebeca e a bênção de Jacó: engano ou cumprimento profético?

Maricel Mena-López

A vida dos patriarcas e das matriarcas bíblicas inclui intrigas, ciúmes, traição, deslealdade, rivalidade, engano, mentira. Acaso é possível esquecer o episódio da venda de José no Egito por seus irmãos? A simulação de Abraão ao Faraó egípcio de que Sara era sua irmã, e o comportamento similar de Isaac com respeito a Rebeca perante o rei Ebimelec? E a rivalidade das matriarcas Sara e Agar, Lia e Raquel e suas criadas Zelfa e Bila? Ou, mais ainda, é possível ignorar o fato de que Jacó roubou a primogenitura de seu irmão maior? Estas histórias partilham o fato de que estamos diante de uma saga familiar a qual se transformará na história de toda uma nação. O estudo aqui apresentado toma como base a narrativa da bênção patriarcal de Gênesis 27. A partir desta história, propomos nos aproximar de todo o ciclo literário correspondente ao começo e desenlace da rixa entre Jacó e Esaú.

No episódio de Gn 27, o patriarca Isaac decide abençoar seu filho primogênito Esaú para transferir-lhe, de maneira simbólica, a chefia da família, tanto na ordem social como religiosa. Antes de iniciar a bênção, Isaac solicita que cace um animal e lhe prepare comida. Sua esposa Rebeca explicita o plano a Jacó e o instrui a pegar um animal do rebanho para preparar o alimento. Diante do protesto de Jacó de que o pai iria descobri-lo, ela encobre sua identidade vestindo-o com as roupas do irmão e coloca sobre seus braços e pescoço a pele de um animal, a fim de simular a textura de Esaú, que era mais peludo. Jacó entra na tenda do

pai, que não esconde seu assombro pela rapidez com que o filho caçou o animal e preparou a comida. "Aproxima-te, por favor, te tocarei filho meu, para ver se tu és meu filho Esaú ou não"[1] (v. 21), exclama o pai, que diz ainda: "[...] A voz é a de Jacó, mas as mãos são peludas como as de Esaú, seu irmão" (v. 22). O ancião verbaliza sua dúvida, mas depois fica convencido e abençoa Jacó. O grito e o choro de Esaú são indescritíveis, quando ele se dá conta de que seu irmão obteve a bênção paterna e, conseqüentemente, a chefia da família. Jacó tem de fugir para salvar sua vida. Por isso, abandona o lar por mais de duas décadas.

Este episódio tem sido objeto de análise e reflexão, destacando-se, sobretudo, o problema ético-moral que o envolve. Acaso o fim justifica os meios? É ético o engano para obter um objetivo louvável? Seria Jacó a pessoa apropriada para engendrar as tribos de Israel? Como é possível justificar a atitude de Rebeca, que trai seu esposo já ancião e praticamente cego? Jacó ignora a revelação que Deus dá a Rebeca em Gn 25,23, segundo a qual o filho maior servirá ao menor? "E disse Javé a ela: 'Duas nações em teu ventre, e dois povos nascidos em ti se dividirão: um povo será mais forte que o outro, e o mais velho servirá o mais moço" (Gn 25,23).

Será que estamos diante de um oráculo profético? O que legitima o engano de Rebeca? A servidão de Esaú sempre é isentada pelas características de sua personalidade. A ele se atribuem deficiências morais, teimosia, incapacidade de decidir, já que um caçador deve resolver momentaneamente o curso da ação. Mas as características principais eram sua aparência e seus dotes físicos, dons julgados como insuficientes para exercer a liderança. Será que tais traços o impossibilitariam de levar adiante o projeto tribal? Para tentar responder estas interrogações, propomos uma análise das partes consideradas mais relevantes deste longo episódio, não sem antes situarmos o texto dentro de um contexto literário maior.

Uma história num contexto maior

Gênesis 25,23 é geralmente atribuído à tradição javista, pela alusão ao nome Javé, pela utilização do verbo servir no imperfeito *'ebed* (servirá) e por sua linguagem sentencial. Porém, a servidão e o trabalho forçado são temas próprios

---

[1]   Todas as citações bíblicas têm uma transliteração própria da autora.

dos escritos deuteronomistas. O propósito deste oráculo é ambíguo, já que ele não somente fixa a discórdia entre os dois irmãos, mas os estabelece como os antepassados de duas nações, as quais eles mesmos constituem. Esaú é chamado Edom e considerado o antepassado dos edomitas (Gn 36,8-9), enquanto Jacó é renomeado Israel e se tornará o antepassado dos israelitas (Gn 35,10-12). De fato, a profecia não é cumprida na vida de Jacó nem de Esaú, embora a maioria dos estudantes pense que se refira à história subseqüente de Edom e Israel.

Não deixa de parecer estranho o oráculo no meio desta saga, visto que, no âmbito da família patriarcal, um irmão não deve ser servo de outro irmão. Mas como toda regra tem exceções, vemos um caso semelhante na maldição de Canaã, em Gn 9,25-26. Essa preferência, no fundo, pode ser pela convicção fundamental de que uma pessoa não deveria ser serva de seu irmão. Contudo, o v. 23 é uma espécie de janela que permeia todo o capítulo 27, o qual tem como temática principal a dominação e a servidão. Pois, para Gn 25,23b; 27,29.37.40, os aspectos principais da relação de Esaú e Jacó são, primeiro, que estes irmãos representarão nações; segundo, que o irmão mais velho "servirá" ao mais novo. A dominação é, de acordo com estes versículos, a característica maior. Porém, perguntamo-nos se é essa a temática que os capítulos anteriores e posteriores evidenciam? No intuito de abordar a questão, tentaremos olhar de perto as unidades imediatas ao capítulo 27, isto é, os capítulos 25–26 e 28–33.

No capítulo 25 temos, nos versículos iniciais, a lista dos descendentes de Abraão (25,1-6), as notícias sobre a morte deste patriarca e o lugar onde foi sepultado, num campo antes pertencente a uma família hitita (vv. 7-11). Nos versículos seguintes, há a lista dos descendentes de Ismael, filho de Abraão, e o relato de sua morte, nos vv. 12-18. A partir do v. 19, contam-se as histórias dos irmãos Esaú e Jacó, filhos de Isaac, o outro filho de Abraão. De Esaú se diz que era um hábil caçador, homem do campo, rude, que vendeu sua primogenitura ao irmão por pão e lentilha e se casou com mulheres hititas. Ao passo que Jacó era um homem pacífico e morava em tendas, não obstante se aproveitou da fome do irmão para lhe oferecer comida em troca da primogenitura (25,29-34). Isaac amava Esaú, pois a atividade da caça era de seu gosto; e Rebeca, por sua vez, amava Jacó (25,27-28).

Ao longo do capítulo 26, Isaac é abençoado com riquezas em Gerara e, após sua expulsão desse território, faz um juramento de respeito mútuo com Ebime-

lec, que reconhece ser um homem abençoado pelo Senhor. O que chama nossa atenção neste trecho literário, além da negociação entre os irmãos, é a tristeza de espírito de Isaac e Rebeca por causa das mulheres hititas (Judite e Besemat) com as quais Esaú se casou (vv. 34-35).

Em 26,35, aparece um versículo com caráter de acréscimo que introduz o capítulo 27, e esta mesma temática conclui o capítulo 27,46. Nestes versículos, Rebeca manifesta sua insatisfação pelas esposas de Esaú: "Estou desgostada da minha vida por causa da presença das filhas de Het. Se Jacó toma das filhas de Het, como estas filhas da terra, por que para mim vidas?". Qual será a intenção do redator ao apresentar este enquadramento? Até parece que o agir de Rebeca não é pela revelação que teve do Senhor, mas sim pela rixa que mantém com as mulheres. Em 28,1, Isaac ordena a Jacó não desposar nenhuma das moças de Canaã e envia-o para Padã Aram, à casa de Betuel, seu avô materno, para desposar ali as filhas de Labão, irmão de sua mãe. No caminho, em Betel, Jacó tem um sonho em que é abençoado por Deus. Mas antes Esaú, ao confirmar que as mulheres de Canaã não eram boas diante dos olhos de Isaac, seu pai, foi e tomou para si Mahalat, filha de Ismael, o filho de Abraão. Os capítulos seguintes podem ser dispostos numa relação "dialética" em razão de três elementos narrativos na dinâmica de tensões: Labão/Jacó; Lia/Raquel; Esaú/Jacó.

Labão/Jacó: o duplo casamento (cap. 29)

Neste capítulo, vemos de um lado como o amor de Rebeca é substituído pelo amor que Jacó sente por Raquel. O amor inigualável destes dois é descrito com muita intensidade: "E amou Jacó a Raquel; e disse [a Labão]: eu te servirei sete anos por Raquel tua filha menor [...]. E serviu Jacó sete anos por Raquel e foram diante seus olhos uns poucos dias pelo amor que ele teve por ela" (Gn 29,18-20). Esse amor não diminuiu até mesmo após a morte de Jacó, já que foi transferido a seus filhos José e Benjamim. Uma descrição de amor similar é excepcionalmente descrita no Cântico dos Cânticos. Não obstante, é a primeira vez que temos uma revelação explícita de um homem beijando uma mulher (v. 11).[2]

---

[2] BECK, Astrid Billes. Rachel. In: FREEDMAN, David Noel (ed.). *The Anchor Bible Dictionary*. New York-London, 1992. (Logos Research Systems, Inc.)

De outro lado, ficam demonstradas as diferenças entre Jacó/Labão e Lia/ Raquel. Até parece que o trabalho duro na terra de Labão, e o conseqüente exílio como estrangeiro por causa do amor a uma mulher, é o preço a pagar por ter enganado seu pai. Jacó se converte em um *ebed*, servo temporal a serviço de seu tio e sogro.

Sua mão-de-obra, que rapidamente é vista como uma indenização pelo fato de querer desposar Raquel, é como um alicerce da fé israelita; de uma fé que está fundamentada no contato direto com a terra, símbolo da promessa e cumprimento da bênção. Jacó deverá viver como camponês semeando a terra e cuidando de animais, para assim se aproximar da atividade de caça realizada por seu irmão. Essa relação com a terra nos permite perceber como a fé veterotestamentária está ligada diretamente com o direito a uma terra fecunda onde morar. No sonho em Betel, Deus oferece a Jacó a terra sobre a qual está deitado (v. 13).

Outro elemento importante é a continuidade do direito da primogenitura. Porém, entre as irmãs, Labão inverte a dinâmica: agora é ele quem engana Jacó, e este deve esperar o tempo necessário para obter a mulher amada, não podendo alterar o estabelecido.

Lia/Raquel: fertilidade versus esterilidade (cap. 30)

Os capítulos 27 e 30 fazem parte de uma mesma narração e o estilo literário é muito similar. A primeira parte do capítulo 30 (vv. 1-24) é conduzida pelas mulheres, assim como por Rebeca no capítulo 27. Esta parte situa-se igualmente na dinâmica da rivalidade entre as irmãs. Elas brigam pela preferência do amor de Jacó, pela necessidade que têm da fertilidade como continuidade à descendência (29,31; 30,24). Na segunda parte – 30,25-43 –, é Jacó quem conduz a cena: já possui uma família numerosa e agora quer conseguir sua liberdade, e isso somente é possível após acumular uma riqueza considerável.

Nossa discussão neste ponto vai se centrar nas relações de Jacó com as matriarcas Lia e Raquel, com suas criadas e com Rebeca, pois elas são importantes na saga como mães ou futuras mães das tribos de Israel e de seu progenitor. Raquel partilha com Rebeca o fato de serem futuras mães estéreis numa idade avançada e por tornaram-se as mães dos verdadeiros herdeiros.

Lia e Raquel são irmãs, casadas com o mesmo homem (Jacó). Lia não é bonita nem amada por seu marido, mas desfruta a posição de ser a primeira e principal esposa. Apesar de mais velha que sua irmã rival, é fértil. Enquanto Raquel, mesmo bonita e amada pelo marido, é a segunda esposa, portanto, secundária, e também estéril. Nenhuma delas parece usufruir de sua posição. Raquel se considera morta, a menos que conceba (Gn 30,1); por isso, oferece sua criada Bila ao marido. Ela consegue gerar José pelo poder afrodisíaco das mandrágoras. Mesmo assim, parece que ser mãe de um filho biológico não é suficiente (30,24), e morre no segundo parto. Lia, apesar de já ter quatro filhos, oferece ainda sua serva Zelfa para ter mais dois filhos do patriarca.[3]

Lia, aparentemente a esposa de maior sorte, por ser a primeira a engravidar e a ter um filho, segundo o texto é uma mulher socialmente inferior por não ter o amor do patriarca; portanto, não é mãe do verdadeiro herdeiro. Os autores que fazem uso deste paradigma literário mostram que as mulheres não podem ser amigas, mesmo quando partilham um objetivo importante, como a continuidade e a preservação da unidade familiar.

A esterilidade, embora excepcional, é um elemento periódico nas histórias bíblicas de nascimento, e a Bíblia se concentra nestas exceções. Freqüentemente, a esterilidade e um filho nascido em idade avançada são vistos como prova do propósito divino, como nos casos de Sara (a mãe de Isaac), Raquel (a mãe de José e Benjamim), a mãe não mencionada de Sansão, Ana (a mãe de Samuel) e Isabel (a mãe de João Batista). Em cada caso, a descendência é destinada para cumprir um papel especial na história de Israel. No caso de Rebeca, ela fica estéril por vinte anos, e, depois de muita oração, Javé lhe indica um propósito especial relativo ao destino dos dois meninos que lutam em seu ventre (Gn 25,23).[4]

Além dos quatorze anos que Jacó trabalhou por Raquel, a narrativa nos conta que ela ficou estéril durante muitos anos. A esterilidade de Raquel e seu desejo de ter filhos recordam outras histórias bíblicas, principalmente a de Sara, que foi considerada com desprezo por Agar, assim que esta ficou grávida de Ismael (Gn

---

[3] BRENNER, Athalya. *A mulher israelita*: papel social e modelo literário na narrativa bíblica. São Paulo, Paulinas, 2001. pp. 135-136.

[4] BECK, Astrid Billes. Rebekah. In: FREEDMAN, David Noel (ed.). *The Anchor Bible Dictionary*. New York-London, 1992. (Logos Research Systems, Inc.)

16,4). Lia tinha dado quatro filhos a Jacó (Rubem, Simeão, Levi e Judá), antes de Raquel confrontar Jacó. Naquele momento, o ciúme dela e a raiva estouram diante de Jacó num clamor impulsivo e violento: "Dá para mim filhos, senão eu morrerei" (Gn 30,1). Raquel não pede um filho, mas filhos. A réplica de Jacó, "[...] acaso eu sou Deus que reteve de você o fruto do útero?" (30,2), também reflete sua ira contida. A solução prática dela é oferecer a ele sua criada Bila. Raquel nomeia as crianças concebidas de Dan e Neftali (30,6-8).[5]

Lia teve ainda um sexto filho e uma filha, Dina; e sua serva Zelfa lhe deu outros dois filhos (Gad e Asher). Só então Deus abençoa Rebeca com seu primeiro filho, José (30,24). A situação é muito similar à de Elcana e suas duas esposas: Penina, que concebeu muitas crianças, e Ana, que, sendo amada e estéril, dá à luz Samuel[6] (1Sm 1). Depois do nascimento deste filho, Jacó toma a decisão de abandonar Labão. No caminho para Éfrata, Raquel morre ao dar à luz seu segundo filho, a quem nomeia de Benoni, "o filho da minha tristeza", mas que Jacó renomeia de Benjamim, "o filho da mão direita".

No mundo dessas mulheres, é possível obter maior segurança pessoal por meio da abundância de filhos. Porém, o *status* e o lugar que cada uma delas tem dentro da sociedade, como nos momentos de perigo, é o patriarca quem o determina. Apresentamos como exemplo Gn 33, episódio que narra o encontro entre os irmãos Jacó e Esaú. Este último vem ao encontro do irmão com quatrocentos homens, então Jacó "pôs as servas e seus meninos na frente, Lia e seus filhos em seguida, e Raquel e José depois destes" (33,2). A ordem é determinada pela estrutura das relações de poder existentes nesta família patriarcal.

A inveja causada pelo favoritismo do amor de Jacó por Raquel é passada até às crianças e fica evidente nas suas relações. Manifesta-se, também, no ódio dos irmãos por José, como nos sonhos deste, ou seja, sua supremacia em relação aos irmãos mais velhos (Gn 37). Vemos aqui uma ressonância psicológica, graças à

---

5   Beck, Rachel, cit.

6   Mena-López, Maricel. Angustia por la fertilidad y la maternidad en la historia de Ana e Peninná (1Sm1,1-5): una historia que desafía a la hermenéutica negra feminista. *Teología Afroamericana y hermenéutica bíblica, raíces y nuevos desafíos*, Bogotá, Guasá, Grupo de Teología Afroamericana, pp. 53-74, 2001.

deslealdade de Labão ao substituir Raquel por Lia. Os irmãos vendem José aos ismaelitas, que o levam para o Egito (Gn 37,28), estabelecendo, assim, a superioridade deles. Eles não só castigam José, mas também ao pai. Deslealdade adicional é perpetrada por Rubem, o filho primogênito que usurpou a autoridade paterna deitando-se com Bila, a serva de Raquel.

A pesquisa histórico-traditiva sobre o sistema tribal israelita levou Noth e outros a postularem que Raquel e Lia foram originalmente parte das tribos ancestrais seminômades que se estabeleceram na área de Israel durante diferentes períodos. Acredita-se também que as tribos de Raquel – José (Efraim e Manassés) e Benjamim – teriam sido a onda final do nomadismo que incluía povos cujas tradições tiveram uma estadia curta no Egito. Cruzando o rio Jordão, destruindo Jericó e Ai, derrotando uma coalizão dos reis de Gibeon, estas tradições teriam sido incorporadas depois pelas doze tribos de Israel. Esta expressão literária teria achado espaço nas narrativas do Êxodo e Josué 1–10. Porém, os estudos recentes tendem a rejeitar as noções de tribos seminômades e questionar os méritos de se aplicar os métodos histórico-traditivos às origens do povo de Israel.[7]

Esaú/Jacó: fuga e retorno (cap. 31-33)

Os conflitos entre Esaú e Jacó se situam na perspectiva da fuga e retorno. No capítulo 31, Jacó abandona Labão e é perseguido por seu sogro, que o questiona por fugir secretamente, por levar suas filhas como prisioneiras e o acusa de ter roubado seus *Elohim*, "deuses" (31,30). Uma vez solucionado o impasse, Labão e Jacó fazem uma aliança e, este último, continua seu caminho de retorno e encontro com seu irmão.

O capítulo 32 está em contradição com o oráculo de 25,23 e com a bênção, pois, segundo 27,29, Esaú é quem deveria inclinar-se e servir Jacó. Em 32,4 Jacó se autodenomina servo de Esaú e, mais ainda, utiliza a fórmula de cortesia *adonai* (meu senhor) para se dirigir a Esaú (v. 5). O substantivo *ebed* (servo) está determinado em seu sentido como conceito relacional, no campo semântico da ordem social, pelo conceito oposto *adon*, senhor; por isso, não é possível reduzir este conceito a uma designação muito precisa de "escravo".

---

[7] Beck, Rachel, cit.

No âmbito da família, não há propriamente relação de servidão entre seus membros e, se acontece, é algo extraordinário. O correto é que um bom filho sirva o pai (Ml 3,17); mas este serviço é limitado temporal e materialmente. Porém, que um irmão sirva seu irmão, não deve propriamente acontecer, indicando sempre uma distorção. Isto é válido tanto no marco social (escravidão) como no político (servidão política). Este episódio, segundo Westerman, "é muito instrutiva para compreender o sentido de *ebed* no Antigo Testamento, já que indica, precisamente, as passagens em que um irmão se autodenomina servo de seu irmão".[8] Mas também em outras situações, a relação servo/senhor se entende de maneira funcional e não estática. Dessa forma, observa-se que o conceito *ebed* não tem somente conotações negativas. Quando em Gn 32 alguém em situação de perigo se designa como *ebed* perante seu irmão, não só se submete a ele, como reconhece seu senhorio e sua superioridade.

O conjunto da narrativa se entende a partir da perspectiva das três bênçãos: a bênção do pai que determina o destino dos irmãos (27,27-29); a bênção de Javé a Jacó em Betel (28,13-15); a bênção de Esaú a Jacó (33,3). Em todas elas fica estabelecido o estreito relacionamento existente entre o homem e a divindade. Mas, de maneira especial, a bênção simbólica de Esaú, manifestada no cálido abraço e no beijo, revela um Deus compassivo que perdoa. Este não necessita dos presentes de seu irmão, pois também foi abençoado por Javé, já que tem posses suficientes. Diz Esaú: "Há para mim muito meu irmão, seja para você o que é de você" (33,9).

Nesse sentido, pode-se dizer que Esaú é a personificação de Javé. Esta afirmação tem fundamento na intensidade do verbo *henn*, "agraciar", e do substantivo *hen*, "graça". Deus agraciou Jacó com muitos filhos (33,3), da mesma forma que ele acha graça diante de seu irmão (33,8). Vemos aqui uma relação de causa e efeito: Deus agraciou Jacó para ele agraciar seu irmão (vv. 3 e 8). O mesmo Jacó reconhece a face de Deus no seu irmão: "E disse Jacó: 'Não, por favor, se agora achei graça em teus olhos, então toma meu presente da minha mão; eis que, por isso vejo teu rosto como vejo o rosto de Elohim, pois me recebeste" (v. 10).

---

8   Westerman, Claus. *Ebed* – servo. In: Jenni, Ernst (ed.). *Diccionario Teológico Manual del Antiguo Testamento*. Madrid, Ediciones Cristiandad, v. II, 1985. p. 244.

41

O substantivo *panim* (rosto, face, aspecto, aparência), neste contexto, expressa a presença de Deus através de um mediador, no caso, Esaú. *Pene Elohim* (rosto de Deus), por sua vez, se refere a uma ação de Deus ou uma atividade humana. Aqui, esta afirmação não é sobre o rosto de Deus no sentido literal, e sim sobre a relação de Deus com esse homem, ou do homem com Deus. As assertivas em que o rosto de Deus aparece como objeto de uma ação, como neste caso, significam que ele dirige sua mirada portadora de graça e de vida.[9]

Esse encontro entre irmãos determina o fim do conflito. A raiz hebraica (*huh*) "inclinar-se, reverenciar, prostrar-se" (33,3), que num primeiro momento faz alusão à inclinação do irmão maior diante do menor, quer indicar uma suposta relação de servidão entre as nações que eles representam. Neste versículo, é o irmão menor que se prostra sete vezes diante do maior, o qual, nesse momento, é portador de uma nova bênção. Se Esaú representa Deus, como se poderia explicar tal inversão de sentido?

Numa perspectiva em favor de Esaú, é possível entender que o "engano" tem um objetivo didático importante. Primeiro, porque somente sob esse ponto de vista é possível explicar a razão de, em vinte anos, Esaú não ter encontrado seu irmão para efetivar sua vingança. Segundo, porque para poder levar adiante o projeto de Deus Jacó deve ser humilde perante seu irmão. Terceiro, porque não é a bênção em si que o faz mais poderoso, mas sim sua atitude. Jacó precisa trabalhar duro na terra para entender que o Deus da promessa está ligado à terra. Finalmente, porque, em vez da briga, este texto explicita que entre os irmãos há um sentimento de amor que os une. Esaú não tem nenhum rancor em seu coração, demonstrando assim que é possuidor da fé restauradora de Deus.

Em suma, o estudo até aqui apresentado nos mostra uma unidade literária cujo centro está no árduo trabalho que Jacó deve realizar para conseguir a graça de Deus. O tema da rixa entre os irmãos não é mais do que um jogo literário do autor, dando um toque de dramatismo, para que os leitores(as) tirem suas conclusões. O que fica clara é a atitude de despojo de Esaú ao vender sua primogenitura, e a ambição de Jacó ao negar comida a seu irmão a não ser pela venda da primogenitura.

---

[9]   WOUDE, A. S. Van der. *Panim* – rosto. In: JENNI, Ernst (ed.). *Diccionario Teológico Manual del Antiguo Testamento*, 1958. p. 568.

O capítulo 27

Este capítulo é considerado uma narração autônoma. Gn 27 constitui uma perícope grande, com muita riqueza e coerência literária, já que sua unidade literária não apresenta muitas quebras internas. Os critérios levados em conta para nossa divisão são, em primeiro lugar, os diálogos entre os personagens, em segundo lugar, as mudanças dos cenários e, por último, o desenvolvimento dos temas.

1–5: Diálogo: Isaac/Esaú	30–40: Diálogo: Isaac/Esaú
6–17: Diálogo: Rebeca/Jacó	30–36: Descoberta do engano
18–29: Diálogo: Isaac/Jacó	37–40: Oráculo
18–26: O engano	41–45: Diálogo: Rebeca/Jacó
27–29: Rito da bênção	

O tema da bênção *brk* se apresenta como relevante no texto, sendo o tema-chave e articulador do relato (vv. 4.7.10.12.19.23.25.27[2x]; 29.30.31.33[2x]; 34.35.36[2x]; 38[2x]; 41[2x]. Segundo Westerman,[10] em Gn 27 encontramos o estágio mais antigo da bênção como símbolo da fé veterotestamentária e pertencente a um estágio primitivo tardio. Isto significa que estamos diante de tradições pré-javistas, quer dizer, narrativas muito antigas, que versam sobre temas do cotidiano: bênção patriarcal e intriga familiar.

Outrossim, neste capítulo temos um material que deixa reconhecer a bênção como era entendida originalmente. Como uma substância eficaz em si mesma, em que o pai moribundo passa ao filho sua própria força vital. Contudo, há aí um material que foi reelaborado, o que podemos denominar de adendos posteriores,[11]

---

[10] WESTERMANN, Claus. *Genesis*: a commentary. Minneapolis, Augsburg Publishing House, 1984. (Continental Biblical)

[11] A obra de Felix García López sobre o Pentateuco fornece uma discussão importante sobre a publicação da Torah no período persa, sobre o documento sacerdotal original "P" e sobre a volta à hipótese dos fragmentos; temas de grande relevância que nos interpelam sobre a necessidade de novas abordagens no estudo destes textos. Cf. RÖMER, TH. *L'Histoire redactionnelle des premiers livres de la Bible*. À propos du livre de F. García López, *El Pentateuco*. Introducción a la lectura de los cinco primeros libros de la Biblia, Estella,

nos quais vemos claramente a idéia de que o Deus de Israel é a única e verdadeira fonte de toda bênção.

Assim o expressam os vv. 7.20.27, em que a bênção obtida astutamente por Jacó é interpretada como uma dádiva de Javé. Tal concepção aparece não só nas passagens em que Javé é mencionado expressamente como dispensador da bênção, mas também nas demais passagens em que o tema da bênção está integrado à fé de Israel: toda bênção vem de Javé.[12] Esta parece ser a máxima da denominada fonte javista. Refiro-me a esta fonte mesmo ciente de que "as últimas palavras sobre as teorias das fontes documentais no Pentateuco ainda não estão ditas".[13] O centro do interesse da promessa da bênção, segundo o vê o javista, reside no tema da grande descendência.

Nos vv. 28.29.37.40, a ênfase na terra e em sua promessa é um tema urgente, próprio da literatura de meados do século VIII, depois da invasão assíria. Isto nos faz suspeitar que aqui temos um material com linguagem deuteronômica do 7º século. Outro argumento a favor é que nestes versículos a servidão se dirige a povos e nações inteiras.

O ritual encontra-se delimitado pelos temas: engano-bênção de Jacó e engano-bênção de Esaú, tendo como cena-chave o relato da descoberta da fraude, cena dramática de espanto entre Isaac e Esaú. Pretendemos demonstrar que todo o estilo da narração aponta em favor de Esaú, ainda que o texto seja uma clara manifestação pró-Jacó.

O relato da bênção e traição, segundo nossa hipótese, encontra-se delimitado por dois versículos de redação deuteronomista judaizante (vv. 26,34 e 27,46), que tentam legitimar o engano de Jacó sobre Esaú. A justificativa é o casamento com mulheres estrangeiras. É interessante questionar, então, se este é um motivo sufi-

2003. *Estudios Bíblicos*, Facultad de Teología de San Dámaso, v. 62, fasc. 2, pp. 137-154, 2004.

12 KELLER, C. A. & WEHMEIER, G. Brk – Bendecir. In: JENNI, Ernst (ed.). *Diccionario Teológico Manual del Antiguo Testamento*. Madrid, Ediciones Cristiandad, tomo I, p. 530.

13 SCHWANTES, Milton. E Sara riu. *Ecce Mulier*. Homenagem a Irene Foulkes. San José, Universidad Bíblica Latino-americana, 2005. p. 43.

ciente para condenar Esaú? Ou se, pelo contrário, é a interpretação que o redator faz para justificar a preferência de Rebeca.

O motivo é evidente: a moléstia interna dos pais que não aprovam o relacionamento de Esaú com as mulheres hititas. Normalmente, "as histórias patriarcais no Gênesis enfatizam, por vezes, e vezes seguidas, que uma esposa estrangeira é inferior e menos desejável do que uma mulher do clã do homem e de seu grupo étnico-nacional".[14] Rebeca insiste na endogamia, pelo menos para seu filho favorito, que era portador da promessa divina. As esposas de Esaú aborrecem Rebeca e servem de desculpa para enviar Jacó até sua parentela a fim de escolher uma esposa. Em Gn 34, encontramos uma situação semelhante: Jacó recusa uma importante aliança política com Siquém, ao rejeitar o casamento de Hemor com Dina, sua filha.[15] É verdade que nesse exemplo temos o antecedente de que Hemor estuprou Dina. Ainda que o pretexto seja a honra da irmã, este é menos significativo do que a perda da identidade do clã por meio desse casamento. Apesar de os casamentos mistos ocorrerem, estes eram desaprovados ou, em casos extremos, impedidos à força. É exatamente pela ideologia da identidade nacionalista que o engano é justificado.

A influência redacional perpassa claramente a figura de Rebeca que, sendo a pessoa articuladora do relato, é também quem marginaliza e discrimina outras mulheres. Só na dinâmica judaizante podemos entender a atitude dela no texto. Porém, não se pode reduzir a isto, pois ela, na base narrativa, outorga essa responsabilidade ao filho menor com fins corretivos. Desde o ponto de vista literário, Gn 26,34 e 27,46 estão constituídos por paralelismo sintéticos. Os temas estão relacionados com atitudes internas da pessoa. Existe certa coerência temática: o espírito de vida e a tristeza de espírito produzem o aborrecimento da vida. Partindo deste enquadramento temático, podemos ver com clareza como a narração se presta a interpretações óbvias: aquele que transgride a ordem, desposando mulheres estrangeiras, não pode ser o destinatário da promessa. É assim como podemos perceber a intencionalidade destes adendos (vv. 25,23b–27,29.37.40).

---

[14] BRENNER, Athalya. *A mulher israelita*: papel social e modelo literário na narrativa bíblica. São Paulo, Paulinas, 2001. p. 171.

[15] Sobre a história de Dina, veja HEPNER, Gershon. The Seduction of Dinah and Jacob's Anguish Reflect Violations of Contiguous Laws of the Covenant Code. *Estudios Bíblicos*, Facultad de Teología de San Dámaso, v. 62, fasc. 2, pp. 111-135, 2004.

Primeiro diálogo: Isaac/Esaú (vv. 1-5)

Na primeira cena, estamos diante do estágio mais antigo da bênção, o ancião cego sente a proximidade da morte e tem necessidade de abençoar o filho primogênito, segundo a tradição patriarcal. "A despedida de um homem antes de sua morte é algo revestido de grande importância".[16] Ao se tratar de uma despedida, *brk* (bênção) tem provavelmente um sentido factivo. Quer dizer que, por meio da declaração da *brk*, converte-se ao destinatário da mesma *brk* em *brk*. A bênção no seu estágio primitivo não vem diretamente de Deus, mas da transmissão ativa do homem e de uma motivação especial de ser concedida ao outro. Ela é "compreendida como uma força quase mágica, concedida pelo patriarca".[17] Ainda que a transmissão da força vital de quem abençoa seja importante – por isso a ênfase na comida do ancião –, é fórmula que alude, como é lógico, à fertilidade, ao bemestar e à vitória sobre os inimigos. Essa é pelo menos a intencionalidade inicial deste costume.

Claramente, a bênção é ligada às forças vitais dadas pelo alimento, e é precisamente pela fragilidade e a realidade da cegueira que se trama e se efetua o engano. Neste trecho destaca-se o amor paterno de Isaac por Esaú, que aparece em outros momentos no texto (vv. 1.5.31.18.20.21(2x).24.25.26.27). Esse amor é entendido aqui não somente como o direito adquirido pela primogenitura, mas sim como algo gratuito, de coração e alma, em paralelo com o amor, igualmente gratuito, professado por Rebeca a seu filho Jacó (vv. 8.13.17.43), tema já presente em Gn 25,27-28. Esse amor vai além do preconceito racial antiedomita. Ainda que o versículo imediatamente anterior faça referência à aliança de Esaú com as mulheres hititas, a ideologia anti-Esaú não perpassa estes versículos iniciais. A perícope culmina abrindo passo à cena seguinte: "Rebeca escutou".

Segundo diálogo: Rebeca/Jacó (vv. 6-17)

Rebeca, após a escuta, planeja o engano. Seu agir se baseia no amor pelo filho, e essa preferência não necessariamente indica dominação ou subjugação do

---

[16] KELLER & WEHMEIER, Brk – Bendecir, cit., p. 520.

[17] JARSCHEL, Heidi. *Gênesis 25-36*: cotidiano transfigurado. São Bernardo do Campo, Universidade Metodista de São Paulo, 1994. p. 11.

filho menor sobre o maior. É ela quem entra em ação instruindo Jacó a efetivar o engano do pai. Ela quer que seu filho favorito receba a bênção. Porém, esta ação tem como precedente a venda que Esaú realizou de sua primogenitura por um cozinhado (Gn 25,30-33). Tal fato pode ser entendido como a demonstração de que Esaú não é a pessoa indicada para cumprir a promessa do Deus de Abraão (Gn 27,28-29).

Rebeca, no seu espaço cotidiano da tenda, pensa muito bem na maneira de como levar a cabo seu plano, até o ponto de assumir a maldição sobre si, no caso de ser descoberta a fraude. Assim sendo, nossa antiga saga recorre a elementos caricaturescos que realçam as minúcias do plano de Rebeca, que pensou nos mínimos detalhes: "e peles de crias de cabras cobriu sobre suas mãos e sobre a parte lisa do pescoço" (v. 16). Desde o espaço da tenda, ela tem autonomia. Sua fala e seus atos denotam igualdade de protagonismo, ainda que recorra a certa artimanha. É notória a falta de escrúpulo "moral" na objeção de Jacó (v. 12). Parece não estar em jogo a ética, ao enganar o pai já cego, nem a suplantação do irmão. O que de fato lhe preocupa é a possibilidade de ser amaldiçoado.

Terceiro diálogo: Isaac/Jacó (vv. 18-29)

O narrador apresenta o encontro de Jacó e seu pai, mediado pelo engano (vv. 18-29). Os ouvintes devem viver esta cena impressionante com todos os detalhes. Logo após Jacó ter entrado na tenda e dito a mentira, encontra o primeiro tropeço: o pai fica surpreso por seu rápido regresso. Jacó sai do apuro na pior de suas mentiras, falando em nome de Javé, "porque deu êxito Javé teu Deus diante de mim" (v. 20b). Fala do Deus que atua em todas as circunstâncias da história patriarcal, o "Deus dos pais",[18] aquele ligado aos ancestrais pré-monárquicos. Esta é uma boa estratégia para o êxito de seu objetivo.

A atitude do pai mostra sua insegurança. Ele fica pouco convencido de que se trate de Esaú. Por isso, o apalpa e, somente depois de entrar em contato direto, ao receber o abraço e sentir seu cheiro da terra, fica convencido. Este é um bom testemunho da relação existente entre a terra e a fé veterotestamentária.

---

[18] ALT, ALBRECHT. *Terra prometida*: ensaios sobre a história do povo de Israel. São Leopoldo, Sinodal, 1989. (Estudios Bíblico-Teológicos AT)

Em 27-29, temos a perícope da bênção propriamente dita. O pronunciamento da bênção é iniciado com uma prosa poética na qual se reconhece Javé como o único dispensador da bênção sobre os campos (v. 27). Este reconhecimento, unido ao tema da fertilidade, sugere a mão de uma redação deuteronomista nestes versículos. A bênção de Deus é, pois, a esperança de uma região cultivada e descendência numerosa. A justaposição fertilidade e dominação reflete a realidade do povo no período de vida sedentária, em que os filhos são importantes para a defesa de possíveis ataques, especialmente em Canaã, onde os conflitos sociais, religiosos e fronteiriços eram iminentes.

A segunda parte da bênção sai do espaço harmônico ecológico e religioso para o espaço de dominação e servidão (v. 29). Este versículo, segundo nossa hipótese, serve de justificativa para a legitimação do engano. Jacó deixa seu pai no momento crítico em que Esaú regressa da caça. Vemos certa assimetria temática entre as perícopes do engano de Jacó (vv. 18-26) e a descoberta do engano (vv. 30-40). A segunda repousa sobre a primeira, constituindo a cena-chave do relato.

Quarto diálogo: Isaac/Esaú (vv. 30-40)

A perícope 30-40 é considerada o ponto nevrálgico de toda a narrativa. A cena da descoberta do engano revela um terrível desaforo, sendo conseqüentemente a cena mais dramática (vv. 30-36). Aqui são magistralmente descritos os acontecimentos. Esaú chega perante seu pai, ignorante do sucedido, e suas palavras iniciais assim o demonstram (v. 31). O momento mais intenso chega com o v. 33: "e tremeu Isaac grande tremor até muito". O hebraico utiliza um superlativo que realça a grande magnitude do que acabou de suceder, não obstante o patriarca reconheça que, aquele a quem abençoou, bendito será. Esaú, ao escutar as palavras de seu pai, "clamou um clamor grande e amargo, até muito" (v. 34). O hebraico utiliza a mesma intensidade do superlativo, denotando grande dramaticidade na descrição.

De fato, é de supor que aquele dramatismo expresso pelo narrador não é somente um recurso literário, mas também denota a seriedade dos acontecimentos. Esaú desfigura etimologicamente o nome de seu irmão que lhe enganou duas vezes. A primeira com o prato de lentilhas (Gn 25,29-34) e agora com a bênção.

O grito agonizante de Esaú é mitigado pela bênção que Isaac pronuncia sobre ele (Gn 27,39-40), mas que resulta no ódio homicida a Jacó (Gn 27,41), o que leva o irmão a buscar refúgio entre a família de Rebeca. Aqui temos uma repetição esquemática: Rebeca tem a tarefa de buscar uma esposa para Jacó, da mesma maneira que Abraão havia encarregado seu criado de buscar uma esposa para Isaac entre sua família (Gn 24,1-6). Esaú conhece muito bem a possibilidade de uma nova bênção: "não hás reservado para mim bênção?" (v. 36b). Esta pergunta, que convida a um acordo oficial de paz, provavelmente remonta a um estágio pré-israelítico da narração.[19] Depois de um momento de silêncio (v. 38), Isaac lhe concede uma bênção.

A nova bênção, propriamente dita, ocupa os vv. 39-40. O pai tenta novamente sua inspiração oferecendo-lhe uma terra próspera como morada além do orvalho dos céus (v. 39b). Até aqui não vemos diferença alguma com a bênção dada a Jacó. A frase emprega as mesmas raízes hebraicas do v. 28. O v. 40 retoma a condição de servo a serviço do irmão, isto é, a supremacia do menor sobre o maior. Porém, como afirmamos antes, este oráculo não é cumprido: Esaú continua na sua terra como agricultor. Quem fica longe é Jacó. Se o que foi dito se cumprisse, então Esaú deveria morar nas pedregosas montanhas de Edom, e viver lá significaria pouca possibilidade de vida para um caçador nômade. A ligação Esaú–Edom não deixa de ser uma humilhante dependência política na mentalidade do redator. Isso lembra a submissão de Edom por parte do rei Davi em 2Sm 8,12-14.

Quinto diálogo: Rebeca/Jacó (vv. 41- 45): "Levanta-te e foge"

Esaú sabe o alcance dos acontecimentos, por isso não oculta sua raiva até o ponto de querer matar seu irmão. A mãe conhece muito bem seu filho e tem certeza de que sua ira vai passar. Por isso, considera necessária a fuga de Jacó por um tempo prudente. Não obstante, ela não imaginava o alcance de seus atos: seu filho preferido está condenado ao desterro durante vinte anos. Não temos notícias se Jacó viu novamente sua mãe. Rebeca, com sua ordem imperativa dada a Jacó: "Levanta-te e foge" (v. 43), tenta proteger seus dois filhos e consertar seus

---

[19] Speiser, E. A. JBL 74, 1955, pp. 252-256.

atos. Ela sabe muito bem que se a ameaça de Esaú se concretizar, este teria de fugir como fratricida, com o que Rebeca perderia num só dia seus dois filhos.

Até aqui vimos a dinâmica do agir de Rebeca. Ela percebe a magnitude de seus atos e, por isso, envia Jacó a outra terra. Ela, segundo a perspectiva do v. 46, polariza a diferença "Canaã-Baal" *versus* "Israel-Deus", polarização que em primeira instância é político-estrutural e, em segunda, étnico-religiosa.

Percebe-se claramente como o rumo da história é perpassado por um sentimento pessoal de Rebeca: "estou desgostada da minha vida...". O texto fecha-se, dando por estabelecida a realidade histórica dos conflitos fronteiriços no primitivo Israel, já não baseada na vida cultural e pastoral nômade e na extensão da vida rural agrícola, mas numa sociedade com sua própria rota comercial, econômica e militar. Nesta perspectiva da secularização, pode-se entender "a ideologia de legitimação e eficácia da revolução tribal subseqüente".[20]

Considerações finais

A saga estudada reflete claramente a atmosfera de um estágio sedentário em que a estrutura patriarcal se encontra vigente. A história se desenvolve no âmbito da tenda e sugere um estágio primitivo de revolução social fronteiriço entre clãs. O campo semântico "fuga e retorno", em certa medida, confirma a idéia de que esta saga familiar revela em si um estágio primitivo do povo de Israel entendido desde categorias fronteiriças.

Se a história está, de fato, a favor de Esaú, então podemos afirmar que nele temos a memória de um grupo que em nome da fé defendeu a unificação das tribos. Por isso, estes irmãos não podem ser inimigos. Os acréscimos deuteronomistas no texto também oferecem pistas para reconhecer nele uma comunidade que defende o nacionalismo cultural e religioso judeu. Contudo, o grupo pró-Esaú tenta justificar, pela religião, a não-exclusão dos estrangeiros que compartilham seu território.

---

[20] GOTTWALD, N. Two Models for the Origins of Ancient Israel: Israel. In: HUFFMON, H. B. et al. (eds.). *From He Quest for the Kindom of God:* Studies in Honor G. E. Mendenhal. Winona Lake, Eisenbrauns, 1983. p. 7.

Finalmente, destaco o papel articulador das mulheres em toda esta saga familiar. Não é então por acaso que hoje podemos falar das matriarcas de Israel que, desde seu espaço cotidiano, por vezes transgressor, participaram ativamente na era patriarcal. Estes corpos e vozes, na maioria das vezes silenciados, sem dúvida, são apenas uma das muitas facetas das histórias sobre as matriarcas e sobre a natureza feminina. Cabe a nós, hoje, contribuir para acabar com a idéia de que as mulheres são incapazes de se relacionar com outras mulheres, especialmente no que concerne aos homens (amantes, esposos, filhos), e que somente podem lograr seus objetivos com artimanhas e não com inteligência. Estou ciente de que existe muito trabalho a ser feito para uma história mais completa sobre esta saga familiar. Porém, espero que este material seja de utilidade para uma melhor compreensão do texto estudado, quase sempre visto sob uma ótica a favor da bênção a Jacó.

Un proyecto de solidaridad, justicia social y resistencia. Un estudio a partir de Deuteronomio 15,1-18

Pedro Julio Triana Fernández[1]

Para que fuéramos felices siempre...

La experiencia del éxodo, se confiesa litúrgicamente en uno de los textos más antiguos de las Escrituras, Dt 6,20-25: "éramos esclavos del Faraón en Egipto y Yahvé nos sacó de Egipto con mano fuerte [...] para conducirnos y entregarnos la tierra que había prometido a nuestros padres [...] para que fuéramos felices siempre [...]". Esta confesión atraviesa todo el Antiguo Testamento y se constituye en el centro de la fe israelita, afirmando la existencia de un Dios liberador que los sacó de la esclavitud y los constituyó como pueblo.

La memoria liberadora del éxodo será lo que fundamentará la sociedad tribal, propiciando que el pueblo de Israel introduzca grandes cambios en la sociedad cananea, con el objetivo de limar las desigualdades sociales para que todas las familias y clanes "fueran siempre felices". A partir de esta experiencia más igualitaria, y teniendo como trasfondo la memoria liberadora del éxodo, estas

[1]   *E-mails*: triana-ajo@enet.cu; triana231247@yahoo.es

novedades sociales se fueron recopilando, a través de diferentes épocas, y quedaron plasmadas en tres grandes conjuntos legales: el Código de la Alianza (Ex 20,22–23,19), el Código Deuteronómico (Dt 12–26) y el Código de Santidad (Lv 17–26).

Caminando por la historia del pueblo de Dios

Con el fin del tribalismo y la llegada de la monarquía comenzaron a aparecer las desigualdades económicas y sociales en medio de la sociedad israelita. La brecha que separaba ricos y pobres, campesinos y ricos de la ciudad, se fue profundizando.

A partir del reinado de David, particularmente durante el reinado de Salomón, la lucha entre los criterios de los reyes y los valores tradicionales vinculados a la memoria libertadora del éxodo y la sociedad tribal, se agudiza. Las revueltas de Absalón (2Sm 15,1–18,18) y de Seba (2Sm 20,1-22) así lo demuestra. La primera, al intentar derrumbar a David, representa la rebeldía del campesinado y la voz de las tribus, mientras que la segunda, con su propuesta política: "¡A tus tiendas, Israel!", retoma y reafirma el ideal tribal, y la memoria libertadora del éxodo como proyecto.

Y así vemos que serán criterios claramente económicos los que darán al traste con la monarquía unida en 926 a.C. Por un lado, estos factores los vemos reflejados en la petición que las tribus del norte, hacen a Roboam, hijo y sucesor de Salomón: "Tú padre ha hecho pesado nuestro yugo; ahora tú aligera la dura servidumbre de tu padre y el pesado yugo que puso sobre nosotros, y te serviremos" (1Re 12,4). Y por otro lado, reaparecerá como utopía libertaria la memoria del éxodo, que presidió la experiencia del tribalismo, en la respuesta de las tribus cuando Roboam intenta continuar la política de su padre: "[...]! A tus tiendas, Israel! ¡Mira ahora por tu casa, David!" (1Re12,16b).

Este camino de lucha ante las políticas de reyes y funcionarios públicos, en contubernio con las elites sacerdotes, continuará durante el reino dividido. En el norte la dinastía de Omri (885-841 a.C.), emulando la opresión salomónica, propiciará una estratificación social que aumentará la distancia entre el campesinado y las elites nativas y extranjeras – en este último caso, los fenicios, sustento

ideológico y económico de la dinastía de dos omridas[2] – aumentando el empobrecimiento del pueblo, y llegando en algunos casos a la esclavitud por deudas (1Re 17,7-16; 2Re 4,1-7; 6,1-7). Sin embargo, ante tantas injusticias y desigualdades, se articulará la resistencia. Ese movimiento de resistencia lo encontramos en el heterogéneo grupo que se aglutinará alrededor de los sectores proféticos vinculados a Elías y Eliseo –propietarios de tierras, como Nabot (1Re 21 y 2Re 9,10.25), campesinos empobrecidos (2Re 4-8), militares (2Re 9,1-13) y recabitas (2Re 10,16-27). La cólera del pueblo de Israel contra la casa de Omri desembocará en 841 a.C. en la llamada "revuelta de Jeú" (2Re 9-10), que derrumbó la dinastía de Omri e inaugura la dinastía de Jeú, la más larga de la historia de Israel (841-743 a.C.).

Sin embargo, Jeú y sus sucesores no consiguieron detener los abusos que llevaron al pueblo de Israel a revelarse contra los omridas. Nuevos privilegios e injusticias crecerán, y el largo reinado de Jeroboam II (783-743 a.C.) cerrará, no sin resistencia,[3] cien años de dinastía jeuida, si tenemos en cuenta que su hijo Zacarías prácticamente no consiguió reinar (1Re 14,8-10).

Si nos atenemos a las referencias sobre el reinado de Jeroboam II, tal y como se reporta en la historia deuteronomista (2Re 14,23-29), nos damos cuenta que aparentemente fue uno de los más grandes reyes de Israel. Sin embargo, contrapuesto a este cuadro brillante de optimismo, exitosas conquistas y esplendor, los libros de Amós y Oséas, cuyas tradiciones tienen su origen en este período, nos

---

[2] Un análisis de este proyecto fenicio de dominación política, social, económica y cultural, así como de las luchas del pueblo de Israel durante la dinastía de los omridas, y posteriormente durante la dinastía de Jeú, puede encontrarse en: Fernández, Pedro Julio Triana. *Profecia*: resistência e sobrevivência – Um estudo sobre a vida do povo de Israel durante a dinastia de Jeú. São Bernardo do Campo, Universidade Metodista de São Paulo, 1998. Tesis de doctorado.

[3] Aunque la narrativa de Reyes no reporta de una oposición organizada, de repente y sin ninguna explicación, se nos informa que un tal Salum, de Yabes de Galaad, se levantó contra Zacarias, hijo de Jeroboam II, y último representante de la casa de Jeú (2R 15,10). Por otra parte, textos como Os 1,3-5; 4,2b; 5,5 y Am 7,9 y 7,11, parecen apuntar para un estado de rebelión interna, sin lo cual es difícil explicar lo que aconteció después de la muerte de Jeroboam II. Un análisis detallado puede encontrarse en Fernández, *Profecia*, cit., pp. 213-220.

muestran un cuadro bien diferente con relación a la vida del pueblo de Israel. A través de sus 41 años de reinado, Jeroboam II llevó al pueblo de Israel a la indigencia y la miseria (Am 2,6-7; 4,1; 5,10-13; 8,4). Por eso, al crear y apoyar una elite privilegiada, destruyendo la característica solidaridad de la sociedad tribal (Am 4,1; 6.1-7; 7,1-12), y al adulterar el carácter liberador de la fe yahvista (Os 4,4-10; Am 5,21-24), se generarían las condiciones, las oposiciones y las contradicciones que llevarían al desastre, no sólo de los jeuidas, si no 25 años más tarde, en 722 a.C., al conjunto de la nación israelita a manos de los asirios (2R 17,5-6; Os 14,1; Am 5,1-5.18-20).

Mientras tanto, en el sur, después de la muerte de Ocozías, de Judá, durante la revuelta de Jeú, Atalía, de la familia de Omri, elimina lo que quedó de la familia real judaita y usurpará el trono (2Re 11,1). De la familia real solamente quedó Joás, un niño, que es salvado y escondido en el Templo hasta la mayoría de edad (2Re 11,3). Será este Joás la figura alrededor de la cual se agrupará el pueblo judaita para poner término, siete años después de la revolución del pueblo de Israel contra la casa de los omridas, al gobierno de otro miembro de la casa de Omri. Y, a lo que parece, las dos revueltas reflejan la resistencia de israelitas y judaitas a un proyecto económico extranjerizante de corte fenicio, que iba en contra de los intereses políticos, económicos y religiosos, tanto del pueblo de Israel, como de Judá.

De esta revuelta emerge en el escenario político del sur, junto a los sacerdotes y la guardia real, un grupo que marcará de aquí en adelante, sobre todo en períodos definitorios, la historia y la vida política de Judá: "el pueblo de la tierra" ('am ha'res). Y este grupo social se hará presente en la entronización de Ozías (2Re 14,19-21), apoyará la regencia y posterior reinado de Jotam (2Re 15,5.32); también dará fuerzas y esperanzas en la rebelión anti-asiria durante el reinado de Ezequías (2Re 18–20),[4] y colocará a Josías en el trono después del golpe de estado contra Amón (2Re 21,19-25).

---

[4] MONTEIRO DE OLIVEIRA, Antonio Roberto. *O anúncio messiânico de Isaías 32,1-8*. São Bernardo do Campo, Instituto Metodista de Ensino Superior, 1994. pp. 88-96. Dissertação de mestrado.; BLENKINSOPP, Joseph. *El Pentateuco*. Navarra, Verbo Divino, 1999. p. 280.

Ciertamente la participación del "pueblo de la tierra" en la vida política de Judá a partir de 841 a.C. ha sido un desafío para los investigadores. Pero no es este el momento, ni tenemos el espacio para entrar en todo el debate y la polémica acerca de este grupo social.[5] Por nuestra parte, asumimos que "el pueblo de la tierra" es un movimiento social de corte popular, de campesinos libres e independientes del interior, todavía no empobrecidos por el sistema, pero que no debe ser confundido con las elites, tal vez no tan radical como los movimientos sociales del norte, pero perfectamente válido como representante de las ansias y sueños libertarios del campesinado dentro del contexto de Judá entre los siglos IX y VII.[6]

Vemos así, que durante todo el período monárquico, pero particularmente a partir del siglo IX hasta el VII a.C., asistimos a un período de emergencia y articulación de fuerzas populares, tanto en el norte como en el sur, vinculadas al campo, que resisten y se contraponen a la monarquía tributaria, a las elites opresoras de las ciudades y, finalmente, a la dominación política, social, económica y cultural asiria.

El conjunto del Código Deuteronómico, y la institución del año sabático que encontramos en Deuteronomio 15,1-18, tiene como antecedente esta larga historia de lucha, como forma de recuperar el ideal de la sociedad más igualitaria nacida de la experiencia del éxodo.[7]

5 Un análisis del estado de la cuestión puede encontrarse en Fernández, *Profecia*, cit., pp. 258-289; y también en Siqueira, Tércio Machado. *O povo da terra no período monárquico*. São Bernardo do Campo, Universidade Metodista de São Paulo, 1997.

6 Dreher, Véase Carlos. Alguns movimentos populares no Antigo Testamento. *Palabra partilhada*, São Leopoldo, v. 8, n. 1, pp. 19-40, 1989; Crüsemann, Frank. *A Torá*: teologia e história da lei do Antigo Testamento. Petrópolis, Vozes, 2002. p. 373; Blenkinsopp, *El Pentateuco*, cit., p. 280; Schwantes, Milton. História de Israel: dos inícios até o exílio. *Mosaicos da Bíblia*. São Paulo, Centro Ecumênico de Documentação e Informação, 1992, pp. 15-16; y también del mismo autor, *Amós*: meditações e estudos. São Leopoldo/Petrópolis, Sinodal/Vozes, 1987. p. 58; Hahn, Noli Bernardo. Povo da terra e meu povo à luz de Miquéias. *Estudos Bíblicos*, Petrópolis, Vozes, n. 44, p. 51, 1994, y Fernández, *Profecia*, cit., p. 286.

7 Mesters, Carlos (ed.). *Año de Gracia. Año de Liberación*: una semana bíblica sobre el Jubileo. Navarra, Verbo Divino, 2000. p. 34. (La Casa de la Biblia)

Época, contexto literario y propósito

Se ha dicho que una teología del Antiguo Testamento deberá tener su centro en el Deuteronomio, porque es en él donde aparecen concentrados los elementos básicos de la teología del Antiguo Testamento.[8] Esta afirmación tiene fundamento si tenemos en cuenta la influencia, en primer lugar, que el mismo ha ejercido en otras tradiciones veterotestamentarias, al punto de afirmarse que es un libro considerado, en su producto final, como un libro "puente", porque con él termina el Pentateuco, sección fundamental de la Biblia Hebrea, y se inicia otra, la llamada Obra Historiográfica Deuteronomista (OHD); en segundo lugar, por su destacada influencia, en la teología y formación de varios libros proféticos, y aun sapienciales, como Sofonías, Jeremías, Miqueas, Joel y Proverbios; y finalmente, por la presencia de su fraseología, y por tanto, de la influencia del pensamiento y la teología deuteronomista, en general, en innumerables libros del Antiguo Testamento.[9]

Por otra parte, también la presencia deuteronomista en el Nuevo Testamento es destacada. Deuteronomio es, junto con Isaías y Salmos, uno de los libros del Antiguo Testamento más citados. Se le cita en 83 ocasiones, tanto en los evangelios, como en otros escritos neotestamentarios. Por eso es correcto afirmar, que la teología deuteronomista, por su espíritu humanístico y pedagógico, y por su fuerte énfasis en la solidaridad y la justicia social, ha jugado un papel señalado y fundamental en el desarrollo de la fe bíblica.[10]

Es consenso en la investigación bíblica que el Código Deuteronómico (Dt 12–26) es el núcleo generador y central de todo el conjunto del Deuteronomio.[11] Por

---

8   HASLE, Gerhard. *Old Testament*: basic issues in the current debate. Grand Rapid, Eermans Publishing Co., 1991. p. 156.

9   WEINFELD, Véase Moshe. *Deuteronomy and the Deuteronomic School*. Oxford, Clarendon Press, pp. 320-341.

10 SÁNCHEZ, Edesio. *Deuteronômio*. Buenos Aires, Kairos, 2002. p. 18. (Comentario Bíblico Iberoamericano.

11 Un magnífico estudio del estado de la cuestión sobre la historia literaria del Deuteronomio puede encontrarse en ZABATEIRO, Julio Paulo Tavares. *Tempo e espaços sagrados em Dt 12,1-17,13*: uma leitura sêmio-discursiva. São Leopoldo, Escola Superior de Teologia, 2001. pp. 31-51. También puede verse LAMADRID, Antonio González. Historia deuteronomista. *Historia, narrativa y apocalíptica*.

otro lado, es una realidad incuestionable, por las muchas referencias presentes, que los redactores de este conjunto legal conocían el Código de la Alianza (Ex 20,22–23,19).[12] Sin embargo, autores como Frank Crüsemann, han postulado que el Código Deuteronómico no constituye una complementación del Código de la Alianza, sino una sustitución del mismo, un nuevo comienzo. Argumentos para ello los podemos encontrar en el carácter del Deuteronomio como discurso de Moisés y no de Dios, en las regulaciones acerca de la monarquía, el derecho, el sacerdocio, la profecía y la guerra, que faltan completamente en el Código de la Alianza. Establece Crüsemann, además, que su común identificación con el libro de la ley de Josías, no responde la pregunta sobre su origen.[13] Por otro lado, Gerhard von Rad también diferencia al Código Deuteronomio del Código de la Alianza, mientras Joseph Blenkinsopp, reconociendo las diferencias entre ambos conjuntos legales, lo considera una reformulación del Código de la Alianza en sintonía con los cambios sociales de su época.[14]

Vemos así que sobre el contexto, relaciones, autoridad, origen y propósito de todo este conjunto legal hay un gran debate. No tenemos tiempo ni espacio, ni es nuestro objetivo en este trabajo, presentar una panorámica del estado de la cuestión. Sin embargo, Júlio Paulo Tavares Zabateiro ha realizado un magnífico resumen de estos aspectos en su tesis doctoral a la cual remitimos.[15]

Por nuestra parte, y partiendo de todo ese debate, asumimos, primero, que el Código Deuteronómico es fruto de un gran movimiento social (J. Blenkinsopp, R. Clement, F. Crüsemann, S. Gallazzi, S. Nakanose, J. P. Tavares Zabateiro), en Judá, pero cuyos antecedentes podríamos encontrarlo en los últimos años del reino del norte; en segundo lugar, que a partir de ese momento este movimiento se desarrolla durante los casi 200 años de influencia y dominación asiría, primero en el norte, y después en el sur, entre los siglos VIII y VII a.C.; en tercer lugar,

Navarra, Verbo Divino, 2000. pp. 17-216.

12 El Código de la Alianza probablemente surgió, como producto literario, a finales del siglo VIII o inicios del VII a.C. Así, CRÜSEMANN, *A Torá*, cit., p. 278.

13 CRÜSEMANN, *A Torá*, cit., pp. 284-298. Así también RAD, Gerhard von. *Deuteronomy: a commentary*. Philadelphia, Westminster Press, 1966. pp. 27-28.

14 BLENKINSOPP, *El Pentateuco*, cit., p. 271, y RAD, *Deuteronomy*, cit., p. 24.

15 ZABATEIRO, *Tempo e espaços sagrados...*, op. cit., pp. 52-81.

que su visión ideológica se contraponía a la monarquía tributaria, al sacerdocio central de Jerusalén, a los acaparadores de tierra, y a la dominación extranjera representada por los asirios; en cuarto lugar, que este movimiento representaba y defendía los intereses del campesinado en contraposición a las elites de la ciudad, y que proponía un proyecto que, en sintonía con el carácter liberador de la fe yahvista, asegurase justicia social y económica, y afirmase la solidaridad como mecanismo para asegurar la estabilidad social. Finalmente, por tanto, que social e ideológicamente este movimiento representa el pensamiento de un grupo heterogéneo de sujetos sociales: sabios populares, sacerdotes levíticos excluidos y marginados por la jerarquía sacerdotal de Jerusalén, grupos proféticos, e inclusive el pueblo de la tierra.

Y será con todos estos antecedentes, trasfondo y ejes hermenéuticos, que realizaremos una breve caminata por nuestro texto.

Y Yahvé te bendecirá...

El Código Deuteronómico abre con las leyes referentes al santuario (Dt 12,2-27) y cierra con la mención a la ofrenda de las primicias y diezmos, y una evocación litúrgica de la tradición liberadora del éxodo (Dt 26,1-15). Estas molduras redaccionales destacan la relación que el conjunto del código establece entre ley, culto, relaciones económicas y liberación.

Particularmente, Dt 15,1-18 forma parte de un conjunto cúltico-litúrgico (Dt 14,22–16,17) que habla de diezmos y primicias (14,22-29); el año sabático (15,1-18); los primogénitos de los ganados (15,19-23); la fiesta de la Pascua (16,1-8); la fiesta de las Siete Semanas (16,9-12); y la fiesta de las Tiendas (16,13-15). Vemos como en este conjunto se establece una relación muy estrecha entre llevar ofrenda y celebrar la fiesta, y establecer relaciones de solidaridad, compartir propiedades, libertad y alimentos con los más débiles de la sociedad: con los levitas (14,29), con los empobrecidos y necesitados (15,4.7.9.11), con el esclavo y la esclava (15,12-15), con el migrante/peregrino, y con el huérfano y la viuda (16,11.14).

El término *barak* (lit. bendecir) aparece repetidas veces en la frase "...Yahvé te bendecirá..." (Dt 14,29; 15,10.18; 16,15). Se relaciona así el hecho de recibir

bendición de Yahvé, y el cumplir las leyes que benefician a los más débiles. Se afirma, de esta manera, que no pude haber una verdadera adoración a Yahvé, sin justicia social, pensamiento que está muy en línea con la predicación de Isaías y Miqueas (Is 1,10-18; Mi 3,4).

Cada siete años...

La Biblia no tiene en ninguna parte un relato de la institución del sábado. En base a esto se han elaborado diferentes hipótesis para determinar su origen. Sin embargo, lo único cierto es que tiene un origen muy antiguo en Israel, y que a partir del exilio y la cautividad babilónica llegó a ser una marca que distinguió e identificó al pueblo de Israel.[16] Esta institución, cuyas regulaciones encontramos dispersas y con diferentes énfasis (Ex 20,22-23,33; 21,2-6; Lv 25,2-7; Dt 15,1-11), y teniendo como trasfondo diferentes contextos, es un gran proyecto y una magnífica utopía de liberación y solidaridad social.

No tenemos evidencias históricas confiables de la observación del año sabático en el período monárquico. Pero con la mención en Ne 10,32 de un compromiso asumido de guardar el año sabático, y otras evidencias bíblicas, aunque sean pocas, como 1Mq 6,49.53, así como referencias en Flavio Josefo, nos hacen suponer que fue observado en el judaísmo post-exílico.[17]

Si bien que Dt 15,1-18 no menciona un año de reposo agrícola, los términos usados, su efecto liberador, y la referencia a un período de siete años relaciona el texto al Código de la Alianza (Dt 21,2-6; 23,10-11). Sin embargo, en nuestro texto el año sabático no tiene paralelo en el Código de la Alianza, considerado este último el conjunto legal más antiguo de Israel. La razón para ello podría encontrarse en que el Código de la Alianza refleja más bien un ambiente agrícola, y una economía más simple, sin relaciones financieras muy complicadas, mientras

---

[16] Vaux, Roland de. *Instituciones del Antiguo Testamento*. Barcelona, Editorial Herder, 1992. pp. 598-607.

[17] Crüsemann, Véase Frank. *A Torá*, cit., p. 321 y nota 132; también, Josephus, Flavius. Antiquities of the Jews (Book 3, Chapter 12.3), en: *The Works of Josephus*: complete and unabidge. Massachusett, Hendrickson Publishers, 1987. (electronic ed. of the new updated ed., Garland, TX, Galaxie Software)

que el Código Deuteronómico parece reflejar un contexto más urbano y comercial, con tributos de parte del estado, lo que significa una economía relativamente compleja.[18] Por eso nuestro texto, como bien se ha afirmado, debe leerse a partir de su intencionalidad social y económica, como veremos más adelante.[19]

La institución del año sabático, tal y como se presenta en Dt 15,1-18, podría dividirse en tres momentos: la cancelación de las deudas (Dt 15,1-6), los préstamos a los pobres (Dt 15,7-11) y las regulaciones para la liberación de los esclavos hebreos, sea hombre o mujer (Dt 15,12-18). Cada uno de ellos declara, desde diferentes ángulos, la necesidad de la solidaridad y el cuidado para con los pobres a partir de nuevas relaciones socioeconómicas

Para que no haya pobres entre ustedes

El año de remisión de deudas, que encontramos en Dt 15,1-6, no tiene una contraparte en la legislación israelita anterior. En el Código de la Alianza se habla del *descanso de la tierra* (Ex 23,1-11), lo que en realidad era un paliativo para que los pobres y los animales pudieran comer de lo que quedaba. Sin embargo, esta legislación no perturbaba el lucro que pudieran obtener los propietarios; ni resolvía los conflictos y ni interfería en las relaciones socioeconómicas.

Términos como *shemitta* (lit. en este contexto/abrir mano/de préstamos/de deudas), *mashsheh* (lit. préstamo) y *ba'al* (lit. en este contexto/señor, propietario/ o también acreedor), no dejan dudas del enfoque económico del texto. Se establecen así las relaciones de conflicto entre dos personas, un acreedor/propietario, que posee algo de otra persona, como garantía de una deuda. Prenda que era símbolo del endeudamiento y la dependencia, que muchas veces llevaba hasta la esclavitud. Se plantea, entonces, que el acreedor debía abrir mano/renunciar a cualquier tipo de prenda retenida (pagarés, contrato o recibo de deudas)[20] para garantizar que la persona no tuviera, finalmente, que caer en la esclavitud.

---

[18] Así, RINGE, Sharon H. *Jesús, la liberación y el Jubileo bíblico.* San José/Costa Rica, DEI, 1966. pp. 44-45, y RAD, *Deuteronomy,* cit., pp. 105-106.

[19] Crüsemann, cit., p. 316.

[20] Una explicación de esta práctica puede encontrarse en REIMER, Haroldo. Un tiempo de gracia para recomenzar. *Revista de Interpretación Bíblica Latinoamericana,* Quito/Ecuador, RECU, n. 33, pp. 43-44, 1999.

No obstante, en el texto se señala que al extranjero sí se le podía cobrar las deudas, y los intereses. Podría pensarse en cierta xenofobia u odio al extranjero. Pero el término que aquí se usa es *nokri* (lit. extranjero, extraño, alguien que no es israelita). Tal vez se podría suponer que eran comerciantes que se encontraban establecidos en Israel para hacer riquezas, y a ellos el pago de deudas o intereses no los reduce a la pobreza o esclavitud por deudas (Dt 14,21).[21] Y el término *nokri* contrasta con el término *ger* (lit. migrante, peregrino/israelita o extranjero). Ese migrante/peregrino es citado junto con los huérfanos, los niños y niñas, las viudas y los levitas, como empobrecidos, y por tanto, también receptores y beneficiarios de la solidaridad y del cuidado de la comunidad (Ex 23,12; Lv 16,29; 17,12; 18,26; Dt 16,11.14; 24,17; 26,11; Js 8,35). Por eso, el migrante, el peregrino (*ger*), deberá recibir toda la solidaridad necesaria para asegurarse una vida digna.

Vemos así, que aquí el año de remisión de deudas es una propuesta revolucionaria y radical que va más allá de Ex 23,1-11, porque va a las causas del problema, interfiriendo directamente en las relaciones socioeconómicas que generan los conflictos, que llevan al endeudamiento, la dependencia y, consecuentemente, a la pobreza y hasta la esclavitud.

Pero, tal vez lo más radical de la propuesta no es simplemente la condonación de las deudas, sino las consecuencias sociales que esto podría generar. Porque lo que se quiere es que "no haya pobres", o sea, el ideal es un proyecto revolucionario que lleve a una sociedad más igualitaria, donde todas las personas puedan tener lo necesario para vivir una vida digna, y en hermandad los unos con los otros. Una sociedad donde la hermandad, la justicia y la solidaridad social hagan realidad el verdadero culto a Yahvé.

---

[21] Reimer, *Un tiempo de gracia...*, op. cit., p. 46; véase también el comentario sobre este particular de Gerhard von Rad a Dt 14,21, en *Deuteronomy*, cit., p. 102, y Mesters, *Año de Gracia. Año de Liberació*, cit., p. 67.

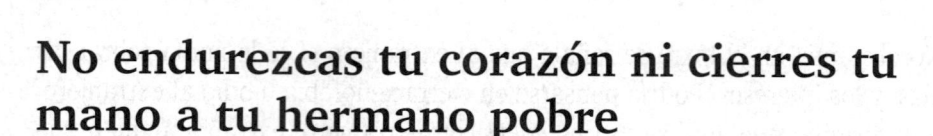

No endurezcas tu corazón ni cierres tu mano a tu hermano pobre

El lenguaje exhortatorio, conminatorio, o de "ley predicada",[22] característico del Deuteronomio, es retomado en Dt 15,7-11. Después del trecho anterior expresado en un lenguaje más bien jurídico-legal, sigue un gran reclamo para que se cumpla y se haga una realidad el precepto de solidaridad y justicia con el hermano empobrecido.

Es importante señalar que esta sección con una fuerte fraseología exhortatoria y conminatoria, que parece urgir al cumplimiento de las leyes, está situada en el centro de nuestro texto, o sea, entre la sección que llama a la cancelación de deudas (Dt 15,1-6) y la que sigue que llama a la liberación de los esclavos y esclavas (Dt 15,12-18).

Aquí se destaca el término *'ah* (lit. hermano).[23] En todo el Deuteronomio la creación de una comunidad de hermanos es una temática central. Y esta temática se refuerza en nuestro texto con la frase "...no endurecerás tu corazón ni cerrarás tu mano a tu hermano pobre" (Dt 15,7b). Pero Dt 15,9 plantea una situación en que parece que el acreedor no siempre estuvo dispuesto, o se resistió a devolver lo prestado, o a prorrogar el mayor tiempo posible su cancelación para dilatar y mantener la dependencia: "...cuida de no abrigar en tu corazón estos perversos pensamientos". Lo cual se refuerza con la exhortación final de la sección: "...pues no faltará pobres en esta tierra; por eso te doy este mandamiento: debes abrir tu mano a tu hermano, a aquel de los tuyos que es indigente y pobre en tu tierra" (Dt 15,11).

Por eso, al colocar Dt 15,7-11 en contraposición con la sección anterior (Dt 15,1-6), y aun con la que sigue (Dt 15,12-18), nos lleva a dudar de que realmente las leyes sobre la cancelación o devolución de deudas, o la liberación de esclavos

---

[22] Rad, *Deuteronom*, cit., pp. 15-23; del mismo autor, *Studies in Deuteronomy*. London, SCM Press, 1953. pp. 11-24, y Blenkinsopp, *El Pentateuco*, cit., p. 275.

[23] Este término aparece 25 veces en el Deuteronomio, concentrándose su uso particularmente en el Código Deuteronómico (Dt 12–26). De las 25 veces que aparece en el Deuteronomio, lo encontramos 5 veces en nuestro texto (cf. Dt 15,2.3.7.9.11). Véase Briend, Jacques. *El Pentateuco*. Estela, Verbo Divino, 1978. pp. 37-38.

y esclavas estuvieran siendo realmente cumplidas. También se podría pensar que estamos ante un texto de denuncia y resistencia ante una situación que estaba provocando grandes conflictos sociales y llevando al empobrecimiento, al hambre y hasta la esclavitud, a grandes sectores de la población. Y todo esto está en línea con la denuncia de profetas como Amós, Oseas, y sobre todo Miqueas. Este último tal vez más contemporáneo del contexto socioeconómico en que se produce la compilación del Código Deuteronómico.

Recuerda que fuiste esclavo en Egipto

Ciertamente la liberación de los esclavos y esclavas (Dt 15,12-18) está estrechamente relacionada con la ley sobre la cancelación de las deudas que abre nuestro texto (Dt 15,1-6). Y esta relación se entiende si tenemos en cuenta que los esclavos eran sirvientes con título de propiedad, cuya condición era consecuencia de su incapacidad de cancelar una deuda y, por lo tanto, el deudor y su familia eran tomados como garantía.[24]

Dt 15,12-18 está en sintonía con Ex 21,2-6, pero lo modifica, amplia y radicaliza. Aquí la frase "hermano hebreo"[25] se aplica tanto a un hombre como a una mujer. O sea, las mujeres son incluidas específicamente en la liberación. Y esto, sin dudas, muestra un avance con relación al estatus de la mujer, ya que parece reflejar un contexto donde las mujeres eran capaces de tener propiedades, y de ser tratadas al mismo nivel que los hombres. Pero, si no fuera éste el caso, porque no podemos obviar el carácter patriarcal y excluyente con relación a la mujer de la sociedad, y particularmente del derecho israelita, esta novedad de la ley deuteronómica (Dt 13,7; 16,11.14; 12,12-18; 17,2; 25,5-10) quedará como una utopía liberadora de lo que debería ser.[26] Propuesta que será retomada en otros contextos (Ne 5,6.8; Pr 31,10-31; Jl 3,1-5), y ejercerá, sin duda, una fuerte influencia en el desarrollo del movimiento de Jesús y en el naciente cristianismo.

---

[24] Ringe, *Jesús, la liberación y el Jubileo bíblico*, cit., p. 45.

[25] En este contexto, a diferencia de su uso en el Código de la Alianza, el término *'ibri* (lit. hebreo) no significa un grupo social y si la comunidad étnica de los israelitas. Véase Rad, *Deuteronomy*, cit., p. 107; Reimer, Un tiempo de gracia..., op. cit., p. 41; Ringe, *Jesús, la liberación y el jubileo bíblico*, cit., p. 44.

[26] Sobre este asunto véase Crüsemann, *A Torá*, cit., pp. 347-362.

Otra novedad que introduce esta sección comparada con Ex 21,2-6 es que no bastaba con liberar a los esclavos y las esclavas, sino que había que asegurarles los medios necesarios para comenzar su nueva vida, para que no recayeran en la esclavitud al tratar de obtener un préstamo: "[...] no lo enviarás con las manos vacías; le darás algún presente de tu ganado menor, de tu era y de tu lagar; le darás como te haya bendecido Yahvé tu Dios" (Dt 15,13-14). Y a seguir se hace mención de la memoria del éxodo "...recordarás que tú fuiste esclavo en el país de Egipto [...]" (Dt 15,15). Esto significa, por un lado, que el proyecto deuteronómico quiere promover una comunidad de hermanos y hermanas, de igualdad, justicia y libertad, en sintonía con los orígenes de Israel, y por otro lado, que el ser bendecido por Dios depende del hacer justicia y ser solidario con el hermano y la hermana.

Pero después nos encontramos con la aparente inconsistencia que nos presenta Dt 15,16. Aquí se plantea la posibilidad de que el esclavo o la esclava continúen en su situación por propia voluntad, "[...] porque te ama a ti y a tu casa, porque le va bien contigo [...]". Frank Crüsemann establece que podría ser una transición en la historia social, de la esclavitud para el trabajo remunerado, teniendo en cuenta que en Dt 24,14 se menciona por primera vez en el derecho israelita a los asalariados como grupo social, los cuales están incluidos en la protección social, independiente de ser israelitas o extranjeros/migrantes/peregrinos (ger).[27] Pero también podríamos imaginar en las dificultades y resistencia para la aplicación de la liberación de esclavos y esclavas por su impacto social. Vemos así, por ejemplo, que en Jr 34,8-22, y ya al final del período monárquico, Zedequías propone una liberación de esclavos durante el asedio babilónico. Sin embargo, cuando el peligro pasó, los propietarios se arrepintieron y los volvieron a someter a la esclavitud.

En fin, haya o no haya podido aplicarse a nivel social, el proyecto deuteronomista de liberación de esclavos y esclavas, con su carácter inclusivo, y con su garantía de una vida digna para los liberados, y al tener como trasfondo la memoria liberadora del éxodo, recordaba siempre que ese Israel, que había nacido en la libertad, la igualdad y la justicia, debía promover esa misma libertad, igualdad y justicia, para ser bendecido por Dios.

---

[27] Crüsemann, *A Tora*, cit., pp. 325-326.

Se ha cumplido hoy...

Es difícil saber hasta que punto las prescripciones del año sabático fueron aplicadas, pero quedaron como un magnífico proyecto que recordaba siempre la necesidad de vivir en libertad, igualdad, solidaridad y justicia. El movimiento de Jesús sabrá establecer la sintonía con este proyecto liberador.

Con Jesús el espíritu de las leyes del año sabático se reactualiza. En el Padrenuestro se proclamará el perdón de deudas (Mt 6,12); y en la sinagoga de Nazaret se retomará el proyecto liberador del año sabático al proclamar libertad para los cautivos y oprimidos, el año de gracia del Señor, y hacer de la solidaridad y la justicia un imperativo siempre presente cuando se afirma: "...esta Escritura... se ha cumplido hoy" (Lc 4,18-19).

Por su gran carga utópica las imágenes, el mensaje y el reclamo del año sabático de que "...no debe haber pobres...", trascienden su propio tiempo y lugar y nos desafían a vivir en clave de liberación, proclamando buenas nuevas a los empobrecidos de hoy. Y proclamar buenas nuevas implica la opción política de ser solidarios, y tener una acción práctica y eficaz para con todas las personas que están siendo oprimidas, excluidas, discriminadas y marginadas por sistemas opresivos, tanto políticos y económicos como eclesiásticos. Porque sólo si hacemos esto "Dios nos bendecirá...".

Narrativas do ciclo de Elias. Uma leitura da narração em 1Rs 17,1-24

Mercedes Lopes

Introdução

O ciclo de Elias (1 Reis 17-19.21 e 2 Reis 1,1–2,18)[1] é constituído em grande parte por histórias populares que contam "prodígios" realizados por este profeta para solucionar problemas básicos do cotidiano dos pobres. A realização de tais "prodígios" torna-se ainda mais relevante porque tem uma dimensão política muito forte. Os "prodígios" realizados por Elias e Eliseu são expressões do poder de Iahweh para dar vida e para derrocar Baal e seus seguidores. Os grupos que propagaram essas narrativas devem ter sido opositores constantes de Baal e dos grupos que exerciam o poder no Reino do Norte. Eram fiéis a Iahweh, e sofriam com a fome, as doenças e expropriação de terras, já que a política agrária daquela época (século IX a.E.C.) favorecia a concentração de terras (1Rs 21). O movimento que contava estas histórias parece ter sido muito grande. Dele participavam profetas anônimos (1Rs 18,4) e até pessoas que estavam a serviço do rei, como Abdias (1Rs 18,3).

---

[1] O ciclo de Eliseu dá seqüência ao de Elias, iniciando em 2Rs 2,1 e terminado com sua morte em 2Rs 13,20.

Neste artigo vou me concentrar apenas em uma seqüência destas histórias (1Rs 17,1-24), fazendo uma análise do texto narrativo que representa tais acontecimentos. Iniciarei com a tradução do texto hebraico, refazendo a narração. Em seguida, farei um comentário sobre alguns termos que chamam a atenção no texto masorético e que podem servir como chave para a leitura. Passarei, então, à análise de alguns elementos importantes da narrativa, como redator, personagens, cenário e trama.

A narração

Este estudo limita-se ao capítulo 17 do Primeiro Livro dos Reis, que apresenta quatro episódios. O primeiro deles é o anúncio de uma seca (17,1): "E disse Elias, o tesbita, dos habitantes de Giliad, a Acab: 'Vive Iahweh, Deus de Israel, que diante dele estou de pé, que não haverá estes anos orvalho e chuva, senão segundo minha palavra'".

O texto não conta se houve alguma reação de Acab diante da notícia recebida, nem se há outra referência ao rei no restante do capítulo 17 (vv. 2 ao 24). A narração passa imediatamente para o segundo episódio (vv. 2-6), no qual Iahweh se comunica diretamente com Elias e o envia para um lugar deserto, do outro lado do Jordão, onde seria alimentado pelos corvos e beberia água da torrente Kerit, pois havia seca em Israel: "E Elias fez de acordo com a palavra de Iahweh e andou e habitou na torrente Kerit. E os corvos levavam para ele pão e carne pela manhã e pão e carne pela tarde, e bebia da torrente".

A narrativa não informa quanto tempo Elias ficou no deserto, sendo alimentado pelos corvos. Passa a um terceiro episódio (vv. 7-16), iniciado pela constatação de que a seca continuava no território de Israel e que até a torrente Kerit havia secado. Então Iahweh pede a Elias que siga para Sidônia, onde uma viúva iria lhe dar comida. Elias levanta-se imediatamente e vai para Sidônia. Ao entrar em Sarepta, encontra uma mulher recolhendo uns gravetos e lhe pede água e pão (vv. 7-11). A mulher surpreende-se com tal pedido e exclama: "Vive Iahweh, teu Deus, que não tem suprimento para mim, senão um punhado de farinha na tigela e um pouco de azeite na jarra. Eis que eu estou recolhendo dois gravetos, e irei, e o farei para mim e para meu filho e o comeremos, e morreremos" (v. 12).

Mas Elias está convencido de que obedece a ordens divinas e insiste com a mulher: "Não temas. Vai e faz como estás dizendo. Somente, faz para mim pequena torta,[2] primeiro, e traz para mim e depois farás para ti e para teu filho" (v. 13).

A mulher fez o que Elias lhe disse e a farinha da tigela não terminou, nem o azeite da jarra, conforme a palavra de Iahweh que foi dita por meio de Elias.

O quarto episódio (vv. 17-24) tem várias cenas. A primeira conta que o filho da mulher dona da casa ficou doente. Sua doença era muito grave e ele acabou falecendo. A mulher ficou arrasada e confrontou Elias a respeito do fato: "Que há entre mim e ti, homem de Deus? Vieste a mim para recordar minha culpa e para matar meu filho?" (v. 18).

Desafiado pela viúva pobre, Elias toma a iniciativa de pegar a criança dos braços de sua mãe e, tendo-a em seus próprios braços, sobe com ela para o andar de cima e coloca-a sobre sua cama. A narrativa apresenta aqui um gesto de carinho e de cuidado da parte de Elias. Mostra, também, que ele assume a responsabilidade pelo que acaba de acontecer.

Na cena seguinte, Elias clama a Iahweh e o confronta, responsabilizando-o pela morte do menino. Depois de invocar a Iahweh, Elias deita-se três vezes sobre a criança e chama Iahweh novamente: "Retorna, te rogo, a vida deste menino a seu interior". Iahweh escutou a voz de Elias e a vida retornou ao interior do menino. Assim como Elias escutou a voz de Iahweh nas cenas anteriores, agora Iahweh escuta sua voz e a vida do menino lhe foi devolvida (v. 22).

Na cena final, Elias toma o menino nos braços e desce com ele, entregando-o a sua mãe e dizendo-lhe: "Olha teu filho vivo". Então, aquela viúva, pobre e estrangeira, proclama que Elias é "homem de Deus": "Agora sei que tu és homem de Deus e palavra de Iahweh em tua boca (é) verdade" (v. 24).

---

[2] A expressão 'Ugah qitannah, "torta pequena", tem um sinal conjuntivo, ligando a expressão: "torta pequena primeiro". A torta pequena é para Elias e deve ser feita primeiro: "Faz para mim, de lá, torta pequena primeiro e traz para mim". A narrativa parece indicar que a comida do seguidor de Iahweh é garantida, em primeiro lugar. Mas as pessoas que acolhem o profeta de Iahweh também terão comida: "E para ti e teu filho, farás depois" (17,13c).

Comentário do texto

A forma abrupta de introduzir Elias na presença do rei Acab deixa algumas interrogações. Por que o início da história de Elias não interessou ao narrador? Parece que o primeiro verso foi acrescentado pelo redator final, ligando as narrativas antigas de Elias com o texto que apresenta a introdução do culto a Baal, na Samaria (1Rs 16,31b-33).

Os vv. 2-6 formam uma seqüência na qual predomina o tema da comida: as palavras "pão", לֶחֶם, e "carne", וּבָשָׂר, estão repetidas duas vezes no v. 6. Além disso, um sinal conjuntivo indica que a expressão: "para ele pão e carne" é inseparável לוֹ לֶחֶם וּבָשָׂר. Talvez a narrativa queira indicar que pão e carne são dados por Iahweh a quem ele queira. Isto é, aos seus adeptos. Este sentido reaparece no v. 11, no qual encontramos a expressão "para mim pedaço de pão", לִי פַּת־לֶחֶם. Mesmo piorando a situação de fome, a comida do seguidor de Iahweh está garantida. É o que transparece nesta cena, narrada nos vv. 2-6: Elias retira-se a um lugar deserto, onde é alimentado por Iahweh, que lhe envia, através de corvos, carne e pão pela manhã e à tarde. Este trecho contém uma alusão ao paraíso (Is 11)? Elias, no deserto, alimentado por animais, lembra o maná, dado por Deus ao seu povo, no deserto (Ex 16). No Novo Testamento, parece que há uma recepção deste texto em Mc 1,13: "E ele esteve no deserto quarenta dias, sendo tentado por satanás; e vivia entre as feras e os anjos o serviam".

Os vv. 7-8 retomam o grande tema da seca, mostrando que o anúncio feito no v. 1 está se realizando. Não chove no território de Israel e secam-se os arroios. Parece que o redator quer manter o cenário da seca bem colocado na mente dos ouvintes.

O tema da comida continua no terceiro episódio (vv. 7-14), porém mudam as palavras. Agora, aparece "farinha", קֶמַח, e "azeite", שֶׁמֶן. Estes termos estão relacionados entre si e aparecem repetidos três vezes, nos versos 12, 14 e 16. Farinha e azeite são os elementos fundamentais para se fazer o pão.

É interessante observar que, no v. 12, a viúva estrangeira inicia sua fala com a mesma expressão que Elias usou ao dirigir-se a Acab, no v. 1: "Vive Iahweh". Esta expressão pronunciada por uma mulher estrangeira demonstra sua importância como personagem deste relato.

O anúncio da seca, feito no v. 1, foi confirmado primeiro em território israelita (v. 7) e depois em território estrangeiro, em Sarepta, onde se encontrava Elias por ordem de Iahweh (vv. 12-14). Parece que a narrativa quer ampliar a extensão da seca, mostrando que não chove também em Sidônia, terra de Jezabel (1Rs 16,30), e comunicar que é Iahweh quem tem o poder de enviar a chuva (17,14).

Os vv. 14-15 apresentam uma conclusão da conversa entre Elias e a viúva de Sarepta sobre comida. Aqui, fica clara a garantia de que o pão não faltará, mesmo em tempo de seca. A mulher agiu conforme a palavra de Elias, e nem ela, nem sua casa passaram fome. A farinha e o azeite não terminaram, conforme a palavra de Iahweh dita por Elias. No final deste episódio, aparece claramente a negação da fome e a afirmação do poder de Elias para proclamar a palavra de Iahweh.

No último episódio (vv. 17-24) não há alusão à seca e à fome, mas à morte do filho da viúva. A trama da narração vai mostrar que Iahweh tem poder para dar vida. É interessante a troca de papéis entre os personagens principais desta cena. Anteriormente, era Elias quem dizia à mulher tudo o que ela deveria fazer para que tivesse comida para ele, para ela e seu filho. Agora, nos vv. 18-24, a mulher toma iniciativa não somente de exigir uma ação de Elias para salvar a vida do seu filho, mas é sobretudo através de sua fala que Elias torna-se conhecido como homem de Deus: אִישׁ אֱלֹהִים אָתָּה. Parece intencional esta virada do texto. Uma mulher pobre, viúva e estrangeira torna-se sujeito da ação de levar o profeta a devolver a vida ao seu filho e também do reconhecimento do poder de Elias pelos ouvintes da história. Esta narração, nos tempos da tradição oral, certamente provocava algum debate, pois carrega uma forte novidade: é uma mulher viúva, pobre e estrangeira, da terra de Jezabel, que reconhece o poder de Elias e o apresenta ao povo de Israel.

Análise da narração

Redator

Ao fazer um comentário deste texto no item anterior, referi-me a termos como "narrador", "personagens", "cenário" e "trama". Estes são alguns dos elementos principais de toda narrativa. Em 1Rs 17,1-24 podemos encontrar pelo menos dois

tipos de narradores. Primeiro aquele das antigas histórias de Elias,[3] talvez ligado a alguma comunidade profética que resistia às pressões ideológicas (políticas e religiosas) dos reis de Israel. Histórias que eram contadas nos meios populares e narravam o poder de Iahweh que transparecia nas ações e palavras de Elias. Sabe-se que Elias viveu no tempo de Acab (séc. IX a.E.C.). Ora, Acab havia combinado o culto a Baal com o culto a Iahweh, o Deus do seu povo, para sustentar uma política injusta, marcada pela violência (1Rs 21). Esta é a situação que fica por trás das narrações antigas do ciclo de Elias: o estado insustentável de fome, sobretudo para as pessoas mais fragilizadas, como viúvas e órfãos (1Rs 17,12b). A história de Elias mostra que Deus está do lado da viúva faminta (1Rs 17,15-16.22-23), e não de Acab.

Outro narrador é aquele que selecionou as histórias do ciclo de Elias e as anexou ao Primeiro e Segundo Livro dos Reis. Com a ajuda do método histórico-crítico, podemos descobrir que este segundo narrador é deuteronomista e pode ter feito a redação final destes livros em Judá, por volta de 550 a.E.C., "no âmbito do campesinato remanescente, sob a coordenação de grupos levítico-proféticos".[4] Ao colocar as narrativas de Elias e Eliseu por escrito, a obra deuteronomista é coerente com sua intencionalidade: conseguir a coesão do povo através do culto a um só Deus, num único lugar.

Personagens

Quanto aos personagens, estão claramente citados nesta narrativa Iahweh, Elias, Acab e a viúva de Sarepta. Mas, em 1Rs 17, Acab não é um personagem importante. Como já foi mencionado, ele só aparece como ouvinte passivo do

---

[3]   Neste nível podemos falar de narrador ou narradora. Um pequeno sinal de uma narradora feminina é a maneira como é apresentada a viúva de Sarepta como sujeito, no final do relato. Veja Dijk-Hemmes, Fokkelien van. Rute: produto de uma cultura de mulheres? In: Brenner, Athalya (org.). *Rute a partir de uma leitura de gênero*. São Paulo, Paulinas, 2002. Ela cita Gunkel, Parry, Lord e Campbell e sugere que no Antigo Israel havia contadores e contadoras de histórias que tinham a tarefa de educar o povo, reunindo-o ao redor de um poço ou na praça da aldeia (pp. 184-185).

[4]   Schwantes, Milton. *Sofrimento e esperança no exílio*: história e teologia do povo de Deus no século VI a.C. São Leopoldo/São Paulo, Sinodal/Paulus, 1987. p. 41.

anúncio de uma seca, feito por Elias. Não tem função nem reação alguma neste texto. O personagem principal, aqui, é Elias. É ele que a narração apresenta como "homem de Deus", com poder para dizer "palavras de Iahweh". Outra personagem importante é a viúva de Sarepta. Ela possui iniciativa para confrontar Elias, exigindo que ele se responsabilize pela morte de seu filho. E dá a última palavra, fazendo a apresentação de Elias, o personagem essencial desta história. (E o menino?)

Cenário

O narrador não teve nenhuma preocupação de indicar o lugar onde se encontrava Acab, quando Elias lhe anunciou a seca. Estaria em seu palácio de marfim, na Samaria (2Rs 22,39; Am 3,15)? A omissão de elementos sobre o lugar onde ocorreu o encontro de Elias com Acab mostra que este não era o cenário que interessava ao redator. Desde o começo, é realçado o quadro de seca e fome, o qual vai se alargando com o desenvolvimento da narrativa. No v. 7, percebemos que a seca estendeu-se em direção ao Oriente e vai além do Jordão, pois a narrativa nos informa que secou a torrente Kerit (v. 7). No v. 14, é no sentido do norte que a seca se estende. É informado que não chove também ao norte, na região de Sarepta, da Sidônia. Mas a extensão da seca não é a única chave que o cenário nos oferece para entender o texto. Ao referir-se ao deserto onde Elias era alimentado todos os dias por Iahweh, que lhe enviava carne e pão, através de corvos, a narrativa evoca em seus ouvintes a memória das raízes históricas do povo bíblico. O cenário passa a ser, então, aquele de Ex 16, quando o povo caminhava pelo deserto e ali fora alimentado por Iahweh. Ao fazer essa relação, o narrador aciona a memória da libertação do Egito e faz o povo voltar às origens de sua fé.[5] Porém, o ambiente do deserto pode alargar-se ainda mais e projetar-se em direção ao futuro, sugerindo o sonho de um mundo novo no qual as pessoais e os animais convivem pacificamente e não lhes falta o alimento necessário (Is 11,6-9; Mc 1,13).

---

[5]   Veja MESTERS, Carlos. Restabelecer a justiça de Deus no meio do povo: vida e luta do profeta Elias. *Estudos Teológicos*. São Leopoldo, EST, v. 24, n. 12, pp. 136, 1984.

Outro aspecto do cenário, nesta narrativa, é o da casa da viúva, em Sarepta. Aí que Elias é reconhecido e proclamado "homem de Deus". É interessante observar a repetição dos termos "e sua casa", וּבֵיתָהּ (v. 15), e "a casa dela", וּבֵיתָהּ (v. 23). Tal ênfase no feminino não é comum nos textos bíblicos. No v. 17, a expressão "filho da mulher dona da casa", não deixa dúvidas de que a mulher viúva era a dona dessa casa. É neste cenário que a narrativa chega ao seu ponto mais alto, atingindo sua finalidade. Parece que o narrador quer deixar bem claro que a proclamação de Elias como "homem de Deus" se deu em um local totalmente inédito para o povo de Israel: na casa de uma mulher viúva e estrangeira.

Trama

A trama desta narrativa é a vida. Antes de tudo, ela é tecida por termos que se referem àquilo que é necessário para a sobrevivência: água e alimento. Dos 24 versos, 16 giram em torno da preocupação com a seca e com a falta de comida. O campo semântico está marcado pela repetição de palavras como pão, carne, farinha e azeite. Mas a trama centrada na vida continua no resto da narrativa. Nos versos 16 a 24, a preocupação é com doença e morte. E a ação que leva ao reconhecimento do poder de Elias como "homem de Deus" é a de devolver a vida ao filho da viúva. E, aqui, entra o sentido mais amplo da trama. Quem tem poder para dar vida é Iahweh, o Deus de Elias.

Conclusão

Como Elias, em seu vaguear pela torrente Kerit, percorri a estrutura literária de 1 Reis 17 sem muita preocupação. Às vezes resisti ao poder da linguagem, buscando ler nas entrelinhas para encontrar vestígios de uma subjetividade feminina. Outras vezes me submeti ao texto, tornando evidente aquilo que foi construído pela subjetividade masculina. Mas, ao tentar encerrar este percurso pela narrativa de 1 Reis 17, não poderia deixar de afirmar que estas histórias têm algo de inédito; e este inédito não se encontra somente na força persuasiva da viúva de Sarepta e em sua função de sujeito (1Rs 17,17-24). O próprio Elias tem algo de inédito, ao ficar cerca de três anos vagueando pelo deserto, comendo de graça e bebendo água da torrente Kerit. Além disso, é perambulando pelas margens e convivendo com corvos e gente muito pobre que ele torna-se influente

no centro do poder. Também Iahweh é inédito e desconcertante nestas histórias, pois realiza "prodígios" em favor de uma mulher que não participa da aliança javista, enquanto aqueles que o seguem sofrem com a longa estiagem na Samaria. Ainda que outros textos do Livro dos Reis apresentem um Iahweh todo-poderoso e intocável, que destrói aqueles que o desobedecem (1Rs 13,11-32), ele é atento com Elias, não deixando que lhe falte comida e água. Além disso, escuta Elias e realiza o que este lhe pede (1Rs 17,22), demonstrando uma relação de proximidade e atenção.

Finalmente, a estrutura da narrativa também tem algo de inédito, pois nestes escritos orientados pelo poder masculino conserva-se a história da viúva de Sarepta, não somente como exemplo de solidariedade, mas como uma expressão de decisão e de poder para levar Elias a agir em seu favor. Esta mulher torna-se sujeito de sua própria história e interfere na história de Elias, apresentando-o aos leitores como "homem de Deus". Se aceitarmos que a elaboração final deste texto se deu depois do exílio da Babilônia, por volta de 550 a.E.C., a nossa surpresa torna-se ainda maior. É nessa época que crescem as suspeitas contra as mulheres estrangeiras. Embora desde 1Rs 11 as mulheres estrangeiras tenham sido culpabilizadas por desviarem Salomão da fidelidade a Iahweh, e em 1Rs 21 Jezabel tornou-se a responsável pelos crimes de Acab, é no pós-exílio que estas acusações se agravam até chegar a Esdras 9–10, em que as mulheres estrangeiras tornam-se símbolos de infidelidade e de abandono a Iahweh. Neste contexto, o redator (ou redatores finais) do texto que acabamos de analisar (1Rs 17) mantém esta figura tão positiva de uma mulher estrangeira. Esta constatação me leva a deixar em aberto os motivos que levaram os redatores finais a manter estas histórias. Consciente de que, neste sentido, há várias possibilidades de leitura, quero reafirmar a impressão que me causa este texto como expressão de algo inédito nestas histórias de 1 Reis 17.

Bibliografia

ALONSO SCHOKEL, Luis. *Dicionário bíblico hebraico-português*. 2. ed. São Paulo, Paulus, 1997. 798 p. Tradução de Ivo Storniolo e José Bortolini.

ALTER, Robert & KERMODE, Frank (orgs.). *Guia literário da Bíblia*. São Paulo, Unesp, 1997. 725 p.

BIBLIA HEBRAICA STUTTGARTENSIA. Stuttgart, Deutsche Bibelgesellschaft, 1987. 1.574 p.

BÍBLIA DE JERUSALÉM. 9. ed. São Paulo, Sociedade Bíblica Católica Internacional/ Paulus, 1994. 2.366 p.

DIJK-HEMMES, Fokkelien van. A grande mulher de Sunam e o homem de Deus: uma interpretação dual de 2Rs 4,8-37. In: BRENNER, Athalya (org.). *Samuel e Reis a partir de uma leitura de gênero*. São Paulo, Paulinas, 2003. pp. 279-295.

JENNI, E. & WESTERMANN, C. *Diccionario Teológico Manual del Antiguo Testamento*. Madrid, Cristiandad, 1978. v. 1, 1.274 p.

KIRST, Nelson et al. *Dicionário Hebraico-Português & Aramaico-Português*. São Leopoldo/Petrópolis, Sinodal/Vozes, 1988. 305 p.

LANDA, José Angel García. Los conceptos básicos de la narratología. *Revista eletrônica,* Universidad de Zaragoza, 2004. Acesso em: 25.1.2006. Disponível em <http://www.unizar.es/departamentos/filologia_inglesa/garciala/publicaciones/basicos.html>.

MESTERS, Carlos. Restabelecer a justiça de Deus no meio do povo: vida e luta do profeta Elias – Sobre a missão profética. *Estudos Teológicos*, São Leopoldo, Sinodal, v. 24, n. 2, pp. 129-147, 1984.

MESTERS, Carlos & GRUEN, Wolfgang. *O profeta Elias*: homem de Deus, homem do povo. São Paulo, Paulinas, 1987. 89 p.

PEREIRA, Nancy Cardoso. *Cotidiano sagrado e a religião sem nome*: religiosidade popular e resistência cultural no ciclo dos milagres de Eliseu. São Bernardo do Campo, Universidade Metodista de São Paulo, 1998. 259 p. Tese de doutorado.

_____. *Profecia e cotidiano*. São Bernardo do Campo, Universidade Metodista de São Paulo, 1992. 167 p. Dissertação de mestrado.

SCHWANTES, Milton. *Anotações sobre narrativas do ciclo de Elias em 1Rs 18 e 2Rs 1*. Manuscrito para aulas na Umesp, 2005. 6 p.

_____. *Sofrimento e esperança no exílio*: história e teologia do povo de Deus no século VI a.C. São Leopoldo/São Paulo, Sinodal/Paulus, 1987. (Veja em especial pp. 35-44.)

TARLIN, Jan. Por uma leitura "feminina" do ciclo de Elias: ideologia e gênero na interpretação de 1 Reis 17-19.21 e 2 Reis 1,1–2,18. In: BRENNER, Athalya (org.). *Samuel e Reis a partir de uma leitura de gênero*. São Paulo, Paulinas, 2003. pp. 265-278.

Woodruff, Archibald Mulford. A créia, elegante ou deselegante, a partir dos progymnasmata, em relação ao Novo Testamento. *Phoînis*, UFRJ, Laboratório de História, Rio de Janeiro, Mauad, ano 9, pp. 55-64, 2003.

_____. *Anotações sobre caracterização de personagens, narrador e cenário*. Manuscrito para aulas na Umesp, 2005. 6 p.

"Ficaram muitas boas lembranças."

"Uma das coisas que ficaram como marca do trabalho do pastor Milton foram os estudos bíblicos que ele organizou. O objetivo era a gente se familiarizar com a leitura,
com o estudo. Eu lembro que no começo a gente demorava a encontrar as passagens na Bíblia... tinha que procurar muito. Não faz muito tempo que a gente, na diretoria da comunidade, se lembrou destes estudos e achamos que estava na hora
de formar de novo um grupo para estudar.

A novidade com ele foram os grupos de estudo nas casas, e não só nas diretorias e nos grupos de OASE. Ele chegava nas pessoas com simplicidade; parecia que era da família, que era um parente. No dia da despedida, me lembro que a comunidade fez um almoço pra ele e ficaram muitas boas lembranças."

(Sra. Alice Simon Becker, agricultora e professora da Comunidade Evangélica da Linha Humaitá, Paróquia de Cunha Porá, SC, 1974-1978 – Depoimento recolhido pelas pastoras Regene Lamb e Íria Lamb, 2005.)

Não há "palavra" – dabar sem contexto!

(Milton Schwantes, *A terra não pode suportar suas palavras*: reflexão e estudo sobre Amós. São Paulo, Paulinas, 2004. p. 12.)

"O Senhor Javé deu-me língua de discípulo." Leitura do terceiro canto do Servo do Senhor segundo Is 50,4-9a

Valmor da Silva[1]

No terceiro cântico... o Servo está sofrendo perseguições.
É ferido; são-lhe arrancados cabelos;
é afrontado e cuspido (50,6).
Contudo, não se dá por vencido.
Resiste com tenacidade.
Faz seu "rosto como um seixo" (50,7).
Insiste em sua justiça (50,8-9)
O Servo não só é alguém perseguido e fragilizado.
Também é defensor de gente enfraquecida.
Sabe "dizer boa palavra ao cansado" (50,4).
Simultaneamente é pobre e defensor dos pobres.[2]

---

[1]   Professor na UCG (Universidade Católica de Goiás), mestre em Teologia Bíblica e em Exegese Bíblica e doutor em Ciências da Religião, sob a orientação de Milton Schwantes, a quem tem a grata satisfação de dedicar este ensaio.

[2]   SCHWANTES, Milton. *Sofrimento e esperança no exílio*: história e teologia do povo de Deus no século VI a.C. São Leopoldo/São Paulo, Sinodal/Paulus, 1987. p. 100.

A moça e o rapaz já não agüentavam mais as cacetadas da polícia. Foram tantos golpes que os dois caíram no chão. Sangravam muito. Os ferimentos das costas pareciam uma ferida só. Os cortes do rosto dificultavam a fala. Os puxões de cabelo arrancavam pedaços. O moço estava para desmaiar, enquanto a moça ainda o animava. Deitados sobre os paralelepípedos, colocavam as mãos na cabeça e se encolhiam, em posição fetal. Queriam defender-se dos golpes. Inútil! Ele quase não conseguia falar. Ela retrucava: "Covardes! Vocês não sabem por que nos batem. Queremos justiça para nós, para nossos pobres sofredores e para vocês também". Eram tempos de ditadura, aqueles.

A chave de leitura da resistência abre a porta de entrada ao texto do terceiro canto do Servo do Senhor (Is 50,4-9a). Alguém que sofre no seu próprio corpo, entrega o que tem de mais pessoal, como forma de protesto contra a injustiça e a opressão.

> Toma a palavra uma personagem anônima: a mesma do capítulo anterior? Não se chama "servo", porém a ele se assemelha; não se chama profeta, porém narra uma vocação profética com os seguintes elementos: vocação para a palavra, sofrimentos na sua missão, confiança no Senhor.[3]

Alonso Schökel e Sicre Diaz analisam o texto do terceiro canto do Servo à luz da atividade profética de Jeremias. De fato, há semelhanças entre esse texto e muitas passagens do profeta.

O presente estudo busca o contexto histórico original entre os deportados da Babilônia, na época de Nabonides, quando estava para chegar Ciro, rei dos persas. Pretende-se entender o texto, o que ele disse para sua época, e qual sua possível leitura para hoje. Parte-se, para tanto, de uma tradução literal, com comentários ao texto da Bíblia Hebraica e algumas variantes na versão de Qumran, a fim de se chegar a uma análise de quem fala, a quem fala e sobre quem fala.

---

[3] Alonso Schökel, Luís & Sicre Diaz, José Luís. *Profetas I*. São Paulo, Paulus, 1988. p. 329.

O artigo está na seqüência dos comentários aos dois cantos anteriores, atribuídos ao Servo do Senhor.[4]

O terceiro canto do Servo em tradução literal

A tradução literal é uma tentativa de degustar o texto em seu sabor original, mesmo com sacrifício da língua portuguesa. Procura-se respeitar a ordem e a sintaxe hebraica. Algumas opções são justificadas nos comentários, adiante.[5]

4 O Senhor Yhwh deu-me

língua de discípulos

para saber para apoiar o cansado

palavra desperta.

De manhã em manhã

Desperta-me o ouvido

para que eu ouça

como discípulos.

5 O Senhor Yhwh abriu-me o ouvido

e eu não fui rebelde,

para trás não me retirei.

6 Meu dorso dei aos golpeadores

e minhas faces aos arrancadores (de cabelos);

meu(s) rosto(s) não ocultei

---

4   Silva, Valmor da. "Eis meu servo!": leitura do primeiro canto do Servo do Senhor segundo Isaías 42,1-7. In: *Estudos Bíblicos*. Petrópolis, no prelo; "Escutai, ilhas!": leitura do segundo canto do Servo do Senhor, segundo Is 49,1-6. In: Dreher, Carlos A. et al. (orgs.). *Profecia e esperança*: um tributo a Milton Schwantes. São Leopoldo, Oikos, 2006. pp. 258-272.

5   Cabe aqui um agradecimento a nosso grupo de leitura de hebraico, da Universidade Católica de Goiás, formado por Claude Detienne, Geraldo Rosania e Haroldo Reimer, com quem previamente partilhamos a tradução e discussão do texto.

das injúrias e escarros.
7 E o Senhor Yhwh me socorrerá,
por isso não serei humilhado.
Por isso ponho meu(s) rosto(s) como pedra
e sei que não ficarei envergonhado.
8 Perto (está) meu justiceiro,
quem moverá ação contra mim?
Fiquemos de pé, juntos!
Quem é senhor de meus julgamentos?
Aproxime-se de mim!
9 Eis que o Senhor Yhwh me socorrerá,
quem será aquele que me condenaria?

As diversas falas

O texto é organizado em torno de uma primeira pessoa que fala, anônima, identificada como servo e profeta. Seis preposições com sufixo de primeira pessoa constituem o destinatário "a mim", além de um "contra mim". Oito formas verbais estão em primeira pessoa. Há também os sufixos de primeira pessoa em "meus julgamentos" e "me condenaria".

O sujeito das ações é "o Senhor Yhwh", fórmula repetida quatro vezes, sempre com a mesma estrutura gramatical: Deus como sujeito, ação divina como verbo e destinatário receptor "eu" como objeto indireto (vv. 4.5.7.9). Na primeira vez afirma que "o Senhor deu-me língua de discípulos", na segunda, "o Senhor abriu-me o ouvido", na terceira e quarta repete "o Senhor me socorrerá".

No centro do poema há quatro verbos em primeira pessoa, a partir do "eu" (vv. 5b-6).

Cinco proposições negativas "não" reforçam o discurso do servo em primeira pessoa.[6]

---

[6] Esta análise da organização do texto é de SIMIAN-YOFRE, Horacio. *I testi del servitore di Jahwe nel Deuteroisaia.* Roma, Pontifício Istituto Biblico, 1989, p. 78, com esquema anexo, p. VIII.

Mas, afinal, quem é historicamente este servo profeta que fala? A quem ele se dirige? E sobre quem está falando?

Apesar das muitas hipóteses sobre a identidade do servo que fala nos cânticos,[7] partimos da tese segundo a qual "trata-se de um *indivíduo histórico* que pertencia à classe baixa entre os deportados da Babilônia".[8]

Esse indivíduo sofre opressão e violência. Há evidentes sinais de tortura, com agressões físicas nas costas e no rosto. Parece claro que ele não tem chances de defesa corporal.

Mas por que motivo essa pessoa estaria sendo espancada? O início do poema afirma claramente que ela tem "língua de discípulos", isto é, uma palavra de apoio ao cansado e "ouvido desperto", ou seja, está em plena sintonia com o Senhor Deus. As expressões designam a missão profética. Certamente não se trata de uma mensagem vaga, mas sim de uma palavra precisa, à luz de uma proposta bem clara.

Naquele momento de exílio, dois projetos, pelo menos, estavam em confronto. Um era o projeto babilônico, grandioso, imperial, dominador e centralizador. Outro era o projeto do Senhor Yhwh, de resistência à opressão, discipulado fiel, apoio ao cansado, luta pela justiça. Os grupos de exilados balançavam entre os dois projetos.

> Quem toma a palavra nos "cânticos" do Servo Sofredor, parece ser um representante de uma *vanguarda* entre os escravos deportados que vê na estrutura social, até então vigente, a causa do fracasso da história nacional de Judá, exigindo, por isso – para o caso de uma repatriação –, uma estrutura social radicalmente nova.[9]

---

[7] Dentre várias discussões sobre o assunto, pode-se consultar a síntese de Alonso Schökel e Sicre Diaz, *Profetas I*, cit., pp. 278-279.

[8] Dobberahn, Friedrich Erich. *Experimentum Crucis*: um estudo sobre identidade, projeto político-social e destino de um escravo deportado em 587/6 a.C. para a Babilônia. *Estudos Teológicos*. São Leopoldo, Sinodal, v. 29, n. 3, p. 300, 1989.

[9] Ibidem, p. 305.

A palavra do servo, portanto, é de reprovação à classe alta judaica e aos seus sonhos de grandeza, que levaram à desagregação nacional, ao empobrecimento da classe baixa e, enfim, à catástrofe do exílio. É inútil que eles tentem agora algum conchavo com a Babilônia. A palavra do servo é, sobretudo, um projeto de apoio ao cansado, ou seja, de recuperação da classe sofrida, trabalhadora e esperançosa. É um projeto para o "cansado", que não suporta mais a situação da Babilônia. A proposta inclui, portanto, sair do exílio, isto é, recuperar a identidade de povo do Senhor. Essa identidade visa defender o direito e a justiça, principalmente das pessoas mais fracas e marginalizadas. A linguagem profética do servo, porém, incomoda a quem estava aderindo ao projeto babilônico, movido pela ideologia imperialista esplendorosa. A fala do servo é subversiva. Era preciso calar sua boca.

O que faz então o grupo dos judeus pró-Babilônia? Entrega o Servo às autoridades locais e, eles mesmos, traidores dos ideais javistas, juntam-se aos opressores estrangeiros na cruel prática da agressão.

> É possível que os abusos venham das autoridades babilônicas, as quais procuram intimidar e silenciar tais ensinamentos subversivos. Parece mais provável, a mim, que os abusos venham de outros membros da comunidade exílica que haviam conseguido um favorável compromisso entre Javé e o império, os quais não queriam ter o compromisso exposto ou questionado, e não queriam ser pressionados a se decidir por Javé e pela dolorosa aventura de retornarem numa identidade distinta.[10]

Steinmann vai mais longe e afirma que "possivelmente o Segundo Isaías foi detido pela polícia de Nabonide".[11] Esse Nabonide ou Nabônides reinou de 556 a 539. Soberano de caráter excêntrico, foi o último rei do império neobabilônico. Basta lembrar que no ano seguinte a sua morte, 539, o edito de Ciro possibilita o retorno dos exilados a sua pátria.

---

[10] Brueggemann, Walter. *Isaiah 40-66*. Louisville, Westminster John Knox Press, 1998. p. 122.

[11] Steinmann, J. *O livro da consolação de Israel e os profetas da volta do exílio*. São Paulo, Paulus, 1976. p. 153.

Delimitação do texto

Enquanto o início da perícope é geralmente marcado por Is 50,4, o seu limite final não é unânime na pesquisa, nem nas modernas edições das Bíblias em vernáculo.

O início, de fato, é bastante claro. O assunto anterior (Is 50,1-3) constituía um oráculo divino contra Israel; o seguinte é uma palavra profética de resistência. A linguagem anterior envolvia as metáforas do repúdio à mãe e da venda dos filhos; a seguinte fala de vocação, sofrimento e resistência do servo. No texto anterior Deus expressa-se em primeira pessoa a uma segunda pessoa plural; no seguinte, fala um anônimo em primeira pessoa a destinatários indefinidos.

Já o limite final do texto é objeto de discussão. Is 50,9b poderia ser considerado uma glosa, na seqüência dos vv. 1-3. Os vv. 10 e 11 retomam os destinatários do início do poema. Portanto, a composição de Is 50,4-9a constituiria uma narração profética anterior, com estilo e origem diferentes.[12]

Com efeito, a partir do v. 9b Deus fala a eles e a vós. O tom é de ameaça e destruição. O vocabulário, em consonância, acompanha as sentenças condenatórias.

Comentários ao texto

O Senhor Yhwh deu-me língua de discípulos (v. 4)

Toma a palavra um discípulo que recebe do Senhor, diariamente, a instrução para apoiar quem está cansado.

Quem fala em primeira pessoa é anônimo. Supõe-se ser o servo do Senhor, apesar de não constar, no texto, a palavra "servo". Sua auto-apresentação, neste versículo, o identifica com profeta pelo manejo da palavra, falar e ouvir, além da atenção ao mestre, que é o próprio Deus.

---

[12] Confira Croatto, José Severino. *Isaías*: a palavra profética e sua releitura hermenêutica. Petrópolis, Vozes, 1998. pp. 222 e 234. v. II: 40-55. A libertação é possível.

Curiosamente, a língua antecede o ouvido do discípulo, quando era de se esperar o contrário, isto é, primeiro ouvir a instrução, depois falar. Mas não! Aqui a palavra e a ação profética precedem a escuta. É como quem finalmente criou coragem. Tateou antes, gaguejou, e finalmente solta a língua. Não se trata, contudo, de um discípulo qualquer. Discípulos (*limudim*) provêm da raiz *lmd*, ensinar, e se refere tanto à instrução ou doutrina quanto ao discípulo especializado. Em nosso caso, a expressão única "língua de discípulos" significa língua eloqüente, idônea para ensinar.[13] Trata-se, pois, de discípulo, conforme as diversas versões, ou de iniciado, como traduz a *Bíblia do Peregrino*,[14] ou ainda erudito, conforme Almeida.[15] Discípulo aparece duas vezes no versículo, mas muda de pessoa. Na primeira se refere ao servo como profeta discípulo e na segunda aos discípulos exemplares. O servo é, portanto, um "discípulo do Senhor" que busca a cada manhã a instrução para resistir e adquirir firmeza ante os opressores. Ele não tem soluções prontas, mas busca respostas no contato diário com Deus. Daí a importância da repetição manhã, manhã, e desperta, desperta.[16]

A grande dificuldade do versículo está na expressão única "para apoiar" (no original *la'ut*). Como se trata de um hapaxlegomenon na Bíblia Hebraica, seu significado não é claro. E apesar de ser comprovado pelo manuscrito de Qumran, a interpretação não tem unanimidade entre intérpretes. Além da proposta de tradução por apoiar ou sustentar, a maioria das versões em português segue a tradução grega dos Setenta, que interpretou o verbo como "dizer". Assim *Almeida* traduz "para que eu saiba dizer boa palavra ao cansado".[17]

---

[13] Conforme ZORELL, Franciscus. *Lexicon hebraicum et aramaicum Veteris Testamenti*. Roma, Pontificium Institutum Biblicum, 1968.

[14] BÍBLIA DO PEREGRINO. Tradução de Luís Alonso Schökel. São Paulo, Paulus, 2002.

[15] A BÍBLIA SAGRADA. Traduzida em português por João Ferreira de Almeida. 2. ed. ver. e atual. São Paulo, Sociedade Bíblica do Brasil, 1993.

[16] A idéia é de MESTERS, Carlos. *A missão do povo que sofre*: "Tu és meu servo!". 3. ed. Petrópolis, Vozes, 1994. p. 98.

[17] Veja ROOS, Deomar. O servo de Iahweh. *Vox Concordiana*: Suplemento Teológico, São Paulo, Escola Superior de Teologia do Instituto Concórdia de São Paulo, v. 14, n. 1, pp. 19-20, 1999. Para uma discussão detalhada confira SIMIAN-YOFRE, *I testi del servitore di Jahwe...*, cit., p. 80.

O Senhor Yhwh abriu-me o ouvido (v. 5)

Neste versículo, a pessoa se apresenta como profeta sintonizado com a palavra de Deus, que lhe abre o ouvido, e afirma a fidelidade à própria missão, sem recuar diante dos sofrimentos.

Inicia-se com a repetição, em forma de inclusão literária, do início do poema, "o Senhor Yhwh", invocação que será repetida também no início dos vv. 7 e 9. Além disso, "abriu-me o ouvido" está em paralelo com a frase anterior "desperta-me o ouvido", ampliando assim a metáfora do discípulo atento à palavra. Encerra-se aí o tema do falar e do ouvir, predominante em todo esse início.[18]

Seguem-se duas expressões, em forma negativa, "e eu não fui rebelde, para trás não me retirei". Em si podem se referir ao pensamento anterior, isto é, o profeta não se rebela contra a palavra do Senhor que o instrui. Mas, por outro lado, se referem à idéia posterior, da resistência aos golpes dos opressores.

Meu dorso dei aos golpeadores (v. 6)

Assiste-se, no presente versículo, a uma cena de ultrajes, elencados de forma progressiva, com pancadas nas costas, cabelos e barbas arrancadas e cuspidas no rosto.

Os três castigos são símbolos de desonra e humilhação. Bater nas costas era prática amplamente conhecida e, não raro, chegava ao extremo de ameaçar a vida, como atestam o Sl 129,3 e várias outras passagens. Arrancar a barba era um atentado direto contra a dignidade do homem, porque visava atingi-lo exatamente na sua masculinidade, como se constata em 2Sm 10,4. Arrancar cabelos é ainda mais próprio na violência contra mulheres. Cuspir no rosto era a injúria máxima, como se pode ler em Nm 12,14 e em outras passagens.[19]

O texto parece retratar claramente uma sessão de tortura babilônica. Aplicam-se castigos físicos, mas que visam humilhar a pessoa e desfragmentar seu eu. O objetivo dessa humilhação externa é quebrar a pessoa por dentro, desfazer

18 Confira Croatto, *Isaías...*, cit., p. 230.

19 Veja Raymann, Acir. O cálice transborda. *Igreja Luterana*. São Leopoldo, Sinodal, v. 58, n. 1, pp. 137-138, 1999.

sua dignidade, destruir o que dá sustentação a sua existência. É bem conhecida a "prática mesopotâmica de punir e supliciar *escravos*".[20]

Mas no texto a situação está invertida. O torturado é dono de si. Ele narra sua sessão de tortura não como derrotado, mas como vencedor. É ele quem oferece as costas e a face, e é ele quem não esconde o rosto. Em outras palavras, o servo é o sujeito ativo das ações, não passivo. Não é esse um sinal evidente de sua resistência?

E o Senhor Yhwh me socorrerá (v. 7)

Neste versículo, o servo mantém sua postura de resistência, enquanto afirma não sofrer humilhação nem vergonha e justifica sua postura, pelo socorro do Senhor.

Retorna o refrão "o Senhor Yhwh" com "me socorrerá". Desse socorro divino surge a segurança da pessoa que sofre. É a resistência que vem da fidelidade ao Senhor. Justifica sua postura com duas razões em paralelo; "não serei humilhado" e "não serei envergonhado". Ora, toda a cena de tortura visava exatamente à humilhação e à vergonha pública do escravo. Mas ele demonstra ser dono absoluto da situação e levanta-se de cabeça erguida.

Os dois verbos, humilhar e envergonhar, e a conseqüente situação de constrangimento são comuns na Bíblia, sobretudo em Salmos, Jeremias e Isaías. Mas aqui a postura é revertida, com um rosto de pedra. O termo hebraico *halamix* significa pedra duríssima, aridíssima.[21] Com isso a pessoa quer demonstrar que seu rosto supera a força de seus opressores.

Perto (está) meu justiceiro (v. 8)

No presente versículo, o servo desafia seus carrascos e os convida para um julgamento público, a fim de provar quem tem razão.

O texto é dominado pela linguagem jurídica. Há contenda legal, juiz supremo, comparecimento de pé na corte, acusação e defesa. Assiste-se, portanto, a um

20 Dobberahn, *Experimentum Crucis...*, cit., p. 307.
21 Conforme Zorell, *Lexicon*, cit.

"debate forense".[22] Quem defende o direito é o justiceiro, o dono da justiça ou senhor dos julgamentos. Nesse pleito judicial, o próprio servo lança o desafio, na certeza de sua razão, pois a justiça está do lado dele.

A inversão se afirma uma vez mais, quando o ultrajado desafia para o julgamento. Num jogo de afirmações e perguntas, ele chama para si a responsabilidade, seguro de sua inocência. Ele não teme. Seu gesto de coragem se afirma na certeza da prática da justiça. Nisso ele se assemelha a Jó, que protesta e confirma sua inocência diante dos falsos amigos que o acusam.

O servo sofre, mas sabe que não é porque Deus quer. Ele rompe com essa idéia de retribuição e contesta a explicação do sofrimento como castigo pelo pecado. Ele sofre, sim, mas como conseqüência da prática da justiça e do direito. Sua atitude mostra o caminho de quem se lança em levar apoio às pessoas cansadas.

Eis que o Senhor Yhwh me socorrerá (v. 9a)

O versículo reafirma a certeza definitiva do socorro do Senhor e de sua inocência, seguro de que ninguém poderá condená-lo.

O refrão "o Senhor Yhwh me socorrerá" é repetido do v. 7. Essa repetição reforça a certeza e a coragem de quem enfrenta o julgamento e sai vitorioso. O acusado triunfa e os acusadores passam a réus. Pior! Eles é que saem condenados.

O terceiro canto do Servo em Qumran

Na primeira gruta de Qumran, foram encontrados dois manuscritos de Isaías. O primeiro, conhecido como 1QIs^a, é o grande rolo, com o texto completo de Isaías, em 54 páginas ou colunas. O segundo, 1QIs^b, contém cerca de 75% do texto.

As variantes ali apresentadas, além de curiosas, permitem compreender alguns aspectos de determinada interpretação judaica do texto. Apresenta-se aqui

---

[22] Ballarini, Teodorico & Virgulin, Stefano. Os cânticos do Servo de Javé. In: Ballarini, Teodorico (org.). *Introdução à Bíblia*. Petrópolis, Vozes, II/3, 1977. p. 201.

a leitura dessas variantes em comparação com o texto massorético hebraico.[23]

Em Is 54,4, a expressão "palavra desperta" é atestada em Qumran, mas sobre a letra *resh* (erre) final de *dabar* (palavra) há um borrão de tinta que a torna obscura.

Em Is 54,5, Qumran substitui o nome divino *Yhwh* por *'elohim*, provável indicação da leitura do texto. A substituição não deixa de ser curiosa, num breve poema em que "o Senhor Yhwh" é repetido quatro vezes (vv. 4.5.7.9) e nas três demais Qumran mantém Yhwh.

Em Is 54,6, Qumran troca *lemortiym* (aos arrancadores) por *lemitlayim* (aos batedores com ferro). Isso apontaria outro tipo de violência, dado que a palavra "barba" não consta no versículo. Além disso, Qumran conecta "meu rosto" com a palavra anterior, não com o verbo seguinte, como no Texto Massorético.

Em Is 54,6, Qumran substitui *histartiy* (ocultei) por *hisirotiy* (afastei).

Em Is 54,8, Qumran acrescenta em *yahad* (juntos) o sufixo, resultando *yahadayw*, isto é, junto com ele.

Em Is 54,9, Qumran substitui a forma *hen* (eis) por *hineh*, com o mesmo significado.

Corpos sofridos

São incontáveis as formas de escravidão na atualidade, como o foram ao longo da história. Também são incontáveis as apropriações da figura do Servo Sofredor por parte de pessoas ou classes sociais sofridas e marginalizadas.[24]

---

[23] O texto de 1QIs^a, em fac-símile, bem como sua tradução para o inglês e a explicação das variantes, encontra-se em Moeller, F. Disponível em: <http://www.ao.net/~fmoeller/qum-42.htm>. A explicação aqui apresentada é uma tradução livre e explicativa a partir dessa fonte, consultada em 27 de maio de 2006.

[24] Alguns exemplos nas seguintes obras: Mesters, *A missão do povo que sofre*, cit; Gallazzi, Sandro. "Por meio dele o desígnio de Deus há de triunfar". *Revista de Interpretação Bíblica Latino-Americana*, Petrópolis, n. 21, pp. 11-31, 1995; Sobrino, Jon. Os povos crucificados, atual servo sofredor de Javé: memória de Ignácio Ellacuría. *Concilium*, Petrópolis, v. 223, n. 6, pp. 117-127, 1990.

Na época bíblica, inúmeros fatores levavam as famílias à escravidão, dentre os quais se destacam a impossibilidade de pagar as dívidas, a captura nas guerras e as doações de pessoas às divindades. Quem mais sofria eram mulheres, crianças e idosos.[25]

A escravidão é cruel porque priva a pessoa de liberdade. A privação é total, mas se faz sentir de maneira mais visível sobre o corpo.

No presente canto, diversos elementos do corpo do escravo se destacam. Inicialmente cita a *língua* e duas vezes o *ouvido* (vv. 4 e 5). Ambos se referem, evidentemente, à audição e à expressão da palavra. Trata-se de língua e ouvido fiéis à mensagem divina. Na sessão de tortura são objetos de violência o *dorso*, a *face* e o *rosto* (v. 6). O *rosto* reaparece duro como pedra (v. 7). Todas as partes do corpo citadas referem-se à pessoa que fala e que sofre as ações.

Numa repetição do mesmo verbo, o Senhor *deu* ao servo língua de discípulos (v. 4) e o servo *deu* seu dorso aos batedores (v. 6). Portanto, a mesma atitude de dignidade marca o gesto divino e o gesto da pessoa que não se rende aos seus carrascos.

Os personagens do texto, além do *Senhor Yhwh*, repetido quatro vezes, são todos anônimos. Destaca-se o servo profeta que sofre todas as ações. Há duas menções a *discípulos*, como termos de referência para a atitude do profeta (v. 4). Em contraste, há as citações diretas a golpeadores e arrancadores de cabelos, e indiretas a xingadores e escarradores (v. 6). Finalmente, os personagens todos comparecem, anônimos, à sessão de julgamento: juiz, réu, acusadores e defensores (vv. 8-9a).

As atitudes corporais perpassam todo o texto. O Senhor Yhwh é autor central das ações, com as quais o servo está em sintonia. A partir daí o servo fala para apoiar o cansado e levanta cedo para aprender como discípulo (v. 4). Não se rebela nem se retira ante o sofrimento (v. 5). Entrega as costas e o rosto (v. 6). Não se humilha nem se envergonha, ao contrário, endurece o rosto como pedra (v. 7). Enfim, comparece altivo ao julgamento, de onde tem a certeza que triunfará (vv. 8-9a).

---

[25] Confira García Bachmann, Mercedes. El "siervo" en Isaías y la "continuidad del des-poder". *Los caminos inexhauribles de la palabra*. Homenaje a J. Severino Croatto. Buenos Aires, Lumen, 2000. pp. 282-286.

Bibliografia

Alonso Schökel, Luís & Sicre Diaz, José Luís. *Profetas I*. São Paulo, Paulinas, 1988.

Ballarini, Teodorico & Virgulin, Stefano. Os cânticos do Servo de Javé. In: Ballarini, Teodorico (org.). *Introdução à Bíblia*. II/3. Petrópolis, Vozes, 1977. pp. 199-201.

Bíblia do Peregrino. São Paulo, Paulus, 2002. Tradução de Luís Alonso Schökel.

A Bíblia Sagrada. 2. ed. ver. e atual. São Paulo, Sociedade Bíblica do Brasil, 1993. Traduzida em português por João Ferreira de Almeida.

Brueggemann, Walter. *Isaiah 40-66*. Louisville, Westminster John Knox Press, 1998.

Croatto, José Severino. *Isaías*: a palavra profética e sua releitura hermenêutica. Petrópolis, Vozes, 1998. v. II: 40–55. A libertação é possível.

Dobberahn, Friedrich Erich. *Experimentum Crucis*: um estudo sobre identidade, projeto político-social e destino de um escravo deportado em 587/6 a.C. para a Babilônia. *Estudos Teológicos*. São Leopoldo, v. 29, n. 3, pp. 295-312, 1989.

Gallazzi, Sandro. Por meio dele o desígnio de Deus há de triunfar. *Revista de Interpretação Bíblica Latino-Americana*. Petrópolis, n. 21, pp. 11-31, 1995.

García Bachmann, Mercedes. El "siervo" en Isaías y la "continuidad del des-poder". In: Hansen, Guillermo (ed.). *Los caminos inexhauribles de la palabra*. Homenaje a J. Severino Croatto. Buenos Aires, Lumen, 2000. pp. 275-295.

Mesters, Carlos. *A missão do povo que sofre*: "tu és meu servo!". 3. ed. Petrópolis, Vozes, 1994.

Moeller, F. Disponível em: <http://www.ao.net/~fmoeller/qum-42.htm>.

Raymann, Acir. O cálice transborda. *Igreja Luterana*, São Leopoldo, v. 58, n. 1, pp. 137-138, 1999.

Roos, Deomar. O servo de Iahweh. *Vox Concordiana*: Suplemento Teológico, São Paulo, Escola Superior de Teologia do Instituto Concórdia de São Paulo, v. 14, n. 1, pp. 19-20, 1999.

Schwantes, Milton. *Sofrimento e esperança no exílio*: história e teologia do povo de Deus no século VI a.C. São Leopoldo/São Paulo, Sinodal/Paulus, 1987.

Silva, Valmor da. "Eis meu servo!" Leitura do primeiro canto do Servo do Senhor segundo Isaías 42,1-7. *Estudos Bíblicos*, Petrópolis. (No prelo.)

Silva, Valmor da. "Escutai, ilhas!" Leitura do segundo canto do Servo do Senhor, segundo Is 49,1-6. In: DREHER, Carlos A. et al. (orgs.). *Profecia e esperança*: um tributo a Milton Schwantes. São Leopoldo, Oikos, 2006. pp. 258-272.

Simian-Yofre, Horacio. *I testi del servitore di Jahwe nel Deuteroisaia*. Roma, Pontifício Istituto Biblico, 1989.

Sobrino, Jon. Os povos crucificados, atual servo sofredor de Javé: memória de Ignácio Ellacuría. *Concilium*, Petrópolis, v. 223, n. 6, pp. 117-127, 1990.

Steinmann, J. *O livro da consolação de Israel e os profetas da volta do exílio*. São Paulo, Paulinas, 1976. p. 153.

Zorell, Franciscus. *Lexicon hebraicum et aramaicum Veteris Testamenti*. Roma, Pontificium Institutum Biblicum, 1968.

"O meu povo será como árvore." Florestas, trabalho e ídolos em Isaías 44

Nancy Cardoso Pereira[1]

> Não importa se o consumo é real
> ou só se dá na imaginação:
> os objetos do desejo transformam-se
> em peças de culto.
> (Robert Kurtz)

A estética da mercadoria e sua religião

É tão difícil identificar um ídolo quando ele tem nossa cara! É tão difícil enfrentar uma sombra quando ela me fascina! É tão difícil desmascarar o jogo de produzir divindades sem antecipar a nudez do rei, do pai, do senhor.

As coisas: enfileiradas em ordem de prateleiras. Categorias e gêneros. Substâncias e suas mesuras. Invólucros. Qualidades em quantidades: valor. Cabides dependurados entre valor de troca e valor de uso. *Você tem fome de quê?* – pergunta o mercado, como se conhecesse minha língua materna... indecifrável até para mim. Empurro o carrinho que me identifica na feira do consumo e me aflijo entre as formas oferecidas de necessidade e desejo.

---

[1]   *E-mail*: nancycp@uol.com.br.

É que na lógica do mercado as relações de troca assumem o dinheiro como linguagem de valor sem precisar mais repousar sobre a linguagem da necessidade. Uma abstração se concretiza! Ninguém vê, mas todo mundo experimenta: o *milagre da transubstanciação*: "O valor de troca atado ao corpo da mercadoria anseia ser redimido sob a forma do dinheiro".[2]

O milagre acontece quando a pessoa se realiza como consumidor. No ato do consumo *mercadoria e dinheiro se beijam* e o lucro promete congregar toda a sociedade, um dia, no mercado pleno. Ou, não: interessa que o lucro e o valor se reproduzam e se realizem.

É ao mesmo tempo uma operação complexa e simples, sensual demais e totalmente metafísica. Trata-se de realidades, coisas, substâncias, objetos, istos e aquilos que, tocados pela linguagem do valor, se transformam na subjetivação das necessidades. As realidades materiais e concretas são despossuídas de sua cotidianeidade de valor de uso, para assumirem a metafísica do valor de troca.

"Ansiosa pelo dinheiro, a mercadoria é criada na produção capitalista à imagem da ansiedade do público consumidor. Essa imagem será divulgada mais tarde pela propaganda, separada da mercadoria."[3]

Ansiedade. Amor. Imagem. Desejo. Sedução. Parecem não ser palavras devidas para a discussão econômica... Entretanto, são aquelas que talvez expressem melhor o processo de *fabulação estética da mercadoria*.

Marx vai dizer que a mercadoria *ama* o dinheiro e *acena com seu preço lançando olhares amorosos*[4] e identifica certa *malícia angelical* na especulação com o dinheiro;[5] vai afirmar que *o dinheiro não é apenas um objeto da paixão* de ficar rico, e, sim, *o dinheiro é a própria paixão*.[6]

Se as metáforas do discurso amoroso podem ser entendidas meramente como recurso estilístico para o capitalismo industrial, limitando-se ao campo da retó-

---

[2] Haug, W. F. *Crítica da estética da mercadoria*, p. 30.

[3] Ibid., p. 35.

[4] Marx, *O Capital*, v. 1. Disponível em: <http://www.marxists.org/archive/marx/works/1867-c1/ch01.htm#S4>.

[5] Id. *Para a crítica da economia política*, p. 163.

[6] Ibid., p. 214.

rica, as análises do capitalismo de mercado globalizado identificam nesse campo semântico uma chave hermenêutica vital.

A mercadoria deseja ser consumida, precisa ser escolhida, comprada; para isso, tem de fazer-se *amável, desejável*; necessita adivinhar o desejo ou inventá-lo oferecendo um estímulo estético. É essencial induzir uma nova forma de prazer sempre submetida à manutenção da capacidade de reprodução do capital mesmo.

Marx vai apresentar duas senhoras: Senhora Moral e Senhora Religião.[7] Estas são completamente obsoletas e desnecessárias no que diz respeito às leis econômicas: a moral da economia política é o ganho e subordina as duas senhoras a sua lógica num metabolismo eficiente de alienação.

Nesse texto teológico, traço a crítica da Senhora Religião como exercício de exorcismo das mentiras das imagens econômicas do sagrado e arrisco uma metáfora bíblica como revisão do léxico dos interesses. Quero falar de trabalho e ferramentas, de florestas e pão, deuses e mentiras como quem procura reconhecer a "rosa do sublime na cruz da vulgaridade cotidiana", sem precisar idealizar o real ou falsificar as alternativas.

Isso disse Hegel sobre Lutero,[8] e eu repito como agradecimento e reconhecimento pela inspiração e o compromisso aprendido com o melhor dos luteranos: prof. Milton Schwantes.

Alienação erótica: o corpo se faz fetiche

No âmbito da economia de mercado, alienação deve ser entendida não como falta, mas como abundância de promessas. Alienação não é ausência, mas promessa de presença. Alienação não é a negação do corpo, mas a expropriação da sensualidade e da erótica a serviço da apropriação do produto. Alienação das materialidades do trabalho para consolidação existencial do consumo. As coisas e os corpos perdem sua materialidade imediata para serem mediatizados no consumo da mercadoria. O corpo se faz mercadoria. Assim, fetichismo funciona bem tanto no discurso econômico como na linguagem pornoerótica. Invisibilizados

---

[7]   MARX. *Manuscritos econômico-filosóficos*, p. 19.

[8]   HEGEL, G. W. F. *Princípios da filosofia do direito*. Prefácio.

os códigos sexuais das relações materiais de reprodução da vida, as formas de opressão se naturalizam como marcas consagradas de consumo, uma segunda pele: sexismo, heterossexismo, racismo.

A invisibilização do trabalho se dá na glamourização da corporalidade e da erótica. O corpo das classes trabalhadoras, transformado em mercadoria dele mesmo, se aliena no consumo erotizado que oscila entre desejo e realização. Na invisibilidade e inviabilidade da experiência do trabalho como acontecimento humanizador e criador de cultura, o mercado esvazia o lugar da produção para fazer o elogio do mercado no âmbito do consumo sem permitir perguntas sobre relações reprodutivas e distributivas.

Localizado o movimento fundamental na base do consumo e negando o conflito entre capital e trabalho, o mercado particulariza a distribuição das riquezas, tornando inviável a democratização do consumo. A dinâmica entre promessa e realização, desejo e posse, alimenta-se da sensualidade para manter os modos de reprodução e controle do capital.

O que para alguns se explica com *a existência e a funcionalidade de sistemas dinâmicos parcialmente auto-reguladores, no que se refere aos comportamentos humanos,*[9] as feministas insistem em apontar como reinvenção de mecanismos históricos de dominação. Não seria possível chamar o mercado de *mecanismo auto-regulador*, porque o termo reflexivo continua expressando uma particularidade (de classe, de gênero e etnia) que se pressupõe universal ou global.

Alienação ecológica: o mundo se faz mercadoria

Não é preciso muito esforço para falar das devastações que o capital vem impondo histórica e sistematicamente sobre o ambiente natural. O corpo do mundo reduzido a matéria-prima vê-se refém do aparelho técnico-produtivo capitalista-industrial moderno[10] e se esgota diante das fórmulas de monetarização da matéria e das incalculáveis demandas das elites de consumo. Tudo se transfigura quando tocado pelo capital: o valor da terra, a direção da água, a noção de

---

9 Asmann, H., citado em: Mo Sung. Novas formas de legitimação da economia: desafios para ética e teologia. *Estudos da Religião*, n. 3.

10 Lowy, Michael. *Marx, Engels e a ecologia*, p. 101.

floresta, o interior da semente, a previsão dos imprevistos, a ciranda do clima. Tudo etiquetado e negociado na banca internacional dos violentos deixa de ser "matéria" e "corpo do mundo" para assumir poderes sobrenaturais de objetos inanimados com valor de troca, item de crédito e de débito, que nega as relações de trabalho e cultura com as forças vivas da humanidade. A capitalização da natureza reproduz um campo de acumulação de riqueza que, além de não favorecer formas de distribuição, legitima e acelera políticas de exclusão do acesso de grandes maiorias às trocas vitais com o mundo natural. O mundo e o nome do mundo, e a maneira de dizê-lo como modo de vida: ecologia, ambientalismo, sistema vital. Tudo mercadoria de Ongs pequenas e grandes e suas canecas de campanhas reformistas:

> [...] hoje em dia, por detrás de palavras como "ecologia" e "meio ambiente", ou ainda nas expressões "questões ecológicas" e "questões ambientais", encontra-se, nada menos, do que a perenidade das condições de reprodução social de certas classes, de certos povos e, até mesmo, de certos países.[11]

Alienação e fetichismo não são invenções do capitalismo e do patriarcalismo: precisam ser entendidos no âmbito da fabricação dos mitos, dos cultos, dos encantamentos, dos rituais mágicos de manutenção de ambos, seus deuses (capital/pai) e seus truques. A religião sempre foi também expressão e reprodução de situações econômicas e de relações sociais de poder. Nessa dobradiça entre o discurso amoroso e sensual e o discurso religioso é que a teologia feminista percebe não um conjunto de comparações ou recursos estilísticos, e sim um espaço de análise e crítica fundamental das relações entre capital–mercado–patriarcalismo.

A estetização da mercadoria confere ares de divindade ao dinheiro, às coisas e ao mercado, garantindo fundamento metafísico para a cultura burguesa e seus rituais e cultos que demandam a produção de legitimação de si mesma e de constante reificação das necessidades dos dominados. Essa produção estética, que se apodera do corpo, de sua capacidade criativa, inventiva, sensual e erótica, vem

---

[11] CHESNAIS, François & SERFATI, Claude. *Ecologia e condições físicas da reprodução social:* alguns fios condutores marxistas.

cooptando as teologias cristãs, suas exegeses e hermenêuticas, seus sacrifícios e mecanismos de postergação como linguagem missionária da suposta inexistência do conflito de classe e da inevitabilidade do mercado como realização plena da vida humana.

Visibilizar o caráter hermenêutico das relações político-econômicas e desvendar os mecanismos de construção de ídolos e rituais *auto-reguladores* exigem uma teologia capaz de desistir de qualquer mão invisível auto-reguladora (seja ela dogmática, seja exegética) para se inscrever definitivamente no campo da criação cultural, estética, de encarnações de finitas materialidades; teologia de insurreição, antes que qualquer sistema decente domestique o que se queira dizer com "libertação".[12]

Um texto – Isaías 44,9 a 20: a fabricação do sagrado

9 Os fabricantes de estátuas são todos um nada e suas coisas preferidas não têm valor. Seus devotos nada vêem nem conhecem, por isso acabam sendo enganados.10 Quem formaria um deus ou fundiria uma imagem, senão para conseguir alguma vantagem? 11 Vejam: seus devotos todos são enganados, porque os escultores não são mais que homens. Que eles todos se reúnam para comparecer: ficarão apavorados e envergonhados. 12 O ferreiro trabalha o ídolo com a fornalha e o modela com o martelo. Forja-o com a força de seu braço; mas, em dado momento, fica com fome e perde a força, ou então tem sede e fica exausto. 13 O carpinteiro mede a madeira, desenha a lápis uma figura, e a trabalha com o formão e lhe aplica o compasso. Faz a escultura com medidas do corpo humano e com rosto de homem, para que essa imagem possa estar num templo feito de cedro. 14 Corta cedros, escolhe um cipreste ou carvalho, deixando-os crescer no meio das árvores da floresta; planta um pinheiro e a chuva o faz crescer. 15 Tudo isso serve para queimar; o próprio escultor usa parte dessa madeira para se esquentar e assar o seu pão; e também fabrica um deus e diante dele se ajoelha, esculpe uma imagem para se ajoelhar diante dela. 16 Com a metade, ele acende o fogo, assa a carne na brasa e mata a fome; também se esquenta ao fogo, e diz: "Que coisa boa! Eu me esquento, enquanto olho as cha-

---

[12] ALTHAUS-REID, Marcella. *From Feminist Theology to Indecent Theology*, p. 82.

mas!". 17 Depois, com o resto ele faz um deus, uma imagem esculpida. Em seguida, ajoelha-se diante dela e faz uma oração, dizendo: "Salva-me, porque tu és o meu deus". 18 Eles não sabem e não entendem, porque seus olhos estão grudados para não ver, e sua inteligência não pode mais compreender. 19 Nenhum deles cai em si, ninguém percebe nem compreende, para dizer: "Com a metade eu acendi o fogo, assei pão nas suas brasas, cozinhei um pedaço de carne e comi; e com o resto eu iria fazer uma coisa abominável? Vou ajoelhar-me diante de um pedaço de madeira?" 20 Esse homem se alimenta de cinza. Sua mente enganada o iludiu, de modo que ele não consegue salvar a própria vida e nem é capaz de dizer: "Não será mentira isso que tenho nas mãos?".

Aqui estão as pessoas e o mundo. No caso do texto, as pessoas são homens e homens com qualificações ditas profissionais específicas (ferreiros, madereiros, carpinteiro, escultor, cozinheiro...) e provavelmente muito especiais para a época (os anos centrais do século VI a.E.C.,[13] no período de dominação babilônica). O mundo aparece em suas qualidades minerais e vegetais, ferro e madeira em combinações instrumentais diversas. O mundo em terra e água: agricultura e floresta, chuva e fogo.

Entre as pessoas e o mundo, as relações de necessidade e técnica se articulam como constructo social dinâmico e de simultaneidades de significados: tomar a pedra, fazer o machado, o martelo, forjar a forja, plainar a plaina, estender o cordel, marcar com o compasso, plantar uma árvore, cortar uma árvore, queimar uma árvore, transformar uma árvore em carvão, em instrumento, em calor, em cozido, em luz, numa casa, num objeto, numa estatueta. E comer. E se aquecer. E morar. E se luminar. E embelezar. E tornar o mundo próximo e conhecido. Assim o mundo e as pessoas.

Mas o texto de Isaías 44,9-20 insiste na listagem das tarefas, na identificação dos gestos corporais, na explicitação dos motivos como labirinto de *confusão, um homem que se apascenta de cinzas, que tem o coração enganado, que não pode livrar sua alma* (Isaías 44,20).

---

[13]   SICRE, José Luís. *Profetismo em Israel,* p. 311.

Isaías 44 se encontra no conjunto do assim chamado Dêutero-Isaías (40–55); suficientemente estudado entre nós,[14] o conjunto teria como motivação literária e retórica o convencimento de seus destinatários sobre um projeto salvífico de Javé. Seria possível identificar arranjos redacionais aglutinadores do período de dominação babilônica e arranjos posteriores no período de controle persa.

De modo especial, o capítulo 44,9-20 se destaca literária e retoricamente de outros materiais deste conjunto, apesar de manter a coerência com a denúncia de um aspecto importante do poder imperial, a fabricação ideológica do sagrado. O trabalho minucioso de articulação dos cânticos do servo sofredor (42,1-4 [5-9]; 49,1-6; 50,4-9 [10-11]; 52,13–53,12) com outros núcleos narrativos como o novo êxodo (40,3-5; 41,17-20; 43,19-21; 48,21) e o protagonismo de Ciro, líder persa, no projeto de libertação (41,1-5; 45,1-8; 48,12-15) compõe editorialmente uma proposta de consolação e restauração para o período de transição entre os impérios (babilônia/pérsia). Isaías 44,9-20 faria parte de um outro núcleo de poemas[15] centrados na questão da "fabricação da divindade do império", que estaria distribuído ao longo de todo o conjunto:

- Isaías 40:

19 O escultor faz uma estátua; vem o ourives e a cobre de ouro e lhe solda correntes de prata. 20 Quem faz uma oferta pobre, escolhe madeira que não apodreça e procura um escultor hábil para fazer uma estátua que não se mova. 21 Vocês não sabem? Nunca ouviram falar? Não lhes foi avisado desde o começo? Vocês não entendem os fundamentos da terra? 22 Javé se assenta sobre o círculo da terra, e seus habitantes parecem bando de gafanhotos. Ele desdobra o céu como toldo, e o estende como tenda que sirva para morar. 23 Ele reduz a nada os poderosos e aniquila os governantes da terra. 24 Apenas são plantados, logo que são semeados ou a sua muda ainda nem está com raízes no chão, e Deus sopra por cima deles e eles secam, e a primeira ventania os carrega como palha.

---

14 Croatto, Severino. *Isaías*: a palavra profética e sua releitura hermenêutica; *La Propuesta Querigmática del Segundo Isaías*; Nakanose, S. & Pedro, Enilda. *Sonhar de novo. Segundo e Terceiro Isaías.*

15 Sobre a discussão da estrutura poética de Isaías 44,9.20, cf.: Melugin, Roy. *The Servant, God's Call, and the Structure of Isaiah 40-48*, pp. 21-30; Franke, Chris. *Isaiah 46, 47, and 48*: a new literary-critical reading; Davies, Philip. *God Cyrus, God of Israel*: some religio-historical reflection of Isaiah 40-55, pp. 207-225.

- Isaías 41:

6 Cada um anima o seu companheiro, dizendo-lhe: "Coragem!" 7 O escultor anima o ourives, aquele que forja com martelo anima a quem bate na bigorna, falando da solda: "Ela está boa". Depois firma a estátua com pregos para que não se mova.

- Isaías 46:

1 O deus Bel se encurva, o deus Nebo se abaixa, seus ídolos são entregues às feras e às bestas de carga; a carga que vocês carregavam é um peso para a besta cansada. 2 Esses deuses se abaixam e se encurvam, não conseguem salvar essa carga; eles próprios vão para o exílio... 6 Alguns tiram o ouro da bolsa, pesam na balança certa quantidade de prata, contratam um ourives e mandam fazer um deus. Depois se ajoelham e o adoram. 7 Põem o deus nos ombros e o carregam, depois o colocam num suporte e o firmam bem para que ele não venha a sair do seu lugar. Por mais que alguém o invoque, ele nada responde e não livra ninguém de suas dificuldades.

Elementos comuns entre estes textos podem ser encontrados em:

- Daniel 14:

3 Os babilônios tinham um ídolo chamado Bel. Com ele, gastavam todos os dias doze sacas da melhor farinha de trigo, quarenta ovelhas e seis barricas de vinho.

- Baruc 6 (no texto da Carta de Jeremias:

7 A língua desses deuses foi feita por um artista; ela está coberta de prata ou de ouro, mas é de mentira e não pode falar. 8 Como se faz com a moça que gosta de enfeites, pegam ouro e fazem uma coroa para colocar na cabeça de seus deuses.

Em comum estes textos têm as materialidades das relações do mundo e das pessoas, das necessidades e das técnicas e os artifícios de poder da fabricação ideológica do domínio do império a partir dessas relações e seu ocultamento. Duas matrizes sustentam o texto: a das imagens do mundo natural e do mundo do trabalho e, de modo especial, a matriz sobre os mecanismos de controle em relação ao mundo natural e ao mundo do trabalho, que parece ter sido uma pre-ocupação fundamental das teologias de resistência a partir do enfrentamento das políticas imperiais (como nos relatos da criação, as releituras míticas do dilúvio,

as contra-leituras dos jardins míticos como no Gênesis e no Cântico dos Cânticos e na discussão do poder no livro de Jó e Eclesiastes).

Procurando uma estrutura

vv. 9 a 11 – discurso sobre a nulidade da fabricação do "sagrado".

v. 12 – o ferreiro: machado, fogo, martelo, seu braço. Se tem fome, fica sem força, não bebe água, desfalece.

v. 13 – o carpinteiro: cordel, lápis, plaina, compasso.

v. 14 e 15a – planta uma árvore, avalia, escolhe, corta, destina: para a queima, para o corte, para a escultura.

vv. 16 e 17 – a fabricação do sagrado.

vv. 18 a 20 – discurso sobre a nulidade da fabricação do "sagrado".

Claramente, os vv. 9 a 11 e vv. 18 a 20 têm uma estrutura e um estilo diferenciado do resto do poema. Os vv. 9 a 11 introduzem o tema da nulidade da fabricação do "sagrado", insistindo no tema da confusão: "eles nada vêm nem entendem" e "todos os seus seguidores ficariam confundidos".

O mesmo tema retorna nos versículos finais de 18 a 20, com a insistência no: "nada sabem nem entendem", "não há conhecimento nem compreensão", "o seu coração enganado o iludiu".

Os vv. 12 a 17 desenvolvem o duplo tema do trabalho objetivo e sua subjetivação na representação *dos ídolos*, sem o tom discursivo-exortativo, mas com uma estrutura descritiva circular (*e faz... e toma, e também...*) das atividades apresentadas. O estilo circular cria uma simetria entre as atividades (cortar, calcular, esculpir, acender o fogo, cozinhar...), facilitando o argumento da ilusão do caráter superior/transcendente das imagens.

Da fabricação do sagrado:
a des-materialização do trabalho

Os vv. 12 a 17 vão apresentar dois *profissionais* tratando de estabelecer as relações entre o material trabalhado (metal e madeira), os instrumentos de trabalho (machado, martelo, brasa, cordel, lápis, plaina, compasso) e os resultados finais do trabalho (artefatos, comida, calor).

O *ferreiro* não é personagem comum nas narrativas bíblicas, explicitando um acesso demorado da população de Israel à tecnologia do ferro. O texto de 1 Samuel 13,19 evidencia esse *atraso tecnológico*, quando relata: "Ora, em toda a terra de Israel nem um ferreiro se achava, porque os filisteus tinham dito: Para que os hebreus não façam espada nem lança".

A narrativa mítica de Gênesis 4,22 associa o trabalho do ferreiro com o funcionamento da cidade, na figura de Caim, e a existência de uma economia de artefatos pressupondo a narrativa do conflito e da violência com o mundo camponês, no relato representado por Abel: "Zilá deu à luz Tubalcaim, artífice de todo instrumento cortante de bronze e de ferro".

Relatos posteriores vão registrar a atividade de ferreiros na construção e ornamentação do Templo, como atividade própria de um grupo escolhido: "Eis que chamei pelo nome a Bazalel, filho de Uri, filho de Ur, da tribo de Judá e o enchi do Espírito de Deus, de habilidade, de inteligência e de conhecimento em todo o artifício para elaborar desenhos e trabalhar em ouro, prata, em bronze..." (Êxodo 31,2-3). A linguagem denuncia um processo de *endeusamento* do ofício, inclusive com a utilização de termos clássicos para funções políticas e sacerdotais especiais: chamei pelo nome, enchi do Espírito de Deus. O mesmo discurso reaparece em Êxodo 35,30-35, ampliando a descrição da função também para o aspecto do ensino da profissão para outros também *escolhidos*.

Da construção do Templo de Jerusalém, relatado por Salomão, se diz que: "Edificava-se a casa com pedras já preparadas nas pedreiras, de maneira que nem martelo, nem machado, nem instrumento algum de ferro se ouviu na casa quando a edificavam" (1 Reis 6,7).

Entretanto, o relato sobre as trocas comerciais que bancaram as pesadas construções de Salomão (palácios) diz da presença específica de Hirão: "Era este filho

de uma mulher viúva, da tribo de Naftali, e fora seu pai um homem de Tiro que trabalhava em bronze; Hirão era cheio de sabedoria e de entendimento, e de ciência para fazer toda obra de bronze. Veio ter com o rei Salomão e fez toda a sua obra" (1 Reis 7,14). Novamente, o ofício vai ser cercado de qualificações científicas e de sabedoria que envolvem o trabalho num sentido especial: sabedoria, entendimento e ciência eram atributos do próprio Salomão (1 Reis 3,12).

Os ferreiros também vão ser citados entre os segmentos que serão levados para Babilônia, quando da destruição de Jerusalém (597 a.E.C.): "Transportou a toda Jerusalém; todos os príncipes, todos os homens valentes, todos os artífices e ferreiros, ao todo 10 mil..." (2 Reis 24,14; cf. Jeremias 24,1).

Os *carpinteiros* têm presença registrada também nos textos de construção ou reconstrução do Templo (Êxodo 28,11; 35,35; 38,23; 2 Reis 12,11; 22,6; 2 Crônicas 24,12; 2 Crônicas 34,11), identificando grupos de artesãos específicos de uma elite próxima à corte e ao Templo. No texto de 2 Samuel 5,11, os carpinteiros são *importados* de Tiro para a construção da casa do rei Davi. Também vão ser levados pela deportação babilônica (2 Reis 24,14.16; Jeremias 24,1).

No livro de Isaías, de modo especial no Segundo Isaías, as referências ao trabalho de carpinteiros e ferreiros se encontram de modo concentrado: Isaías 40,19.20; 41,7; 44,11-13; 45,16; 54,16. Essa presença expressiva pode ser indicativa da realidade objetiva do grupo social que sustentaria os textos localizados entre os trabalhadores deportados em diversas situações de trabalho explorado no império babilônico.[16]

As atividades profissionais por si só não conferiam poder e autoridade, mas, por lidarem com matérias nobres, utilizadas para finalidades de *consumo e uso* das elites, o trabalho de ferreiros e carpinteiros pode ser alienado e manipulado na forma da fabricação dos mecanismos do sagrado.

Na antiguidade médio-oriental, a representação do poderio imperial se expressava na materialização do domínio do deus-nacional em todas as operações

---

[16] Nakanose & Pedro, *Sonhar de novo...*, cit., p. 27; Clifford, Richard. *The Function of Idol Passages in Second Isaiah,* pp. 52-57; Fitzgerald, Aloysius. *The technology of Isaiah 40: 19-20 + 41:6-7,* pp. 24-31; Watts, John. *Babylonian Idolatry in the Prophets as a False Socio-Economic System,* pp. 11-20.

políticas, econômicas e militares; tal representação passava também pela ocupação física de imagens da divindade imperial nos espaços de culto dos povos dominados.[17] A estratégia de dominação da Babilônia passava pelo *seqüestro* e centralização de divindades particulares/nacionais; as imagens eram mantidas como reféns e substituídas pelas divindades do império.[18]

> [...] os templos, devem ser entendidos também como complexos econômicos e administrativos, além de terem funções religiosas [...]. Cada grande deus ou deusa, embora fosse objeto de culto em toda a Mesopotâmia, "residia" no seu santuário principal, situado em uma só das cidades-Estados [...] o deus ou a deusa principal da cidade tinha no grande templo local o seu palácio, e ali a sua imagem – sendo os deuses mesopotâmicos sempre representados de forma humana – recebia duas refeições diárias, roupas, adereços e outras oferendas [...].[19]

O texto de Isaías 44,9-20 faz a denúncia do processo de des-materialização do trabalho e aponta como *loucura, vergonha, ilusão e mentira* o processo de fabricação das imagens do sagrado como invisibilização das práticas humanas e das trocas culturais que sustentam toda atividade humana.

A proximidade da tarefa de ferreiros e carpinteiros dos espaços de poder, por serem *tecnologia de ponta* na antiguidade médio-oriental, exigia da ação profética a denúncia do processo de isolamento destas atividades humanas do conjunto de ofícios de manutenção da vida (cozinhar, aquecer, construir etc.).

Nos textos do Segundo Isaías, o anúncio da destruição da Babilônia se articula com a denúncia da ilusão do poder do sagrado fabricado pelo império. A proximidade de Ciro, liderança persa, e seu avanço militar em direção à Babilônia vão precipitar uma política de intensificação do uso da religião e das imagens como forma de defesa do império e da imagem do império. O conflito religioso que acompanha esse processo de disputa político-militar será apresentado pelo

---

17 CHANG, Curtis. *The construction of idols and identity*: an exegesis of Isaiah 41: 5-10.

18 KUHRT, Amélie. *The Cyrus Cylinder and Achaemenid Imperial Policy*, pp. 83-97.

19 CARDOSO, Ciro Flamarion. *Antiguidade Oriental*: política e religião, p. 31.

texto do Segundo Isaías nos oráculos de Ciro (por exemplo: Isaías 41,1-6; 44,28; 45,1) e também no Cilindro de Ciro.[20]

Ciro vai ser apresentado como libertador das divindades, isto é, aquele que promoverá a repatriação das divindades e a reconstrução dos templos nacionais numa drástica mudança da estratégia de controle imperial. Por isso mesmo, Ciro será apresentado como escolhido de Marduk (divindade Babilônica) e ungido de Javé.

Seqüestrando florestas: a des-materialização do mundo

A segunda forma de domínio pretendido pelo império e suas imagens está no controle e des-materialização do mundo natural. O texto de Isaías 44 insiste na explicitação dos usos dos produtos florestais e suas manipulações como modo de denúncia dessa apropriação do mundo. Através do processo de fabricação de imagens/sagrado, invisibiliza-se a dominação e o controle sobre florestas e madeira, material fundamental para a reprodução da vida na antiguidade (e ainda hoje!). A religião vai ser uma das formas de legitimação de controle e domínio que o império tem dos recursos florestais.

O texto vai citar cedro, cipreste, carvalho e pinheiro. Estas árvores vão estar presentes no processo de fabricação da vida/fabricação do sagrado na forma de:

- *carvão vegetal tanto para o trabalho com metais como para o preparo de alimentação, iluminação e aquecimento;*
- *matéria para produção de instrumentos e ferramentas;*
- *matéria para a construção de moradia;*
- *matéria para produção de esculturas, imagens.*

Essa pluralidade de usos dos materiais florestais revela a importância do controle de bosques e florestas por parte dos impérios como mecanismo econômico importante. Nos relatos bíblicos, as florestas e seus seres vão relacionar-se com os mecanismos de poder: Templo e palácio.

Do rei Salomão vai ser dito que, dentre suas atividades como sábio/cientista, estudou e discorreu sobre "todas as plantas, desde o Cedro do Líbano até o hissopo que brota no muro..." (1 Reis, 4,33).

---

[20] Lendering, Jona. *Cyrus takes Babylon*: Cyrus' cylinder.

Na construção do Templo e dos palácios de Salomão, uma enorme quantidade de madeira será utilizada (1 Reis 5,6.8.10; 6,9.10.15.16.18.20; 7,2.3.7.11.12; 9,11); parte dessa madeira está sempre associada a transações comerciais externas, de modo especial sob controle de Tiro: "Enviou Hirão mensageiros a Salomão dizendo: farei toda a tua vontade acerca das madeiras de cedro e de cipreste [...]. Tu também farás a minha vontade dando provisões a minha casa" (1 Reis 5,8.9b).

Uma das edificações de Salomão vai ser conhecida como *Casa do Bosque do Líbano* (1 Reis 7,2; 10,17), descrita detalhadamente com o emprego extensivo de madeira nobre e utilizada para guardar tesouros.

O controle dos recursos das florestas pelas elites no poder vai gerar na linguagem profética um uso associado das imagens: "Porque o dia do Senhor dos Exércitos será contra todo o soberbo e altivo, e contra todo o que se exalta, para que seja abatido; contra todos os cedros do Líbano, altos, muito elevados; e contra todos os carvalhos de Basã" (Isaías 2,12.13).

O mesmo imaginário da madeira e das florestas reaparece em Ezequiel 17,3.22.23, como imagem que vai sendo disputada pela cidade, entre mercadores e negociantes, e imagem do cedro do Líbano, que será arrancado e transplantado como muda de videira, em sinal de uma nova ordem político-econômica: "Saberão todas as árvores do campo que eu, o Senhor, abati a árvore alta, elevei a baixa, sequei a árvore verde e fiz reverdecer a seca..." (Ezequiel 17,24).

Em Isaías 40,23.24, os príncipes são comparados com árvores que: "mal foram plantadas e semeadas, mal se arraigou na terra o seu tronco e já se secam, quando um sopro passa por eles e uma tempestade os leva como palha".

No texto de Isaías 44,14, a profecia insiste na reapropriação da relação com o mundo natural a partir do trabalho não alienado na forma do poder/domínio; a descrição das tarefas e trabalhos vai materializando a relação entre trabalho humano e natureza: plantar, escolher, cortar. Os usos vão sendo apresentados a partir das formas mais ordinárias da relação de necessidade com a madeira: queimar; esquentar, cozer, iluminar e... a passagem imediata para a relação da via estética na feitura de um deus. Tudo da mesma madeira, tudo da mesma floresta, na mediação do trabalho do mesmo ser humano.

O texto ressalta essa extensividade do material e da ação humana criando a ruptura com frases de efeito como: "Ah! Já me esquento, já vejo a luz!" (v. 16c) e

"Livra-me porque tu és o meu deus!" (v. 17c). Os gestos que acompanham a ruptura é o de ajoelhar-se, prostrar-se e a petição. A floresta é reduzida à madeira, a qual é instrumentalizada nas formas do uso: a matéria e o trabalho são invisibilizados pelo processo de fabricação do ídolo. Onde está o mundo se instala uma imagem que exige devoção. Onde está o trabalho se instaura um ídolo que exige tremor e sacrifício.

O processo de des-materialização da natureza a partir da religião responde a uma necessidade vital de reprodução do poder. O texto de Isaías identifica esse mecanismo no imperialismo babilônico e faz da profecia um exercício de crítica do metabolismo ideológico do império.

A pergunta: "Ajoelhar-me-ia eu diante de um pedaço de árvore?" revela a proposta crítica da profecia diante da coisificação do mundo e do trabalho. No imaginário da profecia, a derrota da Babilônia passa também pela destruição de seus ídolos; em Isaías 46,1.2, os deuses Nebo e Bel se curvam e se abaixam numa inversão da atitude de devoção apresentada pelo capítulo 44: "Esses deuses juntamente se abaixam e se encurvam, não podem salvar a carga; eles mesmos entram em cativeiro".

Conclusão

O estudo das antigas formas de imperialismo é fundamental para a visualização do caráter construído do império como macromodelo geopolítico e para revelar o metabolismo cultural-religioso de legitimação que pretende se insinuar em todos os registros da ordem social como mecanismo vital de auto-reprodução e naturalização do poder.

Os antigos impérios egípcio e médio-oriente tinham uma grande necessidade de planejamento e administração do espaço geográfico sob controle, dos processos populacionais, dos tributos e recursos naturais das províncias. Do mesmo modo, era preciso ordenar as variações sociais e os fluxos produtivos, garantindo o funcionamento do império através de um sistema ao mesmo tempo centralizado e capilar. Diferentes impérios planejaram e administraram de formas diferentes, desenvolvendo mecanismos de controle (tempo e espaço), resoluções técnicas (hidráulica, arquitetura, matemática, astronomia etc.) e estratégias de

ocupação militar/burocrática. Essas mediações técnico-burocráticas se inseriam em diferentes formatações religiosas do Estado, estabelecendo uma narrativa de legitimidade divina para o governante.

> Por isso mesmo, a idéia de unidade, fundamentada em um vínculo unindo a divindade, o Déspota, às funções político-jurídicas e de organização (normativa e repressiva) do Estado, com o funcionamento ordenado do cosmo e a fertilidade dos campos, é tão freqüente na filosofia das civilizações asiáticas. Associava-se na esfera das representações especificamente orientais, à imagem do universo-organismo vivo ou à idéia do universo-ovo, encontradas em todo o Oriente.[21]

Enquanto o poder econômico é exercido como normatização das formas de propriedade e o poder político-militar (jamais separados!) age sobre os corpos, o poder ideológico se dá sobre as mentes pela produção e transmissão de idéias, de símbolos, de visões de mundo, de ensinamentos práticos, mediante o uso de palavras e imagens (o poder ideológico é extremamente dependente da natureza do homem como animal falante).[22]

A denúncia que o texto do Segundo Isaías faz dos mecanismos imperiais de controle do trabalho e do mundo natural revela uma extraordinária capacidade de análise e crítica por parte da profecia dos processos metabólicos de repro-dução do poder imperial. Tal capacidade está associada no texto do Segundo Isaías a um forte componente interativo com a realidade, que é a afirmação de Ciro – liderança persa – como ungido da divindade para o enfrentamento do poderio babilônico e a consolidação de uma outra ordem política internacional na região.

Entretanto, no processo de reconstrução de Jerusalém, formatado pelo im-perialismo persa, esses mecanismos de controle serão reeditados na forma da administração de Esdras e Neemias. O texto de Neemias 2,8 reafirma o controle

---

[21] BANU, Íon. *La Formación Social "Asiatica" en la Perspectiva de la Filosofia Oriental Antigua*, p. 299.

[22] BOBBIO, N. *Os intelectuais e o poder*, p. 11.

do império persa[23] sob as florestas e negocia a liberação de madeira "das matas do rei" para a reconstrução de Jerusalém, do Templo e da casa do governador.

O enfrentamento das formas religiosas de alienação do criativo/trabalho e do ecológico vai subsistir como tensão na profecia das múltiplas descrições do *novo céu e da nova terra*. O Terceiro Isaías exercita o imaginário desejando: "Não edificarão para que outros habitem, não plantarão para que outros comam [...] porque a longevidade do meu povo será como a da árvore e os meus eleitos desfrutarão de todas as obras das suas próprias mãos" (Isaías 65,22).

Hoje, grandes empresas controlam terra, água e subsídios no plantio de árvores em enormes projetos de reflorestamento: continuam mantendo o modelo capitalista ao custo da exploração do trabalho e da apropriação criminosa da natureza. O mundo vira carvão. Nas carvoarias se reinventa o trabalho escravo. Tudo pode ser devorado para manter o deus-Kapital vivo.

O enfrentamento do capital devorador de florestas e comunidades reclama por uma profecia que acenda imaginários de um novo modelo econômico transformador do sistema produtivo e gerador de novas formas e fontes de energia."[...] o eco socialismo implica uma radicalização da ruptura com a civilização material capitalista. Nesta perspectiva o projeto socialista visa não apenas uma nova sociedade e um novo modo de produção, mas também um novo paradigma de civilização".[24]

Floresta, trabalho e pão: deus conosco!

Bibliografia

ALTHAUS-REID, Marcella. *From Feminist Theology to Indecent Theology*. London, SCM Press, 2004.

BANU, Ion. La Formación Social "Asiática" en la Perspectiva de la Filosofía Oriental Antigua. *El Modo de Producción Asiático*, México DF, Ediciones ERA, 1978.

BOBBIO, N. *Os intelectuais e o poder*. São Paulo, Unesp, 1996.

---

[23] KUNIHOLM, Peter Ian. Wood. In: MEYERS, Eric M. (ed.). *The Oxford Encyclopedia of Archaeology in the Near East*, pp. 347-349.

[24] LOWY, Michel. *Marx, Engels e a ecologia*, p. 102.

CARDOSO, Ciro Flamarion. *Antiguidade Oriental*: política e religião. São Paulo, Contexto, 1990.

CROATTO, Severino. Isaías: a palavra profética e sua releitura hermenêutica. *Comentário Bíblico/AT*. Petrópolis, Vozes, 1998. v. II: 40-55. A libertação é possível.

DAVIES, Philip. God Cyrus, God of Israel: some religio-historical reflection of Isaiah 40-55. In: DAVIES; HARVEY; WATSON (eds.). Words Remembered, Texts Renewed: Essays in Honor of John F. A. Sawyer. *JSOT – Journal for the Study of the Old Testamen* n. 195, Sheffield, Sheffield Academic Press, 1995.

FITZGERALD, Aloysius. The technology of Isaiah 40: 19-20 + 41:6-7. *CBQ 51*, Catholic Biblical Quarterly, 1989.

FRANKE, Chris. *Isaiah 46, 47, and 48*: a new literary-critical reading, Winona Lake, Eisenbrauns, 1994.

HAUG, W. F. *Crítica da estética da mercadoria*. São Paulo, Unesp, 1996.

HEGEL, G. W. F. *Princípios da filosofia do direito*. São Paulo, Martins Fontes, 2003.

KUHRT, Amélie. The Cyrus Cylinder and Achaemenid Imperial Policy. *JSOT – Journal for the Study of the Old Testament* n. 25, Sheffield, Sheffield Academic Press, 1983.

LOWY, Michael. Marx, Engels e a ecologia. *Margem Esquerda, 3*. São Paulo, Boitempo, 2004.

MARX, Karl. *Para a crítica da economia política*. São Paulo, Victor Civita, 1985. (Os Pensadores.)

_____. *Manuscritos econômico-filosóficos*. São Paulo, Victor Civita, 1985. (Os Pensadores.)

MELUGIN, Roy. The Servant, God's Call, and the Structure of Isaiah 40-48. In: LOVERING, E. Jr. (ed.). *Society of Biblical Literature 1991 Seminar Papers*. Atlanta, Scholars, 1990.

NAKANOSE, S. & PEDRO, Enilda. *Sonhar de novo. Segundo e Terceiro Isaías (40-66)*: roteiros para encontros. São Paulo, Paulus, 2004.

SICRE, José Luís. *Profetismo em Israel*. Petrópolis, Vozes, 2002.

WATTS, John. *Babylonian Idolatry in the Prophets as a False Socio-Economic System*. Grand Rapids MI, 1988.

Sites consultados em abril/maio de 2006

Asmann, H. citado em: Mo Sung. Novas formas de legitimação da economia: desafios para ética e teologia. *Estudos da Religião* n. 3, pp. 93-113, 2001. Disponível em: <http://www.pucsp.br/rever/rv3_2001/p_sung.pdf>.

Chesnais, François & Serfati, Claude. *"Ecologia" e condições físicas da reprodução social*: alguns fios condutores marxistas. Disponível em: <http://www.unicamp.br/cemarx/criticamarxista/16chesnais.pdf>.

Croatto, Severino. *La Propuesta Querigmática del Segundo Isaías*. Disponível em: <http://www.severinocroatto.com.ar/media/publicaciones/9.pdf>.

Chang, Curtis. *The construction of idols and identity*: an exegesis of Isaiah 41: 5-10. Disponível em: <http://www.intervarsity.org/mx/item/3999/download/?PHPSESSID=4f53fde2c0abaa20f2eb48430d707827>.

Kuniholm, Peter Ian. Wood. In: Meyers, Eric M. (ed.). *The Oxford Encyclopedia of Archaeology in the Near East*. New York, Oxford University Press, 1997. Disponível em: <http://www.arts.cornell.edu/dendro/wood.html>.

Lendering, Jona. *Cyrus takes Babylon: Cyrus' cylinder*. Disponível em: <http://www.livius.org/ct-cz/cyrus_I/babylon05.html>.

Marx, Karl. *O Capital*, v. 1. Disponível em: <http://www.marxists.org/archive/marx/works/1867-c1/ch01.htm#S4>.

A dimensão social e crítica da fé profética de Israel. Um estudo de Miquéias 6,1-8

Silvana Suaiden

No presente estudo, procuraremos abordar o caráter social da fé bíblico-profética a partir do capítulo 6 do livro do profeta Miquéias, especificamente dos oito primeiros versículos. Estamos diante de um texto que reúne elementos centrais da fé segundo a profecia crítica de Israel, como o resgate da memória histórica dos eventos libertadores populares e a proposta social de caráter programático como exigência e condição da fé para a relação de Israel com seu Deus.[1] Interessa identificar, aqui, qual o conteúdo e o teor dessa memória e o significado de tal proposta. Miquéias 6,1-8 foi um dos textos inspiradores da Teologia da Libertação na América Latina, sobretudo nas primeiras décadas de seu desenvolvimento, justamente pelo teor crítico e social de sua proposta profética. A força dessa teologia de Mq 6,1-8 chega ao ponto de minimizar a expressão cúltico-religiosa diante da exigência da fé histórica e social de Israel. Tanto na exegese judaica como na exegese cristã atual, Mq 6,8 tem sido considerado uma síntese da palavra-proposta dos profetas do século VIII, esta com profundo sentido social e político, seja para o complexo contexto pós-exílico, seja para qualquer tempo e lugar da vivência de uma fé histórica.

---

[1] Estudo baseado na dissertação de mestrado de SUAIDEN, Silvana. *Miquéias 6,1-8 – Teologias de superação do sacrificialismo*: ensinando o caminhar da humanidade com seu Deus. São Paulo, Pontifícia Faculdade de Teologia Nossa Senhora da Assunção, 2001. 202 p.

Embora tomemos como base um estudo analítico, teremos também uma preocupação pedagógica na leitura do texto. Começaremos pelo estudo de alguns dos
aspectos formais do texto para uma melhor aproximação do seu contexto e de
sua teologia. A seguir, uma tradução literal de Mq 6,1-8 da Bíblia Hebraica,[2] apresentada em sua disposição poética (tomando as frases e palavras na seqüência
do texto hebraico), de forma a observarmos as diversas repetições e correspon-
dências entre as frases, cuja poesia não se percebe nas traduções e comentários
atuais:

[1] *Ouvi*   *o que Javé*   *dizendo:*

     Levanta!

     Abre um processo   *com os montes*

   e ouvirão   *as colinas*   *tua voz.*

[2] *Ouvi*   *montes*

     o processo   *de Javé*

     e os firmes fundamentos da terra.

   Sim!   *Está em processo*   *Javé*

com o seu povo

   e com Israel

     pleiteará.

[3] *Meu povo,*

     o que eu fiz para ti

     e em que eu te cansei?   *Responde tu em mim.*

[4] *Eis que*   *te fiz subir*   *da terra do Egito*

         e da casa de escravos   *resgatei-te*

         e enviei diante de ti

---

[2] BIBLIA HEBRAICA STUTTGARTENSIA. Stuttgart, Deutsche Bibelgesellschaft Stuttgart, 1990. p. 1041.

Moisés, Aarão e Miriam.

⁵*Meu povo,*

lembra-te   o que planejou   Balaque,   o rei de Moab

e o que respondeu-lhe   Balaão,   o filho de Beor

desde o Setim até o Guilgal,

a fim de conhecer as justiças de Javé.

⁶ *Em que adiantar-me-ei   a Javé,*

curvar-me-ei   para o Deus do Alto?

Acaso me adiantarei   em holocaustos,

em bezerros,   filhos de ano?

⁷   *Comprazer-se-á   Javé*

em milhares de carneiros,

em numerosas torrentes de óleo?

Por acaso darei   o meu primogênito,

o meu crime,

o fruto do meu ventre,

erro de minha vida?

⁸*Fez anunciar para ti,*

humanidade,   o que bom

e o que Javé pedindo de ti:

Antes,   praticar o direito

e amar solidariedade

e cuidadosamente andar   com teu Deus.

Temos aqui uma unidade. Há notáveis diferenças entre nosso texto e a unidade anterior (5,8-14). Os seis versículos anteriores estão carregados de verbos no futuro. Há uma interrupção com os primeiros versículos de Mq 6, marcados

pelo imperativo. No texto anterior, os elementos envolvidos nas ameaças de aniquilação e destruição compõem a profecia do "dia de Javé" (v. 9). A ameaça tem alvos claros: as cidades com seus exércitos e fortalezas, adivinhos, estátuas e a idolatria. Tais elementos não aparecem em Mq 6,1-8. Este capítulo anterior termina, assim, com a ameaça às nações inimigas, tema que não tem lugar no nosso texto.

Mq 6,9-16 difere também de nossa unidade. Apesar do v. 9 utilizar o imperativo "ouvi", retomando a idéia anterior do "processo" (vv. 1-5), o destinatário é bem concreto: tribo e assembléia da cidade. Aqui se introduz um novo interlocutor, um novo chamado a ouvir e um tema diferente. Os vv. 1-5 falam de "montanhas", "Israel", "meu povo". A forma predominante dos vv. 9-16 é a de denúncia e ameaça. Esta apresenta o quadro sociológico da cidade: relações de comércio, corrupção com as bolsas e as balanças falsas, ricos etc. Nossa unidade, num discurso mais generalizado, difere formalmente do que segue. Com estes elementos, notamos a peculiaridade de Mq 6,1-8 diante dos versículos anteriores e do texto seguinte. No próximo passo, queremos verificar alguns dos elementos que compõem o texto.

Gênero e articulação entre as pequenas unidades

Para a melhor compreensão das diferenças internas, podemos dividir Mq 6,1-8 da seguinte maneira:

vv. 1-2: Introdução da fala.

vv. 3-5: Argumentação: resgate da memória histórica.

vv. 3-4: A experiência do êxodo.

v. 5 : O conflito com as cidades-estado.

vv. 6-7: A contra-argumentação e provocação do discernimento.

v. 8 : A proposta conclusiva.

Os vv. 1-2 introduzem o texto com o anúncio de um processo jurídico. O v. 2b faz a abertura da fala dos vv. 3-5, anunciando o "processo" de Javé. Enquanto na introdução do texto (v. 1) os "montes" e as "colinas" são os acusados na "disputa jurídica de Javé", no v. 2 "montes" e "firmes fundamentos da terra" são convocados a servirem como testemunhas. A segunda parte do v. 2 apresenta os opositores: "seu povo" e "Israel". Os vv. 3-5 aparecem como uma "disputa jurídica de Javé". Alguns exegetas vêem para estes versículos duas possibilidades: podem ser um discurso de acusação jurídica por parte de Javé no âmbito de uma corte jurídica cósmica ou um discurso de defesa própria.[3]

Nos vv. 3-5 prevalece a pergunta. José Luís Sicre afirma que a pergunta é um gênero oriundo da sabedoria clânica, camponesa, familiar, para refletir sobre a realidade e ensinar às crianças o bom comportamento. Tal forma de questionar leva a uma "conclusão inevitável".[4] A invocação à *memória* popular poderia ser reconhecida também como um *credo*, elemento unido à forma interrogativa como recurso profético, para o povo não perder o sentido histórico de seu projeto de sociedade vivido segundo a fé.

Nos vv. 6-7 a seqüência de perguntas surge de um procedimento didático-crítico diante da tendência a dar respostas religiosas e sacrificiais para afastar a ira de Deus e favorecer a purificação do sujeito interessado. Trata-se de uma "torá profética" em relação a textos com notáveis semelhanças a Mq 6,6-8 (confira Is 1,10-17; Jr 7,21-23; Am 5,21-24). Podemos ainda afirmar que Mq 6,6-8 é uma "instrução" em forma de perguntas e respostas e que nossa perícope foi formada por uma fusão de vários gêneros literários, originando este "discurso didático artisticamente composto".[5]

---

[3]   WOLFF, Hans Walter. *Micah*. A commentary. Minneapolis, Augsburg, 1990. p. 167. Confira também BOVATI, Pietro. Il rîb profetico – Mq 6,1-8. *Il profetismo*. Roma, Pontificio Instituto Bíblico, p. 99. (Apostilado.)

[4]   SICRE, José Luís. *Introdução ao Antigo Testamento*. Petrópolis, Vozes, 1995. pp. 208-209. Veja também Am 3,3-6.

[5]   Conclui WOLFF, cit., pp. 168-170. Outros estudiosos concordam com uma composição de gêneros diversos em Mq 6,1-8. É o caso de SICRE, José Luís. *Con los pobres de la tierra*. La justicia social en los profetas de Israel. Madrid, Ediciones Cristiandad, 1984. p. 296.

Quanto a Mq 6,8, Milton Schwantes o compara com Am 5,24. Para ele,

> [...] tais sentenças axiomáticas não são formulações do momento, mas condensações de todo um conjunto de reivindicações (ou, conforme o caso, de denúncias), tendo, pois, sua origem na luta, na disputa política, em manifestações reivindicatórias; são as formulações generalizantes das propostas por uma nova sociedade; são a teoria que brota na prática da luta.[6]

Temos aqui uma composição de vários tipos de discursos: o *rîb*, "processo", profético, a queixa, as fórmulas de crítica do culto externo e sacrifical tomadas em forma positiva, a retomada de várias tradições proféticas, a síntese ética e catequética do v. 8 como uma proposta definitiva ante uma situação-limite, colocada em termos de programa de vida e resposta vital a Deus. Isso tudo é possível num ambiente de sabedoria clânico-tribal ou familiar. Nestas sínteses proféticas vemos concluído o discernimento da realidade sociocúltica, também como interpretação da "vontade divina", do que é o "bem" desejado por Javé.

Podemos, pois, dizer que Mq 6,1-8 é um *discurso didático composto em torno do processo profético*. Este caráter composto do discurso, aqui, pode ser comparado à fusão de fontes na tradição deuteronomista. O empréstimo de vários gêneros literários, a partir de situações diversas, tais como o conflito com o culto sacrifical no Templo, o processo jurídico e o ensinamento baseado na memória histórica, remete-nos a tradições proféticas e sapienciais.

Tempos de crise: sabedoria e abertura de um movimento profético

Para uma aproximação do contexto, tomaremos como ponto de partida duas hipóteses. Primeira: o texto estudado não é de autoria do profeta Miquéias de Moreset-Gat. Segunda: o produto literário de Mq 6,1-8 é o resultado de, pelo menos, duas correntes deuteronomistas.

---

[6] SCHWANTES, Milton. *Amós:* meditações e estudos. Petrópolis/São Leopoldo, Vozes/Sinodal, 1987. p. 103.

A crítica literária em torno do livro sugere que não podemos atribuir, simplesmente, todo o livro ao profeta Miquéias de Moreset-Gat.[7] Para a maioria dos estudiosos, o livro de Miquéias é a produção de vários autores que foram acrescentando suas mensagens a um núcleo profético de Miquéias, cujas palavras estão concentradas nos capítulos 1–3. Mesmo assim, destes três capítulos, o pequeno trecho de Mq 2,12-13 deve ser entendido como texto tardio adicionado ao núcleo profético de Miquéias; e também Mq 1,2-5, considerado obra do redator final. Suas expressões genuínas encontram-se, pois, em Mq 1,6–2,11 e 3,1-12. Essa tese é confirmada pela referência de Jr 26,18 ao profeta Miquéias, que o conhece apenas como um "profeta da destruição". Nos capítulos 4–5 vemos oráculos de salvação e de esperança para Sião.

Cabe ainda ressaltar que a profecia em Israel não era resultado somente de um indivíduo iluminado que falava por Javé: o profeta. Este era o porta-voz e o líder de um movimento popular maior.[8] Suas palavras e atividade estavam profundamente vinculadas à causa popular e às classes subalternas organizadas. Vemos Miquéias situado em um ambiente camponês, ligado profundamente aos problemas e projetos de pequenos agricultores em Judá, na *Sefelá* (planície costeira). Foram estes que guardaram a memória de Miquéias, os "anciãos da terra", os líderes camponeses de Judá (Jr 26,17-18).[9] Um estudo mais cuidadoso na comparação entre Mq 1-3 e a nossa perícope do capítulo 6 vai nos levar a notar diferenças de linguagem e conteúdo.[10]

---

7   Confira Wolff, cit., pp. 17-27, e Hillers, Delbert R. Book of Micah. In: Freedman, David Noel (ed.). *The Anchor Bible Dictionary*, New York, Doubleday Press, v. IV, pp. 808-809, 1992.

8   Veja comentário de Richard A. Horsley e John S. Hanson em seu estudo sobre movimentos proféticos na obra *Bandidos, profetas e messias*: movimentos populares no tempo de Jesus. São Paulo, Paulus, 1995. pp. 127-129.

9   Confirma Schwantes, Milton. "Meu povo" em Miquéias. *Cadernos do CEBI*, São Leopoldo, n. 15, p. 6, 1989.

10 Júlio Paulo Tavares Zabatiero, em seu comentário *Miquéias: voz dos sem-terra*, São Leopoldo/Petrópolis, Sinodal/Vozes, 1996, p. 25, atribui uma origem pré-exílica aos capítulos 6–7, porém mostra que sua redação final tem marcas do período pós-exílico. Confira a abordagem do autor sobre a estrutura do livro nas pp. 24-28.

Nos capítulos 1–3, Miquéias fala contra as autoridades civis e religiosas de Judá e de Israel, aludindo a suas respectivas capitais (1,5). Ali, as duas capitais são símbolos do equívoco ("pecado") da nação. Em seguida, o discurso aponta para os exploradores do povo, os que se enriquecem às custas da opressão dos pequenos (2,1-11). São os que "planejam iniqüidade" e praticam o mal (2,1); os que "cobiçam roça", "roubam", "tomam casas" e "oprimem" o varão e sua família (2,2). Trata-se de credores que se apossam dos bens e da vida dos endividados, dos "chefes da casa de Jacó e magistrados da casa de Israel" (3,1), que estão esmagando e devorando a vida do povo (3,3). Neste caso, alguém poderia interpretar 'Adam de Mq 6,8 como os bené Adam, "filhos de homem", ou seja, aqueles nobres ou proprietários de terras cujos planos não estão a favor do povo e, portanto, se opõem aos planos de Deus (Sl 146,3-4). Porém, devemos considerar que há uma unidade na seqüência de invocações em nossa perícope. De forma genérica temos citados "Israel" (Mq 6,2b), "meu povo" (vv. 3.5) e 'Adam (v. 8). Há um crescente na compreensão de Israel. Aqui 'Adam é "humanidade", sentido último da vocação de Israel, tema freqüente e dominante na literatura sapiencial que o utilizou na síntese profética do v. 8.

Já em Mq 6,3, o interlocutor do processo com Javé, através do profeta, é "meu povo", e o "povo dele", Israel, é que está em processo com Javé (v. 2). No v. 8 a fala é dirigida à humanidade ('Adam). Em Mq 1–3, as ameaças nunca se dirigem contra todo o povo.[11] Os denunciados pela situação de opressão e quebra da aliança com Javé (3,4) são as lideranças do povo, a elite (3,9-12), os altos funcionários e militares. O "meu povo" em Mq 1–3 nunca é acusado, mas o grupo dos "explorados" (3,1-4), dos camponeses oprimidos (2,1-3), dos empobrecidos e escravizados (2,6-11). Como diz Milton Schwantes sobre Mq 1-3: "Meu povo é o pequeno agricultor empobrecido. Meu povo é o 'pequeno lavrador explorado'".[12]

Como entender esta diferença? É possível que uma primeira corrente deuteronomista, de tendência antitemplo e anti-sacrifício, tenha recolhido elementos bem próximos do profeta Miquéias até mesmo com semelhança de termos usados

---

[11] Observa Schwantes, em "Meu povo" em Miquéias, cit., p. 10. Veja também Hahn, Noli Bernardo. A profecia de Miquéias e "meu povo": memórias, vozes e experiências. *Estudos Bíblicos*, Petrópolis, Vozes, n. 73, pp. 92-101, 2002.

[12] Schwantes, "Meu povo", cit., pp. 19 e 24.

por ele. Porém, o significado e a situação de vida são diferentes. Expressões muito precisas e caras ao profeta Miquéias aparecem aqui de modo genérico e com outro contexto. Neste caso, o profetismo de Mq 6,1-8, mais teológico, coloca um parâmetro de caráter ético na experiência religiosa, minimizando ou criticando o culto e sua manifestação externa. Tal corrente tem semelhanças marcantes com os conteúdos de falas e teologias dos seguintes profetas: Amós (4,13; 5,10.15.21-25), Oséias (2,4.21; 4,1b.4.13a; 5,2a; 6,6; 8,13; 9,15a; 10,12a; 11,7; 12,3.7.12b), Isaías (5,4; 30,15; 32,13; 40,21; 43,12.22-26; 48,1.3-6.17-18a; 51,1a.7a; 53,10b; 56,1-2; 58,2.5; 65,2; 66,1.3) e Jeremias (6,20b; 7,22.25.31; 9,23; 23,5-6).

Uma segunda tendência deuteronomista, mais tardia, recolhe tradições e fatos da história de Israel numa visão peculiar dos acontecimentos sem preocupação ética com a idolatria religiosa. Recobra a memória de elementos históricos esquecidos por tradições semelhantes – como Balaão e o nome de Miriam junto ao de Moisés e Aarão – e conclui a perícope numa forma sentencial semelhante à que encontramos na literatura sapiencial (Pr 2,9; 3,5-6; 8,20.32b; 21,3.21), sintetizando as grandes correntes proféticas dos séculos VIII-VII a.C. Estamos no contexto exílico ou pós-exílico: o autor já não se dirige a Judá, Jerusalém ou ao Israel do Norte, mas ao povo como humanidade. Em síntese, podemos apontar para a construção de um texto que tem origem plural. Tal produção literária passa do contexto profético para um ambiente sapiencial.

Teologias diversas de um movimento plural

Aqui, estamos próximos de uma teologia deuteronomista da época exílica, que recolhe elementos do deuteronomismo tradicional num discurso didático composto, em torno do processo profético. Alguns autores, mais recentemente, apontam para a possibilidade de múltiplas redações da Obra Histórico-Deuteronomista (OHD), tendo no exílio a realização de alguns de seus níveis e características mais importantes. Dessa forma, podemos até falar de múltiplas teologias deuteronomistas. Uma das características mais marcantes dessas teologias é a avaliação histórica dos acontecimentos sociopolíticos e culturais da sociedade de

Israel.[13] Em seu discurso histórico, o deuteronomista resume sua avaliação sobre os acontecimentos passados à luz do presente e programa uma nova etapa. E é isso também o que encontramos em Mq 6,1-8.

Em Js 24 vemos o envio de Moisés e Aarão, também a referência a Balac, rei de Moab, e a Balaão, filho de Beor (Js 24,9). Em Js 24,17, após a frase "tirados da terra do Egito", aparece a expressão típica deuteronomista "da casa da escravidão",[14] como em Mq 6,4. A referência a Setim e Guilgal nos remete para o episódio da Transjordânia, narrado em Js 3–5,[15] também produção deuteronomista. Entre os sermões didáticos deuteronomistas, temos Dt 10,12-22, em que a vontade de Deus é declarada com palavras semelhantes a Mq 6,8. Dt 10 não deixa de fazer também uma rememoração dos fatos e da história das origens de Israel, interpretados à luz da fé na ação salvífica de Javé (vv. 17.21). A referência ao Egito aparece no v. 19 e, como em Mq 6,8, afirma que Javé é "teu Deus" (vv. 12.14.22). Encontramo-nos, também, diante de uma das características particulares da interpretação deuteronomista da história, em que a crítica ao culto no Templo está sempre vinculada à profecia.[16]

Brechas bíblicas para uma fé histórica inclusiva

A inclusão de Miriam na memória do êxodo junto a Moisés e Aarão em Mq 6,4 deve-se, portanto, a uma tradição deuteronomista que guarda a lembrança da participação das mulheres no processo de libertação do povo,[17] lembrança esta

---

[13] Confira NOTH, Martin. O deuteronomista. *Revista Bíblica Brasileira*, Fortaleza, Nova Jerusalém, ano 10, pp. 20-21 (1993). Nesse sentido, podemos comparar Mq 6,3-4 com Dt 5,6; 6,20-24; 7,8; 8,14-16; 32,10-12; Os 11,1-2; Jr 2,1-9.

[14] Confira WOLFF, cit., p. 170.

[15] Especialmente 3,1 e 4,19. Veja também Nm 25,1; 33,49 e Os 5,2.

[16] WOLFF, cit., p. 171. Confira também NOTH, cit., p. 23, e FOHRER, George. *Estruturas teológicas fundamentais do Antigo Testamento*. São Paulo, Paulus, 1982. pp. 118-122.

[17] Sobre esta perspectiva da participação da mulher na história do êxodo, veja GORGULHO, Gilberto & ANDERSON, Ana Flora. A mulher na memória do êxodo. *Estudos Bíblicos*, Petrópolis, Vozes, n.16, pp. 38-51, 1988. Veja também o

conservada em textos importantes do Pentateuco: Ex 2,1-10, aludindo à irmã de Moisés; Ex 1,15-22; 15,21, o cântico de Miriam; 4,24-26; Gn 12,10-20. Na literatura Deuteronomista encontramos Raab (Js 2; 6) e não podemos deixar de citar duas mulheres do livro dos juízes. A *profetisa* Débora (Jz 4,4), aclamada como "mãe em Israel" (5,7) por um dos textos mais antigos da Bíblia, possivelmente um contemporâneo de Ex 15,1-21. Tanto Débora quanto Jael são lembradas como mulheres fortes e libertadoras, cujas ações e papel social foram indispensáveis para momentos decisivos da formação do povo. Como vemos, o anonimato de mulheres, tão freqüente na história deuteronomista,[18] desaparece nestas "brechas" bíblicas onde, em momentos decisivos da história, mulheres tiveram uma presença e um papel fundamental – em termos de ação e decisão política – para a caminhada do povo.

Em Mq 6,5 temos novamente uma alusão às origens de Israel. Aí são recordados os fatos de Nm 22–25. Relacionado com Js 24, como vimos, estes capítulos trazem terminologia semelhante a Mq 6,5 e remetem-nos à memória do Egito que não passa pelo Sinai, mas por Balaão. Sabemos que as "memórias dos oráculos de bênção de Balaão são, com certeza, bem mais antigas e ligadas à memória profética transjordânica e do Israel do Norte, como testemunham as muitas referências a Jacó e Israel".[19] Sobretudo em Nm 25, que situa o estabelecimento de Israel em Setim (v. 1) e o caso de Baal Fegor (Os 9,10), encontramo-nos novamente diante da memória do conflito israelita com moabitas e madianitas. A situação histórica de Nm 25,1-5 é a mesma de Nm 22. Nesta tradição das origens, o povo vai do Egito a Madiã e Moab, como em Js 24. Neste ponto, tal observação sobre Mq 6,5 conflita com o livro do Deuteronômio, para o qual a "seqüência da aliança é manifesta em um resumo histórico dos acontecimentos do Sinai".[20]

---

artigo de SCHWANTES, Milton. O êxodo como evento exemplar. *Estudos Bíblicos*, Petrópolis, Vozes, n. 16, pp. 9-18.

[18] Como observa LAFFEY, Alice L. *Introdução ao Antigo Testamento*: perspectiva feminista. São Paulo, Paulus, 1994. p. 103.

[19] GALLAZZI, Sandro. A sociedade perfeita segundo os sadocitas. Livro dos Números. *RIBLA*, Petrópolis/São Leopoldo, Vozes/Sinodal, n. 23, p. 171, 1996.

[20] Afirma GOTTWALD, Norman K. *Introdução socioliterária à Bíblia hebraica*. São Paulo, Paulus, 1988. p. 365.

Além de fazer memória das origens, o conteúdo de Nm 25 se relaciona ao de Mq 6,6-7 por outras razões. Mq 6,6-7 traz o tema do sacrifício pela expiação dos pecados. Para certas tradições judaítas ligadas ao Templo, somente o sacrifício de algum animal inocente e perfeito (talvez dentro de uma idéia de pureza) poderia aplacar a ira de Javé. O caso de Fegor traz a memória de um sacrifício para desviar a ira de Javé (Nm 25,11). O sacrifício é "exemplar", pois é realizado para que ninguém mais quebre o "tabu" da impureza e da sexualidade. Segundo o texto, em Setim, Israel "começou a fornicar com as filhas de Moab e convidaram ao povo a sacrifícios de seus deuses, e comeu o povo e se inclinou aos seus deuses" (vv. 1-2). Uma madianita é, então, surpreendida na alcova com um israelita. O sacrifício dela serviu como "bode expiatório" para o ritual público. Os dois tiveram seus corpos ("ventre") perfurados (25,8). O ódio mortal contra os madianitas tanto em Jz 6–8 como em Nm 25 pode ter sua explicação pela disputa da terra fértil e o conflito com os reis das cidades-estado em Canaã. A união com as filhas de Moab representa, pois, uma ameaça à própria cultura de subsistência israelita que procura firmar-se tanto nas montanhas como na planície da Cisjordânia. O sujeito desse ritual foi Finéias, sacerdote de linha sadocita e neto de Aarão (v. 11). Por essa razão, podemos pensar na influência sadocita na produção de Nm 25.[21]

Quem é que leva essa memória para a frente? Até o v. 13, a mulher e os madianitas não têm voz, são sacrificados. Nos vv. 14-15, o casal de sacrificados é aclamado como chefes ("cabeças") de tribos. O "acontecimento de Cozbi" (v. 18) aparece como um resgate de sua memória e de todos os sacrificados: Zambri e os madianitas, agora inimigos. Possivelmente, o conteúdo dos vv. 14-15 foi conservado por grupos de mulheres, talvez com um importante papel social, que fizeram memória dos sacrificados e das sacrificadas na história da formação do povo. Os vv. 16-19, do redator final, tentam reforçar a idéia da inimizade com os madianitas, mesmo reconhecendo o "acontecido" de Cozbi. A questão aqui está em que a referência sutil a esse episódio em Mq 6,3-5 precede a crítica ao sacrifício (vv. 6-7), o que desmonta todo argumento em prol do sistema sacrifical. Sabemos que há outras tradições que souberam resgatar o valor da amizade com os madianitas e outros povos, como, por exemplo, os moabitas (Nm 22; Rt 1,16).

---

[21] Veja Gallazzi, cit., pp. 171-172.

Assim, Mq 6,1-8 traz elementos de um deuteronomismo plural, talvez de linha marginalizada e de tendência nortista, não-sacrifical, sem preocupação com a idolatria e que tem a contribuição da memória do papel decisivo de mulheres na história de Israel. Ao recordar o episódio de Balaão, faz-se herdeiro da memória de libertação que não passa pelo Sinai, mas pela Transjordânia, em contato com povos vizinhos. É no contexto do exílio da Babilônia que será realizada uma segunda edição da obra historiográfica deuteronomista.[22] É nesse período, com a destruição do Templo de Jerusalém, que a prática dos sacrifícios no Templo desaparece. No entanto, a possibilidade dessa prática seria retomada em 515 a.C., com a reconstrução do Templo na época pós-exílica.

Terá sido, então, nossa perícope uma proposta alternativa ao projeto de Esdras e Neemias, que venceu em Israel na época pós-exílica? Possivelmente. Junto com outros projetos (Rute, Segundo Isaías...), Mq 6,1-8 se contrapõe à fé judaica oficial de Israel centrada na religião, ou seja, na Lei, no Templo e no sacrifício.

Escuta! A fé que nasce do discernimento e do resgate da memória histórica

Mq 6,1-8 aparece como um texto altamente provocativo. Nos primeiros versículos de Mq 6, o imperativo "ouvi" deve ser lido no contexto do *rîb*, "processo", profético e do conteúdo dos versículos seguintes. A expressão traz um duplo significado: de convocação ao processo e de provocação ao discernimento, procedimentos típicos do deuteronomismo. Há também um veio poético nestes versículos, sapiencial, que envolve o(a) ouvinte como a um(a) discípulo(a). Mas trata-se de um discipulado coletivo. É Israel (v. 2), o "meu povo" (vv. 3.5), que deve compreender a sabedoria contida na sua história, a qual tem sentido para toda a humanidade (v. 8). É justamente isso que os profetas e as profetisas de Israel tentaram provocar: o discernimento do momento presente (vv. 6-7), à luz do passado (vv. 3-5), em vista de uma prática transformadora (v. 8). Mq 6,1-2 prepara a compreensão do teor de Mq 6,6-7. Como em 1Sm, a escuta pedida nestes versículos é alternativa necessária para que o povo viva bem, além da

---

22 NAKANOSE, Shigeyuki. Para entender o livro de Deuteronômio: uma lei a favor da vida? *RIBLA*, Petrópolis/São Leopoldo, Vozes/Sinodal, n. 23, p. 184, 1996.

prática ritual e fora do sistema sacrifical: "E disse Samuel: O agrado de Javé está em holocaustos e sacrifícios? Não! *Escutar* na voz de Javé. Eis que *escutar* é altar bom. *Ouvir* atentamente é o melhor dos carneiros" (1Sm 15,22).

O processo de Javé no contexto de Mq 6,3-5 argumenta sobre a necessidade de memória histórica do povo e levanta problemas ligados às concepções de Deus como a identidade de Javé e, portanto, a identidade de Israel. O êxodo do Egito e a caminhada do povo pelo deserto, relidos em tempos exílicos, são também expressão teológica daquilo que se vive no presente de um povo que perdeu todas as seguranças (políticas, econômicas e culturais) de sua identidade como nação. É no exílio que muitos pensaram que Javé os tinha abandonado. Outros perguntaram qual seria o pecado que teria originado tal castigo ou a ira de Javé. Dessa forma, vemos em Mq 6,3-5 um discurso que oscila entre a acusação e a autodefesa, entre a ira e o fracasso de Javé. Ora Javé é sujeito de acusação, ora objeto de queixa. "Quando se constata que Javé se calou, ou se manteve distante, então também se constata sua ineficácia, isto é, sua irrealidade. Sob seus próprios pressupostos, ele então não seria mais Deus."[23]

Uma resposta a estas perguntas (v. 3) nós encontramos em Dt 26,23-24 e nos Cânticos do Servo de Segundo Isaías (Is 40–55).[24] O Deus de Mq 6,1-8 é Javé (aparece sete vezes), o Deus libertador do êxodo. No v. 6, a denominação "Deus do alto" se refere à concepção religiosa equivocada dos que seguiram um caminho sacrificial para Israel. Mq 6,4-5 faz uma releitura do êxodo como evento fundador de Israel, resgatando a memória dos fatos históricos no esquema clássico do êxodo e da conquista. Temos aqui uma memória dos fatos fundadores da formação do povo, que inclui as mulheres e passa por Balaão (Mq 6,5), o que nos sugere a memória de vários êxodos libertadores, tendo no êxodo do Egito seu evento exemplar.[25]

---

[23] PERLITT, Lothar. Acusação e absolvição de Deus: motivos teológicos no tempo do exílio. In: GERSTENBERGER, Erhard S. (org.). *Deus no Antigo Testamento*. São Paulo, Aste, 1981. p. 302.

[24] Como vemos analisado no belo livro de SCHWANTES, Milton & MESTERS, Carlos. *La fuerza de Yahvé actúa en la historia*. Breve historia de Israel. México, D.F., Ediciones Dabar, 1992. pp. 68-75.

[25] SAMPAIO, Tânia Mara Vieira. Um Êxodo entre muitos outros êxodos. A beleza do transitório obscurecida pelo discurso do permanente: uma leitura de Êxodo

Alteridade: condição para a fé no Deus livre e libertador

Assim, Mq 6,4 resgata a memória do êxodo do Egito e a identidade de Javé como Deus da libertação, como *go'el* do povo, e não como carga (v. 3). Javé é percebido como um Deus que age e se relaciona com o povo, não intervindo diretamente, mas nos bastidores da história, no reverso dos acontecimentos. É ele quem suscita profetas e libertadores na caminhada do povo. Então, pode reivindicar para si a iniciativa e o mérito da ação: "e enviei diante de ti Moisés, Aarão e Miriam".

É o êxodo considerado em suas mediações sócio-históricas, experiência que vai além das fronteiras políticas, étnicas, culturais e religiosas. Em Mq 6,5 temos uma perspectiva ecumênica do êxodo em que Balaão, um pagão, mágico e adivinho, é reconhecido nestas tradições como um profeta de Deus. Em Nm 22-24, Deus escolhe e protege um mago pagão para abençoar Israel. No episódio, o leitor ou ouvinte tem uma boa provocação: se Javé fala e abre os olhos do mago até por meio de uma jumenta (Nm 22,28-31), por que não falaria ao povo por meio desse torpe pagão? Quem lê Nm 22–24 passa a ver com bons olhos a Balaão. O passo de Setim a Guilgal lembra, pois, o êxodo da Páscoa, a mediação de outras lideranças, os fatos que indicam que a ação libertadora de Javé não ficou estancada nas areias e águas do Mar Vermelho, nem perdida nas montanhas do Sinai.

Porém, entre Setim e Guilgal encontramos também as narrativas em torno do sacrifício que segrega estrangeiros, sobretudo mulheres. Nm 25 não pode passar despercebido para quem lê Mq 6,3-5. O caso de Cozbi e Zambri, chefes de tribos (25,14), prepara implicitamente a temática do sacrifício recobrada em Mq 6,6-7. Nm 25,13 oficializa o sacerdócio Aaronita em torno do sacrifício e vê bem a segregação racial e o tabu sexual ("traspassados pelo ventre", 25,8). Quem lê Mq 6,6-7 posiciona-se com perplexidade e desaprovação diante do sacrifício

---

1–15. *RIBLA*, Petrópolis/São Leopoldo, Vozes/Sinodal, n. 23, p. 80, 1996. Veja, sobre a simbiose das tradições no êxodo, ANDERSON, Ana Flora & GORGULHO, Gilberto. *Os profetas e a luta do povo*. São Paulo, CEPE, 1991. p. 18; e também SCHWANTES, Milton. A origem social dos textos. *Estudos Bíblicos*, Petrópolis, Vozes, n. 16, pp. 31-37, 1998.

exemplar de Nm 25. Tais memórias são resgatadas para que se possa "conhecer as justiças de Javé" (Mq 6,5), o que também significa reconhecer e discernir o "passo" de Javé na história. Para a teologia do êxodo, "conhecer Javé" é sinônimo de uma vida identificada com seu projeto libertador e humanitário, solidário com o povo sofredor (Ex 2,25; 3,13-15; 5,2; Os 6,6).

A fé equivocada: a resposta sacrifical

Mq 6,6-7 revela a tentativa de resolver o problema da culpa e da crise de modo sacrifical. Para René Girard, toda violência pode ser descrita em termos de sacrifício. Segundo este autor, o sistema sacrifical é eficiente na manutenção da ordem social e tem a função de apaziguar a violência, desviando-a ou canalizando-a para outros seres, cuja morte pouco ou nada importa.[26] O dever de vingança se torna também uma das formas de satisfazer o desejo de acabar com o círculo de violência, porém, perpetuando-a num processo interminável. Na lógica sacrifical, para expulsar a violência (ou a ira de Deus) é necessário expulsar o "culpado" que a provoca ou o inocente que a catalisa. A vítima, assim, atrai para si toda a violência que pode afetar e contagiar a sociedade. No v. 7, o primogênito, o "fruto do meu ventre", está associado à idéia de culpa e pecado, de "crime" e "erro de minha vida". É, pois, a "vida" do ser humano, pessoal e coletiva, o princípio vital, que está em jogo.

Com uma seqüência de perguntas, Mq 6,6-7 critica ironicamente o sistema sacrifical, presente no culto ou encarnado na vida das pessoas. As oferendas queimadas e completamente consumidas simbolizam o relacionamento "vertical" entre o ser humano e o Deus que está "no alto"; um Deus que se compraz com o sacrifício. Nesta prática deturpa-se, pois, a compreensão da identidade de Javé. A citação crescente de holocaustos, bezerros, milhares de carneiros e torrentes de óleo aludem à riqueza e ostentação, não só no campo cultual, mas de uma economia que significa, sem dúvida, o sacrifício social da população pobre. A última pergunta do v. 7 implica ir além dos limites e das possibilidades legais previstas pelo culto javista, oferecendo o filho concebido pelas próprias entranhas.[27]

---

[26] Girard, René. *A violência e o sagrado*. São Paulo, Unesp/Paz e Terra, 1990. p. 15.
[27] Wolff, cit., pp. 178-179.

A proposta da humanidade livre e solidária

Após a série de perguntas que revelam o equívoco sociocultural de Israel, temos a proposta de Mq 6,8, considerado por muitos como uma síntese pedagógica dos profetas do século VIII. Tal síntese compõe o discurso deuteronomista, refletindo o discipulado correto do indivíduo e de Israel, em termos éticos e de uma identificação com toda a humanidade e, portanto, com seu Deus. Tal palavra já não se dirige a Israel, a "meu povo", mas a 'Adam, à humanidade. 'Adam é o que Israel está chamado a ser. Esta palavra já é conhecida (Dt 30,14) e invalida o sistema sacrifical exposto nos versículos anteriores. O v. 8 fala do desejo de Javé como algo que é "bom" para o povo. Na literatura sapiencial o sacrifício, ao contrário, é o "mal", e quem o pratica não sabe que está fazendo mal (Ecl 4,15). A identidade de Israel se define aqui na teia de suas relações, ou seja, com Deus e com os outros seres humanos. As novas ações que Javé espera resumem-se em três cláusulas infinitivas intimamente relacionadas.

Em Mq 6,8, praticar o *mishpat*, "direito", aparece em paralelo ao termo *hesed*, "solidariedade", sendo este o âmbito de compreensão do *mishpat*. Junto a *hesed*, trata-se de praticar a justiça em função do direito dos pobres, seja no âmbito político do governo, do jurídico, dos costumes, seja no âmbito religioso. Dessa maneira, podemos afirmar que a proposta de Mq 6,8, "praticar" o *mishpat*, "direito", constitui um caminho não sacrifical que rompe com o círculo de violência e estabelece a possibilidade de *shalom*, "paz", verdadeira. Aqui, praticar o "direito" vai além da observância das leis. Trata-se das relações de justiça exercidas no interior da comunidade, manifestadas pelo discernimento ético, tendo neste uma das principais funções da ação profética.

A palavra *hesed*, "solidariedade", ressalta o compromisso e comporta necessariamente um aspecto comunitário. O conceito traz dois significados fundamentais: "solidariedade", que destaca o aspecto gratuito da benevolência, da compaixão e da misericórdia; e "lealdade", que valoriza o compromisso.[28] Por isso, "amor de solidariedade" não é apenas um sentimento. É uma prática que envolve

---

[28] ALONSO SCHÖKEL, Luís. *Diccionario bíblico hebreo-español*. Madrid, Editorial Trotta, 1994. pp. 267-268.

sentimento, opção, adesão e ação transformadora. Estamos diante do pensamento central do profeta Oséias, para quem a prática da "solidariedade" é condição para o "conhecimento de Deus" e, em oposição ao sacrifício, a realização de seu desejo: "Pois é solidariedade (*hesed*) que eu quero e não sacrifício, conhecimento de Deus, mais do que holocaustos" (Os 6,6).

Há uma ética implícita nessa proposta do v. 8, mas tal ética não se identifica com a moral da sociedade vigente. A dimensão ética carregada nesses termos de Mq 6,8 é a que brota da comunidade dos pobres, da *mishpat* (direito) dos pobres, em suas relações de solidariedade, em função do discernimento crítico e do projeto libertador.

Utopia: o horizonte da fé libertadora

Se perguntarmos pelo que é Israel ou o ser humano no sonho de Deus, Miquéias 6,8 responderá que é aquele que se caracteriza pela prática da justiça e do amor solidário e que a partir daí define sua relação com Deus. Dessa maneira, Mq 6,8 é revelação de Deus e da humanidade como projeto, como caminho. Após o exílio, Israel deve reconstruir-se com base das mesmas fontes populares do êxodo, mas agora como 'Adam, a nova humanidade, livre "com seu Deus" e solidária.

A última proposta de Javé, em decorrência das outras, é que a humanidade "cuidadosamente caminhe com seu Deus". A raiz dessa expressão é de uso sapiencial. Dificilmente essa raiz pode significar "humilde", como habitualmente se traduz Mq 6,8 por "comportar-se humildemente". Na versão grega, o termo "acuradamente", "cuidadosamente", apontaria mais para a idéia de "exatidão", "perspicácia" e de "disponibilidade". Esta parece ser a tradução mais acertada para a expressão no texto hebraico.

Assim, para este pregador, no "caminhar com seu Deus" é preciso a humanidade estar atenta, com perspicácia; realizar o caminho com o "teu Deus", Javé, que se revela na história, no chão dos acontecimentos e de cada dia do povo; significa resgatar a memória das libertações populares, com os olhos e ouvidos bem abertos à novidade de um Deus que é livre (como em Balaão e 1Sm 15,22) e, também, o discernimento na prática do direito e da solidariedade como media-

ções privilegiadas desse relacionamento com Deus. Em Mq 6,8, o sagrado é lançado para o interior da realidade imanente, com seus limites, projetos, utopias. Enfim, Mq 6,1-8 provoca a avaliação e a memória histórica de Israel em tempos exílicos e pós-exílicos, sugere um caminho de discernimento das dinâmicas de vida e morte presentes no meio do povo e propõe um caminho de vida, não sacrifical, marcado por uma ética da solidariedade, de responsabilidade comunitária e de liberdade ao lado de um Deus que se revelou na história como livre e libertador.

Em síntese, Mq 6,1-8 nos apresenta a dimensão social e crítica da fé profética de Israel, tecida aqui com os fios da história de diversos grupos sociais e de seus diferentes contextos e visões. Se a fé bíblica não é apenas um atributo do intelecto, mas, antes de tudo, um conceito antropológico, que tem a ver com o olhar, com o pensamento, com a ação e com a atitude humana, a fé implícita nestes poucos versículos define seu sujeito: antes de ser Israel, o povo é chamado a ser 'Adam, "humanidade", e, esta, a reordenar seus valores com prioridade ao direito dos pobres, à justiça que daí brota pelo amor solidário. Tal fé é crítica, pois nasce da crise e provoca a crise, ali onde tem lugar o discernimento ético da realidade. Além disso, a fé social e crítica de Mq 6,1-8, embora este esteja carregado de expressões genéricas, leva a um projeto de vida concreto, de maneira ecumênica e inclusiva, na perspectiva das relações de classe, gênero e etnia.

silsuaiden@yahoo.com.br

Zacarias 8,1-18: depois da guerra a reconstrução. Encontros, reencontros e brincadeiras nas praças da cidade

Virgínia Inácio dos Santos[1]

Tradução

[1] *E se deu uma palavra de Javé dos Exércitos a dizer:*

[2] *Assim disse Javé dos Exércitos:*

Tenho ciúme por Sião. Ciúme profundo e ira profunda. Tenho ciúme por ela.

[3] *Assim, disse Javé: voltarei para Sião e habitarei no meio de Jerusalém,*

Jerusalém será chamada cidade da fidelidade, montanha de Javé dos Exércitos e montanha sagrada.

[4] *Assim, disse Javé dos Exércitos: ainda sentar-se-ão velhas e velhos nas praças de Jerusalém e homem seu cajado na mão dele pela abundância de dias.*

[5] *E as praças da cidade encher-se-ão de meninas e meninos brincarão nas praças delas.*

---

[1] Pastora metodista angolana, doutoranda em Ciências da Religião.

[6] *Assim, disse Javé dos Exércitos, pois, impossível aos olhos do resto deste povo naqueles dias, será também impossível aos meus olhos?*

Oráculo de Javé dos Exércitos.

[7] *Assim, disse Javé dos Exércitos, pois, eu salvo o meu povo da terra do nascente e da terra do poente do sol.*

[8] *E os farei entrar e eles residirão no meio de Jerusalém. E eles serão para mim um povo,*

e eu serei para eles um Elohim em verdade e em justiça.

[9] *Assim disse Javé dos Exércitos: fortalecei as mãos deles que estão ouvindo nestes dias estas palavras da boca dos profetas no dia que foi fundada a casa de Javé dos Exércitos para ser construído o Templo.*

[10] *Pois, antes daqueles dias, não existia salário para a humanidade e não existia salário para o animal e para quem entrava e quem saía não existia paz: diante do inimigo eu soltei toda a humanidade um contra o seu próximo.*

[11] *Mas agora não sou para o resto deste povo, como nos dias passados, Oráculo de Javé dos Exércitos.*

[12] *Pois a sementeira dará em paz, a videira dará seu fruto e a terra dará a sua colheita, e os céus darão seu orvalho e eu darei por herança ao resto deste povo todas estas coisas diante de todos estes.*

[13] *E sucederá: como fostes maldição entre as nações, casa de Judá e casa de Israel, da mesma maneira eu vos salvarei e vos farei bênçãos. Não temais! Fortalecei vossas mãos.*

[14] *Pois, assim disse Javé dos Exércitos, assim como planejei fazer-vos mal quando vossos pais me provocaram, disse Javé dos Exércitos, e não me arrependi,*

[15] *assim,[2] deixei de [...] planejei nestes dias, outra vez, fazer o bem a Jerusalém e a casa de Judá, não temais!*

[16] *Estas coisas que fazeis: falai a verdade cada um com o seu próximo, verdade e direito de paz julgai em vossas portas.*

---

[2] Vossas – referente ao feminino.

[17] *E cada homem não penseis o mal, do seu próximo em vossos corações e juramento de mentira não ameis, pois, "são" todas essas "coisas"[3] que eu odeio. Oráculo de Javé.*

Contexto literário

A unidade de Zacarias 8,1-17 situa-se na primeira parte deste Livro, que se inicia no capítulo um e segue até o capítulo oito. Tal conjunto é formado de duas partes construídas cada uma sobre uma narração. Num primeiro momento, encontramos uma série de visões bem explicadas e que fecham um bloco importante (1,7–6,15). Em seguida, temos o bloco de dois capítulos, 7 e 8, no qual o texto em análise está inserido, com mensagens que aludem às nações para que conheçam a Deus. Estes capítulos estão construídos em torno de uma narração do profeta. Na consulta dos exilados sobre a necessidade de respeitarem os dias do jejum (7,1-3), o profeta considera a preocupação destes e responde à questão (7,4-6; 8,18-19) baseando-se em dois oráculos de salvação (8,20-23).

Depois da resposta, o profeta ocupa-se em explicar ou instruir o povo sobre as causas do exílio (7,7; 7,9-14). E a perícope segue em uma cadeia de sete oráculos de salvação (8,2-17). A exposição das narrações destes dois capítulos os torna um conjunto, porém, com duas possibilidades: a recordação do julgamento (capítulo 7) e o anúncio da salvação (capítulo 8).

Sendo assim, os capítulos de 1–8 formam um conjunto literário relativamente coerente, no qual, apesar de alguns complementos e retoques, se delineia o testemunho do profeta Zacarias.[4]

---

[3] Esta palavra foi acrescida pela pesquisadora, por parecer que faltou algo para dar sentido à frase. O texto nos permite dizer: "pois todas essas [...] que eu odeio". Na nossa percepção da língua portuguesa, perguntaríamos: essas o quê?". Portanto, para melhor compreensão tomamos a liberdade de fazer o acréscimo do substantivo "coisas".

[4] Amsler, S. et al. *Os profetas e os livros proféticos*. São Paulo, Paulinas, 1992. pp. 365-366.

Estrutura do texto

A perícope apresenta a seguinte estrutura:

O Divino – v. 2, Javé tem: ciúme por Sião, ciúme profundo e ira profunda; v. 3a, Javé age: volta para Sião e habita no meio de Jerusalém; vv. 7 e 8a, salva o seu povo, faz entrar, faz residir e, no passado, soltou o povo diante do inimigo; v. 10b, faz uma declaração de seu ser; v. 11, diz não ser como foi e, v. 15, faz planos para o povo e o aconselha a não temer.

O cosmo – v. 3b, Jerusalém será chamada: cidade da verdade, montanha sagrada, montanha de Javé.

O antropológico – nas praças, vv. 4 e 5: velhas e velhos sentar-se-ão, homens com cajado sentar-se-ão, meninos(as) encherão as praças e meninos(as) brincarão. Javé diz ao povo para, v 9: fortalecerem-se e ouvirem. Dever do povo, vv. 16 e 17: falar a verdade, fazer julgamento verdadeiro e direito de paz, não pensar mal e não amar julgamentos de mentira.

Quebra – o v. 6 é um questionamento, que quebra o ritmo da perícope: impossível ao resto, impossível a Javé?

O antropológico e o Divino – o povo e Javé, v. 8b: o povo será para Javé e Javé será para o povo. Ambos se pertencerão. Israel, v. 14: foi maldição e Javé lhe fará bênção.

O antropológico e o cosmo – anteriormente, v. 10a: não existia salário humano, nem animal, nem paz.

O cosmo e o divino – fertilidade, v. 12: a sementeira dará, a videira dará, a terra dará, os céus darão e Javé, também, dará. Todos darão para o bem do povo, que o texto chama de "resto".

Falando sobre a estrutura

Percebemos na estrutura do texto um assunto importante, que perpassa a perícope toda de forma muito subjetiva e, às vezes, até mesmo um pouco implícita. Parece-nos que a centralidade está no Templo. Por estar tão implícita, chegamos a pensar, ao longo da nossa pesquisa, que o centro seria o resto do povo. Mas

notamos também que a reconstrução proposta por Zacarias não está unicamente focada na estrutura física do Templo (v. 9), mas sobretudo voltada para o bem-estar do povo.

O fortalecimento das mãos é para que haja a reconstrução do Templo (v. 9); elas terão abundância na descendência, nos alimentos e Javé vai lhes dar, como herança, todos os bens; até o céu dará o seu orvalho, para que em paz e sem preocupações secundárias possam restaurar o Templo. Quando isso acontecer, Javé virá habitar em Jerusalém e os julgamentos serão verdadeiros.

Para que a reconstrução ocorra, o profeta fala de três temas importantes que culminam em um – a reconstrução da morada de Javé, "o Templo". Os temas são: o próprio Javé, o cosmo e o resto do povo.

a) *O próprio Javé – a divindade:* num primeiro momento, nos versos 2 e 3, Javé se apresenta e fala dele mesmo e do seu ciúme e zelo por Sião. Indiretamente, no verso 6b, insinua que nada é impossível ou maravilhoso perante seus olhos – como se estivesse dizendo: eu sou Deus que tudo torna possível. Diz o que pode fazer: salva de um extremo da terra a outro (v. 7); faz este mesmo povo residir – um povo desabitado, sem residência nem espaço, passa a ter um hábitat, porque Javé o fará habitar (v. 8a). Nesse sentido, também, ele será Deus deste resto (v. 8b).

Javé continua falando de si e fazendo as coisas acontecerem. Dessa vez, diante do inimigo, diz ter soltado a humanidade um contra o outro (v. 10); e, como os tempos são diversos, não vai mais fazer isso, porque mudou de atitude: "não sou" (v. 11); parece que a natureza de Deus alterou-se um pouco. Deixou de fazer o mal e, no v. 13, diz que salvará o resto do povo e os fará bênção.

Interessante é que, dentro da sua fala reflexiva, aparece o Javé que se apresenta como um ser ambíguo e misterioso, pois realiza coisas que, a nosso ver, são antagônicas – o bem e o mal. Ambos são afazeres de Deus. Ele que faz o bem e o mal, ainda afirma não se arrepender de ter provocado dano aos antepassados do resto (v. 14). Estes versículos nos dão a entender que a guerra da qual o resto salvou-se foi planejada e provocada por Javé, que se volta e diz que agora planeja fazer o bem (v. 15).

Concluindo, podemos dizer que este Javé é realmente misterioso. Termina falando de si, dizendo que odeia a mentira e a falsidade nos julgamentos. É realmente misterioso tal Javé – incompreensível. Pois, inicia dizendo que é ciu-

mento, que faz o bem e planejou o mal; depois, termina afirmando que odeia a mentira.

Todos os sentimentos, características e afazeres de Javé, os quais ele descreve nesta perícope, contribuem para o mal ou o bem do resto do povo. Para o mal, quando desobedeceram a seus pais e voltam a desobedecer; e, para o bem, caso obedeçam e reconstruam o Templo, que é o lugar de adoração e permanência de Javé – Sião.

b) *O cosmo – a cidade e a terra:* entendemos a cidade de Jerusalém e de Sião não como espaços somente de construções sociais, mas, sobretudo, como espaços geográficos que fazem parte do cosmo.

Num segundo momento, Javé fala de Sião, lugar pelo qual ele nutre um sentimento profundo (v. 2), e de Jerusalém, como espaço de sua permanência (v. 3), como consagração do espaço e do nome novo para este espaço – fala da cidade. Nesse caso, o uso de elementos naturais, como a montanha, nos ajuda a fixar a idéia de que Javé está falando de Sião, mas que esta faz parte de um projeto maior – fala da montanha (v. 3c). Posteriormente, Javé refere-se à terra – de forma poética expressa o lugar em que nasce e onde se põe o sol (v. 7). Estes, também, não deixam de ser elementos da natureza que fazem parte do cosmo – fala do sol.

Dentro dos elementos naturais que formam o cosmo, Javé alude aos homens e animais, que não tinham salário (v. 10) noutros tempos – fala dos homens e dos animais. Há uma narrativa que nos indica a fertilidade e muita prosperidade. O v. 12 traz uma cadeia de elementos importantes para a sobrevivência humana: a sementeira, que antes não tinha como ser fértil, hoje produzirá em paz – fala da sementeira; a videira, que antes era estéril, agora dará seu fruto – fala da videira; a terra vai gerar sua colheita (esta fala é muito abrangente, considerando a terra no seu todo; quer dizer que tudo que se plantar nascerá!) – fala da terra; e, finalmente, dos céus que produzirão seu orvalho, tudo a favor do "resto" daquele povo – fala dos céus (v. 12). Para completar, Javé dará tudo isso, ou seja, o cosmo como herança para o "resto" do povo. Dessa forma, o verso 12 é o mais completo, pois nele encontramos os três pontos que perpassam o texto todo.

c) *O antropológico – o resto do povo:* é para o bem do "resto do povo" que todas as coisas feitas por Deus, fertilidade da natureza, se propõem a beneficiar ou mesmo prejudicar.

Acreditamos que no v. 1, quando Javé fala sobre seus sentimentos com relação à cidade de Sião, não é um mero sentimento sobre uma cidade material; no fundo deste discurso está implícito o povo daquela cidade. Na verdade, Javé está se referindo ao ciúme/amor/zelo que sente pelas pessoas de Sião, os habitantes daquela terra; é no meio deste povo que ele fará morada – Javé habitará com o povo.

As velhas e os velhos vão se sentar nas praças. O ato de sentar-se na praça é uma atitude despojada[5] e despreocupada da iminência de algum perigo; este é o sonho do profeta e um desejo de Javé dos Exércitos. Tais pessoas não só se sentarão nas praças; velhas e velhos, em vez de estarem em casa preocupados ou aborrecidos com a velhice, irão aos lugares de lazer e encontro para trocarem experiências com os homens de cajado na mão. Parece que estes últimos são os mesmos velhos; afinal, o cajado é utilizado em razão da idade avançada. Será que se está tratando de elementos totalmente diferentes? Nossa intuição vai para a raiz do termo velha, que também pode ser anciã. Talvez o texto se refira a sábios e sábias da cidade. Há indícios de que o autor quis tornar visível que estarão nas praças os velhos sábios e detentores do saber, com os velhos comuns, que têm idade avançada. Esta é a forma como o profeta discrimina uma pessoa de outra, da mesma faixa etária. Nestes termos, o profeta fala das sábias e os sábios e, depois, é que se refere aos velhos, que ele os caracteriza como: homens de idade avançada (v. 4). Não são somente estes que estarão nas praças. As praças ficarão cheias de meninas e meninos que também brincarão nelas. As brincadeiras são partes essenciais da vida, não só das crianças, mas também do ser humano. E sem as brincadeiras, os recreios e os lazeres, a vida se torna insuportável e perde, em grande parte, seu entusiasmo.[6]

O verso 7 aborda o povo e as pessoas dos dois extremos da terra – o nascente e o poente do sol que serão salvos por Javé dos Exércitos. Os mesmos que entrarão e residirão no meio de Jerusalém, junto com Javé (v. 3), e o terão como Deus, em verdade e justiça. São estes chamados a fortalecer suas mãos, ou as mãos

---

5   Uma pessoa desprendida, que a si mesmo se despojou de preocupações ou algum bem.

6   Sobre esta abordagem da brincadeira e de sua importância para a vida humana, desenvolveremos mais adiante num item específico. Por agora nos importa jogar com a estrutura do texto.

dos outros, para restaurarem o Templo (v. 9) – aqui é o ápice do texto. Tudo que ocorre até o momento é para culminar na reconstrução do Templo, lugar onde Javé habitará. O fortalecimento das mãos e as bênçãos para o resto do povo só ocorrerão para que a reconstrução do Templo se efetive e Javé seja um Deus, em verdade e justiça, para o resto daquele povo (v. 9).

Mas Javé alude à humanidade dos homens que foram colocados uns contra os outros diante dos seus inimigos, no tempo em que os pais do "resto do povo" foram desobedientes a Javé. Por outro lado, naquela época não existia salário. As pessoas trabalhavam como escravos e seu trabalho não era remunerado, e isso tirava a paz daqueles que circulavam pela cidade (v. 10). Nesse sentido, seus pais tinham sido maldição para as outras nações; porém, nesses tempos do "resto do povo", eles seriam uma bênção para as nações.

Contudo, para que isso suceda, este resto tem tarefas importantes a fazer: falar a verdade e direito de paz devem ser julgados nas portas da cidade. Não se pode pensar o mal do próximo, nem amar julgamentos falsos e mentirosos, porque Javé odeia estas coisas e não seria bom que o povo com quem ele habitará proceda de forma odiosa a seus olhos. Estas são as três abordagens sobre as quais o texto foi construído, exceto o v. 6, que nos parece ter sido mesmo um acréscimo, como nos sugere a crítica textual. Numa relação harmônica e ao mesmo tempo de contraste entre Javé, o cosmo e o antropológico, o profeta anuncia sua profecia com estilo. O sentimento de ciúme o impele a fazer coisas para o bem ou para o mal. É um Deus semelhante aos humanos, por isso é um Deus para o "resto do povo", e este é um povo para ele.

Brincando com alguns verbos do texto

Admitindo que o texto esteja dividido em duas partes, com um acréscimo do versículo 6, passaremos a fazer uma brincadeira com os verbos, começando da primeira parte, deixando a quebra e seguindo para a segunda parte. Nos cinco primeiros versículos, conforme os verbos foram colocados, percebemos a seguinte coerência:

Ter ciúme: Javé tem ciúme. Enquanto o profeta vai terminando a introdução, de repente, entra uma fala de Javé dizendo quem ele é e o que sente pelo seu

povo, Sião. Seu ciúme é ardente e seu zelo, enorme, a ponto de o Êxodo o intitular como um "Deus zeloso". O ciúme que tem é tão grande que não consegue ficar quieto perante a situação que estava acontecendo com o povo do qual ele tinha ciúme, amor e zelo. Nesse sentido, seu sentimento de posse – "tenho ciúme, ciúme profundo" – o impulsiona a duas ações importantes:

- *Primeira ação: Javé sai do lugar em que está e volta para Sião. Ao retornar, deixa a monotonia e vai ao encontro do seu amado, do seu objeto de desejo. Essa atitude de Javé nos lembra do livro de Cantares que, de forma muito leve, descreve a busca pelo objeto de desejo.[7] O amor ou ciúme nos impele, assim como impeliu Javé a sair do lugar de conforto. Seus sentimentos o levaram a uma ação concreta e rápida.*
- *Segunda ação: caracteriza-se pelo verbo habitar. Javé fixa morada. O verbo que traduzimos por "habitar" nos dá indicativo de estabelecer convivência. Diz Javé que habitará no meio de Jerusalém. Ele sentiu-se motivado a permanecer junto do povo que amava profundamente. Esse sentimento profundo não é mero sentimentalismo, mas perpassa o âmbito das emoções e da natureza de Javé, que quer estar junto. Um sentimento que deseja chegar a intimidades, "habitar no meio".*

Chamar: Jerusalém será chamada. A mudança de nome é possível quando há intimidade, sobretudo de quem tem o domínio e poder, e Javé controla Jerusalém. Por isso, ele diz que a cidade "será chamada montanha santa" e montanha de Javé dos Exércitos.

O nome no Antigo Testamento é de extrema importância. Exprime a realidade profunda do ser que o recebe. Dessa forma, a criação só está completa no momento em que aquilo que se traz à existência recebe nome. Apenas como lembrança, reportamo-nos ao Gênesis, em que percebemos que a cada jornada do relato da criação, Javé nominava as criaturas. "Neste sentido, os nomes próprios no Antigo Testamento têm uma significação que revela a essência da pessoa."[8]

Portanto, eliminar o nome de alguém é suprimir sua existência (1Sm 24,22; Sl 83,5). Já a mudança de nome significa a mudança do ser (Gn 17,5). Mas, no

---

[7] Verifique o livro de cantares de Salomão ou, como é mais conhecido: Cântico dos Cânticos.

[8] ALLMEN, J. J. Von. *Vocabulário bíblico*. São Paulo, ASTqE, 1972. p. 275.

âmbito comunitário, o nome pode ser o penhor de continuidade do "ser Deus" (Zc 14,9), do "ser povo" (Is 48,1) e do "ser comunidade" (Nm 17,3). Assim, a mudança de nome representa "nova personalidade". Quando Deus se une a alguém, há mudanças em ambos, porquanto as relações mudam as pessoas; uma vez juntos, ninguém continua sendo o mesmo, e é isso que acontece com Jerusalém.

Estas duas ações de Javé são importantes, porque dão origem a uma série de ações satisfatórias a Jerusalém. É neste intuito que Javé pretende ir e habitar na cidade; e Jerusalém desperta, sai das quatro paredes do medo e começa a se expor à vida, sentando e brincando nas praças da cidade.

Sentar: velhas e velhos sentar-se-ão nas praças – agora, até os velhos e as velhas, homens e mulheres, com cajados nas mãos vão passear e se sentar nas praças da cidade. Os mais velhos, sábias e sábios, que temiam as praças e as ruas, por causa da violência, também vão se sentar nelas e não mais terão medo, porque a segurança vai se estabelecer na cidade – Javé dos Exércitos habitará nela. Ele é o grande guarda, como dizia o salmista: "Se o Senhor não guardar a cidade, em vão vigiam as sentinelas" (Sl 127,1b). Aqui vemos com maior evidência o "novo ser" que se torna Jerusalém. Antes, não oferecia segurança suficiente para as pessoas; depois de Javé habitar nela e mudar seu nome, torna-se outra, um espaço agradável para as pessoas.

Encher: as praças encher-se-ão de meninas e meninos. Este verbo traz a idéia de abundância, de repleto, algo muitas vezes incontável ou imensurável. Se as praças estiverem cheias de meninas e meninos, é sinal de que a cidade ficará povoada. E os casais, graças à estabilidade da cidade, resolverão ter mais filhos.

Brincar: meninas e meninos brincarão nas praças. O exercício do lúdico na vida das crianças e dos adultos, que estarão nas praças, se torna uma possibilidade agradável. Quando se brinca, "abre-se o rosto", pois não se brinca de rosto fechado, magoado. A brincadeira traz alívio aos corpos e às almas puras e simples, como muitas vezes as crianças os têm. Sobre este verbo, abordaremo-no com maiores detalhes adiante, no item intitulado: As praças – lugar de encontros, reencontros e brincadeiras.

Encerrando este primeiro bloco de verbos, chegamos à conclusão de que Javé se apresenta como ciumento; o Deus que tem ciúme, volta, habita, chama e permite que as pessoas se multipliquem – encham as praças, sentem-se e brinquem.

Zacarias caracteriza Javé como um Deus ciumento. Deus que volta ou muda de caminho; Deus presente, que habita com seu povo; que nomeia, dá vida e personalidade a sua criação – nominador; que se senta junto e habita; um Deus da abundância, aquele que enche, mas, sobretudo, brinca – brincalhão.

Daqui em diante, consideramos a segunda parte do texto, em razão da interrupção da seqüência da nossa análise, apresentada no versículo 6.

Depois desta segunda ação, Javé, impulsionado pelo ciúme, não pára mais de proceder a favor do objeto amado. E, deixando de lado o v. 6, damos seqüência a nossa análise.

Salvar: Javé salvará seu povo da terra do nascente e da terra do poente do sol. Já no v. 7, ele dá continuidade a suas ações e, dessa feita, promete salvar o povo de toda calamidade que viveu no exílio. Ao referir-se à salvação, Javé não economiza nem se torna mesquinho. Sua salvação não está restrita a Sião, Jerusalém ou Samaria, mas é uma salvação abrangente. Se pensarmos poeticamente, significa o nascente e o poente do sol, ou seja, faz pensar que Javé se refere a um povo ilimitado. Não diz respeito a uma região específica ou privilegiada, mas a um povo inumerável e indefinido.

O v. 7 fala do nascente, termo que também pode significar oriente, levante, ou leste; porém, no pensamento judaico, pode representar a Babilônia. Junto do termo nascente, encontramos a palavra poente, que possui em sua semântica o sentido de entrada, acesso e ocidente. Já na concepção judaica, talvez queira dizer o Egito.

Pretendemos enfatizar que estes termos não dizem respeito somente à Babilônia, como na concepção judaica, mas sobretudo à Ásia e seus povos. A ação salvadora de Javé é muito mais abrangente. Pensar num Javé que salva seu povo desde a Babilônia até o Egito, ou os povos da Ásia, é imaginar um Deus que se preocupa com a salvação dos povos, que vão além dos judeus.

Todavia, não podemos nos esquecer de que o termo "meu povo" pode ser usado no Antigo Testamento para se referir ao povo judeu. Talvez Javé estivesse se referindo ao povo judeu, espalhado desde o Ocidente até o Oriente. Esta possibilidade é muito mais provável.

Fazer entrar: depois de Javé salvar, faz o povo entrar e residir no meio de Jerusalém, lugar em que, no v. 3, ele havia dito que seria sua habitação. O mesmo local em que Javé habitará é onde o povo salvo viverá. Nesse sentido, parece-nos que se concretiza a possibilidade de que o povo salvo são os judeus espalhados na Babilônia e no Egito, e que serão recolhidos para que habitem com seu Javé no meio de Jerusalém.

Habitar: e eles habitaram no meio de Jerusalém. Novamente o verbo habitar, só que neste verso não é mais Javé que habitará no meio de Jerusalém, porque ele já está lá. Agora, é o povo que está perdido em meio a outras nações que será trazido para habitar no meio de Jerusalém.

Julgar: o povo deve fazer julgamento nas portas. O interessante é que não constitui um julgamento qualquer. O profeta pede que se faça um julgamento de paz e que o direito dos que precisam seja restaurado.

Temer: o povo não deve ter medo nem pensar o mal. Não deve amar pensamentos mentirosos, porque Javé odeia isso. Temos uma seqüência abundante de verbos. Eles começarão a falar dos feitos de Javé. Caracterizam as ações do povo, tanto dos antepassados quanto da geração presente e futura. Portanto, a perícope termina descrevendo tais ações, com uma tarefa para o povo, e alertando para as coisas que Javé odeia.

Tarefa para seu povo: deve fazer julgamento de paz, não pensar o mal e não amar pensamentos mentirosos, porque, tudo isso, Javé odeia.

O texto por dentro

Quem é o resto do povo?

O termo que traduzimos por "resto" pode ser entendido como "sobra, remanescente, sobreviventes", derivado do verbo "restar, sobreviver". Segundo Gutiérrez, a noção do *resto* surgiu no momento em que os profetas clássicos tiveram de anunciar a Israel o fim de sua aliança com Javé e, com isso, o término de sua existência. As mensagens desses profetas são palavras de juízo contra todo o Israel; o anúncio da ruína dirige-se a todo o povo, já que estava em jogo sua própria

existência. Os profetas proclamam a sentença de morte que Javé declarou para Israel. A essência da atuação profética é a seguinte: pela palavra colocam Israel diante do ataque do Deus distante que fará surgir um dia totalmente diferente.[9]

Mas, ainda assim, a destruição não seria devastadora a ponto de não sobrar ninguém. Haveria um grupo de sobreviventes que restaria por causa de sua justiça, da mão de Deus e do acaso; enfim, são vários os motivos que fazem com que alguém sempre se salve, como nas guerras.

Existem quatro termos que designam a idéia de "resto" nos profetas que encontramos em 2 Reis, assim como em algumas considerações de Siqueira.[10] Cons-

---

[9] GUTIÉRREZ, Jorge Luis Rodríguez. Toda Palavra é tediosa (Ecl 1,8): para o resto só restou o silêncio. In: *Estudos Bíblicos*, Petrópolis/São Leopoldo, Vozes/ Sinodal, n. 62, pp. 54-55, 1999. (O resto Santo e Fiel.) Para fazer esta afirmação, Gutiérrez cita SCHWANTES, Milton. Profeta e Estado: uma proposta para hermenêutica profética. *Estudos Teológicos*, n. 2, p. 115, 1982.

[10] Siqueira diz que o profeta Jeremias associa o termo *resto* à palavra hebraica *dal*, formando uma categoria sociológica bastante significativa para os estudos da teologia (Jr 39,10; 40,7; 52,15.16; comparar 2Rs 24,14; 25,12). Jeremias não relaciona o *resto* a *'ebvon* (pobre, socialmente fraco) e *'ani* (pobre sem recurso), mas a *dal* (empobrecido, vítima das circunstâncias econômicas injustas). Assim, cada um destes termos que é usado abundantemente na Bíblia hebraica comunica um sentido de pobreza. Portanto, é possível perceber que o termo *dal* carrega um significado diferenciado. Para este professor os termos *she'ert* e *dal* são próximos na sua significação e possuem uma amplitude muito grande para a pesquisa bíblica, já que diferem dos outros termos. O *dal* não é o miserável ou incapaz economicamente, assim como *she'ert* também não representaria os desprovidos de qualquer possibilidade de recursos e produtos. Isso porque no código da aliança foi estipulado uma cota de tributo para o *dal* (Ex 30,15) e ao mesmo tempo para o rico. Quando Jeremias fala do *dal* refere-se ao um grupo de proprietários empobrecidos, que seria o mesmo povo da terra (2Rs 11,1-20). Mas o termo que aparece no nosso texto, *she'ert*, encontramos seis vezes no livro de Ezequiel, num primeiro momento indicando o resto dos habitantes de Jerusalém, que será espalhado em todas as direções (Ez 5,10); e, num segundo momento, o resto de Israel (9,8; 11,13); depois, o resto dos habitantes do litoral, isto é, os filisteus (25,16); e, por fim, retratando o resto das nações vizinhas, principalmente Edom, que cobiçavam as terras de Israel durante o exílio (36,3-5). Aprofundar em: SIQUEIRA, Tércio Machado. O Resto em Jeremias. *Estudos Bíblicos*, Petrópolis/ São Leopoldo, Vozes/Sinodal, n. 62, p. 42, 1999. (Resto Santo e Fiel)

ta-nos que a idéia do "resto" é tão importante em Ezequiel que poderíamos até usá-la como chave de leitura para o livro deste profeta.[11] Não poderíamos dizer o mesmo do resto desta perícope.

Mas é possível afirmar que o conceito de resto aplicado neste contexto em estudo não é o de miserável; Javé refere-se ao povo da terra, àqueles que haviam ficado na terra e aos que estavam regressando. Estes eram os povos que haviam sobrado da guerra.

Atualmente, não estamos muito distantes da condição calamitosa do resto de Israel. Nós, que hoje refletimos estes fatos, chegamos à conclusão de que não passamos de meros restos também, e que ainda esperamos de mãos abertas pela misericórdia de Deus, ou a aventurosa passagem do acaso.

Vivemos num mundo de "restos": dos quilombos, dos guerrilheiros. Em cada parte do mundo há restos, sobreviventes de alguma chacina, guerra ou extermínio. Cada povo, cada causa deixou algo, alguém ficou para trás. Nenhum extermínio pode ser completo. Nisso, Amós 1,8 estava equivocado, visto que até do povo filisteus alguém sobrou. "A graça divina não é, nem foi só para o antigo Israel, mas para todos."[12]

Porta: o lugar de exercício do julgamento, do direito e da paz

O sentido básico da raiz *sha'ar*[13] é o de "escancarar" (como acontece com o verbo em etíope) e "irromper" (como em árabe). Às vezes, as palavras *petah* (que significa entrada e é derivada de um verbo com o sentido de abrir) e *delet* (que quer dizer folhas de porta e constitui parte da porta em si) muitas vezes

---

[11] Verificar GARMUS, Ludovico. Senhor Deus vais aniquilar o resto de Israel? (Ez 11,13): o resto de Israel como chave de leitura em Ezequiel. *Estudos Bíblicos*, Petrópolis/São Leopoldo, Vozes/Sinodal, n. 62, p. 47, 1999. (Resto Santo e Fiel.)

[12] GUTIÉRREZ, Jorge Luis Rodríguez. Toda palavra é tediosa (Ecl 1,8): para o resto só restou o silêncio. *In: Estudos Bíblicos*, Petrópolis/São Leopoldo, Vozes/ Sinodal, n. 62, 61 p., 1999. (Resto Santo e Fiel.)

[13] "Porta" possui cognatos em ugarítico, árabe e fenício. Aprofundar em: ARCHER, Gleason L. *Dicionário Internacional de Teologia do Antigo Testamento*. São Paulo, Vida Nova, 1998. p. 1598.

também têm sido traduzidas por "porta". Mas há pensadores que dizem ser *delet* específica para ser uma porta menor, de casa, ou habitacional.[14] "Portanto, *sha'ar* se refere ao conjunto todo e à área adjacente de circulação, dos lados. Em geral representa, no sentido religioso, a possibilidade de acesso ao mundo sagrado."[15]

O *sha'ar,* do mesmo modo, pode significar a porta da cidade. Nesse sentido, a porta da cidade era muito importante para a vida do povo, pois ali as pessoas se relacionavam no que diz respeito às questões sociais, administrativas e comerciais. Nesse aspecto, a literatura ugarítica apresenta um paralelo interessante: "Ele [Daniel] assenta-se em frente à porta, ao lado das autoridades que estão na eira". 1 Reis 22,10 nos relata que o rei de Israel e Josafá, o rei de Judá, estavam assentados, cada um em seu trono, numa eira à entrada da porta de Samaria. Lugar onde reis, anciãos da cidade se sentavam para ministrar a justiça (Dt 21,19; Js 20,4).

Sendo assim, tanto as antigas cidades quanto Israel guardavam suas entradas com portas monumentais, e no antigo Israel era junto à porta da cidade que se concentrava a vida dos habitantes, desde simples encontros até julgamentos (Gn 23,11; Jó 24,7; Dt 21,19; 22,15); e a porta chega a identificar-se com a própria cidade (Dt 28,52-57).

---

[14]   Id. *Enciclopédia de la Bíblia*. Barcelona, Ediciones Carriga, 1965. v. 5, p. 1342.

[15]   O *sha'ar,* porta, era naturalmente o meio de acesso controlado a uma cidade murada. Dependendo do seu tamanho, uma cidade possuía um número variado de portas, mas sempre uma porta principal, que freqüentemente consistia de uma porta externa e uma interna (2Sm 18,24) e, às vezes, de três ou quatro portas, tais como as entradas que Salomão mandou construir em Hazor, Gezer e Megido. Geralmente as portas eram de madeira, com freqüência revestida de metal (Sl 107,16; Is 45,2). Eram mantidas trancadas com grandes barras, que muitas vezes eram de ferro (Sl 107,16). "O conjunto porta freqüentemente possuía quatro laterais para os guardas. 2Samuel 18,24 fala-nos de um quarto acima da porta, e construíam-se torres para a defesa das portas que eram fechadas às noites (2Cr 26, 9; Js 2,5; Ne 7,3)". A porta do Templo é encimada por um frontão triangular. Aprofundar em SCHLESINGER, Hugo & PORTO, Humberto. *Dicionário Enciclopédico das Religiões*. Petrópolis, Vozes, 1995. v. I e II, pp. 2088-2089.

Porta com caráter público: a porta é sinônimo de poder da cidade. Apossar-se da porta da cidade significava conquistá-la (Gn 22,17). Receber as chaves da porta da cidade equivaleria a dominar o poder (Is 22,22). Javé firma a porta de Jerusalém, a cidade por excelência que ele amava particularmente (Sl 87; 147,13). "E, para que a cidade fosse realmente inexpugnável, era preciso que na porta se exercesse a justiça."[16]

A justiça a qual Javé manda que seja feita em Jerusalém está ligada à cidade. "Façam julgamento em vossas portas"; Javé pode estar se referindo à cidade toda, e não somente à porta como ofício ou responsabilidade do rei, dos anciãos e dos sacerdotes, mas de toda a população israelita. Parece-nos que o apelo é geral e as sentenças sejam de justiça e paz. Julgar, aqui, não tem o sentido de constatar erros, delitos, nem, conseqüentemente, de pronunciar sentença e condenar. Para os hebreus, juiz e auxiliador são conceitos paralelos.[17] Na verdade, trazem a conotação de eliminação de determinado problema entre pessoas (o povo).

Mispat seria o ato de *spt* e, este último, tem lugar quando se elimina a causa do transtorno e não tem somente o significado de direito, como "indicam as genitivas de pertença, que dependem de *mispat* dos pobres, ou semelhantes (Ex 28,30; 1Rs 8,59), dos israelitas (Ex 23,6; Dt 10,18; 24,17; 27,19; Is 10,2), dos sacerdotes (Dt 18,3; Js 2,13; 1Cr 6,17; 24,19), dos governadores (1Rs 5,8) e outros".[18] Estas genitivas mostram que *mispat* não só representa o ato de *spt*, mas também o que pertence aos pobres.

Nesse sentido, para o povo israelita, justiça era um procedimento que mantinha a aliança entre dois seres com deveres e direitos, uns em relação aos outros. O fato de Deus ter dado a terra deve-se ao seu senso de justiça, pois cumpriu a aliança com seu povo. Portanto, os habitantes da cidade deviam exercer *mispat, os julgamentos e as sentenças de paz* com relação aos pobres e a todos que necessitassem.

---

16 Ibid., p. 2089.

17 *Spt*, tendo em vista seus objetos, soa em parte a "condenar" (1Sm 3,13; Is 66,16, sendo que em Ezequiel tem sempre este significado) e em outra a "declarar inocente", "fazer justiça", como em Dt 25,1G; aprofundar em: LIEDKE, G & PETERSEN, C. Tôrâh, Instrucción. In: JENNI, Ernst. *Diccionario Teológico Manual Del Antiguo Testamento*. Madrid. Ediciones Cristiandad, 1985. tomo II, p. 1255.

18 Ibid., p. 1261.

Ao que parece, após a tomada de Israel e o exílio deste povo na Babilônia, os atos jurídicos não mais existiam, nem para os que ficaram na terra, nem para os que estavam no exílio. Por esse motivo Zacarias, ao empenhar-se na reconstrução do Templo, pensava também na reconstrução das praças da cidade (Zc 8,4-5), assim como nas relações entre crianças, jovens e anciães, e na reconstrução da aliança. Neste âmbito de relações restabelecidas é que se deveria exercer a justiça, antes praticada no portão da cidade. É como se o profeta estivesse afirmando que gostaria que a cidade e os seus cidadãos voltassem a ser o que eram antes, promotores de justiça, porque isto agradava a Javé.

A questão da construção

O verbo *banah* indica que as palavras dos profetas foram o fundamento da casa de Javé para a construção do Templo. Neste texto, a palavra *banah* aparece intimamente ligada ao Templo de Jerusalém, que estava em situação degradante e necessitava de uma reconstrução urgente.

No antigo Israel, idéias e matérias de construção eram importadas de outros povos, sobretudo dos fenícios (2Sm 5,11; 1Reis 5,1ss), o que pode significar que o Templo de Jerusalém foi um projeto essencialmente dos fenícios. Ao que sabemos, Israel nunca desenvolveu um estilo arquitetural distintivamente judaico. Os primeiros edificadores da história do antigo Israel foram Davi, Salomão, Uzias e Jotão. As construções feitas por Herodes seguiam o estilo romano. Esta arte foi copiada dos povos vizinhos, neste caso, especificamente dos fenícios, e tornou-se muito importante para o povo israelita, porque é no Templo que Javé dos Exércitos habita, fazendo com que a cidade se torne Montanha Santa e Morada de Javé dos Exércitos (v. 3).

Reconstruir o Templo significava recuperar a dignidade de Israel, enquanto nação. Representava, também, devolver a espiritualidade centrada no Deus que se lembra e atende os que o servem – é precisamente nesta parte do nosso trabalho que mais nos identificamos; reconstruir nossa cidade implica devolver ao povo uma dignidade tirada violentamente pela guerra, pois é na cidade que está a vida do povo. Possibilitaria, então, reconciliações entre os que ficaram na terra e os que foram para a guerra ou, como no outro caso, ao exílio, eliminando o problema de faixas etárias e regionalismos (v. 4).

Jerusalém, montanha sagrada, e Sião, o hábitat de Javé dos Exércitos

O substantivo *har* quer dizer "montanha ou região montanhosa". É muito usado no mundo antigo e, nesse sentido, a majestade, o poder e a altura das montanhas, que se erguiam até o céu, acima das nuvens, levaram os seres humanos a associá-las aos deuses.

O Antigo Testamento usa montanhas de quatro modos diferentes: como criações divinas; como símbolo de poder (Jr 51,25; Zc 4,7 e Dn 2,44); como sinal de proximidade e revelação aos que buscam a Deus (Ex 17,9; 1Rs 18,42; Dt 11,27; 27,12s; Js 8,33). Portanto, a montanha passa a ser lugar sagrado; local onde Deus se manifesta e os seus o ouvem e o sentem. Já o quarto modo é que o Senhor escolheu Sinai e Sião como lugares de sua revelação (Ex 15,17; Dt 12,1). Ali as tribos se reuniam para adorar (Sl 122; e Zc 8,3).

Dentre as formas que citamos, a terceira é que coaduna com a percepção deste texto. A montanha que antes era sagrada para outros deuses é profanada pelos seguidores de Javé, a seu mando, e depois consagrada para Javé (v. 3). Javé proclama que Jerusalém será chamada "cidade da felicidade", "montanha de Javé dos Exércitos" e "montanha sagrada". A cidade onde todas as pessoas seriam felizes e o "resto" estaria livre de injustiças sociais, políticas, econômicas e até religiosas.

Javé ciumento ou zeloso

O verbo *qin'â* aparece três vezes nesta perícope, indicando uma emoção muito forte em que o sujeito deseja alguma qualidade ou a posse do objeto.[19] Este termo pode ser entendido de três maneiras diferentes: no sentido puramente descritivo para denotar uma das características das pessoas vivas (Ecl 9,6); de modo depreciativo, para indicar paixões hostis e que acusam contenda (Pr 27,4), e positivamente, para designar o zelo que consome, encontrado na amada (Sl 69,9[10]).

---

[19] No entanto, verifica-se uma ocorrência duvidosa da raiz em ugarítico: o verbo é talvez um denominativo de *qin'â*. Aprofundar em: HARRIS, R. Laird; ARCHER JR., Gleason L.; WALTKE, Bruce K. *Dicionário Internacional de Teologia do Antigo Testamento*. São Paulo, Vida Nova, 1998. p. 375.

Segundo Von Rad, *qin'â* está intimamente relacionado com a santidade de Javé (Js 29,19), a ponto de ser considerado como manifestação da santidade de Deus.[20] Nesse sentido, zelo e santidade são diferentes matrizes de um mesmo atributo de Deus.

Zelo: pelos bens de outrem. Talvez seja útil pensar em "zelo" no sentido original, do qual derivaram as noções de "zelo pelos bens de outrem", ou "inveja", e zelo pelos próprios bens, ou "ciúme". Por esse motivo, a raiz é freqüentemente traduzida por "invejar", "ter inveja". Exprime o sentimento que a estéril Raquel teve em relação à fecunda Lia (Gn 30,1). Os irmãos de José apresentaram uma reação semelhante em relação a ele, depois do sonho profético (Gn 37,11). O ciúme profundo que Edom teve do favor dispensado por Deus a Israel veio junto da ira e do ódio (Ez 35,11).[21] Podemos observar que esta raiz não expressa uma emoção superficial, mas algo profundo que vem das entranhas da pessoa e muitas vezes de Deus, com relação ao seu povo ou aos povos e gerações que ele ama e quer bem.

Diríamos que zelo é "um sentimento que emana do que há de mais pessoal; o zelo consiste em querer ser o único para Israel e não estar disposto a compartilhar o respeito e amor que reivindica com nenhuma outra potência divina".[22] Como nos mostra Zc 8,8, "Israel seria um povo para Javé, e Javé seria o seu Deus em verdade e em justiça".[23]

---

20 RAD, Gerald Von. *Teologia do Antigo Testamento.* São Paulo, Aste, 1986. v. I,. p. 209.

21 Ibid., p. 1349.

22 Ibid., p. 212.

23 Com o casamento, "tornam-se os dois uma só carne" (Gn 2,24). Por conseguinte, o adultério era como que cortar fora uma parte do corpo. Por isso, a pessoa adúltera merecia a morte. Êxodo 20,5 nos descreve Deus como marido de Israel, e um Deus ciumento; nesse sentido, caracteriza-se a idolatria como um adultério espiritual e quem o pratica merece a morte. Josué repetiu a afirmação de que Deus é um Deus ciumento que não iria tolerar a idolatria, e o povo voluntariamente se colocou debaixo da soberania divina (Js 24,19), com sua idolatria. No final, depois que o povo deixou de dar atenção às repetidas advertências, Deus tratou o povo com a justiça que seu adultério espiritual merecia (Ez 5,13; 8,3-5; 16,38).

O salmista identificou o ciúme de Deus com a causa do exílio e suplicou ao soberano que aplacasse a sua ira contra Israel (Sl 79,5). De acordo com a promessa, Deus cessou sua ira ciumenta contra Israel (Ez 16,42; cf. Dt 30) e se voltou contra aqueles que tinham maltratado seu povo (Ez 36,5.6). É tão forte a disposição divina de vingar seu nome (Ez 39,25) e seu povo, que toda a terra sentiu sua ira (Sf 3,8). Então, vai se ver que a ação acusada por este sentimento forte pode resultar em males e em perdição, está associada a palavras que denotam ira (*hemâ*: Nm 25,11; Ez 16,38.42; 36,6; 38,9) e indignação, e é uma força que consome como fogo (Sf 1,18; 3,8).

A ação de Deus de arder em ciúme pode resultar em bem e salvação. Neste texto, Javé age com ciúme para restaurar Jerusalém. O contrário de sua primeira ação, quando destruiu os antepassados do "meu povo". Uma vez que sua primeira ação com relação a este povo foi permitir que fossem levados para o exílio, a segunda ação de seu ciúme foi de resgatá-los (Is 42,13) e proporcionar-lhes o bem integral. A volta do exílio prenunciava um evento maior – a criação e a escolha por Deus de uma noiva perfeita, por intermédio de seu Servo (Is 42,13). Quando Deus é ofendido, seu ciúme resulta na justa retribuição, mas, quando comovido por sua graça, transforma-se em amor eterno.

Deus espera dos humanos não um amor superficial, mas amor profundo, ciúme ou zelo. Estes são sentimentos profundos que vêm das entranhas de Deus e dos seres humanos. O zelo, o ciúme e a ira são sensações que fazem parte da essência de Javé. Assim como o amor, que não é mera emoção, mas uma afeição que o leva a comprometer-se com as pessoas com as quais ele nutre tal sentimento.

As praças dos encontros, reencontros e brincadeiras

> O substantivo derivado de *rãhab* é muitas vezes usado de forma diferente, *rehõb*, sem o *waw* designa uma praça, um mercado ou um posto dentro de uma cidade ou aldeia (Ne 8,1); essas praças eram áreas públicas [...] eram usadas como santuários idólatras na época da apostasia de Israel (Ez 16,24,-31).[24]

---

[24] HARRIS, R. et al. *Dicionário Internacional de Teologia do Antigo Testamento*. São Paulo, Vida Nova, 1998. p. 1416.

Conforme a raiz do termo, observa-se que as praças não devem ser confundidas com as praças públicas, como lugar de justiça, que também é conhecida como porta ou justiça na porta.

Chama-nos a atenção as repetições que o texto traz deste termo. Quando o autor repete e afirma ser naquelas praças, ou largos, o lugar onde meninas e meninos brincam, seria uma forma de profanar o lugar de adoração aos outros deuses da época? Parece-nos que o fato de Javé fazer de Jerusalém sua habitação, significa que não haveria mais santuário para os outros deuses (santuários idólatras). O lugar de adoração e culto aos deuses da época é transformado em lugar de lazer.[25] Teria Javé transformado estes lugares em praças ou "parques", nos termos de hoje, em que meninas, meninos, velhas, velhos e homens brincariam? Neste caso, reforça-se a idéia da destruição dos outros deuses.

Temos a impressão de que esta abordagem está ligada com o termo Elohim do v. 8 – "e eu serei para eles seu Elohim" –, em que se vê a proposta de Javé dos Exércitos querer se tornar o Deus do povo israelita. Este é o motivo pelo qual o profeta insistia na repetição do termo *rehõb* para enfatizar a destruição dos santuários idólatras e a construção de lugares de lazer, tendo como Deus único Javé.

Encontros: exprimem o ato de se encontrar consigo ou com outrem. Nas praças há o encontro dos idosos entre si. Eles começam a descobrir-se como novas pessoas. As sábias e os sábios percebem que mudaram e aprenderam muito com o passar da guerra. Os que têm seus cajados nas mãos, também, encontram-se consigo mesmos e se descobrem dependentes de um objeto que antes não necessitavam.

As crianças encontram na praça o lugar propício para seu recreio, e ocupam bem o espaço. Pulam e correm de um lado para outro e sorriem para aqueles que não sabem nem conhecem o sabor da alegria de dar uma gargalhada alta,

---

[25] Lazer, termo que vem do latim "licere" e significa ser lícito (fazer), ser possível (fazer), ser permitido (fazer); então, estamos partindo de uma postura afirmativa, positiva. Continuando o raciocínio, *licere* é o oposto de *otium* (ócio, no latim enfatizando a negação do fazer); assim sendo, lazer é um fazer despreocupado. Ver: LIMA JÚNIOR, José. Papo de buteco. *Série pastoral universitária*. Piracicaba, Unimep, 1981. p. 31.

ou conversar descomprometidamente. Que pena, não sabem o que perdem! E resmungam das crianças.

A praça é lugar de recreio, tanto para crianças quanto para adultos. A recreação faz parte da vida humana. Segundo José Lima Jr., na re(cre)ação brota a espiritualidade nova, uma espécie de *zoé* (vida), que excede, que gasta, que vale por sua abundância imaginativa/fingida, religada tão-somente à graça, ao charme precário e provisório de se enganar/driblar o inexorável da morte, desde o *hic et nunc* da paixão-nossa-de-cada-dia.[26]

Aqueles adultos, sábios e crianças, no encontro do conhecimento e da descoberta do outro naquelas praças onde Javé pretendia que isso ocorresse, não devem ter deixado de recrear. Criaram novas relações, novas amizades e descobriram o que dentro de casa não se descobre: o sorriso de uma criança no balanço e a alegria de um idoso jogando bola com uma idosa; novas amizades na praça.

Reencontro: este é um outro elemento que imaginamos ter despertado o desejo de Javé, ao querer que sábias, sábios, idosos de cajado na mão, meninas e meninos se sentassem e brincassem nas praças. Os reencontros, também, podem ser conosco mesmos, refletindo nosso tempo de fisicamente jovens e tudo que ocorreu anteriormente. Ficamos pensando o que as velhas e os velhos refletiam sobre eles mesmos, enquanto se olhavam e ao mesmo tempo em que olhavam para dentro de si mesmos. Quando se reencontravam, apesar da descoberta de algo novo, também se redescobriam – sou o mesmo!

Nos reencontros com os outros, aqueles que durante muito tempo não se viam, passam a se admirar um ao outro: "Como você envelheceu!", "E você cada vez mais jovem."; "E o fulano?", "Olha, ele morreu!"; "E a mana Antonia, aquela que ficou maluca, porque perdeu o pai, o marido, e os filhos estão desaparecidos!". Estas e outras exclamações fazem parte dos reencontros nas praças e ruas de uma cidade em reconstrução, depois da guerra extremamente cruel. Nesses reencontros falamos de quase tudo. A memória volta e é como se não quiséssemos sair daquele lugar. Choramos, lamentamos, mas depois celebramos a vida dos presentes.

---

[26] Aprofundar mais em: LIMA JUNIOR, José. Recreação: espiritualidade da corporeidade. *Contexto Pastoral*. São Paulo, CEBEP/CEDI, ano III, n. 16, pp. 1-3, 1993.

Celebram-se os momentos em que percebemos e sentimos a mão auxiliadora de Deus, que nos preservou de uma ou outra situação. Louvamos àquelas pessoas que apareceram no momento em que mais precisávamos. Começa-se a lembrar os bons momentos que deixaram saudade.

Em meio a isso, emerge um som de crianças, meninas e meninos brincando... As mães e os pais lembram o nascimento de seus filhos; os avôs e as avós, dos seus netos e netas, e começa a brincadeira. Porque as crianças, quando chegam, não ficam quietas. Elas se enrolam nas saias das mães e das avós, sobem no colo dos pais e dos avôs; assim, convidam os adultos a brincarem e recrearem com elas.

Brincadeiras: diz Júnior que o "homem brinca, joga, somente quando é homem no pleno sentido da palavra, e somente é homem pleno quando joga, quando brinca".[27] É nesse sentido que acreditamos ser a brincadeira parte essencial das tarefas humanas. Brincar não é perder tempo. Brincar é tornar-se criança, mesmo aos já avançados na idade. Quando brincam, tornam-se mais jovens. Brincar também é viver a graça de recriar e recrear.

Pois, na recreação da espiritualidade, o corpo está mais próximo do prazer, já que há um gozo espiritual que atravessa a pele, os pêlos e poros, encharcados de sensibilidade.

> O desejo, ainda que insuperável, encontra na graça do espírito o riso da alegria densa-e-tensa. Sem a solução garantida, a brincadeira pneumática, pela via da beleza, seduz o que vai extinguir. E nessa sedução há um quê de ternura, um carinho, uma cosquinha, uma teimosia e uma saudade.[28]

É assim que acontece nos reencontros da vida com pessoas amadas. Com nossas meninas e meninos da família, ou do bairro.

Os idosos sábios e as sábias precisam aprender a brincar e recrear, como as crianças. Este era um dos desejos de Javé para o resto do povo de Israel. Javé

---

[27] Id., Brincadeira. In: MOREIRA, Wagner Wey & SIMÕES, Regina (orgs.). *Esporte como fator de qualidade de vida*. São Paulo, Unimep, 2002. p. 254.

[28] Aprofundar mais em: LIMA JÚNIOR, José. Recreação: espiritualidade da corporeidade, cit., n. 6, pp. 1-3.

queria que depois da dor cruel que a guerra tinha provocado, os encontros e reencontros se traduzissem em brincadeiras prazerosas e em muito lazer. Javé queria ensinar o que nós, hoje, também precisamos apreender.

"Lazer não é vagabundagem nem falta de responsabilidade, não é perda de tempo. Lazer é ação alternativa, é recreação, é uma ocupação sem preocupação patológica."[29] No lazer, na brincadeira e no recreio das praças, crianças e adultos desenvolvem a convivência. Por isso, as conversas nas praças são necessárias. Javé passeia por ela e também entra na roda com a gente.

O cajado: símbolo da sabedoria e da maturidade

Cajado: o Egito é um "bordão (*mish'enet*) de cana" que se quebra nas mãos de todo aquele que for suficientemente tolo para se apoiar nele. O texto traz a palavra *mish'enet*, que significa bordão ou, então, apoio. Entendemos que não é qualquer pessoa que pode possuir o bordão ou cajado. O bordão é um objeto de conforto para os que são seguidores do pastor, e o Senhor é o melhor cajado, onde se apóia o sábio.

Quando as velhas e os velhos deste texto se apóiam no bordão, seriam eles dotados de sabedoria ou poder para que seus bordões não fossem quebrados? Ao que tudo indica, parece-nos ser o bordão do Senhor, afinal, ele não se opõe ao fato de cada um segurar o seu cajado na mão. "Assim, falou Javé dos Exércitos, ainda: sentar-se-ão velhas e velhos nas praças de Jerusalém e homem cada um com seu cajado em sua mão pela abundância de dias (idade avançada)." Quando esperávamos por uma oposição por parte de Javé, já que em muitos momentos ele vai contra os que confiam em seus cajados, ou neles se apóiam, encontramos uma confirmação ou apoio de que as velhas e os velhos, cada um, devem se escorar devido à idade avançada.

O cajado, do qual nos retrata o v. 4, tem sentido positivo. É cajado de consolo e sabedoria. É o cajado que permite que pessoas injustiçadas tenham lugar de apoio. São estes anciãos que ajudaram na implantação dos julgamentos de paz na porta da cidade, a qual o texto se refere no v. 16.

---

[29]   Ver Lima Júnior. Papo de buteco, cit., p. 31.

Zacarias nos apresenta alternativas de vida saudável na cidade depois da reconstrução, e o meio-termo que o profeta apresenta nestes versículos constitui importância singular para as esperanças dos povos em situações devastadoras.

Em meio a tudo que estava acontecendo no período persa, sonhar com uma cidade onde o lazer poderia fazer parte da vida do povo é muito fascinante e anima os povos atuais, que vivem momentos de reconstrução numa busca de melhorias, na certeza de que podem conseguir muito mais do que as possibilidades mostram, lutando por dias melhores, a exemplo de Zacarias.

Conclusão

As guerras, durando anos ou não, sempre provocam a devastação dos países, tanto em nível antropológico quanto ecológico. Elas deixam marcas profundas que talvez nem o tempo possa apagar ou curar. São vestígios de desintegração familiar, de perdas humanas, restos de pessoas mutiladas, sozinhas, de crianças que nascem defeituosas graças à pólvora que circula no ar. Outras buscam alimento nas minas, por isso continuamente correm risco de morte. As epidemias são constantes e a cada momento surgem novas doenças. A estimativa de vida desses povos é de, no máximo, 40 anos de idade. Enfim, uma sociedade, um povo destruído em seus direitos e valores mais profundos.

A guerra devasta não só o ser humano, mas também a natureza. Ecologicamente, os países afetados pelas guerras ficam débeis. Vários animais morrem, vítimas das minas espalhadas pelas matas, e outros, raros, são contrabandeados sem qualquer controle.

Infelizmente, esta é a situação do povo angolano, iraquiano, afegão, entre outros. Para os países em reconstrução, como é o caso de Angola, onde há três anos o calar das bombas e o sibilar das balas deixou de ser uma realidade, a miséria e a pobreza se mostram cada vez mais no rosto cansado, abatido, decepcionado e inconsolável das pessoas. Esperamos por dias melhores em que possamos brincar sem medo nem fome. Aguardamos pelo momento em que Deus voltará a fazer parte do cotidiano das pessoas, permitindo que as condições materiais sejam justas e proporcionais e o conceito de comunidade e solidariedade se reconstitua e se efetive nas novas famílias que formaremos.

165

Esta é a esperança que encontramos na profecia de Zacarias. Apesar de não ser uma autêntica denúncia, nem um relato de devastação e calamidade que o povo estava sofrendo, é a mensagem que também, em momentos difíceis, todas as pessoas querem ouvir.

Gostaríamos de classificar Zacarias como o profeta do meio-termo. Ele não se mostra pessimista nem totalmente alheio à situação do povo. O profeta conhece a realidade e a relativiza, mostrando alternativas.

O profeta é aquele que olha para o futuro e diz: há solução para os problemas e, fazendo-se algo, as coisas podem mudar. As "ruínas" e os "restos" podem deixar de existir. É possível transformar os restos em gente e as ruínas, em praças (lugar de lazer) e templos (lugar de adoração a nosso Deus); já a cidade, torná-la morada de Javé dos Exércitos – montanha santa.

O capítulo oitavo do livro de Zacarias é a mensagem exata para aquele momento de aflição de um povo desesperançado. É o recado que todos queremos ouvir quando faltam bases para nos apoiarmos. Nesse sentido, o profeta foi sábio. E, assim, Zacarias sonhou com dias melhores, dias de glória, em que a paz se instauraria.

São estes dias que queremos visualizar e por sua realização desejamos lutar. Então, a profecia de Zacarias representa uma força para Angola, Afeganistão e outros países em fase de reconstrução e esperança. Da mesma forma a solidariedade mundial pode ajudar, paulatinamente, essas sociedades a se reestruturarem na esperança de, daqui a alguns breves anos, tornar os restos de gentes, em gente; os restos de corpos, em corpos; os restos de tijolos, em tijolos; os restos de paredes, em paredes; os restos de casas, em casas; os restos de campos, em campos de cultivo; os restos de jardins cultivados, em jardins de lazer. Dar às crianças o direito de brincarem nas ruas, praças e jardins das cidades; aos idosos e às idosas, o prazer de conviverem com crianças e adultos; e aos adultos, a delicadeza de se alegrarem com a vida. Enfim, tornar Angola, Afeganistão, Iraque e outros, que viveram ou ainda vivem a guerra, países dignos de respeito, cidadania e liberdade.

Bibliografia

Allmen, J. J. von. *Vocabulário bíblico*. São Paulo, ASTqE, 1972. p. 275.

Amsler, Samuel et al. *Os profetas e os livros proféticos*. São Paulo, Paulinas, 1992. p. 366.

Garmus, Ludovico. "Senhor Deus, vais aniquilar o resto de Israel?" (Ez 11,13): o resto de Israel como chave de leitura em Ezequiel. *Estudos Bíblicos*, Petrópolis/São Leopoldo, Vozes/Sinodal, p. 47. 1999. (O Resto Santo e Fiel, n. 62.)

Gutiérrez, Jorge Luis Rodríguez. Toda palavra é tediosa (Ecl 1,8): para o resto só restou o silêncio. *Estudos Bíblicos*, Petrópolis/São Leopoldo, Vozes/Sinodal, pp. 54-61, 1999. (O Resto Santo e Fiel, n. 62.)

Harris, R. Laird et al. *Dicionário internacional de Teologia do Antigo Testamento*. São Paulo, Vida Nova, 1998. p. 1416.

Jenni, Ernst. *Diccionário Teológico Manual Del Antiguo Testamento*. Madrid, Ediciones Cristiandad, 1985. tomo II, p. 1255.

Lima Júnior, José. Brincadeira. In: Moreira, Wagner Wey & Simões, Regina (orgs.). *Esporte como fator de qualidade de vida*. São Paulo, Unimep, 2002. pp. 253-259.

_____. Recreação: espiritualidade da corporeidade. In: *Contexto Pastoral*, São Paulo, CEBEP/CEDI, ano III, n. 16, pp. 1-3, 1993.

_____. Papo de buteco. In: *Série pastoral universitária*. Piracicaba, Unimep, pp. 27-39, 1981.

Rad, Von Gerhard. *Teologia do Antigo Testamento*. São Paulo, Aste, 1986. v. 1, p. 209.

Schlesinger, Hugo & Porto, Humberto. *Dicionário Enciclopédico das Religiões*. Petrópolis, Vozes, 1995. v. 1 e 2, pp. 2088-2089.

Siqueira, Tércio Machado. O resto em Jeremias. *Estudos Bíblicos*, Petrópolis/São Leopoldo, Vozes/Sinodal, p. 42, 1999. (Resto Santo e Fiel, n. 62)

"Corria muito com o fusca amarelo."

"O Milton sempre gostava das coisas muito bem-feitas. Queria ver resultado no trabalho dele. Corria muito com o fusca amarelo da Paróquia, e as mulheres da OASE tinham até medo de pegar carona com ele. Ele era muito animado e de boa-fé. Valorizava muito a participação de todas as pessoas da comunidade. Ele introduziu os encontros de preparação para o batismo com o pai, a mãe, as madrinhas e os padrinhos na casa da criança que seria batizada. Nestes encontros ele lembrava a gente sobre o significado do batismo; perguntava: 'Será que se a criança pudesse escolher ela teria feito a mesma escolha de madrinhas e padrinhos que os pais fizeram?'. Lembrava que era uma escolha dos pais e dizia que por isso a gente deveria acompanhar bem a criança, ver se ela estava crescendo saudável e se na devida idade iria para a escola. A gente ficou muito sentido quando ele falou que estava indo embora daqui."

(Sra. Gisela Renate Lamb, agricultora, da Comunidade Evangélica da Linha Itapé, Paróquia de Cunha Porã, SC, 1974-1978. Depoimento recolhido pelas pastoras Regene Lamb e Íria Lamb, 2005.)

É com muita alegria...

Os inimigos do povo[1]

Tércio Machado Siqueira[2]

A violência está presente em nosso mundo, em nosso país e em nossas cidades. Entretanto, não é um fato novo que interfere no cotidiano de cada pessoa. Ela incomoda e prejudica o bem-estar público e ameaça o *xalom* da comunidade mundial.

A Bíblia fala abundantemente da violência. Surpreendentemente, é o livro de Salmos que narra, com maior intensidade e amplitude, a violência na sociedade israelita do antigo Israel. É interessante observar que o Antigo Testamento (AT) não registra com insistência as ocasiões em que as pessoas buscam a justiça nos portões das cidades ou cortes profissionais, mas relata intensamente as orações de lamento no culto. A denúncia da agressão, sofrida pelos crentes javistas, acontecia freqüentemente no culto, onde, provavelmente, era garantido um espaço para os celebrantes expressarem seus sofrimentos. Outra admirável constatação é perceber que a menção dos inimigos não se restringe aos salmos do gênero lamentação: a descrição das ações inimigas também é narrada pelos salmos sapienciais, de louvor e de Jerusalém.

Esta pesquisa quer destacar tão-somente a violência dirigida contra o povo bíblico, presente nos dois primeiros blocos do livro de Salmos, ou seja, Salmos

---

[1] Este ensaio de pesquisa é dedicado a Milton Schwantes ao completar 60 anos de vida significativa, com profunda gratidão e desejo que continue a compartilhar com seus/suas colegas de pesquisa bíblica a fraternidade e competência que lhe é peculiar.

[2] Professor da Faculdade de Teologia da Umesp, em São Bernardo do Campo, SP.

1–41 e 42–72. Trata-se da primeira etapa de uma pesquisa nas cinco partes do livro de Salmos, a saber, Sl 1–41; 42–72; 73–89; 90–106 e 107–150.[3]

A ação dos inimigos[4]

Há uma razão para que o livro de Salmos fosse escolhido como instrumento de pesquisa. Ele contém as mais ricas informações sobre o tema "inimigos e suas multiformes ações". A imagem da ação dos agressores, oferecida pelos salmos bíblicos, é distinta e complexa.

O inimigo não é visto simplesmente como adversário da nação, mas, especialmente, como alguém que agride seu semelhante e, com isso, provoca instabilidade perigosa na comunidade e no mundo.

---

[3]   Hans-Joachim Kraus, em sua excelente contribuição para o estudo do livro de Salmos (*Psalms 1-59*. A Commentary. Minneapolis, Augsburg Publishing House, 1988. pp. 16-21), trata corretamente este livro como uma coleção que compreende várias compilações. Dessas compilações, ele dispensa a atenção sobre o "Saltério Eloísta", bem como faz uma análise sobre a proposta de Claus Westermann. Tudo faz crer que a proposta de Westermann abre uma nova perspectiva para o estudo do saltério como uma coleção. Ao ver o livro de Salmos como uma coleção, ele compreende a compilação dessas composições a partir das tipologias literárias, a saber, salmos de lamento e salmos de louvor. Assim, Westermann abre muitas linhas de pesquisa. Dessas possíveis linhas, uma parece estar ainda por explorar. Trata-se da intenção didático-teológica do editor, pois parece que ele abre o saltério com composições que mostram intenso conflito na comunidade, entre opressores e oprimidos, e fecha o livro com salmos de louvor. Para avançar nessa pesquisa, recomenda-se a leitura das publicações, relativas aos Salmos, de Erhard S. Gerstenberger, particularmente, *Psalms, Part I*. With Introduction to Cultic Poetry. Grand Rapids, William B. Eerdmans Publishing Company, 1988. FOTL, v. XIV.

[4]   Estas observações fazem parte da pesquisa sobre os inimigos e suas multiformes ações no livro de Salmos, registrada sob o nome de *Os geradores de conflito na sociedade israelita revelada no livro de Salmos*. Tal projeto foi aprovado pelo *Consun* (Processo 17/2004) da Universidade Metodista de São Paulo. Participam desse grupo de pesquisa alunos e alunas da Faculdade de Teologia – Umesp.

Os inimigos dos salmistas: introdução ao tema

Para conhecer a ação dos inimigos dos crentes javistas que recorriam ao culto, nos dois primeiros blocos (Sl 1–41 e 42–72), esta pesquisa vai tomar dois caminhos não muito considerados na exegese bíblica. O primeiro é a análise do campo semântico do conceito *inimigo*; o segundo caminho é o da estatística das ocorrências das palavras que pertencem a este campo semântico. A justificativa para tal procedimento tem seu argumento básico na necessidade de encontrar uma definição que se origine nas descrições feitas pelos próprios lamentadores e oprimidos. Somente analisando os verbos, expressões, frases e seus paralelismos, empregados para contar a ação dos inimigos, é que o leitor vai se aproximar da intenção original dos compositores.

As ocorrências do campo semântico

Tendo como sujeito ora *raxa'*, ora `*oyeb*, os salmistas narram com nitidez a diversidade de ações de seus agressores. Nos dois primeiros blocos (Sl 1–41 e 42–72), as ações desses inimigos concretizam vários tipos de violência contra os justos. Assim que uma das obras mais citadas pelos salmistas está caracterizada pela palavra *ra'*, aquilo que é contrário ao sentido construtivo *tob,* "bom", e que causa ruína e desgraça em significado mais amplo. Esta palavra vem da raiz *r''*, cujo significado é "ser mal". Desta raiz vem a palavra *mera'*, "malfeitores", que agem em grupos para causar o caos e trazer sofrimento na sociedade (Sl 22,17; 26,5; 64,3). Esta raiz ocorre, nos dois blocos, 25 vezes. Os empregos de *ra'* e de *mera'* denunciam que o mal é ativo e age dentro da comunidade de forma violenta, seja através de atos, seja de palavras (Sl 10,6.15; 34,14.15; 37,19.27; 64,6). Uma boa explicação para a ação desse ator do mal encontra-se na expressão *hoxebe ra'ah,* "planejar a desgraça" (35,4; 41,8).

Uma outra palavra que identifica o inimigo tem origem na raiz *srr, ser hostil*, que gera os substantivos *sar*, "opressor" (3,2; 13,9; 27,2.12; 44,8.11), e *sarah*, "angústia", "necessidade" (20,2; 25,22; 31,8; 34,7.18). No AT, o verbo *sarar* é empregado com o particípio freqüentemente substantivado, *sorer*, que é traduzido por "inimigo", que age com hostilidade, causando angústia e sofrimento. O salmista vê o *sorer*, em especial, como um agressor e opressor político e militar (42,11; 60,13-14). A raiz *srr* ocorre 32 vezes nos dois primeiros blocos de Salmos.

As ocorrências de raxa´ e `oyeb

As 72 primeiras composições do livro de Salmos dão preferência a dois termos hebraicos – *raxa´* e `*oyeb* –, quando querem referir-se a qualquer *inimigo* que os agride. Evidentemente, há outras palavras que carregam o mesmo significado, porém, a ocorrência destes dois termos supera a dos outros termos. Nos dois primeiros blocos (Sl 1–41 e 42–72), os salmistas usam, especialmente, as palavras *sar, sone*`, entre outras, para caracterizar a ação agressora contra os crentes javistas da comunidade israelita.

Quanto ao que diz o dileto professor James A. Sanders,[5] que os inimigos, no AT, referem-se freqüentemente aos adversários de Israel, no caso particular dos dois primeiros blocos de salmos, essa definição merece ser devidamente analisada e reavaliada.

Observações iniciais

Ao comunicar a idéia de inimigo, o AT prefere usar, com certa constância, estas duas palavras hebraicas: *raxa´* e `*oyeb*. Os blocos (Sl 1–41 e 42–72) apresentam um modo irregular no uso destes termos, merecendo do pesquisador uma atenção especial.

> a) *O termo hebraico raxa´, singular ou plural, aparece 92 vezes no livro de Salmos, sendo a maior ocorrência entre todos os livros do AT com esse significado. Nos dois primeiros blocos do livro de Salmos, raxa´ tem 49 ocorrências, assim distribuídas: os salmos 1–41 mostram 42 ocorrências e o segundo bloco (Sl 42–72) somente sete. Nota-se, assim, um grande desnível do uso deste termo, os dois blocos de salmos.*

> b) *A palavra hebraica `oyeb, no singular ou plural, possui 74 ocorrências no livro de Salmos. Se raxa´ é o termo para inimigo, no AT, com maior ocorrência, `oyeb é a segunda palavra. Apenas nos dois primeiros blocos do livro de Salmos este termo ocorre 48 vezes, sendo 29 no primeiro bloco (1–41) e 19 no segundo.*

---

5   SANDERS, James A. Enemy. *The Interpreter´s Dictionary of the Bible.* Nashville, Abingdom Press, 1962. v. 2, p. 101. Atribuir que os inimigos, particularmente no livro de Salmos, são os adversários de Israel, seria desdenhar dos salmos do gênero lamentação.

c) Diante destes números, faz-se necessário expor duas observações: (1) o peque-
no uso do termo raxa´ nos Salmos 42–72, só sete ocorrências; (2) o farto uso
dos termos raxa´e `oyeb nos Salmos 1–41, a saber, 74 contra 48 vezes nos
Salmos 42–72. Esse desequilíbrio no uso dos dois termos, por parte dos dois
blocos de salmos, merecerá uma avaliação crítica mais adiante.

Uma tentativa de definir as palavras raxa´ e `oyeb

Toda tentativa de definir uma palavra do hebraico bíblico é uma tarefa perigosa e difícil. Um bom exemplo é tomar a palavra hebraica *torah*. Através dos
séculos, *torah* foi perdendo seu conceito original de *ensino* e *instrução* para adquirir o significado de *lei*, no sentido mais exato do termo. Há, porém, uma tentativa de evitar esse perigo. O caminho é buscar as noções de *raxa´* e `*oyeb* nas
frases paralelas onde elas são citadas.

a) A etimologia do termo hebraico raxa´ passa pelo acádico, ugarítico, siríaco
e aramaico. Todas essas línguas reafirmam o valor que a língua hebraica
comunica através do AT, particularmente o livro de Salmos: ser leviano, agir
criminalmente, cometer erro. Enfim, o emprego de raxa´ está ligado a uma
pessoa que não se submete à ordem da comunidade. Trata-se de um malfeitor
no sentido verdadeiro e amplo da palavra.[6]

> *No livro de Salmos, o verbo raxa´ ocorre apenas quatro vezes confir-*
> *mando a acepção do substantivo e do adjetivo (Sl 18,22; 37,33; 94,21;*
> *106,6). Particularmente, os dois blocos (Sl 1–41 e 42–72) recorrem*
> *ao substantivo raxa´ 71 vezes para retratar os adversários, ou melhor,*
> *os agressores dos justos. Ele é visto sempre como o causador de danos*
> *e sofrimentos na comunidade. Freqüentemente, raxa´ estabelece um*
> *paralelismo com `oyeb (Sl 3,8; 17,9; 55,4) para mostrar que eles es-*
> *tão muito próximos em significado. O raxa´ também é comparado aos*
> *feitos de po´ale `awen, "aquele que constrói o mal" (5,6; 14,4; 28,3;*

---

[6] LEEUWEN, C. van. *rs´ Ser malvado/culpable*. In: JENNI, E. & WESTERMANN,
C. (eds.). *Diccionario Teologico Manual del Antiguo Testamento*. Madrid,
Ediciones Cristiandad, 1985. v. II, pp. 1021-1029; RINGGREN, Helmer. *raxa´*.
In: BOTTERWECK, G. Johannes; RINGGREN, Hermer; FABRY, Heinz-Josef (eds.).
Theological Dictionary of the Old Testament. Grand Rapids, William B.
Eerdemans Publishing Company, 2004. v. XIV, pp. 1-9.

36,13), com os mere´im, "malfeitores", "maledicentes" (26,5; 37,9-10), com a postura de `oheb hamas, "o que ama a violência" (11,5), com os poxe´im, "transgressores" (37,38) e com os dobere kasab, "os que falam mentira" (58,4).

Ao contrário do que se pensa, raxa´ é, primeiramente, a pessoa que ameaça o xalom da vida comunitária, causando desequilíbrio nas estruturas do mundo (82,5), em razão de sua ligação com os deuses do panteão cananeu e, conseqüentemente, com o desdém à causa do dal, "enfraquecido", do yatom, "órfão", do ´ani, "miserável", do rax, "pobre", e do `ebyon, "empobrecido" (82,1-5).

b) A tentativa de encontrar uma definição para o `oyeb passa por suas ações. Antes de analisar os verbos que descrevem a ação do sujeito `oyeb, é importante observar que nos blocos 1–41 e 42–72 a maioria desses salmos é do gênero lamentação. Helmer Ringgren, em seu estudo sobre `oyeb, observa que "nos salmos de lamento, os inimigos poderiam ser adversários nacionais, pessoais, feiticeiros ou demônios; entretanto, a obra desses inimigos é descrita em termos tão gerais que é difícil ou mesmo impossível determinar com exatidão a identidade deles".[7] Mesmo deparando com essas dificuldades, faz-se necessário insistir na pesquisa. Assim, é preciso voltar-se exclusivamente para os primeiros dois blocos do livro de Salmos. Nessas composições, o `oyeb é definido através de dois substantivos que carregam o significado de opressor: sorer e sar (Sl 27,2) e lahas (Sl 42,10; 43,1-2). O inimigo também é descrito através de sone`, "aquele que odeia" (Sl 18,18.41); do verbo qwm, "aquele que se levanta" (Sl 59,2) e naqan, "os que vingam" (Sl 8,3; 44,17). Por fim, o `oyeb é caracterizado por expressões verbais: `amar ra´, proferir maldade (Sl 41,6); qabax nepex, "buscar (contra) a vida" (Sl 35,4; 38,13; 40,15).

---

[7] RINGGREN, Helmer. `oyeb. In: BOTTERWECK; RINGGREN; FABRY (eds.), Theological Dictionary..., cit., 1974, pp. 212-218.

Houve um critério para a organização dos blocos?

Até aqui foram destacados alguns dos principais termos e expressões que os salmistas usaram para descrever os tipos de agressões sofridas. Esse mosaico de verbos, substantivos e adjetivos concentra um rico manancial de informações que, junto a cada lugar vivencial, fornecerá um retrato da vida do crente javista ao longo da história bíblica. O estudo de cada palavra, pertencente ao campo semântico de *inimigo*, é valioso para compreender e interpretar os motivos que levaram o salmista a lamentar. Entretanto, há um outro detalhe, ainda sem explicação, que fica saliente quando se lê e compara, estatisticamente, o uso do campo semântico nos dois blocos. Então, mesmo que ainda haja dúvida se houve ou não um critério na escolha dos salmos para formar cada bloco, pela disposição das composições no livro e pela organização interna dos dois primeiros blocos (Sl 1–41 e 42–72) é possível perceber bons e claros indícios de que os editores estabeleceram critérios e puseram em ação essas regras de canonização:

1) *Há muitos sinais a respeito de um trabalho editorial nas composições do livro de Salmos. Entre tantos exemplos, duas indicações se mostram bastante evidentes: primeiro, os cabeçalhos que contêm, especialmente, orientações musicais; em segundo lugar, as doxologias encontradas no fim de alguns salmos. Provavelmente, essas doxologias foram incluídas para fechar cinco coleções de salmos (Sl 1–41; 42–72; 73–89; 90–106 e 107–150). Certamente, mãos de editores, nos últimos séculos antes de Jesus, introduziram essa doxologia no final de cada coleção. Este é um forte traço para afirmar que o livro de Salmos, antes de ser canonizado, recebeu alguns retoques pela liderança do culto.*

2) *As doxologias que separam os cinco blocos parecem ser uma ação de editores, num esforço para adaptar os salmos para o uso no culto. Partindo dessa hipótese, é possível argumentar que a atividade desses editores foi além de pequenas adaptações para o uso do saltério no culto. Com base na análise da estatística, anteriormente referida, é possível perceber que o primeiro bloco de composições (1–41) usa mais palavras do campo semântico de inimigo do que o segundo bloco (Sl 42–72). O surpreendente é que o terceiro bloco (Sl 73–89) vai mostrar também um acentuado decréscimo desse vocabulário.*

179

Como mencionado anteriormente nesta pesquisa, a diferença é visível com todas as palavras do campo semântico. Além da diminuição no uso dos principais termos – raxa´ e `oyeb –, a estatística revela que tal diminuição é constante em todas as palavras.

3) *Este visível decréscimo obriga o(a) pesquisador(a) a supor que os editores tinham critérios que vão além da estética e da poética literária. Seriam esses critérios teológicos? Pastorais? Eles queriam organizar o hinário de acordo com temas específicos? Todos os caminhos devem ser pesquisados e avaliados. Porém, um detalhe fica muito evidente no livro de Salmos: (1) O livro tem uma introdução (Sl 1 e 2) e uma conclusão (Sl 150); (2) O livro possui um início bastante focado às questões conflitantes da sociedade, porém, a partir do Salmo 100, as composições voltam-se para o louvor da comunidade. Esta observação leva a supor que os editores mantinham estreitas ligações com o culto e que eles queriam instruir o povo que a comunidade celebrante deveria estar ocupada, ao mesmo tempo, com o sofrimento das pessoas e o louvor a Deus.*

Observações conclusivas

A. O uso do campo semântico de *inimigo* trouxe para a pauta de análise do tema *inimigo* um valioso instrumento de informação sobre o grau de interesse e preocupação do salmista. Assim, esta pesquisa fundamenta-se sobre uma base terminológica mais ampla, em um universo de 20 palavras e três expressões verbais. Para aprofundar a pesquisa, lançou-se mão da estatística e distribuição das palavras que fazem parte do campo semântico de *inimigo* nos dois primeiros blocos do livro de Salmos. O resultado é surpreendente, tal como acontece com o campo semântico de *sedaqah, justiça*. Nenhum outro livro do AT fala com tanta propriedade e intensidade sobre esses dois termos do que o livro de Salmos. Aparentemente, é uma conclusão normal. Entretanto, quando se toma este livro como um instrumento do culto, tal constatação passa a ser surpreendente. Se o culto, no antigo Israel, preocupou-se fortemente com a ação de agressores contra os fracos e pobres celebrantes, então, provavelmente, a liturgia reservava um lugar especial para os fiéis oprimidos lamentarem diante de Javé.

B. Nos dois primeiros blocos do livro de Salmos (1–41 e 42–72), os agentes da agressão contra os salmistas têm origens diversas. Nessas composições a des-

crição dos sofrimentos é muito genérica. Em tais circunstâncias é muito difícil identificar o agressor. Porém, a ação do sujeito agressor, nesses casos, ajuda a caracterizá-lo. Mediante essa medida de constatação, observa-se que a agressão dos inimigos possuía um alto grau de violência física, *hamas, violência* (7,17; 55,10; 58,3), *hoxebe ra'ah, planejar a desgraça* (35,4; 41,8), *qabax nepex, buscar (contra) a vida* (35,4; 38,13), *po'ale 'awen, construir a desgraça* (14,4; 36,13), *mera', malfeitor* (27,2); violência verbal, *kasab, mentira* (62,5; 58,4); violência social, *radap, perseguir* (7,2.6), *lahas, opressão aflitiva* (42,10); violência moral, *'awon, culpa, pecado* (31,11; 59,5; 65,4). A partir das declarações dos salmistas, tudo faz crer que o culto no AT não girava tão-somente em torno da confissão de pecado individual, mas, especialmente, do grito de lamentação do oprimido.

C. A outra constatação que surpreende nesta pesquisa é a diferença entre o bloco 1–41 e o bloco 42–72, no que diz respeito ao uso do campo semântico de *inimigo*. Em todas as palavras desse campo semântico, a ocorrência do primeiro bloco é bastante superior à do segundo bloco, sugerindo uma intencional participação editorial no arranjo do livro. Mesmo sem examinar detidamente o terceiro bloco, é possível perceber que nos Salmos 73–89 há uma persistente diminuição na ocorrência do campo semântico de *inimigo*, em relação, especialmente, aos Salmos 1–41. Mediante este fato, é possível visualizar uma nova linha de pesquisa, tendo como ponto de partida a atividade dos editores do livro que ordenaram e organizaram as composições sob o critério didático-teológico. Seria a intenção deles mostrar que os conflitos entre opressores e oprimidos deveriam ser tratados no culto? Teriam os editores o objetivo de reler a história de Moisés e do êxodo, lembrando que Javé ouve o grito de dor do oprimido, oferecendo vida plena para quem perseverar no caminho do deserto? O fato é que a pesquisa bíblica não deve desdenhar o critério pastoral, pois, afinal, o AT foi escrito, compilado e editado para instruir e fortalecer os crentes javistas a enfrentar as lutas da vida.

Esta é a primeira etapa deste projeto de pesquisa nas cinco coleções do livro de Salmos.

Até aqui, há fortes suspeitas de que os editores do Saltério fizeram uso de um critério para formar as cinco coleções.

Salmo 8: um poema de louvor a Deus, pelo cosmos e pela humanidade

João Luiz Correia Júnior[1]

A Milton Schwantes,
com reconhecimento e gratidão
pelo valioso serviço prestado à pesquisa bíblica,
bem como por sua estimada presença
em Cursos ministrados em nossa região nordestina.

Introdução

O Saltério (do grego *Psaltérion*, nome do instrumento de cordas que acompanhava os cânticos na liturgia) é uma coleção das mais belas orações de Israel. Do ponto de vista estilístico, o conjunto é formado por três gêneros literários: Salmos de Louvor; Salmos de Ação de Graças, Salmos de Lamentação e Súplica; e Salmos Sapienciais.

---

[1] João Luiz Correia Júnior é natural de Recife-PE. Tem doutorado em Teologia, com concentração na área bíblica. Leciona disciplinas bíblicas e teológicas na Unicap – Universidade Católica de Pernambuco. Assessora o CEBI – Centro de Estudos Bíblicos, na região Nordeste. É autor do livro *O poder de Deus em Jesus*: um estudo de duas narrativas de milagres em Mc 5,21-43, publicado pelas Paulinas.

Entre os Salmos de Louvor, estão os Hinos, compostos para cerimônias litúrgicas que celebram a soberania do Criador ou do Deus da Aliança. São formados por quatro partes:

a) *Convite ao louvor;*

b) *Referência à majestade de Deus e aos prodígios por ele realizados na história;*

c) *Desenvolvimento do tema de louvor;*

d) *Conclusão.*

Os Hinos são dirigidos ao Criador (8; 19a; 33; 104), ao Senhor da História (65; 113; 114; 115; 117; 135; 136; 145–150). Mas também temos Salmos Históricos em forma de Hino (78; 105; 106), e Hinos Litúrgicos, para grandes solenidades, como a procissão da arca da aliança (24; 132).

Um dos mais belos Hinos é o Salmo 8, que se destaca entre os demais pela sua forma singela, num duplo louvor: à grandeza do Criador e à dignidade da criatura humana.

Quem de nós nunca se encantou (como criança em suas primeiras descobertas) ao contemplar as maravilhas do céu estrelado ou de uma noite enluarada? Quem de nós nunca se sentiu insignificante diante de tanto esplendor e, ao mesmo tempo, questionados sobre o mistério de estarmos aqui?

O Salmo 8 é um desses poemas em forma de oração, cantado originalmente ao som de instrumentos musicais, que nos enlevam e nos remetem ao encanto, à admiração e, conseqüentemente, à ação de graças diante das maravilhas de Deus.

Fico feliz pelo privilégio de poder comentá-lo aqui, pois se trata do Salmo que mais aprecio, desde minha adolescência.

Salmo 8: forma e conteúdo

Neste comentário, vamos seguir a tradução e o esquema abaixo, na busca de uma aproximação ao texto original (hebraico), bem como de uma melhor compreensão do sentido do texto.

Assim, vejamos:

(1) Para o dirigente do coro. Com a harpa de Gat.

Salmo de Davi.

A

(2a) Iahweh, Senhor nosso, como é glorioso teu nome em toda a terra!

(2b) Quero cantar tua majestade celeste.

(3) Pela boca dos pequeninos e bebês fundaste uma fortaleza contra os teus adversários, para reduzir ao silêncio o inimigo e o vingativo.

B

(4) Quando vejo teus céus, obra de teus dedos, a lua e as estrelas que fixaste,

(5) que é o ser humano para que te lembres dele? O filho do barro para que te ocupes dele?

C

(6) Fizeste-o pouco menos que um deus,

de glória e honra o coroaste.

B'

(7) Tu o fazes reinar sobre as obras de tuas mãos;

(7b) tudo submeteste a seus pés:

(8) ovelhas e bois – todos eles, assim como as feras do campo,

(9) os pássaros dos céus, os peixes do mar e o que percorre as sendas do oceano.

A'

(10) Iahweh, Senhor nosso, como é glorioso teu nome em toda a terra.

Temos, portanto, um texto muito bem trabalhado, construído de tal modo que podemos encontrar um centro: o ser humano percebe sua dignidade ao contemplar a criação.

A análise, a seguir, levando em consideração essa construção, será desenvolvida do seguinte modo:

- *Título do Salmo (v. 1).*
- *Solene louvor à grandeza de Deus (vv. 2-3/v. 10).*
- *Da contemplação à consciência (vv. 4-9).*

Título do Salmo

(1) Para o dirigente do coro. Com a harpa de Gat.
Salmo de Davi.

Logo no início, antes da frase que exorta o louvor a Deus, temos o título do Salmo. Na Bíblia hebraica, quase todos os salmos trazem um título que, no entanto, não pertence ao originalmente escrito.[2] Por isso, algumas traduções da Bíblia nem o mencionam, mas, em respeito à coleção dos Salmos em hebraico, começam o texto pelo versículo dois.[3]

Vejamos, então, alguns esclarecimentos a mais sobre o título específico conferido ao Salmo 8.

"Para o dirigente do coro." (ou "ao regente do canto")

A expressão designa uma coletânea de salmos pertencentes ao levita encarregado de dirigir o canto no Templo. De fato, em 1Cr 15,21 temos o registro do nome de algumas pessoas que tocavam cítara para marcar o ritmo dos cânticos festivos, acompanhados de outros instrumentos musicais, tais como liras e címbalos, em homenagem ao Senhor Deus (1Cr 15,16).

"Com a harpa (ou lira) de Gat."

Temos aqui uma referência ao acompanhamento musical. Algumas traduções preferem manter a palavra hebraica *guitit*, interpretada como instrumento musical da cidade de Gat (harpa ou lira – antigo instrumento musical de cordas).

---

2   "Os títulos dão informações sobre o autor (Davi, Asaf etc.), a ocasião histórica ou litúrgica da composição ('quando Davi fugia de Absalão', 'para o sábado'), o caráter do salmo ('canção, como acompanhamento, gradual' etc.), a execução ou interpretação musical". SCHÖKEL, Luís Alonso & CARNITI, Cecília. *Salmos I (Salmos 1–72)*: tradução, introdução e comentário. São Paulo, Paulus, 1996. p. 77.

3   Por exemplo, em português, esse recurso foi utilizado pela Bíblia do Peregrino, da Paulus, e pela Bíblia da Loyola (da Liga de Estudos Bíblicos).

O termo também pode se referir a um canto ou melodia de origem filistéia, usado nas celebrações de vindima (nos tempos de colheita de uvas) e de lagar (época em que as uvas colhidas são pisadas para abstrair o suco, necessário para a produção de vinho).

"Salmo de Davi."

O Salmo 8 faz parte da coleção dos chamados "Salmos de Davi", que, com mais quatro outras coleções, perfazem o conjunto do livro que chegou até nós.

O saltério é uma coleção de coleções. A divisão em cinco blocos criava uma espécie de "pentateuco" da oração. As cinco coleções são desiguais em tamanho e diferentes em conteúdo: 1–41; 42–72; 73–89; 90–106; 107–150. Foram marcadas por versos intercalados conclusivos (41,14; 72,18-20; 89,53; 106,48).[4]

A compilação do livro dos Salmos em sua forma atual foi um processo extremamente complexo, e não pode ter sido completado antes do período exílico (587-538 a.C.).[5]

A referência a Davi, Salomão, Moisés, Coré, Asaf, Emã e Etã, no cabeçalho, não indica necessariamente a autoria, mas garante a autorização das autoridades religiosas para a recitação no culto.[6] O título "Salmo de Davi" pode ser uma referência ao fato de que o Salmo 8 faz parte de uma coleção de salmos que remontam ao início da monarquia em Israel, cujo grande baluarte foi o rei Davi, por volta do século X a.C.[7]

Contudo, a maioria dos comentaristas atuais tomou a prudente decisão de não discutir o problema do autor do saltério ou de salmos individuais... Esses títulos, que os antigos consideravam parte do texto original, hoje são tratados como notas, acréscimos posteriores das pessoas que juntaram em coleções os diversos salmos, sem muito critério nem senso crítico.[8]

---

[4]   SCHÖKEL & CARNITI, op. cit., pp. 74-75.

[5]   MACKENZIE, John. *Dicionário Bíblico*. São Paulo, Paulus, 1984. p. 828, verbete "Salmos".

[6]   KONINGS, Johan. *A Bíblia nas suas origens e hoje*. Petrópolis, Vozes, 2002. p. 104.

[7]   MACKENZIE, op. cit., p. 829.

[8]   SCHÖKEL & CARNITI, op. cit., pp. 76 e 77.

187

Solene louvor à grandeza de Deus

(2a) Iahweh, Senhor nosso, como é glorioso teu nome em toda a terra!

Como acontece em muitos hinos de exaltação ao Criador, o Salmo 8 começa e termina com uma solene louvação dirigida a Iahweh, cuja grandeza, poder e glória se manifestam no cosmo.

Este versículo (também chamado de antífona ou refrão) serve como uma espécie de "moldura" que enquadra a imagem de uma atmosfera noturna, com a lua e as estrelas cintilantes no céu. Quem de nós, tal como o salmista, nunca se encantou com a beleza do firmamento... Quem de nós nunca elevou o pensamento ao Criador diante da imensidão do cosmo...

A exclamação, além de servir de moldura, sintetiza numa frase o tema central do Salmo, que consiste em enaltecer e louvar o Santo Nome de Deus, pela grandeza do conjunto de sua obra, manifestada através do cosmo e da humanidade. Por meio do Salmo 8, o ser humano tem o grandioso privilégio de, como parte da criação, e em nome dela, elevar aos céus um hino de louvor ao Criador.

"Iahweh, Senhor nosso"

O nome de Deus é suprimido em muitas traduções bíblicas, em respeito à cultura religiosa judaica, da qual provêm os Salmos. O judaísmo não pronunciava o Santo Nome de Deus: Iahweh.

> O Deus de Israel é chamado por seu nome pessoal, mais do que por todos os outros títulos juntos; o nome não somente identificava a pessoa, mas revelava seu caráter. Este nome é agora pronunciado Iahweh pelos estudiosos; a verdadeira pronúncia do nome perdeu-se durante o judaísmo. Em seu lugar era lido Adonai, "Senhor"; a combinação na escrita das consoantes IHWH e as vogais de Adonai, a-o-a, criaram o híbrido Jeová. O significado do nome, etimologicamente, é muito controvertido. A LXX (tradução da Bíblia hebraica para o grego) traduziu-o por "Aquele que é", e a Vulgata (tradução da Bíblia grega para o latim), "Eu sou quem sou". Há acordo geral em que o nome deriva da forma arcaica do verbo ser, hawah; outras etimologias propostas são demasiadamente

numerosas para serem citadas. W. F. Albright interpretou o nome como derivado da forma causativa e propõe que ele seja somente a primeira palavra do nome completo *yahweh asher-yihweh*, "Ele traz ao ser tudo o que vem a ser". O nome, portanto, o designaria como criador, e esta etimologia é considerada como a mais provável por muitos estudiosos.[9]

O salmista reconhece que Iahweh é o "Senhor", "Soberano", "Dono" de toda a terra.

> Combina um título restringido, "nosso dono", com um horizonte ilimitado, "toda a terra". O nosso Deus dilata sua fama pelo universo. "A terra está cheia de sua glória" (Is 6,3). A passagem do limitado, "nosso", ao universal realiza-se através do "homem", humanidade como um todo, não só do israelita, enquanto povo determinado.[10]

Iahweh é tratado aqui como o Senhor "nosso". Interessante notar o seguinte: quem fala emprega o plural, ao passo que o corpo do Salmo usa o singular. Poderia indicar que, na origem do Salmo 8, havia a indicação para ser orado durante a liturgia, por meio de uma repartição de papéis entre a assembléia plural e um liturgo ou voz singular. Mas semelhantes mudanças de pessoa e número não são raros em textos litúrgicos.[11]

O salmista inclui aí a si mesmo e o seu próprio povo. Mas quem pronuncia as palavras desse Salmo, reconhecendo a soberania de Iahweh "por toda a terra", inclui-se entre aqueles que glorificam a Iahweh como "seu" Deus. Trata-se de um recurso literário interessante: a oração, por meio dos Salmos, como no caso do Salmo 8, faz da pessoa orante partícipe do ato de louvor a Deus.

"Como é glorioso teu nome por toda a terra!".

Essa exclamação exalta o glorioso nome de Deus pela admirável obra por ele criada: o cosmo e a humanidade.

---

[9] Mackenzie, op. cit., p. 231, verbete "Deus".

[10] Schökel & Carniti, op. cit., p. 200.

[11] Ibidem, pp. 197-198.

O glorioso Nome de Deus é exaltado por suas maravilhas: "Eu te celebro, Iahweh, de todo o coração, enumero todas as tuas maravilhas!" (Sl 9,2); "Os céus contam a glória de Deus, e o firmamento proclama a obra de suas mãos..." (Sl 19,2).

O povo de Deus vai elaborando uma sabedoria que considera os céus e a terra evidência clara do poder e de Deus: "Pergunta, pois, ao gado e ensinar-te-á, às aves do céu e informar-te-ão. Fala à terra, ela te dará lições, os peixes dos mares te hão de narrar: quem não haveria de reconhecer que tudo isso é obra da mão de Deus?" (Jó 12,7-9).

Desse modo, Israel canta sua fé em Deus, único, eterno, todo-poderoso criador, Senhor da história, sempre fiel ao povo por ele escolhido. Assim, como veremos a seguir, este Salmo bíblico nos convida a enfrentarmos as adversidades do cotidiano alicerçados na confiança de que só Deus é o Senhor.

(2b) Quero cantar tua majestade celeste.

Este trecho do Salmo 8 é de difícil interpretação. Contudo, estudiosos traduzem aqui o desejo de quem ora (manifesto através do salmista) de ampliar ainda mais o louvor expresso na abertura do Salmo (8,2a) e cantar à glória de Deus que se expande majestosamente, isto é, de forma grandiosa, da terra para os céus (8,2b).

De fato, o verbo reconstruído do texto original sugere o "cantar antífona" (refrão inicial de um salmo). Desse modo, "pode significar um serviço cultual. Aqui seria o serviço de louvor".[12]

(3) Pela boca dos pequeninos e bebês fundaste uma fortaleza contra os teus adversários, para reduzir ao silêncio o inimigo e o vingativo.

Interessante perceber aqui o inusitado: Deus se utiliza da fragilidade humana para enfrentar os poderosos. Por meio "da boca" dos fracos e indefesos, o próprio Deus funda uma fortaleza contra seus "adversários", para, a partir daí, "reduzir ao silêncio o inimigo e o vingativo".

---

[12]   Ibid., pp. 195 e 201.

É "pela boca" que brota o louvor dos fiéis a Deus ou palavras hostis contra o próprio Deus. O louvor de quem, em sua pequenez, fragilidade, reconhece o magnífico poder de Deus por sua obra na terra e no céu, dá força e poder contra os que se arvoram fortes, e agem em sua prepotência como adversários de Deus.

Podemos perceber aqui, nas entrelinhas da frase, tempos de profunda crise, inclusive de crise teológica.

Em virtude disso, muitos estudiosos apontam que o Salmo 8 deve ter surgido num período posterior ao exílio da elite político-religiosa de Israel na Babilônia (que ocorreu entre os anos 587 e 538 a.C.), pois quem escreveu demonstra conhecer a narrativa da criação (Gn 1,1–2,4a), escrita provavelmente durante o exílio.[13]

Nesse contexto, o reconhecimento de que Iahweh é o Senhor funciona como o alicerce, o fundamento de uma fortaleza interior contra qualquer inimigo. Sobretudo quando tal reconhecimento é cantado em alta voz (nas celebrações litúrgicas), o medo coletivo desaparece, e o inimigo, por mais cruel e vingativo que aparente ser, é reduzido ao silêncio, reprimido, desarmado.

É uma grande intuição opor louvor (dos fiéis) e rebeldia (dos adversários)... Pela boca dos "pequeninos e bebês" (entre os comentaristas antigos é corrente entender aqui o sentido metafórico: humildes, ignorantes, principiantes...), que reconhecem a grandeza do Criador, Deus funda uma fortaleza (muralha inacessível e inexpugnável) para reprimir os rebeldes, reduzindo-os ao silêncio.[14]

Fica, portanto, a mensagem de que o salmodiar a Deus por meio de hinos que louvem o seu esplendor é uma forma de proclamação de fé em seu poder, em meio às adversidades. Tal louvor, além de fortificar os que permanecem fiéis a Deus, confunde os adversários em seus discursos prepotentes e arrogantes, reduzindo-os, então, ao silêncio.

---

[13] Sellin, & Fohrer, *Introdução ao Antigo Testamento*. São Paulo, Paulus, 1978. p. 415.

[14] Schökel & Carniti, op. cit., p. 201.

Da contemplação à consciência

Ao contemplar a grandiosa obra de Deus, o ser humano percebe a si mesmo em sua real condição de criatura, responsável pela criação que está a seu alcance.

> **B**
>
> (4) Quando vejo teus céus, obra de teus dedos,
>
> a lua e as estrelas que fixaste,
>
> (5) que é o ser humano para que te lembres dele?
>
> O filho do barro para que te ocupes dele?
>
> **C**
>
> (6) Fizeste-o pouco menos que um deus,
>
> de glória e honra o coroaste.
>
> **B'**
>
> (7) Tu o fazes reinar sobre as obras de tuas mãos;
>
> tudo submeteste a seus pés:
>
> (8) ovelhas e bois – todos eles,
>
> assim como as feras do campo,
>
> (9) os pássaros dos céus, os peixes do mar
>
> e o que percorre as sendas do oceano.

A relação interna do esquema é interessante para mostrar que a contemplação sobre a obra criada por Deus (vv. 4-5) faz o ser humano pensar na sua insignificância e, ao mesmo tempo, sobre sua responsabilidade diante da criação que está a seu redor (vv. 7-9). O centro é justamente a consciência de que sua condição atual é uma honra, dádiva de Deus (v. 6).

Estamos, portanto, no coração do poema, que tem a intenção de contrastar a majestade do ser humano com sua insignificância e pequenez, em meio aos desafios da criação. Vejamos, então, a análise desses versículos...

(4) Quando vejo teus céus, obra de teus dedos, a lua e as estrelas que fixaste,
(5) que é o ser humano para que te lembres dele? O filho do barro para que te ocupes dele?

Antes da pergunta fundamental sobre "O que é o ser humano?", encontramos aqui causa lógica da pergunta. O salmista, isto é, a pessoa que fala no texto, o "eu lírico" do poema, representa aqui toda a humanidade e cada ser humano em particular, que se questiona sobre si mesmo quando vê a obra da criação na perspectiva da fé. Esse olhar em profundidade chamamos de "contemplação".

Ao ver os céus, logo o reconhece como obra de Deus. A expressão "obra de teus dedos" não é comum na Bíblia; a fórmula mais freqüente é "obra de tuas mãos" (conforme o versículo 7; Sl 102,26; 28,5; 92,5; 143,5 etc.). Contudo, a expressão aparece aqui talvez com a intenção de sublinhar a modelação minuciosa do cosmo. Tudo é tão bem-feito, que parece obra dos dedos de uma habilidosa bordadeira: os astros são como que bordados na abóboda celeste. A criação é compreendida, então, como uma tarefa artesanal, cotidiana, carinhosamente feita no vagar das horas...

Da contemplação religiosa sobre a grandeza do cosmo, isto é, do ver a criação à luz da fé no Criador, brota no coração humano a grande pergunta a respeito do sentido de sua própria existência: "O que é o *ser humano* para que te lembres dele? O *filho do barro* para que te ocupes dele?".

O *ser humano*, do hebraico *[enosh]*, talvez designe aqui o homem como ser fraco, mortal (conforme o Sl 103,15: "O homem!... seus dias são como a relva: ele floresce como a flor do campo; roça-lhe um vento e já desaparece, e ninguém mais reconhece seu lugar"). O domínio sobre o mundo não é dado a grandes indivíduos, mas sim à comunidade dos homens... Deus cercou com sua solicitude precisamente o pequeno indivíduo, ser fraco, caduco. Ninguém na humanidade deverá ser excluído de tal autoridade.[15] Assim, este ser carrega a característica de fragilidade, que está contida na raiz latina de *humus*, humano.

---

[15] WOLFF, Hans Walter. *Antropologia do Antigo Testamento*. São Paulo, Loyola, 1983. p. 214.

O termo *ser humano* tem um paralelismo perfeito com o termo hebraico *filho do barro* (*bem adam*, em hebraico), que também expressa a finitude humana, tal como está manifesto no Eclo 17,30: "Porque no homem não podem existir todas as coisas, pois o filho do homem não é imortal".

Então, cabe de fato a pergunta: O que é o ser humano? O que temos de tão importante para nos percebermos contemplados pela atenção toda especial de Deus? Quem de fato somos para que Deus pense em nós e se ocupe conosco?

Tal questionamento aparece aqui, no Salmo 8, e em outras passagens bíblicas, tais como no Sl 144,3: "Iahweh, que é o homem para que o conheças, o filho do mortal, para que o consideres?". Em Jó 7,17 encontramos uma retomada deste trecho do Salmo 8: "Que é o homem, para que faças caso dele, para que dele te ocupes?".

De fato, Deus se ocupa pessoalmente com a humanidade. E o faz de modo extraordinário: como num cerimonial de investidura real ou entronização, o salmista afirma que Deus o coroa e o faz reinar sobre toda a obra da criação.

Analisemos os versículos seguintes...

(6) Fizeste-o pouco menos que um deus, de glória e honra o coroaste.

A partir da pergunta sobre o que é o ser humano para que Deus se lembre e se ocupe dele, o salmista reconhece que Deus se ocupa do ser humano coroando-o com dignidade quase comparada a um ser imortal: "Fizeste-o pouco menos que um deus, de glória e honra o coroaste".

Este ser terreno (*adam*), tomado da terra (*adama*), filho do barro (*bem adam*), marcado como todos os seres terrenos pela fragilidade e finitude, está mais próximo de Deus que as demais criaturas: é "pouco menos que um deus".

"Deuses", em hebraico *Elohim*, são divindades, criaturas superiores submetidas a Yahweh, concebidas em tempos antigos como deuses sob o Deus supremo, mais tarde consideradas anjos. Em ambas as interpretações são seres sobre-humanos, mais próximos de Deus que o ser humano: "Quem como tu entre os deuses?" (Sl 86,8; 97,7; 136,2).[16]

---

[16] SELLIN & FOHRER, op. cit., p. 198.

O ser humano é coroado de glória e de honra porque Deus lhe confia a criação, conforme veremos nos versículos seguintes (vv. 7-9).

(7) Tu o fazes reinar sobre as obras de tuas mãos;
(7b) tudo submeteste a seus pés:
(8) ovelhas e bois – todos eles, assim como as feras do campo,
(9) os pássaros dos céus, os peixes do mar e o que percorre as sendas do oceano.

Importante notar que Deus é reconhecido pelo salmista como o protagonista: tudo o que o ser humano recebe é dádiva, inclusive o poder que detém sobre a criação. Sua tarefa consiste em cuidar da obra criada, conforme o projeto de expansão da vida, segundo o Plano Criador.

> À primeira vista poderia parecer que assim não fosse. Afinal, às pessoas é dado o mandato de "dominar" e "sujeitar" ["submeter a seus pés"] a terra e os animais (conforme Gn 1,26.28). Tais expressões até parecem justificar a destruição em andamento contra a natureza. Conhecemos a origem de tais expressões. "Sujeitar" e "dominar" identificam o anseio da corte real em relação à natureza (Sl 8,6), em relação a outros povos (Sl 2,7-12; 72,8-11) e obviamente em relação aos próprios súditos. Os exilados provinham deste ambiente... Em Gn 1,26.28 (como no Salmo 8,7-9), "sujeitar" e "dominar" ["submeter"] animais e terra nada mais significa que "administrar"; assim, o consumo da carne, isto é, a morte do animal no interesse da pessoa, está claramente excluído da alimentação. Esta se restringe às plantas, ao que fora criada no terceiro dia. As pessoas não têm, pois, o direito de lançar mão da vida do que foi criado no quinto (peixes e aves) e no sexto dia (animais)... Em Gênesis 1 a pessoa está integrada a seu ambiente. Há solidariedade entre pessoas e animais. As pessoas são tão amigas dos animais que foram criadas no mesmo dia, em irmandade. Juntinho à mulher e ao homem foram feitos leões e jacarés. Aparece aí uma integridade da criação.[17]

---

[17] SCHWANTES, Milton. Projeto Esperança: meditações sobre Gn 1–11. *Construir a esperança*: encontro Latino-Americano e Caribenho de Organismos Ecumênicos. São Paulo, CLAI – Conselho Latino-Americano de Igrejas, 1988. pp. 91-92.

Desse modo, entende-se que projeto de Deus para o ser humano é que administre, isto é, que cuide da casa, seu ambiente vital, como seu senhor. A mãe-terra, nossa casa, este *oikos*, esta eco-logia e esta eco-nomia devem estar indubitavelmente sob nosso cuidado, pois nos foi dada inteligência suficiente para isso. Desse modo, coerente com a concepção bíblica da Criação que aparece no início do livro do Gênesis (1,28-29), o salmista confirma que a humanidade, criada à imagem e semelhança de Deus, é chamada a assumir a responsabilidade pela criação.

Fica evidente que a grande semelhança entre Deus e o ser humano (expresso no momento da criação em Gn 1,26) consiste exatamente no poder que ambos têm em relação à criação. Nessa perspectiva, talvez o grande drama humano seja o fato de que alguns de nós, poucos, mas muito poderosos do ponto de vista econômico e político, abusam desse poder, traindo a confiança de Deus. Em vez de cuidarem da criação, a destroem em benefício de seus próprios interesses; transformam-se, desse modo, em "adversários" de Deus e "inimigos vingativos" de todas as pessoas que se opuserem a eles, obstruindo seu caminho, conforme advertência logo no início do Salmo (versículo 3b).

O Salmo 8, portanto, ajuda-nos a ter consciência de nossa grandeza, justamente por conta da enorme responsabilidade que temos em relação à criação: ter domínio, dominar, é governar com justiça e santidade, inspirados na própria Sabedoria Divina. Isso está dito com todas as letras no livro da Sabedoria (9,1-4a):

> Deus dos Pais, Senhor de misericórdia, que tudo criaste com tua palavra e com tua sabedoria formaste o homem para dominar as criaturas que fizeste, governar o mundo com justiça e santidade, e exercer o julgamento com retidão de vida, dá-me a sabedoria que partilha o teu trono...

Essa sabedoria do povo de Deus, que insiste no domínio (governo) com justiça e santidade, tem fundamento na experiência teológica do êxodo, eixo de toda teologia bíblica: Deus não suporta o domínio que destrói a vida nem o domínio opressor do ser humano contra seu semelhante. Por isso, Deus toma partido de quem padece de injustiça e opressão, ao ponto de chamá-lo de "meu povo" (Ex 3,7-10):

> Iahweh disse [a Moisés]: "Eu vi, eu vi a miséria do meu povo que está no Egito. Ouvi o seu clamor por causa dos seus opressores; pois eu conheço as suas angústias. Por isso desci a fim de libertá-lo da mão dos egípcios, e para fazê-lo subir daquela terra a uma terra boa e vasta, terra que mana leite e mel [...]. Vai, pois, e eu te enviarei a Faraó, para fazer sair do Egito o meu povo [...]".

Por aí podemos inferir que Deus toma partido de quem padece de injustiça, de forma bem concreta e pontual, em qualquer contexto histórico-social, por meio de pessoas que assumem a responsabilidade de participar do projeto de vida do Deus da Vida.

Desse modo, perpassa por todo o Primeiro Testamento da Bíblia uma intuição teológica muito antiga de que o mesmo Deus Criador do Universo, ao repassar poderes à humanidade para cuidar de sua obra, abomina todo domínio autoritário e excludente, que em vez de servir à vida em benefício de todos os seres criados (conforme o projeto de vida tão claro no Salmo 8 e no capítulo 1 do livro do Gênesis), promove a inclusão apenas de minorias, segundo seus próprios interesses. Por isso, conforme o Cântico de Ana (1Sm 2,1-10), declamado por Maria em Lc 1,46-55, pobres e pequeninos são socorridos por Deus, em detrimento de ricos e poderosos.

> Levanta do pó o fraco e do monturo o indigente, para os fazer assentar-se com os nobres e colocá-los num lugar de honra, porque a Iahweh pertencem os fundamentos da terra, e sobre eles colocou o mundo... (1Sm 2,8).

> Agiu com força de seu braço, dispersou os homens de coração orgulhoso. Depôs poderosos de seus tronos, e a humildes exaltou. Cumulou de bens a famintos, e despediu ricos de mãos vazias... (Lc 1,51-53).

O desleixo no cuidado que deveríamos ter com nossa casa (*oikos*, eco-logia) e com nós mesmos e nossos semelhantes fez surgir a grave crise ecológica atual, aumentando o abismo crescente que separa ricos de pobres. Busquemos inspiração na milenar sabedoria; ela nos ajuda a refazer a aliança de simpatia e de amor para com o Deus do Cosmo e para com todas as criaturas, por meio da retomada

de nossa própria vocação de responsáveis pelo conjunto da obra da criação. "Essa conduta reconstrói a morada humana assentada sobre o cuidado e as suas múltiplas ressonâncias."[18]

Perspectiva cristã

Os evangelhos apresentam a pessoa de Jesus como o modelo (paradigma) para o ser humano que queira assumir o convite de ser co-responsável pelo conjunto da obra criada por Deus, que passa pelo compromisso em promover a vida das pessoas, a fim de que todos possam assumir o projeto de vida do Deus da Vida.

Numa provável referência ao Salmo 8, Jesus Cristo é apresentado no texto aos Hebreus como aquele "que foi feito, por um pouco, menor que os anjos, por causa dos sofrimentos da morte, coroado de honra e de glória" (Hb 2,9). Assim, a glória de Jesus está no fato de se ter colocado até o último momento a serviço do Projeto de Deus, apesar das ameaças de morte daqueles que se posicionavam como "adversárias" (o "inimigo vingativo" do Sl 8,3).

Para exercer tal missão, Jesus encontrava forças em Deus, com quem mantinha profunda intimidade, ao ponto de quebrar todas as reverências e chamá-lo de *Abbá*, palavra que em sua língua materna – aramaico – exprime carinho na relação filial: significa papai, paizinho (conforme Mc 14,36). Nessa intimidade de amor e confiança filial, Jesus de Nazaré foi fiel ao Projeto do Reino de Deus do início ao fim de sua atividade missionária.

> A experiência do *Abbá* e a fidelidade à missão permitiram-lhe compreender que Deus não nos abandona jamais e que – como havia descoberto o livro de Jó – a desgraça não é um sinal de sua ausência, mas algo forçosamente causado pela finitude do mundo ou pela malícia da liberdade finita. Mas também permitiram-lhe compreender – indo além de Jó – que exatamente por isso Deus está sempre ao nosso lado, acompanhando-nos quando somos atingidos

---

18 Boff, Leonardo. *Saber cuidar: ética do humano* – Compaixão pela terra. Petrópolis, Vozes, 1999. p. 187.

pelo mal e apoiando-nos na luta contra ele; sobretudo, assegurando-nos de que o mal não tem a última palavra, embora nem sempre seja fácil perceber isso, principalmente quando a morte parece dar a ele o triunfo definitivo. Os evangelistas intuíram essa dialética quando se atreveram a pôr nos lábios de Jesus, de um lado, o grito do questionamento angustiado: "Meu Deus, meu Deus, por que me abandonaste?" (Mc 15,34; Mt 27,46); e, de outro, as palavras da entrega confiante: "...em tuas mãos entrego o meu espírito" (Lc 23,46).[19]

Graças à fidelidade até o fim de sua vida ao Projeto de Deus, conseqüência de sua profunda intimidade com *Abbá*, Jesus foi concebido pelas pessoas que o seguiam no discipulado como o Cristo, aquele Messias tão esperado que deveria dar início aos tempos messiânicos em que, finalmente, o ser humano assumiria a sua vocação de "reinar" – segundo a vontade de Deus – sobre toda a criação (conforme sugere o Sl 8,6-7: "Quase um Deus o fizeste: tu o coroas de glória e de esplendor; tu o fazes reinar sobre as obras de tuas mãos...").

Isso está muito bem expresso em Lc 4,18-21:

> Foi-lhe entregue o livro do profeta Isaías; desenrolou-o, encontrando o lugar onde está escrito: "O Espírito do Senhor está sobre mim, porque ele me consagrou pela unção para evangelizar os pobres: enviou-me para proclamar a libertação aos presos e aos cegos a recuperação da vista; para restituir a liberdade aos oprimidos e para restituir um ano de graça do Senhor". Enrolou o livro, entregou-o ao servente e sentou-se. Todos na sinagoga olhavam-no, atentos. Então começou a dizer-lhes: "Hoje se cumpriu aos vossos ouvidos essa passagem da Escritura...".

Em suma, o que anima a pessoa de Jesus é o Espírito do Senhor Deus, o mesmo Iahweh que é louvado no Salmo 8 como o único Senhor dos céus e da terra. É a este Senhor que Jesus incentiva seus discípulos e discípulas a servirem, no compromisso contínuo com a promoção da vida.

---

[19] QUEIRUGA, Andrés Torres. *Repensar a ressurreição*: a diferença cristã na continuidade das religiões e da cultura. São Paulo, Paulinas, 2004. p. 277.

O apóstolo Paulo captou muito bem essa proposta de Jesus e, em seu contexto missionário, sugere às pessoas que desejam seguir Jesus (Fl 2,5): "Tende em vós o mesmo sentimento de Cristo Jesus [...]. Esvaziou-se a si mesmo, e assumiu a condição de servo [...]".

Aquilo de que Cristo se despojou não é a natureza divina, mas a glória que por direito a natureza divina lhe conferia. Desse modo, em sua *kénosis*, palavra grega que significa "esvaziamento", Jesus "esvaziou-se a si mesmo" e tomou para si a condição de "servo". É provável que Paulo tenha em mente aqui a idéia do "Servo" de Is 52,13–53,12. Em meio ao sofrimento e à perseguição dos que se mantêm na contramão do projeto de Deus (o "inimigo" e "o vingativo" do Sl 8), o "Servo" coloca-se a serviço de Deus, numa fidelidade até as últimas conse-qüências.

Ao longo dos séculos, muitas pessoas cultivaram esse modo de vida cristão de serviço fiel ao projeto do Deus da Vida. Na perspectiva da sensibilidade com to-dos os seres vivos do planeta, antecipando-se ao que chamamos hoje de Ecologia, um excelente exemplo é o Pobrezinho de Assis.

São Francisco (1181/2–1226), em sua busca de fidelidade ao Evangelho de Jesus Cristo, viveu a experiência de profunda ligação com toda a obra da criação. Tal fraternidade cósmica passa por várias esferas:

a) *pela solidariedade com as pessoas, sobretudo com as destituídas de sua dig-nidade humana, mediante uma opção radical pelos irmãos e irmãs mais po-bres;*

b) *por uma profunda sintonia com a vida, em suas múltiplas formas no ecossis-tema. Ao compor o Cântico do Irmão Sol ou Cântico das Criaturas, Francisco traduz em versos toda a admiração que sempre teve pela natureza.*

A vida de Francisco e dos seus discípulos é uma crítica profunda ao contexto de sua época (Europa do século XII/XIII). Viveram, sem dúvida, dentro do espí-rito do Salmo 8.

> É diante desse mundo mercantil, onde já reina o espírito capitalista, que se eleva o cântico de Francisco. Sob o aspecto da candura e da admiração, este Cântico das Criaturas é ao mesmo tempo um protesto e um apelo a uma superação [...]. No seguimento de Cristo pobre e humilde, Francisco e seus companheiros recusam o poderio do

dinheiro. Renunciaram a se apossarem do mundo e de suas riquezas, a se colocarem acima dos outros, dominando-os [...]. Aprenderam a olhar os seres e as coisas, de forma ingênua e fraternal, com simplicidade e cortesia. Deixaram de vê-los sob o ângulo de seu valor de venda, para considerá-los como criaturas de Deus, dignos de atenção em si mesmos. Assim descobriram o esplendor do mundo e das coisas simples. Seu olhar se deteve, maravilhado, nas realidades mais humildes, mais cotidianas, que eram companheiras de sua vida de pobres: a luz, a água, o fogo, o vento, a terra [...]. Como era bela aos seus olhos esta terra, vista além de toda a ambição e de toda vontade de poder! Deixava de ser um campo de luta para tornar-se o lugar da grande fraternidade dos seres: "Nossa irmã, a Terra-Mãe".[20]

Nessa mesma linha de sensibilidade com o precioso dom da vida, no início da Modernidade, um dos grandes místicos, santo Inácio de Loyola (1491-1556), escreveu: "Não é o muito saber que sacia e satisfaz a alma, mas o sentir e saborear as coisas internamente..." (*Exercícios Espirituais de Santo Inácio*, anotação 2).[21]

Temos aqui uma crítica antecipada à especialização científica de nossos dias, que não consegue enxergar o todo numa perspectiva holística (palavra que significa "totalidade"). Desse modo, Inácio de Loyola, um contemplativo na ação, sem negar a importância da pesquisa objetiva e pontual, parece nos advertir que é necessário desenvolver uma profunda admiração pelas múltiplas expressões da vida, em toda parte, do micro ao macrocosmo, em profunda sintonia com a perspectiva bíblica, tão bem expressa no Salmo 8.

Lições para hoje

Hoje, mais do que nunca, ecoa por toda parte o grito da terra, ameaçada de tantos modos pelo domínio ambicioso e avassalador dos "adversários" ao Projeto do Deus Criador. Tal minoria da humanidade, ao se apoderar indebitamente das

---

[20] Leclerc, Eloi. *Francisco de Assis*: o retorno ao Evangelho. Petrópolis, Vozes, 1983. p. 118.

[21] Loyola, santo Inácio de. *Exercícios espirituais*. São Paulo, Loyola, 1997. p. 13.

riquezas naturais, roubou para si a obra da Criação e, conseqüentemente, traiu o Plano de Deus, colocando o precioso dom da vida de nosso ecossistema sob ameaça de morte...

A "Carta da Terra", redigida por vinte e três intelectuais oriundos de vários países, inclusive o Brasil (representado pelo teólogo Leonardo Boff), foi lançada oficialmente pela ONU – Organização das Nações Unidas em 2000. No seu preâmbulo lemos:

> Estamos diante de um momento crítico na história da Terra, numa época em que a humanidade deve escolher seu futuro [...]. Para seguir adiante, devemos [...] somar esforços para gerar uma sociedade sustentável global baseada no respeito pela natureza, nos direitos humanos universais, na justiça econômica e numa cultura da paz. Para chegar a este propósito, é imperativo que, nós, os povos da Terra, declaremos nossa responsabilidade uns para com os outros, com a grande comunidade da vida, e com as futuras gerações.[22]

O Salmo 8, como vimos, nos inspira nessa luta tão atual. É um hino de louvor ao Criador do universo e, ao mesmo tempo, uma chamada de atenção à responsabilidade do ser humano de cuidar da criação, como algo fundamental de sua própria vocação.

Surge espontâneo da boca dos pequeninos e dos lábios das crianças de peito (8,2b-3). Na Bíblia, os pequeninos e crianças aparecem como símbolo por excelência do ser humano em sua singeleza e fragilidade, capaz de se encantar (maravilhando-se) com o que descobre. Mas simbolizam também os mais pobres da sociedade. Desse modo, podemos interpretar que ainda hoje o grito da terra ameaçada sobe aos céus como um hino de louvor a Deus, por meio da boca dos pequeninos da terra, excluídos e excluídas sociais. Tal canto de louvor confunde os que usam o conhecimento com o único objetivo de explorar, arrancar riquezas e consumir, desconhecendo a presença de algo maior e extremamente encantador, que está aí, ao alcance de nossos sentidos, para ser gratuitamente contemplado, saboreado e curtido em sua beleza e grandiosidade amorosa: Deus.

---

[22] Boff, Leonardo. A carta da terra. In: *Ethos mundial*: um consenso mínimo entre os humanos. Brasília, Letraviva, 2000. p. 147.

Que sirvamos a tão grande Amor, por meio da promoção do seu dom maior: a vida.

Assim seja!

Bibliografia

Boff, Leonardo. *Ethos mundial*: um consenso mínimo entre os humanos. Brasília, Letraviva, 2000.

_____. *Saber cuidar*: ética do humano – compaixão pela terra. Petrópolis, Vozes, 1999.

Konings, Johan. *A Bíblia nas suas origens e hoje*. Petrópolis, Vozes, 2002.

Leclerc, Eloi. *Francisco de Assis*: o retorno ao Evangelho. Petrópolis, Vozes, 1983.

Loyola, Inácio. *Exercícios espirituais de Santo Inácio*. São Paulo, Loyola, 1985.

Mackenzie, John. *Dicionário Bíblico*. São Paulo, Paulus, 1984.

Queiruga, Andrés Torres. *Repensar a ressurreição*: a diferença cristã na continuidade das religiões e da cultura. São Paulo, Paulinas, 2004.

Schökel, Luís Alonso & Carniti, Cecília. *Salmos I (Salmos 1–72)*: tradução, introdução e comentário. São Paulo, Paulus, 1996.

Schwantes, Milton. Projeto Esperança: meditações sobre Gn 1–11. *Construir a esperança*: Encontro Latino-Americano e Caribenho de Organismos Ecumênicos. São Paulo, CLAI – Conselho Latino-Americano de Igrejas, 1988. pp. 69-135.

Sellin, E. & Fohrer, G. *Introdução ao Antigo Testamento*. São Paulo, Paulus, 1978. v. II.

Wolff, Hans Walter. *Antropologia do Antigo Testamento*. São Paulo, Loyola, 1983.

Entre la falta de justicia y la ausencia de Dios. En compañía del Salmo 9-10

María Cristina Ventura[1]

¡Sea Yahveh refugio para el oprimido,
refugio en época de angustia!
(Sl 9,10)

Resumen

La Biblia como literatura religiosa está marcada por la fe. Todos los escritos de la Biblia surgen delante de nosotras y nosotros como síntesis de memorias de vida, como memorias de relaciones humanas, que se volvieron texto desde contextos sociales específicos.[2] En ese sentido, una reflexión que se interese por la fe bíblica, necesariamente estará en relación con dimensiones sociales y, a partir de cualquier texto bíblico, se podrá reflexionar sobre esta relación. Hablar de fe bíblica, sin tener presente el mundo social en que ésta se genera no sólo es irresponsable, sino también peligroso.

---

[1]   Profesora en la Universidad Bíblica Latinoamericana. Apdo. 901-1000. San José, Costa Rica.

[2]   James E. Davison señala que "una de las primeras cosas que debemos reconocer, cuando estamos delante de la Biblia, es que esta viene de una cultura oral". (*This Book we call the Bible*. Kentucky, James E. Davison, 2001. p. 2).

En el estudio que proponemos, a partir del Salmo 9-10, buscamos mostrar como fe y dimensión social en la Biblia son difíciles de separar. Si la Biblia, para cristianos y cristianas, es una fuente de espiritualidad, los salmos son los textos que de forma más explicita muestran esta característica.[3] Ellos son un buen ejemplo de cómo los textos bíblicos están marcados por la relación inseparable entre fe y dimensión social. Pues, fe más que algo estático, a estilo de depósito de fidelidad, se trata de la expresión permanente de revelación divina en lo cotidiano. En fin, los Salmos nos llevan a participar de una historia comprendida como alianza con Dios a través de la creación y de la salvación

Introducción

Desde principio del siglo XIX, la investigación bíblica dio un paso en frente, al surgir el interés por conocer sobre el mundo en el que la Biblia había surgido. La Biblia como literatura es producto humano, por tanto es un producto relacionado con las situaciones sociales a las que humanos y humanas pertenecen o sueñan.

Para nuestra reflexión partimos de que las tradiciones bíblicas no se deben entender como simples reflejos de una espiritualidad desencarnada, o como una realidad histórica anterior, sino como una valiosa visión de interpretaciones de realidades, hechas desde puntos de vista concretos en tiempos de los autores.[4]

Entendemos que aunque las prácticas sociales presentadas en un texto tal vez no correspondan a ninguna práctica real, pueden ser un intento de subvertir

---

[3] Matthieu Collin señala que "el Salterio es naturalmente un libro contemporáneo de toda la historia de Israel, que 'vivió' al ritmo de esta historia, como un libro forjado a lo largo de diez siglos de oraciones tanto personales como comunitarias, incansablemente repetidas, enriquecidas, readaptadas" (*El libro de los Salmos*. Nicolás Darrical (trad.). Estella (Navarra), Editorial Verbo Divino, 1999. p. 32).

[4] Como afirmado por E. Charpentier, "el relato de un acontecimiento no es el acontecimiento, sino el acontecimiento tal como es comprendido e interpretado por quien lo transmite. Hasta cierto punto, el autor entiende que el relato crea el acontecimiento en aquello que tiene de esencial, a saber, su sentido" (*Para uma primeira leitura da Bíblia*. São Paulo, Paulus, 1986. p. 13. Tradução pe. José Raimundo Vidigal.).

prácticas sociales corrientes, y por tanto, propuestas de prácticas sociales alternativas, siempre desde el ámbito de lo religioso, que es característica fundamental del mismo texto bíblico.

Nuestro interés, entonces, es explorar, a partir del discurso retórico del texto, la manera en que aparecen relacionadas las dimensiones fe y situación social dentro del Salmo 9-10. Este discurso retórico se estructura en la construcción misma del texto. El análisis de este elemento retórico contribuye a la comprensión de la relación dialéctica entre fe y realidad social y, al mismo tiempo, a la manera como este discurso va identificando a los sujetos dentro del texto.

Cuando estudiamos un salmo, ayuda tener en cuenta que estamos delante de un discurso producido por el salmista, con la finalidad de potenciar un efecto persuasivo. Discurso retórico y texto retórico son expresiones sinónimas que significan el objeto lingüístico de características textuales que el salmista produce y dirige a quien lee o escucha con el propósito de influir en ellos. Así, las palabras y las realidades cotidianas presentadas en el texto se utilizan para sugerir algo superior a ellas mismas.

Características generales del Salmo 9-10

Los salmos 9 y 10, forman parte del primer libro de los cincos que forman el Salterio. Originalmente parecen haber sido un solo salmo, así como fue considerado por los LXX, contrario al texto masorético. Una prueba de la unicidad la podemos encontrar en que el salmo 10, además de continuar con la temática con que finaliza el salmo 9, no tiene título. Se clasifica como un salmo alfabético, lo que significa que cada um dos versos se inicia con una letra del alfabeto hebreo. En el Salmo 9 encontramos la primera mitad del alfabeto y la segunda mitad en el llamado Salmo 10.

Esa manera acróstica, que caracteriza el salmo, posiblemente sirvió para que quien lo escuchara pudiera memorizarlo, y al mismo tiempo, el poeta pudo organizar una estructura retórica para mejor resultado en su tarea de persuasión. De ahí la importancia que podemos marcar en la estructura del propio texto. Como bien señalan J. N. Aletti y J. Trublet, las repeticiones, las acumulaciones y

las series de términos afines u opuestos, resaltan la estructura de tipo alterno o concéntrico con una infinidad de variantes.[5]

La belleza poética del Salmo 9–10 no puede ser pasada por alto. Así como también la diversidad en sus géneros. Lo que inicia con el anuncio, o mejor, la promesa de agradecimiento (9,1-4), se convierte rápidamente en una clara petición (9,5-7); por lo que se puede señalar que se trata de un lamento. Aunque algunos autores[6] insisten en señalar que se trata de un lamento individual, creemos que aunque sea un salmo expresado en primera persona, puede estar haciendo referencia a colectivos o grupos. En el título se identifica como salmo de David, y se da una posible indicación del tipo de canto, "de acuerdo a Mut Labben".[7] Esta identificación, a modo de dedicatoria, sugiere que fue un salmo usado para ser leído o cantado en el culto.[8] Además de que nos recuerda el título en los Salmos 4–6 y 8.

Como otros salmos del Salterio, el Salmo 9–10 presenta dos grupos en conflicto: los enemigos, identificados como "perversos" y los oprimidos que, como veremos, son de varios tipos. Con esto se refleja una realidad marcada por צָרָה "angustia", "necesidad". Esta situación, así como sus personajes son descritos constantemente en cada una de las partes del texto. De ahí, la necesidad de entrar y tomar confianza para una correcta identificación.

En esta tarea, identificamos entonces dos grandes partes – primera, salmo 9,1-21 y segunda, salmo 10,1-18. Entre las dos partes hay una clara vinculación. Sus versículos se entrecruzan, oponiéndose o correspondiéndose de una forma

---

[5]   ALETTI, J. N. y TRUBLET, J. *Approche poétique et théologique des psaumes*. Paris, Cerf, 1983. p. 9.

[6]   Ver: SELLIN, E & FOHRER, G. *Introdução ao Antigo Testamento*. São Paulo, Paulus, 1977. v. 2, p. 415. Tradução de Mateus Rocha.

[7]   Se trata del término עַלְמוּת que de acuerdo al manuscrito – fragmento código Hebraico se trata de עַל־מוּת, así como explicado en el aparato crítico de la Biblia Hebraica Stuttgartensia, p. 1092.

[8]   Autores como George A. F. Kinicht afirman que el título escogido para la música del salmo es solemne. Según este autor, *Mut – Labben* significa "la muerte del hijo", por lo que algún miembro de la comunidad pudo haber muerto (*Psalms*, Kentucky, Westminster John Knox Press, 1982, p. 48 [The Daily Study Bible Series]).

muy directa. Y más, podemos afirmar que el designado salmo 10 es la causa de lo expresado en el salmo 9, por lo que es difícil una separación. En la primera parte, es visibilizada la falta de justicia que existe, además de que son identificados los grupos en conflicto. En la segunda parte advertimos una realidad sin Yahveh.

Primera parte – Realidad sin justicia

Anuncio de gratitud

El salmo abre con un anuncio de gratitud (vv. 2-3), además de introducir todo el salmo, esta apertura anuncia la razón misma del texto. Y Yahveh como objeto directo de este agradecimiento. En ese momento quien escucha se queda a espera de las razones de este agradecimiento. Los vv. 4-9 parecen traer esta explicación, identifican de inmediato que se trata de un conflicto entre quienes agradecerán y los identificados como enemigos. La razón concreta de ese agradecimiento es presentada en los vv. 8-9:

8 Y Yahveh continuamente habita

> *Establece para juicio su trono*

9 Y él juzgará el mundo con justicia

> *Defenderá a los pueblos con equidad.*

En estos versículos nos encontramos con Yahveh todo el tiempo, esto es, siempre está presente, con una tarea bien definida: "establece para juicio su trono", pero un juicio para "juzgar con justicia" y "defender a los pueblos con equidad". Pero, además de esto, Yahveh es relacionado con algo que muy bien nos cuentan los vv. 6-7 y 21:

6 Aborreciste naciones

Exterminaste perversos

> *Sus nombres borraste continuamente*

> *y siempre*

⁷ Los enemigos terminaron

> *ruinas para siempre*

> *Y ciudades arrancó*

> *exterminó memoria de ellos*

²¹ Pon Yahveh temor para ellos

conocerán naciones, (que) hombres (son) ellos.

Como podemos observar, Yahveh en esta parte está relacionado con: "aborrecer", "exterminar memoria", "arrancar", "poner temor". De esa forma, queda a la luz la doble función de Yahveh. Y por esa doble función podemos decir que está aquí el corazón de la gratitud que tienen quienes se identifican con El.

Mientras, esa promesa de agradecimiento presentada en vv. 2-3 tiene tareas claras también para quiénes están haciendo la misma. En este sentido, el v. 15 nos permite conocer sobre estas tareas:

¹⁵ Porque contaré todas tus famas (glorias)

> *a las puertas de hija de Sión*

> *gritaré de alegría en tu ayuda*

Se trata de la promesa de divulgación de lo que Yahveh ha hecho, o mejor, es capaz de hacer. Esto permitirá ser reconocido por גוים, "naciones", "pueblos", quienes siempre son identificados como איב, "enemigo". Estamos delante de una promesa de publicidad a Yahveh. Y podríamos afirmar que esta publicidad se hará si ambas partes cumplen.

El texto es intencional y poderoso en la manera como define la realidad social antropológica. Por un lado hay "enemigos, naciones, perversos". Por el otro, están los "oprimidos", "humillados", "necesitados" y "pobres". Esto nos permite afirmar que el sistema u organización de mundos del texto es de tipo semántico-extensional y adquiere carácter sintáctico al ser incorporado a la estructura profunda del texto. Es a través de esta estructura que vamos descubriendo que la falta de justicia tiene nombre.

Una realidad social sin protección

El poeta ha determinado con precisión el contenido referencial y el modelo de mundo que quiere que sigamos dentro del texto con su macroestructura (el texto en sentido general) y su correspondiente microestructura (los versículos en sus relaciones e interrelaciones). En ese nivel de relaciones e interrelaciones el texto propone una disputa dentro de la estructura de realidad social y poder social. Y siempre Yahveh está del lado de quienes se identifican como דַּךְ; "oprimido" (v. 10), עֲנָוִים, "pobre afligido" (vv. 13 y 19), עָנִי, "alguien que sufre" (v. 14) y el אֶבְיוֹן, "necesitado" (v. 19).

La realidad social del poema muestra que quienes se encuentran en las condiciones, anteriormente explicadas, están concretamente desamparados. Estas personas necesitan de refugio. Por eso, el v. 10 dice muy enfáticamente:

¹⁰ Sea Yahveh refugio para oprimido

refugio para época de angustia

El término מִשְׂגָּב que hemos traducido por "refugio" está relacionado con "lugar elevado", al estilo de lo que se encuentra en Is 25,12, en relación a las inaccesibles murallas a la que sólo Yahveh tiene posibilidad de acceder y bajar. En el salmo, a través de esta imagen se habla, entonces, de la desprotección que tiene el grupo socialmente más vulnerable. Insistiendo en que Yahveh es el único que puede dar protección en los momentos de angustia. El espacio concreto en que hace falta esa protección es la corte, pues para estos grupos no existe justicia. De esa forma, este v. 10 está directamente en relación con los vv. 5 y 17:

⁵ Es que haces mi juicio y me defiendes

Sentaste en trono juzgando justo

¹⁷ Se conoció Yahveh

juicio hizo con trabajo

con palmas de sus manos enlazó perverso

La justicia de Yahveh es la única que existe. Como bien afirma Walter Brueggemann, en el poema se afirma que es solamente en la corte de Yahveh que este

grupo de personas vulnerables consigue justicia ante el grupo "enemigo".[9] Con lo que se entiende que estos últimos dominan los procedimientos de la corte. El *nifal* del v. 17 "se conoció Yahveh" está en relación con el *qal participio* del v. 11 "confiarán en ti los que conocen tu nombre". En ambos versículos es central la raíz ידע "conocer". Este conocer está en relación con lo que Yahveh ha hecho: "no abandonaste los que te buscan" (v. 11), "juicio hizo con trabajo, con palmas de sus manos enlazó perverso" (v. 17).

La memoria como elemento de inversión social

En el texto de estudio prestamos atención a la memoria como elemento de inversión social. Podemos notar que en los versículos analizados encontramos un fuerte apelo a la memoria. Primero, una memoria relacionada con el conocimiento que se tiene de las actuaciones de Yahveh a favor de los grupos vulnerables y como consecuencia la promesa de confianza, así como vimos en v. 11. En segundo lugar, tenemos otro uso de la memoria a partir del propio Yahveh:

⁷ Los enemigos terminaron

> *ruinas para siempre*

> *Y ciudades arrancó*

exterminó memoria de ellos

¹³ Es que, el que examina sangres violentamente derramada

> *a ellos recordó*

> *no olvidó grito de opresión*

¹⁹ Es que no para siempre se olvidará pobre

> *esperanza de humillado (oprimido) exterminará para*

> *siempre.*

Como podemos observar aparecen en estos versículos los términos: זכר, "recordar", "traer a la memoria" (vv. 7 y 13) y שכח "olvidar" (vv. 13 y 19). Estos tér-

---

9   Brueggemann, Walter. *Psalms 9-10*: A Counter to Conventional Social Reality. *The Bible and The Politics of Exegesis*. Ohio, The Pilgrim Press, 1991. p. 5.

minos se oponen. Por ejemplo en v. 13 tenemos los dos términos contrapuestos, en tanto Yahveh recuerda a quienes sangran por violencia no olvida su "grito de opresión". Es así que este v. 13 está relacionado de forma directa con el v. 19 donde el pobre "no para siempre se olvidará", ni su esperanza "exterminará", "perecerá". Podemos decir que el v. 13 es el cumplimiento del deseo expresado en el v. 19. Entonces, si Yahveh no olvida la "sangre derramada violentamente" entonces, quienes sufren opresión pueden ser "levantados desde puertas de muerte" (v. 14).

Significa que la memoria de Yahveh se mueve hacia, o mejor, hay la necesidad de que permanezca activa esta memoria hacia quienes están sufriendo. Y esta actuación de Yahveh representa una inversión social a favor de quienes no tienen posición social digna. Por eso, para los enemigos Yahvé "exterminó memoria de ellos".

El exterminio de la memoria es la muerte de un individuo o un pueblo. No existe pueblo sin memoria. Por eso, "los enemigos terminaron" (v. 7). Esta no existencia de la memoria de enemigos es garantía de la inversión social que se persigue. ¿Cuál será la memoria que se exterminará de los enemigos? ¿Ellos no tendrán memoria o no habrá memoria de ellos? En la parte del poema analizada hasta este momento no se explica. Sin embargo, podríamos tener alguna luz cuando se afirma:

[18] *Volverán los perversos al xeol*

> *todas las naciones que olvidan a Elohim*

Se entiende que el olvidar a Elohim, es razón fundamental para no tener memoria. Por eso, en primer lugar, *xeol* que tiene que ver con "profundidad", "olvido", está en relación directa con olvidar a Elohim. Y con esto se observa que organización del material o del discurso está condicionada por el contenido, el tono y la perspectiva elegidos por el autor, su visión del mundo, su estilo. En segundo lugar, esa relación directa entre *xeol* y olvidar a Elohim nos revela una situación caracterizada por la ausencia de Dios.

Segunda parte – Ausencia de Dios

Conociendo sobre los "enemigos"

Es hora de conocer un poco más sobre la actuación de los "enemigos". Qué será lo que realmente están haciendo. Hasta el momento conocemos sobre los efectos sufridos por los "necesitados" en espacios como la corte, lo que nos indicó la falta de justicia, la muerte amenazante, la angustia sufrida, la opresión de los pobres. Y en consecuencia, la necesidad de protección que tienen. Protección que parece sólo Yahveh puede ofrecerle, pues es el único que tiene como juzgar el poder del hombre y las naciones (v. 20).

La segunda parte del salmo – 10,1 – inicia, así como indicamos en la introducción de este ensayo, dando continuidad a la primera parte. En 9,20 se expresa con fervor: "levántate Yahveh hacia poder de hombre, sean juzgadas las naciones delante de tu rostro", en tanto que en 10,1 inicia con la pregunta: "¿por qué Yahveh permaneces en distancia, te ocultas para época de necesidad?"

Este inicio, ya nos coloca en la actitud de prestar atención a lo que se persigue. En seguida recordamos la oposición que señalamos entre 9,10-11 y este versículo 10,1; lo que nos hace estar más atentas a lo que continúa. El v. 2 nos recuerda que el perverso cae en su propia trampa, en su persecución al oprimido, así como indicado en 9,16. Observamos que en 10,3-9 hay una tonalidad diferente a la que hemos venido escuchando. Ahora da la impresión que quien está sentado en el banquillo es el "enemigo". Entendemos que no se trata de la voz del enemigo, pero sí de lo que se dice de él.[10]

Del enemigo se confiesa lo que se ha estado insinuando en la primera parte del salmo. Por eso, los vv. 3-9 llaman tanto a la atención. El v. 3 inicia con el reconocimiento de la הלל "jactancia" del perverso por el תַּאֲוַת "ansia", "deseo ardiente" de su נֶפֶשׁ "garganta", "vida". Significa que en esta ocasión el "enemigo" es identificado por sus actitudes, que tienen como consecuencia el lucrarse. Esto, desde el punto de vista económico, nos lleva a recordar lo que pasaba con los

---

[10] Walter Brueggemann entiende que el adversario silencioso, hasta el momento, es permitido a hablar. Para este autor una nueva voz habla. (*Psalms 9-10*, cit., p. 8.)

jueces que se dejan sobornar en Mq 2,2s; Is 1,2; Jr 5,25. Lo que significa que en nuestro texto estamos hablando de los económicamente pobres, pues son robados de sus bienes. Y encima, "bendijo" llegando al irrespeto a Yahveh. Mientras que el v. 9 relata qué es lo que realmente hace el perverso:

⁹ *Disputa, en escondite*

>   *como león en caverna*

>   *para capturar oprimido*

Captura oprimido en su agarrar

El término byr que hemos traducido como "disputa", lo entendemos en el sentido de "conducir una cuestión legal". Con esto, volvemos a la primera parte donde se insiste en la falta de justicia y la demanda de que Yahveh es el "juez justo" (v. 5). Yahveh no usa escondite para su juicio, en tanto que el perverso actúa "como león en caverna". Es de esta forma que engaña al oprimido. Y más, "vive en emboscadas protegidas. En escondite mata inocente, ojos para miserable esconderse" (v. 8). Es así como nos enteramos sobre la impunidad en que se vive, a pesar de las muertes cometidas. Con esto, entendemos mejor, por qué es Yahveh quien examina las sangres y no olvida (v. 13).

Pocas veces tenemos en un salmo la oportunidad de conocer qué es lo que exactamente hace el "enemigo". Por medio del poema quienes sufren han tenido la oportunidad de decir más de lo que normalmente cuentan. Para el poeta, no bastó con decir que Yahveh no olvida el pobre. Hizo falta pedir un juicio contra los "perversos" (v. 21). Y aquí estamos frente a ese juicio. Un juicio donde no sólo se hacen las denuncias sociales, sino también se pone en evidencia la teología que sustenta la impunidad.

La ausencia de Dios

En v. 3 se denuncia el irrespeto a Yahveh, cuando se bendice el lucro de los ambiciosos. Vemos como en la estrategia retórica del salmo la cuestión teológica está directamente relacionada con la realidad social que está siendo denunciada. Mientras los oprimidos, necesitados afirman que Yahveh no abandona a quienes lo buscan, tenemos los perversos afirmando: la no existencia de Elohim (v. 4), pensando que a pesar de sus actitudes la desgracia para él no existe (v. 6), des-

preciando a Elohim, porque no indagará, no examinará nada (v. 13), afirmando que El no tiene memoria, ni vive para siempre (v. 11).

Se trata de dos maneras diferentes de pensar Dios. Dos maneras que llevan a actuaciones diferentes. Los perversos tienen el control social, oprimen, controlan la justicia, y por tanto las vidas de los demás. Es por eso que el discurso retórico del poema nos lleva a convencernos de que las relaciones sociales están marcadas por cosmovisiones de mundos diferentes. Cuando la ideología niega la existencia de Dios, el poder de quienes controlan los espacios que deben ser para todas las personas, es la norma. Las actuaciones, por más perversas que sean, van a ser vistas como "naturales". No hay paso para la propuesta de una contra-realidad.

Retomando algunas cuestiones

Vale recordar que en la historia de Israel antiguo, un שֹׁפֵט "juez", "consejero", "árbitro", no siempre se trató de un autogobierno local. Se pueden distinguir tres formas diferentes de jurisdicciones, entre quienes es difícil distinguir la competencia con exactitud: la jurisdicción local o comunal de los ancianos, la real y la sacerdotal. Sospechamos que en el texto estudiado se está haciendo referencia al tipo real, pues los vv. 5 y 8 traen el término כִּסֵּא "trono", "honra", frecuentemente asociado a silla del rey (1Rs 10,19).

En el texto estudiado, observamos que quienes cantan este salmo quieren comunicar la realidad de crisis, de "opresión". Delante de una experiencia de empobrecimiento causada por quienes están a cargo de defender y proteger a "los débiles", Yahveh es el único "juez justo". En la puerta de la ciudad,[11] lugar público donde se lleva a cabo el juicio en vez de anunciarse justicia, está ocurriendo todo lo contrario "llena su boca de maldición y engaño y opresión, debajo de su lengua fatiga y maldad" (10,7). Es por eso que existe esperanza: "gritaré de alegría en tu ayuda" (9,15c).

Entendemos que en este salmo se hace un develo no sólo de las actuaciones del "enemigo", pero de sus razones. Y presenta, al mismo tiempo, una propuesta teológica que no deja de ser política al plantear, por medio de la intervención

---

[11] VAUX, R. de. *Instituciones del Antiguo Testamento*. Barcelona, Editorial Herder, 1964. p. 218.

de Yahveh, una tercera parte, la posibilidad de un nuevo orden social, donde se haga justicia al huérfano (v. 18). Con todo, nos llama a la atención que no son mencionadas las viudas en todo el salmo. Será que son las viudas, o mejor, serán mujeres que están detrás del texto, abogando por sus muertos, por lo poco que tienen que les está siendo robado?

Recordemos, por ejemplo, que "la sabiduría clama a voz en cuello; la inteligencia hace oír su voz. Si para en lo alto de las colinas, se detiene donde se cruzan los caminos, se hace oír junto a las puertas, a la entrada de la ciudad. Para ustedes los hombres van estas palabras mías" (Pr 8,1-4). Será que dentro del texto tenemos la expresión de la misma divinidad en su representación femenina representando a las mujeres viudas?

El nivel de denuncia ante la preocupación por la falta de justicia, la preocupación por la muerte en la puerta, hace colocar el texto al estilo de lo que denuncia Is 1,17, donde sí está presente la viuda. Será intencional que en varios momentos, dentro del texto, aparece la estratégica distinción entre hombre y Dios? Y entendemos que esto se hace no para elevar la demanda a lo imposible de resolver, sino para, entre otras cosas, convencer a quien está leyendo el texto, de que hace falta un cambio de mentalidad, en la que haya hombres que, además de creer en Dios, permitan y promuevan relaciones diferentes.

En ese sentido, los cantos, las oraciones se vuelven herramientas políticas, pues sirven como forma de discurso público para denunciar y proponer nuevas formas de vidas en comparación con otras. Y siempre en la búsqueda de articular la realidad, poner a Dios a participar de esta realidad y provocar cambios en quien escucha. Sin embargo, llamamos a la atención de que la oración, así como cualquier otro texto, provoca cambios que no necesariamente pueden estar significando crecimiento personal o colectivos, sino que también puede provocar fijación o demandas de identidades normativas que van a interferir en el desarrollo de la plena humanidad de las personas.

Finalmente, el estudio del texto nos invita también a tener el cuidado de no construir "enemigos" solo con la finalidad de justificar acciones particulares. Como mujeres, por ejemplo, tenemos experiencias de cómo las mujeres, dentro de la religión de Israel, fueron muchas veces las más perjudicadas en su representación en relación con el culto en Israel o en la sociedad. La práctica

religiosa de las mujeres está en su mayoría ausente de las oraciones en las cuales encontramos poca o ninguna atención. Cuando se relaciona la fe de las mujeres con lo social, es siempre marcada por los papeles o modelos que la sociedad del momento le impone, pero pocas veces en su participación activa dentro de los límites normativos masculinos de la religión.

Por eso, la pertinencia de preguntar por quienes son las personas haciendo la denuncia de lo que está sucediendo. Aunque sabemos que la Biblia fue escrita por hombres, también sabemos que esos hombres se apoyaron en memorias de mujeres para poder elaborar sus discursos. Hablar de fe en su dimensión social implica, también, reexaminar los límites colocados dentro del propio texto y dentro de la religión bíblica en general para la visibilidad de las mujeres dentro de las ceremonias oficiales. Aunque es tarea importante buscarlas también más allá de lo oficial, en vivencias religiosas diferentes. Cuando dejamos ausentes a las mujeres, también una parte de Dios se queda ausente!

Bibliografía

Collin, Matthieu. *El libro de los Salmos*. Estella (Navarra), Editorial Verbo Divino, 1999.

Dahood, Mitchell. *Psalms I*: 1-50. New York, Doubleday, 1966.

Jobling, David; Day, Peggy L.; Sheppard, Gerald T. (eds.). *The Bible and the Politics of Exegesis*. Ohio, The Pilgrim Press, 1991.

Knight, George A. F. *Psalms*. Kentucky, Westminster John Knox Press, 1982. v. 1.

Limburg, James. *Psalms*. Kentucky, Westminster John Knox Press, 2000.

Os ímpios deixarão de existir: os "injustos" no Salmo 37

Roberto Baptista[1]

Salmo 37

De Davi:

PARTE 1

Alef [1] Não te irrites por causa dos que agem com maldade,

não invejes os que fazem injustiça.

[2] Pois, como a relva, depressa murcham

e como a erva tenra, fenecem.

Bet [3] Confia em Javé e faze o bem,

habitarás a terra e pastarás seguro,

[4] e deleita-te em Javé

e ele dará para ti os pedidos do teu coração.

Guímel [5] Volta sobre Javé o teu caminho

e confia nele

e ele fará,

[1] *E-mail*: robertonbaptista@oi.com.br.

219

⁶   fará sair como a luz a tua justiça

e o teu direito como o meio-dia.

Dálet   ⁷Cala perante Javé   e espera nele;

não te irrites   com o que prospera em seu caminho

com o homem que faz intrigas.

He   ⁸Deixa a ira   e abandona a cólera;

não te irrites,   certamente farias mal.

⁹Pois, os que agem com maldade serão eliminados,

e os que aguardam Javé,

eles tomarão posse da terra.

Waw   ¹⁰E mais um pouco, e não haverá injusto

e examinarás o seu lugar e não o haverá.

¹¹Mas os oprimidos   tomarão posse da terra

e deleitar-se-ão sobre abundante paz.

PARTE 2

Záin   ¹²O injusto planeja o mal contra o justo

e range sobre ele os seus dentes.

¹³O Senhor ri dele,

pois vê que chegando está o seu dia.

Hêt   ¹⁴Os injustos desembainharam a espada

e armaram o arco deles:

para derrubar o oprimido e o necessitado,

para abater os que caminham retamente.

¹⁵A espada deles chegará nos seus corações

e seus arcos serão quebrados.

PARTE 3

Têt   ¹⁶ Melhor é o pouco do justo

do que a riqueza de numerosos injustos.

¹⁷ Pois os braços dos injustos serão quebrados.

Mas quem sustém os justos é Javé.

Yod   ¹⁸ Javé conhece os dias dos íntegros

e a herança deles continuamente haverá.

¹⁹ Não serão envergonhados no tempo mau,

e nos dias de fome serão saciados.

Kaf   ²⁰ Pois os injustos perecerão,

e os inimigos de Javé,

como a preciosidade das pastagens, desaparecerão;

na fumaça, desaparecerão.

Lâmed   ²¹   Toma emprestado o injusto e não devolve,

mas o justo se compadece e dá.

²² Pois os que ele abençoa   tomarão posse da terra,

mas, os que ele amaldiçoa,   serão eliminados.

Mêm   ²³ Por causa de Javé os passos do homem serão firmados,

e o caminho dele lhe agrada.

²⁴ Pois, se cair, não será lançado,

porque Javé sustém a sua mão.

Nun   ²⁵ Jovem fui, também envelheci,

porém, nunca vi um justo ser abandonado

nem a sua descendência pedir o pão.

²⁶ Todo o dia se compadece e empresta

e a sua descendência é uma bênção.

PARTE 4

Samec ²⁷ Desvia-te do mal e faze o bem

e habitarás continuamente.

²⁸ Pois Javé ama o direito

e não abandona os seus fiéis;

Áin continuamente serão guardados,

mas a descendência dos injustos será cortada.

²⁹ Os justos tomarão posse da terra

e habitarão continuamente e sempre.

PARTE 5

Pê ³⁰ A boca do justo murmura a sabedoria

e a sua língua fala o direito.

³¹ A torá do seu Deus está no seu coração:

não vacilam os seus passos.

Cadê ³² O injusto espreita o justo

e procura levá-lo à morte.

³³ Javé não o abandona   em sua mão

e não o deixa ser condenado no seu julgamento.

PARTE 6

Qof ³⁴ Aguarda por Javé e guarda o seu caminho

e te exaltará para tomar posse da terra.

Serão eliminados os injustos, verás.

Resh ³⁵ Vi um injusto tirano desnudar-se como o verde nativo.

³⁶ Passei, e eis que não o havia,

procurei-o e não foi encontrado.

Shin   ³⁷ Guarda o íntegro e vê o reto

          Pois há posteridade para o homem de paz.

          ³⁸ Mas os transgressores serão destruídos completamente,

                    a posteridade dos injustos será cortada.

Taw   ³⁹ Porém, a salvação dos justos vem de Javé

                    fortaleza deles no tempo de aflição.

          ⁴⁰ Ajuda-os, Javé, e livra-os;

                              livra-os dos injustos

                              e liberta-os;

                                        pois buscaram refúgio nele.

Introdução

Este trabalho é fruto da minha dissertação de mestrado, sob orientação do dr. Milton Schwantes. Aqui, gostaria de prestar meu carinho ao Milton, apresentando uma breve explanação de um trabalho que tem muito do seu apoio e parte da minha teimosia em querer aprender com sua experiência e lucidez.

Algumas explicações iniciais. Neste pouco espaço, desejo que uma tradução alternativa esteja a sua mão. Eu a preparei de maneira bastante literal, dando preferência sempre ao texto hebraico e não optando pelas sugestões do aparato crítico. Algumas vezes, o português ficou meio "truncado". Todavia, preferi deixar dessa maneira. Também achei por bem não escrever palavras hebraicas em seus próprios caracteres. O texto fica um tanto inacessível para quem não domina o idioma. Por último, não quis transliterar palavras hebraicas, pois isso não me agrada. Acho que essas transliterações mais confundem do que ajudam. Opto, portanto, pela palavra em nosso idioma bem identificada por aspas. Sempre que surgirem palavras ou texto sob aspas, estou me referindo à palavra hebraica ou ao texto hebraico em questão. Em nosso artigo, basicamente são "injustos" e "justos" que aparecem com mais freqüência. Mas vamos ao texto do salmo.

223

O Salmo 37 é um texto extenso. O espaço de comentário acaba ficando mais reduzido. Porém, acho importante que tenhamos o texto bem presente. Aqui, privilegio alguns pontos. Outros, como capítulos inteiros da minha dissertação, nem sequer pude tecer comentário. No entanto, espero que com uma aproximação ao texto e um pouco sobre o contexto seja suficiente para ajudar a irmos aos conteúdos sobre os "injustos" no Salmo 37.

Aproximações ao texto

Nossa primeira preocupação é definir o gênero do Salmo 37. Apesar de serem evidentes suas características sapienciais, achamos que um gênero sapiencial pode ser uma classificação por demais genérica. Nesse sentido, buscamos defini-lo como um *salmo acróstico-alfabético*.[2] Assim sendo, podemos dizer que o Salmo 37, além de apresentar características dos círculos sapienciais, é marcado pela construção segundo o rigor do acróstico-alfabético. O salmo esteve ligado à sabedoria e ao ensino, talvez, até utilizado nas sinagogas.

O Salmo 37 é uma unidade. A própria construção acróstico-alfabética reforça esta unidade. A temática central – o "justo" irá tomar a posse da terra e o "injusto" será eliminado – contribui para esta unidade. Também estamos propondo, além disso, uma divisão em seis partes para este salmo. Assim, sua estrutura ficaria da seguinte maneira:

- *1ª parte: Exortações (vv. 1-11)*
- *2ª parte: Descrição sobre os "injustos" (vv. 12-15)*
- *3ª parte: Descrição sobre os "justos" e os "injustos" (vv. 16-26)*
- *4ª parte: Exortações (vv. 27-29)*
- *5ª parte: Descrição sobre os "justos" e os "injustos" (vv. 30-33)*
- *6ª parte: Exortações (vv. 34-40)*

---

[2] CRUESEMANN, F. Studien zur Formgeschichte von Hymnus und Danklied in Israel. *WMANT*, 32, Neukirchen-Vluyn, 1969. Apud: BALLARINI, T. & REALI, V. *A poética hebraica e os salmos*. Petrópolis, Vozes, 1985. p. 83; KRAUS, Hans Joachin. *Psalms 1-59: a comentary*. Minneapolis, Augsburg Publishing House, 1988. p. 404.

Umas poucas palavras sobre a datação. Estamos no pós-exílio. As características do texto – estilo, linguagem, temática – apontam nesta direção. A maioria dos autores também a confirma. E o que, particularmente, chama-me a atenção são três pontos. O primeiro, é o uso do acróstico-alfabético que exige ainda uma extensão considerável de texto. Isto aponta para uma redação mais tardia. Segundo, há inúmeras palavras no Salmo 37 utilizadas nos textos mais tardios do Primeiro Testamento. Posso dar, pelo menos, dois exemplos. No v. 28 temos a afirmação de que "Javé ama o direito". Esta expressão é referida somente nos mais recentes textos do Trito-Isaías (61,8) e do Saltério (33,5). Um outro exemplo vemos no verso 12. A expressão "ranger os dentes" aparece somente no texto tardio de Jó 16,9. Há inúmeros outros exemplos. O terceiro ponto enfatizo no parágrafo seguinte.

Queremos demonstrar que o Salmo 37 surgiu após Ezequiel 18 ter-se tornado parte das regras da vida judaica. Ezequiel enfatiza que não mais uma geração paga pelos erros das gerações anteriores, mas que cada pessoa e cada geração é responsável por sua conduta. E ainda estamos antes da proposta de Jó sobre o sofrimento injusto (cerca de 350 a.C.). Enquanto nosso salmo apresenta a teologia da retribuição – Javé governa o destino dos indivíduos distribuindo recompensas e punições –, Jó protesta contra o cálculo racionalista que esta doutrina utiliza para responder às questões do sofrimento. Assim, propomos a datação em torno de 450 a.C. e, em especial, após esta data. Os acontecimentos por detrás deste salmo podem muito bem ser recorrentes à época das atuações de Esdras e Neemias: uma sociedade que enfrentava problemas de disputa pela terra, de distorção do direito e da justiça e de contraste entre a vida de prosperidade de alguns e de adversidades de outros.

O contexto e o problema da terra no quinto século

É evidente que em nosso espaço não podemos aprofundar demais as questões referentes ao contexto. No entanto, algumas pinceladas sobre este mesmo contexto e a temática da terra são fundamentais.

Nesse quinto século, Judá estava debaixo do domínio persa. Com o claro declínio persa, os gregos surgiam com uma novidade no trabalho escravo. Com

certa liberdade religiosa, mas sob pesado tributo, Judá tentava se reorganizar. Sem minas de prata ou ouro, precisava vender o excedente agrícola para poder adquirir o tributo exigido. Isto acelerava o intercâmbio mercantil, além de forçar o agricultor a produzir excedente. Essa necessidade de produzir cada vez mais excedente agrícola causou um enorme endividamento nos agricultores, a ponto de eles terem de vender seus campos, depois de penhorar seus filhos como escravos. Este é o fundo das reclamações do capítulo 5 de Neemias.

Tal produção de excedente gerava, ainda, um outro problema. No mercado vendiam-se cevada, derivados da oliveira, vinho e gado. Não havia superprodução de cevada nos montes de Judá. A compensação dever-se-ia dar pelos derivados da oliveira e vinho. Contudo, concentrar a produção nos derivados de culturas perenes, como a oliveira e a videira, exigiam grandes investimentos e, posteriormente, grandes endividamentos. Mas em relação a quem os agricultores se endividavam?

De um lado, havia os endividados, divididos em pelo menos três grupos distintos: o primeiro, que precisou penhorar seus filhos para receber alimento; um segundo, que teve de hipotecar suas terras na época da fome – estes têm campos, vinhedos e casas, e seus credores, o direito ao dinheiro, trigo, vinho e óleo, porém, não sobre a propriedade da terra –, e, finalmente, um terceiro, que já não possuía mais nada e foi obrigado a vender seus filhos como escravos (veja Ne 5,5-11). De outro lado da balança ficavam os nobres e governantes, que tinham a tarefa de promover cada vez mais o endividamento dos seus conterrâneos pobres (veja Ne 5,5). Este é o quadro que o Salmo 37 denúncia em poema acróstico-alfabético sapiencial.

Os "injustos"

O Salmo 37 aponta para as características e o modo de agir dos "injustos". Vemos aqui que são eles que possuem riqueza e abundância (v. 16); que planejam o mal contra os "justos" (v. 12); que usam da arma e da violência contra os pobres e os que caminham retamente (v. 14); que tramam planos torpes (v. 32); que aplicam o calote (v. 21); que agem com maldade e fazem a injustiça (v. 1) e que prosperam na vida fazendo intrigas (v. 7).

Sendo nosso texto um salmo que espelha de maneira muito nítida a teologia da retribuição, podemos perceber que, graças a essas ações dos "injustos", Deus prepara para estes um fim bastante específico. Mais um pouco e não mais existirão (v. 10); não tomarão posse da terra e serão eliminados (vv. 9, 14 e 22); como a erva e a relva, logo murcharão, pois seu dia está chegando (vv. 1, 13 e 38); suas armas vão se voltar contra si próprios e seus braços serão quebrados (vv. 15 e 17).

Portanto, passemos a identificar quem são esses "injustos" em nosso Salmo 37. De modo bem direto, podemos defini-los como aqueles que desobedecem à lei comunitária. São "injustos" porque promovem desequilíbrio através das suas atitudes, e normalmente atitudes de cunho econômico, por exemplo, como vemos no v. 21 (*toma emprestado o "injusto" e não devolve, mas o "justo" se compadece e dá).* Em contrapartida, os "justos" são aqueles que obedecem às leis comunitárias e andam retamente, como sempre enfatiza a sabedoria. Numa comunidade onde as dificuldades de se manter o equilíbrio são bastante acentuadas – em razão das condições climáticas e das constantes pressões econômicas internas e muito mais externas –, uma pessoa ou grupos de pessoas que desobedecem às leis, às regras que regem o viver comunitário, desestabilizam completamente a possibilidade de vida entre os cidadãos.

Assim, "injustos" é aquele grupo que em Judá promove o endividamento dos seus irmãos mais pobres. Essa aristocracia judaíta realizava empréstimos aos camponeses cobrando altas taxas de juros. Através desses empréstimos, eles, na verdade, buscavam também mais dois interesses: a apropriação das terras desses agricultores e a posse dos corpos das famílias endividadas. Nessa fase de transição entre o modo de produção tributário e escravagista, os preços dos escravos haviam subido sobremaneira no mercado.

Uma última observação. As referências aos "injustos" não são uniformes, ora aparecendo no singular, ora no plural. Outras vezes, fala-se deles por sua oposição semântica, "justos", ou ainda por meio de outros termos correspondentes, como: "os que agem com maldade", "os inimigos de Javé", entre outros. Assim, da mesma forma o Salmo 37 qualifica de "injustos" não somente os grupos desestabilizadores internos, mas alguns inimigos externos (vv. 20 e 35). Estes poderiam ser os samaritanos, ao norte, e os edomitas, ao sul. Ambos também disputavam as terras dos judaítas. Esses povos não são os grandes invasores imperialistas,

mas são *gente irmã* que, apesar das mesmas dificuldades, se aproveitaram de um momento histórico para oprimir seu semelhante mais próximo.

Enfim, estas são características gerais sobre os "injustos" no Salmo 37. Trata-se de um grupo desestabilizador de uma comunidade já um tanto desequilibrada. Reconhecer os "injustos" – para além de uma terminologia sapiencial que enfatiza o termo com certa abstração – como um grupo específico e com atitudes bem determinadas contra o bem comunitário pode nos ajudar numa leitura bíblica sempre voltada para as realidades comunitárias mais concretas.

Bibliografia

ALONSO DIAS, J. Términos bíblicos de "justicia social" y traducción de equivalência dinámica. *Estudios Eclesiásticos*, Madrid, Selecciones Gráficas, 51: 95-128, 1976.

ALONSO SCHOEKEL, Luis. Somos iguales que nuestros hermanos: para uma exégesis de Neh 5,1-13. *Salmaticensis,* Salamanca, Univ. Pontificia, 23 (fase 1): 257-266, 1976.

ANDERSON, A. A. *The Book of Psalms*. 2. ed. London, Oliphants, 1977. v. I, pp. 292-301. (New Century Bible.)

BALLARINI, Teodorico & REALI, Venanzio. *A poética hebraica e os Salmos*. Petrópolis, Vozes, 1985. v. III.

CROATTO, J. Severino. A dívida na reforma social de Neemias (um estudo de Neemias 5,1-19). *Revista de Interpretação Bíblica Latino-Americana*, Petrópolis, Vozes, 5-6: 25-34, 1990.

_____. Los oprimidos poseerán la tierra: recontextualización de um tema bíblico. *Revista Bíblica*, Buenos Aires, Artes Gráficas Santo Domingos S.A., 174(4): 245-248, 1979.

GARMUS, Ludovico. Ezequiel e a terra: um projeto exílico de reforma agrária. *Estudos Bíblicos*, Petrópolis, Vozes, 13:21-36, 1987.

GERSTENBERGER, Erhard S. *Psalms*: with a introduction to Cultic Poetry. Michigan, William B. Eerdmans Publishing Co., 1987. pp. 157-160. Part I.

HOUTART, François. *Religião e modos de produção pré-capitalistas*. São Paulo, Paulus, 1982.

KRAUS, Hans Joachim. *Psalms 1-59*: a commentary. Minneapolis, Augsburg Publishing House, 1988. pp. 401-408.

PARDEE, D. A Restudy of the Commentary on Psalms 37 from Qumran Cave 4. *Revue de Qumran*, Paris, Éditions Letouzey et Ané, 30 (2): 163-194, 1973.

RICCIARDI, Alberto. Los pobres y la tierra según el salmo 37. *Revista Bíblica*, Buenos Aires, Artes Gráficas Santo Domingos S.A., 174(4): 225-237, 1979.

SCHIDENBERGER, Johannes. A estrutura temática e estrófica dos salmos alfabéticos. *Atualidade Bíblicas*, Petrópolis, Vozes, pp. 214-227, 1971.

SCHWANTES, Milton. *Sofrimento e esperança no exílio*: história e teologia do povo de Deus no século VI a.C. São Paulo/São Leopoldo, Paulus/Sinodal, 1987.

WEISER, Artur. *The Psalms*. 6. impr. London, SCM Press Ltd., 1982. pp. 312-323.

WOLF, Hans Walter. *Antropologia do Antigo Testamento*. São Paulo, Loyola, 1975.

Salmo 44: "Acorda!
Não nos rejeites para sempre"

Carlos Mario Vásquez Gutiérrez[1]

Introdução

Uma dupla dimensão ilumina esta aproximação aos salmos: eles são, fundamentalmente, orações, preces que brotaram na cotidianidade da vida; mas um salmo também é obra literária, um texto ou, como o expressa o cabeçalho do salmo 44, um *maskîl*, isto é, um poema.

Como oração, muitos salmos surgiram de experiências individuais ou coletivas, nas quais a vida cotidiana era "relida" e "reinterpretada" sob nova ótica, em que se percebe a presença de Deus nesses acontecimentos. Também seguem por esta linha as releituras da história feitas no âmbito cultural. A história passou a ter dupla dimensão: litúrgica e pedagógica, porquanto os fatos passados foram reinterpretados como manifestações de Deus, pelos quais era necessário louvá-lo. Afinal, as orações não ensinam, mas supõem e expressam o que já se crê. Os mesmos fatos celebrados na liturgia faziam parte da educação das novas gerações (Ex 12,26; Dt 6,20-25) e eram "contados" pelos pais aos filhos (Sl 44,2).

Já como textos literários, os salmos têm diversas características que possibilitam classificá-los como parte de um grupo determinado, de um gênero literário. Denomina-se gênero literário a um conjunto de textos ou peças literárias com

---

[1]   *E-mail:* bradoka@uol.com.br.

traços tipológicas comuns. O gênero literário supõe uma *estrutura* lingüística indicativa que deve corresponder com o conteúdo: um hino serve para celebrar, uma lamentação para expressar uma dor, uma queixa (não lamentação) para reclamar de algo que Deus já deu no passado.[2]

Os cinco gêneros fundamentais presentes nos salmos são: hinos, lamentações coletivas, salmos reais, lamentações individuais e ações de graça. Segundo essa classificação, o Salmo 44 enquadra-se na categoria *lamentação coletiva*. Essas lamentações possuem certa estrutura não-linear, pois misturam súplica e ação de graças, além de confissão de fé e confiança. Trazem um elemento central, que é a afirmação de confiança absoluta no Senhor. Como contexto vital deste tipo de salmos, propõe-se a reunião pública de penitência. Do ponto de vista teológico, esses salmos evocam situações dramáticas do povo e a súplica expressa, nesse caso, o reconhecimento do fracasso, a memória das advertências proféticas e a retomada da história à luz da palavra de Deus.[3]

Para o estudo do Salmo 44, propomos uma metodologia simples. Depois da tradução, na qual optamos por deixar uma frase por linha – acompanhando o texto original hebraico –, apresentamos a organização das frases no texto, agrupando-as em unidades menores de sentido (estrofes). Assim, faremos uma leitura horizontal do salmo, olhando para as palavras que constituem as frases e percebendo as relações presentes entre si. Num segundo momento, faremos uma leitura vertical do texto, compreendendo as frases como parte de uma unidade maior (as estrofes) e buscando identificar as relações existentes entre as frases para, finalmente, entender o salmo como um tecido, uma unidade maior com sentido completo.

---

2   Cf. Croatto, José Severino. A figura do rei na estrutura e na mensagem do livro dos Salmos. *Revista de Interpretação Bíblica Latino-Americana (RIBLA)*. Petrópolis, Vozes, n. 45, pp. 38-39, (2003/2).

3   Cf. Silva, Valmor da. Os salmos como literatura. *Revista de Interpretação Bíblica Latino-Americana (RIBLA)*. Petrópolis, Vozes, n. 45, pp. 15, 18-19, (2003/2).

Tradução

1 Para Menazeah, dos filhos de Coré. Poema.

2 Ó Deus, nossos ouvidos escutaram,

nossos pais nos contaram

os feitos que por eles realizaste. Em seus dias, em dias antigos.

3 Tu, com tua mão, nações expulsaste e os plantaste,

causaste dano aos povos e os estendeste.

4 Atenção! Não por sua espada que possuíram a terra,

nem foi seu braço que lhes trouxe a salvação.

Sim! Tua direita e teu braço, e a luz de tua face, porque os amavas.

5 Tu, meu rei, Deus: ordena salvações para Jacó.

6 Em ti, nossos opressores escorneamos.

Em teu nome, nossos agressores pisoteamos.

7 Atenção! Não em meu arco tinha confiança,

nem era minha espada que me salvava.

8 Sim! Tu nos salvavas de nossos opressores,

e nossos inimigos envergonhavas.

9 A Deus louvamos todo o dia,

e a teu nome continuamente agradecemos. (Sélah)

10 Porém, agora, tu nos rejeitaste e envergonhaste

e não sais com nossos exércitos.

11 Tu nos fizeste retroceder diante do opressor

e nossos inimigos saqueiam à vontade.

12 Tu nos entregaste como ovelhas a ser devoradas,

e entre nações nos dispersaste.

13 Tu vendeste teu povo por um nada,

e nada lucras com seu preço.

14 Tu fazes de nós o insulto perante nossos vizinhos,

zombaria e escárnio para os que nos rodeiam.

15 Tu fazes de nós o provérbio entre as nações,

meneio de cabeça entre os povos.

16 Todo o dia meu insulto diante de mim

e a vergonha cobre minha face.

17 Ante os gritos de vergonha e as injúrias,

que me dirigem inimigos vingativos.

18 Tudo isto nos aconteceu, e não esquecemos de ti e não traímos tua aliança.

19 Não se voltaram atrás nossos corações.

e não se desviaram nossos passos de teu caminho.

20 Mas nos esmagaste onde vivem os chacais,

e tu nos cobriste com a sombra da morte.

21 Se tivéssemos esquecido o nome de Deus,

e tivéssemos estendido nossas mãos a deuses estranhos,

22 Por acaso Deus não o teria percebido?

Sim! Ele conhece os segredos do coração.

23 Sim, por tua causa somos chacinados todo o dia,

estimados como ovelhas a ser devoradas.

24 Desperta! Por que tu dormes, ó Senhor?

Acorda! Não nos rejeites para sempre.

25 Por que tua face ocultas, esquecendo nossa miséria e opressão?

26 Pois nossa garganta se afoga no pó,

está grudado à terra nosso ventre.

27 Levanta-te! Ajuda-nos!

E resgata-nos por tua imensa solidariedade!

Organização do salmo em estrofes

Uma primeira porta de entrada ao texto bíblico consiste em contemplá-lo como ele é: um tecido! Perceber a maneira como as palavras, as frases, constituem espécies de "fios" que se entrelaçam para formar uma rede. A repetição de partículas, pronomes, preposições etc. funciona como os nós que vão formando o tecido e dando forma ao texto.

Na tradução apresentada seguimos um critério básico: procuramos organizar uma frase por linha, entendendo por frase não uma seqüência de palavras, mas uma unidade com sentido completo e, como tal, a unidade básica na formação de um texto. Aliás, texto é isso mesmo: tecido feito de diversos fios e com diferentes estilos. A partir dos elementos que o texto confere é possível verificar os fios como marcas de diferentes estilos.

Além do v. 1, que é o cabeçalho, o Salmo 44 pode ser organizado em quatro estrofes, cada uma apresentando unidades menores que lhe dão coerência interna. Vejamos como está organizado:

v. 1 – Cabeçalho

vv. 2-9 – Memória: "Nossos pais nos contaram"

vv. 10-17 – Tribulação: "Tu nos rejeitaste!"

vv. 18-23: Protesto de inocência: "Não traímos tua aliança"

vv. 24-27: Súplica: "Levanta-te e ajuda-nos!"

Seguiremos esta divisão na estruturação desta reflexão.

235

Cabeçalho: um Maskil

1 Para Menazeah, dos filhos de Coré. Poema.

O v. 1 é o cabeçalho do salmo. A palavra *Menazeah* é compreendida por alguns autores como uma indicação da origem ("do mestre de canto"). Outros como uma espécie de dedicatória ("para..."). Acompanhando o texto hebraico, optamos pela segunda opção.

O termo *maskil* remete ao gênero literário. Trata-se de um poema, um texto pertencente à tradição oral. A musicalidade dos versos (rimas, ecos sonoros, ritmo) é uma marca poética. Naquela época a linguagem utilizada era poetizada, pois a compunham para celebrar, exaltar feitos ou chamar a atenção para alguns e até mesmo para conservar a memória. São textos escritos para ser orados, contemplados e meditados durante as celebrações litúrgicas, fato que deduzimos da menção "dos filhos de Coré", que talvez faça referência aos músicos levitas, significando que este salmo formava parte do repertório de grêmios musicais em apresentações de salmos no segundo Templo.[4]

Dessa forma, fica clara a dupla característica do salmo: é oração que brota da vida da comunidade e, ao mesmo tempo, obra literária que nasce da criatividade poética dos seus autores. Junto com o Salmo 44, mais outros onze salmos aparecem no saltério com o cabeçalho "de Coré", incluindo o Salmo 88, em que, junto à referência a Coré, aparece a menção de Emã.

Memória: nossos pais nos contaram

2 Ó Deus, nossos ouvidos escutaram,

nossos pais nos contaram

os feitos que por eles realizaste. Em seus dias, em dias antigos.

3 Tu, com tua mão, nações expulsaste e os plantaste,

causaste dano aos povos e os estendeste.

---

4   Cf. GOTTWALD, Norman K. *La Biblia hebrea*: una introducción socio-literaria. Barranquilla, Seminario Teológico Presbiteriano y Reformado de la Gran Colombia, 1992. p. 435. Tradução de Alicia Winters.

⁴ Atenção! Não por sua espada que possuíram a terra,

nem foi seu braço que lhes trouxe a salvação.

Sim! Tua direita e teu braço, e a luz de tua face, porque os amavas.

⁵ Tu, meu rei, Deus: ordena salvações para Jacó.

⁶ Em ti, nossos opressores escorneamos.

Em teu nome nossos agressores pisoteamos.

⁷ Atenção! Não em meu arco tinha confiança,

nem era minha espada que me salvava.

⁸ Sim! Tu nos salvavas de nossos opressores,

e nossos inimigos envergonhavas.

⁹ A Deus louvamos todo o dia,

e a teu nome continuamente agradecemos. (Sélah)

São vários os elementos que conferem unidade à estrofe. Em primeiro lugar, a menção de "Deus" (*elohim*) que aparece inicialmente no v. 2, logo no meio do v. 5 e, por fim, no começo do v. 9, formando assim uma inclusão (vv. 2-9), uma estrutura fechada.

Essa unidade se reforça pela repetição da partícula demonstrativa *ki*, que pode ser traduzida como "sim, realmente, não, porque, pois, atenção, entre outros sentidos".[5] Também a repetição da palavra "salvação" (vv. 4.5.7.8) costura o texto e aponta para a temática aprofundada na estrofe: a ação salvadora de Deus, que relativiza e coloca num segundo plano o esforço humano, afirmando que não foi por meio da espada (vv. 4.7), nem do braço (v. 4), nem do arco (v. 7), que os antepassados conquistaram a terra.

Mas, nessa unidade coesa (vv. 2-9), podemos identificar várias estrofes, ou subunidades, baseando-nos tanto nas repetições presentes no texto quanto no tema que elas abordam:

---

5   Wolff, Hans Walter. *Joel and Amos*. Philadelphia, Fortress Press, 1977. pp. 201 e 233.

² Ó Deus, nossos ouvidos escutaram,

   nossos pais nos contaram

     os feitos que por eles realizaste. Em seus dias,

        em dias antigos.

O v. 2 funciona como uma unidade com sentido completo. Nele, é introduzido o tema do salmo, isto é, "as memórias" celebradas no culto; o canto estava a serviço da memória. O conteúdo dos ensinamentos dos pais é caracterizado como os feitos realizados por Deus, acontecimentos sentidos já como distantes ("em seus dias, em dias antigos"). Todas as palavras do v. 2 caminham para sintonizar os ouvintes com os sentimentos do salmista: a memória de uma tradição gloriosa, triunfante, mas distante.

³ Tu, com tua mão, nações expulsaste e os plantaste,

    causaste dano aos povos e os estendeste.

A referência à mão de Deus deixa claro que o mérito é todo dele, e não dos homens. Ele é o sujeito único da ação de "plantar e estender o povo", assim como da expulsão e do dano causado às nações e aos povos, termos que no v. 3 aparecem formando um quiasmo:

Nações (a) expulsaste (b)

Causaste dano (b)1 povos   (a)1

Essa dupla afirmação do poder de Deus e da incapacidade dos antepassados, feita no v. 3, fica mais evidente nos vv. 4-5:

⁴ Atenção! Não por sua espada que possuíram a terra,

    nem foi seu braço que lhes trouxe a salvação.

Sim!   Tua direita e teu braço,

    e a luz de tua face, porque os amavas.

⁵ Tu, meu rei, Deus: ordena salvações para Jacó.

A menção da mão corresponde a "tua direita e teu braço", acrescido do elemento teofônico ("a luz de tua face", Sl 89,16; Jó 29,24), assim como a explicitação do motivo ("porque os amavas"); estes elementos procuram deixar claro que

só Deus pode ordenar a salvação de Jacó. (v. 5). Não há nenhum mérito por parte do povo, pois a salvação é obra do amor divino. No v. 4 também fica evidente o sentido de salvação com que trabalham os autores: para eles a salvação significa posse da terra.

Depois, os vv. 6-8 reafirmam a primazia da ação divina:

[6] Em ti,   nossos opressores   escorneamos.

Em teu nome   nossos agressores   pisoteamos.

[7] Atenção!   Não em meu arco   tinha confiança,

*   nem era minha espada   que me salvava.*

[8] Sim!   Tu nos salvavas   de nossos opressores,

E   nossos inimigos   envergonhavas.

Nos três versículos encontramos frases organizadas paralelamente, nas quais os termos vão equilibrando-se. No v. 8 há um novo elemento, que é uma dupla inversão dos termos: a primeira parte do v. 8 inverte a ordem das palavras (verbo – complemento) em relação à segunda frase do v. 7 (complemento – verbo). O mesmo recurso literário encontramos ao comparar o v. 8a com o v. 8b, formando assim um extenso quiasmo:

[6] Em ti,   (a)   nossos opressores   (b)   escorneamos.   (c)

Em teu nome   (a)[1]   nossos agressores   (b)[1]   pisoteamos.   (c)[1]

[7] Atenção!   (a)   Não em meu arco   (b)   tinha confiança   (c)

*   nem era minha espada (b)[1]   que me salvava.   (c)[1]*

[8] Sim!   (a)[1]   Tu nos salvavas   (c)   de nossos opressores (b)

*   e nossos inimigos   (b)[1]   envergonhavas.   (c)[1]*

O uso dos quiasmos é um recurso que permite sublinhar a importância da mensagem que se está transmitindo. É como se o autor quisesse dar um nó no desenvolvimento do seu argumento e deixar evidente sua mensagem. No caso específico dos vv. 7-8, fica destacada a centralidade do v. 8b ("Sim! Tu nos salvavas de nossos opressores"), mediando, pois, os dois quiasmos. Esse recurso estilístico também está presente no v. 9, em que o quiasmo faz parte do fechamento do conjunto (vv. 2-9):

⁹ *A Deus*	*(a)*	*louvamos*	*(b)*	*todo o dia,*	*(c)*
e a teu nome	*(a)¹*	*continuamente*	*(c)¹*	*agradecemos.*	*(b)¹*

Assim como a referência a Deus é retomada nos vv. 2 e 5, a menção do "teu nome" lembra a forma que já tínhamos encontrado no v. 6. Dessa maneira, podemos dizer que os vv. 2-9 formam uma estrofe do Sl 44. Adentramos nessa estrutura e identificamos unidades menores de sentido, organizadas segundo seu assunto. Assim:

> vv. 2-4: A posse da terra
>
> > v. 5: Aclamação
>
> vv. 6-8: A derrota dos inimigos
>
> > v. 9: Ação de graças

Nestes versículos descobrimos uma equivalência entre as partes:

> vv. 2-4: Fatos relacionados à conquista da terra
>
> > v. 3: Conquista da terra
> >
> > v. 4: Compreensão teológica
>
> > > v. 5: Aclamação. Funciona como uma ponte entre os vv. 2-4 e os vv. 3-8.
>
> vv. 6-8: Fatos relacionados à agressão dos opressores
>
> > v. 6: Não confiar na força
> >
> > vv. 7-8: Compreensão teológica
>
> > v. 9: Aclamação de ação de graças (*seláh* = "corte, pausa").

A estrutura permite visualizar a equivalência existente entre algumas frases do v. 4 e do v. 7, assim como entre os vv. 5 e 9:

v. 4:	não com espada	v. 7:	não em meu arco
	não em seu braço		não em minha espada
	Eis que, tua direita		
	e teu braço		
	e a luz de tua face...		

v. 5:	Tu, meu rei, meu Deus ordena as salvações de Jacó	v. 9: A Deus louvamos todo dia a teu nome para eternidade agradecemos

Dessa maneira, podemos concluir que os vv. 2-9 formam uma unidade com sentido completo. O vocabulário da primeira seção corresponde a dois âmbitos diferentes: a libertação como obra de Deus (4x aparece o verbo "salvar/libertar") e uma linguagem do âmbito militar ("braço, espada, arco"), tendo esta última uma significação objetiva (armas como tal) e outra simbólica (em referência a Deus).

Teologicamente, nesta primeira unidade a salvação exercida por Deus tem sua principal manifestação na posse da terra, ficando de fora qualquer menção às memórias do êxodo ou à travessia pelo deserto. Junto à relevância do tomar posse da terra, descreve-se também a ironia do poder das armas: espada, braços, arcos são insuficientes para garantir a posse da terra. São forças que nada significam perto da "direita, do braço e da luz da face de Javé": estes sim garantem a salvação para o povo e a agressão dos opressores.

A imagem de Deus que brota destes primeiros nove versículos do Sl 44 é uma afirmação do Deus nacionalista (v. 4), que constrói a história do povo eleito, destruindo a história dos outros povos (vv. 3.6.8). A eleição do povo contida no v. 4 ("porque os amavas") converte-se, assim, em fonte de proteção para o próprio povo e em desgraça para as outras nações. É este agir divino em prol do povo que garante a posse da terra para os antepassados e a expulsão dos outros povos. Este elemento também será fundamental ao justificar uma visão da eleição de Deus como fonte de privilégios para o povo e condenação para as outras nações.

Outro elemento novo na consciência nacionalista manifesta no Sl 44 está na recusa ao reconhecimento do poder das armas: temos uma consciência nacional que rejeita as armas, pois elas não garantem a terra.

Finalmente, é importante sublinhar a centralidade da história para compreender e discernir a ação do Deus na vida do povo (v. 2). História é para isso mesmo: para fazer sua memória nas celebrações cultuais e para educar e formar as novas gerações.

Tribulação: "Tu nos rejeitaste!"

[10] *Porém agora, tu nos rejeitaste e envergonhaste*

e não sais com nossos exércitos.

[11] *Tu nos fizeste retroceder diante do opressor*

e nossos inimigos saqueiam à vontade.

[12] *Tu nos entregaste como ovelhas a ser devoradas,*

e entre nações nos dispersaste.

[13] *Tu vendeste teu povo por um nada,*

e nada lucras com seu preço.

[14] *Tu fazes de nós o insulto perante nossos vizinhos,*

zombaria e escárnio para os que nos rodeiam.

[15] *Tu fazes de nós o provérbio entre as nações,*

meneio de cabeça entre os povos.

[16] *Todo o dia meu insulto diante de mim*

e a vergonha cobre minha face.

[17] *Ante os gritos de vergonha e as injúrias,*

que me dirigem inimigos vingativos.

Como dissemos na seção anterior, o v. 9 fecha a primeira estrofe do Sl 44, formando uma inclusão com o v. 2. Este fechamento é reforçado com o uso da palavra *seláh*, possivelmente um indicador para a leitura realizada dentro do culto. Já o v. 10 inicia-se com a conjunção adversativa "porém", marcando assim um novo começo. Esta conjunção adversativa possui uma dupla finalidade: ela implica continuidade com a estrofe anterior, porque se mantém falando da relação povo-Deus, e uma descontinuidade em referência ao enfoque; pois, se na primeira estrofe era celebrada e lembrada a ação de Deus em prol do povo, ação que o levou a tomar posse da terra, na segunda estrofe a situação muda totalmente. A ação de Deus é vista a favor de outras nações e contra o povo eleito.

O v. 10 funciona como um novo cabeçalho, expressando o conteúdo da unidade: "rejeição e vergonha". A partir do v. 10b, até o final da estrofe, são apresentados diversos indícios dessa rejeição:

> v. 10: Tu nos rejeitaste e envergonhaste,
>
> não sais com nosso exército
>
> v. 11: Tu nos fizeste retroceder
>
> v. 12: Tu nos entregaste como ovelhas a ser devoradas,
>
> entre nações nos dispersaste.
>
> v. 13: Tu vendeste teu povo por um nada
>
> v. 14: Tu fazes de nós insulto, zombaria e escárnio
>
> v. 15: Tu fazes de nós o provérbio, meneio de cabeça.

Um elemento que fortalece a unidade desta estrofe é o começo dos vv. 10-15: todos eles estão encabeçados com o pronome "tu". O sujeito desses verbos é Deus. Todas as frases foram redigidas afirmativamente, e só uma ("não sais") negativa. Essa ação de Deus é sentida pelo povo através da mão "dos inimigos, dos adversários, dos vizinhos, das nações, dos povos vingativos". Estes adversários só aparecem como sujeitos de um verbo ("saqueiam"). A comunidade que está por trás do salmo padece, sofre literalmente e é objeto das ações descritas. Essa rejeição é caracterizada pelos seguintes atributos:

> v. 12: ovelhas a ser devoradas
>
> v. 13: por um nada, nada lucras
>
> v. 14: insulto, zombaria, escárnio
>
> v. 15: provérbio, meneio de cabeça
>
> v. 16: insulto, vergonha
>
> v. 17: gritos de vergonha e injúria

Assim, podemos perceber um processo na opressão: ela inicia-se com a rejeição de Javé, com "não sais com nossos exércitos". Ante o abandono de Deus, os povos estrangeiros avançam e a nação retrocede até ser entregue aos inimigos que a saqueiam à vontade. A ser saqueada, seguem-se o abate e a dispersão (v. 12). A dispersão configura-se como um elemento inusitado e parece referir-se

à experiência do exílio (literalmente: "tu nos semeaste entre os povos"). O que também chama a atenção é o fato de que tudo isso acontece e Javé nada lucra com isso.

Olhando a forma poética do texto, percebemos também uma mudança em relação aos vv. 1-9, pois aqui prevalecem mais as frases construídas em paralelismos; assim:

10 Porém agora, tu nos rejeitaste

e envergonhaste

e não sais com nossos exércitos.

A rejeição é caracterizada como vergonha e, ao mesmo tempo, como abandono dos exércitos. Temos três frases que apresentam o enfraquecimento da nação ao perder os meios que garantem sua segurança e a conquista da terra. O uso de pronomes de primeira pessoa do plural ("nos" e "nossos") forma uma inclusão, constituindo o v. 10 em uma unidade fechada. Se este v. 10 está formulado de maneira escalonada, no v. 11 temos duas frases postas em paralelo, em que se destaca a presença de um quiasmo que reforça seu sentido como uma ampliação da rejeição:

11 Tu nos fizeste retroceder (a)   *diante do opressor (b)*

e nossos inimigos (b)[1]   *saqueiam à vontade (a)[1]*

Ainda que estas duas frases formem um paralelismo, é importante sublinhar que o sujeito da primeira parte é Deus, enquanto o sujeito da seguinte frase são "os inimigos". Trata-se, assim, de duas ações que estão profundamente vinculadas, como se o autor quisesse afirmar que o avanço dos inimigos é também obra de Deus. Teologicamente, o autor estaria afirmando que a ação de Deus transborda os limites nacionalistas e também está presente na história dos outros povos.

As frases dos vv. 12-13 podem ser postas em paralelo:

12 Tu nos entregaste como ovelhas a ser devoradas e entre nações nos dispersaste.

13 Tu vendeste   teu povo por um nada,   e nada lucras com seu preço.

Estamos, porém, diante de um estilo muito diferente em relação aos vv. 2-9 e, inclusive, aos vv. 10-11, que fazem parte da unidade. Aqui identificamos fra-

ses mais longas, muito mais elaboradas, em que as palavras estão colocadas de modo paralelo, como se dessa forma o autor quisesse explicar o sentido de cada uma. Por exemplo, o significado de "entregar" do v. 12 fica evidente ao ser posto em paralelo com "vendeste" do v. 13; assim como as "ovelhas a ser devoradas" representam o povo que é comercializado por nada, e a dispersão nas nações compreende-se como um "não lucro de Javé". De fato, os autores querem comunicar seu entendimento de exílio: simboliza a dispersão do povo entre as nações, sua venda "por um nada"; ações estas feitas pelo próprio Javé.

Os vv. 14-15 iniciam-se com o mesmo verbo (fazer) e representam um aprofundamento da situação de rejeição:

¹⁴ Tu fazes de nós o insulto   *perante nossos vizinhos,*

      zombaria

      e escárnio   *para os que nos rodeiam.*

¹⁵ Tu fazes de nós o provérbio   *entre as nações,*

      meneio de cabeça   *entre os povos.*

O insulto, a zombaria, o escárnio, o provérbio e o meneio de cabeça são, agora, expressões da opressão que afeta as relações pessoais e a própria identidade do povo diante das nações, descritas aqui como os vizinhos que rodeiam Israel. A unidade dos dois versículos também aparece evidenciada pelo uso do pronome "nós", além da repetição do verbo "fazer", diferente dos vv. 16-17, em que predominam as formas na primeira pessoa do singular, em paralelo:

¹⁶ Todo o dia meu insulto	*(a)*	*diante de mim*	*(b)*	
e a vergonha	*(a)¹*	*cobre minha face*	*(b)¹*	

¹⁷ Ante os gritos de vergonha e as injúrias, que me dirigem inimigos vingativos.

E quanto ao estilo, verificamos que a primeira frase do v. 16 não tem verbo (frase nominal), mas seu sentido fica claro a partir da segunda frase, em que há o verbo "cobrir". Dessa forma, insulto e vergonha são duas realidades que "cobrem" a face do salmista. É como se o autor começasse a descrever os momentos da opressão na vida cotidiana dos oprimidos.

Os vv. 14-17 mostram a opressão com base na perspectiva de quem a sofre: insulto, zombaria, escárnio, provérbio, meneio de cabeça, vergonha e injúrias são os termos usados pelo salmista para expressar a interiorização da violência/opressão: além de os estrangeiros destruírem a vida das pessoas, fazendo-as padecer e passar fome, a opressão destrói a pessoa por dentro, desintegra sua personalidade, acaba com sua auto-estima, até chegar a afirmar que "até a vergonha cobre sua face" (v. 16). Os "inimigos que saqueiam à vontade" (v. 11) são os mesmos que agora "dirigem gritos de vergonha e injúria ao povo".

Dessa forma, podemos compreender o processo de desintegração que vive o povo: foi passando de situações próprias do contexto bélico (saque) a ocasiões de caráter mais antropológico, apresentando a destruição vivenciada pelo povo. Saque, insulto, zombaria e escárnio são experiências que remetem ao aniquilamento da nação, enquanto o insulto, a vergonha e as injúrias refletem a interiorização desse processo de desintegração.

Em relação à primeira parte (vv. 2-9), também percebemos continuidade na referência aos povos, mas agora descritos como sujeitos mais próximos do povo. Nos primeiros versículos (2-9), os povos aparecem distantes, tanto no tempo como no espaço; porém, agora, esse mesmo povo é visto como vizinho, como alguém que mora perto.

Temos, então, uma unidade temática, na qual a ação de Deus é descrita como a responsável pela opressão que o povo sofre. Trata-se de uma opressão que compreende tanto o âmbito material quanto a própria existência das pessoas. A rejeição de Deus não só implica a ruína da nação, mas até mesmo a desintegração das pessoas: elas perdem sua identidade e a vergonha cobre sua face.

O mesmo Deus que nos primeiros versículos (vv. 2-9) garantiu a terra para o povo, agora o rejeita, dispersando-o entre as nações (10-17). O mesmo Deus que antes "escorneava" as nações, agora rejeita seu povo. Parece que Deus tenha mudado de lado: antes estava do lado do povo eleito, contudo agora está do lado dos outros povos! O que aconteceu? Como compreender esta mudança? Talvez as próximas unidades possam ajudar a encontrar respostas a tais questões.

Protesto de inocência: não traímos tua aliança

[18] Tudo isto nos aconteceu, e não esquecemos de ti e não traímos tua aliança.

[19] Não se voltaram atrás nossos corações.

e não se desviaram nossos passos de teu caminho.

[20] Mas nos esmagaste onde vivem os chacais,

e tu nos cobriste com a sombra da morte.

[21] Se tivéssemos esquecido o nome de Deus,

e tivéssemos estendido nossas mãos a deuses estranhos,

[22] Por acaso Deus não o teria percebido?

Sim! Ele conhece os segredos do coração.

[23] Sim, por tua causa somos chacinados todo o dia,

estimados como ovelhas a ser devoradas.

Agora temos uma estrofe que expressa a inocência do povo. O começo do v. 18 encabeça uma nova estrofe, na qual prevalecem frases mais longas, deixando um pouco de lado os recursos poéticos do paralelismo e do quiasmo. Percebemos a continuidade com a unidade anterior na referência a "teu povo" (vv. 13 e 18), no uso de "todo/tudo" (vv. 16 e 18), na identificação do povo com "ovelhas a serem devoradas" (vv. 12 e 23), assim como na presença da segunda pessoa (não esquecemos de ti, teu caminho, tua causa), tão usada na estrofe imediatamente anterior (vv. 10-17). Mas a menção de um sujeito na primeira pessoa do plural (aconteceu-nos, traímos, nossos corações, nossos passos, tivéssemos, nossas mãos, somos chacinados), bem como o uso de perguntas e de frases condicionais nos permitem afirmar que se trata de uma nova unidade.

Segundo Luis Alonso Schökel e Cecília Carniti, os vv. 18-23 estão entrelaçados tematicamente com os vv. 10-17. A estrofe é uma confissão negativa, ou seja, dos delitos que o réu não cometeu e que podiam justificar o castigo.[6]

---

6 Cf. SCHÖKEL, Luís Alonso & CARNITI, Cecília. *Salmos: 1–72*. São Paulo, Paulus, 1996. p. 613.

A linguagem poética dos vv. 18-23 pode ser apresentada da seguinte forma: os vv. 18-19 mostram a atitude da comunidade de sempre permanecer fiel; no entanto, Deus a esmagou e a cobriu com a sombra da morte.

18 Tudo isto nos aconteceu,

e não esquecemos de ti

e não traímos tua aliança.

19 Não se voltaram atrás nossos corações

e não se desviaram nossos passos de teu caminho.

O começo do v. 18 ("Tudo isto") rege os dois versículos, nos quais se descreve o comportamento do povo. Reitera-se, antes de mais nada, a integridade do povo que não esqueceu, nem traiu, nem se desviou do seu caminho da aliança com Deus. A primeira frase do v. 18 ("Tudo isto nos aconteceu") remete aos vv. 10-17, em que foi descrita a opressão que vive o povo. Lá, tínhamos frases afirmativas, enquanto aqui (vv. 18-23) há o uso de frases negativas com o intuito de sublinhar a atitude do povo, assim como a referência ao coração e aos passos para caracterizar a permanência na fidelidade.

O v. 20, além de mudar de estilo, está mais em consonância com os vv. 10-17:

20 Mas nos esmagaste onde vivem os chacais,

e tu nos cobriste com a sombra da morte.

Temos agora duas frases ordenadas em paralelo, nas quais o sentido de uma palavra é esclarecido por meio da outra. Por exemplo, "esmagar" equivale a "cobrir"; no "lugar onde vivem chacais" correspondem "as sobras da morte". A novidade do versículo está no tema: se nos vv. 18-19 discute-se a inocência do povo, no v. 20 descreve-se a ação de Javé, que é apresentado como autor do esmagamento do povo, tal como afirma o v. 23 com maior clareza.

Os vv. 21-22 parecem mais uma reflexão teológica, fato evidenciado no estilo das frases:

21 Se tivéssemos esquecido o nome de Deus,

e tivéssemos estendido nossas mãos a deuses estranhos,

22 Por acaso Deus não o teria percebido?

Sim! Ele conhece os segredos do coração.

Apesar de as frases trazerem marcas de estilos diferentes, elas mantêm a temática que fora abordada nos vv. 18-20. Novamente aparece a referência ao coração como refúgio dos segredos da pessoa. Também "o nome de Deus" equivale-se com a menção da aliança e do caminho dos vv. 18-19. Percebemos claramente que estes versículos mudam o estilo das frases dos vv. 10-18, estilo que é retomado e evidenciado no v. 23:

²³ *Sim, por tua causa somos chacinados todo o dia,*

estimados como ovelhas a ser devoradas.

Se os vv. 18-19 mostram a atitude da comunidade, que sempre fora fiel, embora Deus "a esmagou e a cobriu com a sombra de morte", a conclusão desta unidade é inesperada: Deus é o responsável pela chacina do povo. O v. 20 possibilita uma leitura em que o povo teria esquecido Deus e louvado a deuses estranhos; todavia, esta é uma alternativa negada pelo conteúdo do v. 22. Declarada a inocência do povo, a responsabilidade divina é afirmada ante a situação que vive o povo. Trata-se de um massacre feito todo o dia, um sacrifício permanente, reafirmado com o uso da figura das ovelhas entregues para serem devoradas; uma imagem que, além do Sl 44, só aparece no livro do profeta Jeremias.[7]

Nos vv. 18,23 temos, então, uma estrofe, uma unidade com sentido completo, em que as frases estão concatenadas de tal forma que apontam para uma estrutura em que a inocência do povo é reafirmada:

v. 18: Não esquecemos de ti	v. 21: Se tivéssemos esquecido de Deus
Não traímos tua aliança	Se tivéssemos estendido as mãos...
v. 19: Não voltaram nossos corações	v. 22: Deus o teria percebido
Não desviaram nossos passos	Ele conhece os segredos do coração
v. 20: Nos esmagaste	v. 23: Somos chacinados
cobriste com sombra de morte	Estimados como ovelhas.

Teologicamente, podemos situar este momento muito próximo da experiência descrita no livro de Jó, em que também é afirmada a inocência do justo (Jó 6,1-

---

7 BONNARD, Pierre E. *Os salmos dos pobres de Deus*. Influência literária e espiritual de Jeremias sobre hinos e três salmos. São Paulo, Paulus, 1975. pp. 114-115.

30; Jó 31). A reflexão teológica avança um pouco mais, pois o Sl 44,18-23, além de reafirmar a inocência do povo, ratificando que ele permaneceu fiel à aliança e não esqueceu seu Deus, destaca a responsabilidade divina pelo drama que vive o povo: foi ele quem o esmagou, cobriu-o com a sombra da morte; é por sua causa que são chacinados e massacrados todo o dia.

A afirmação veemente de inocência constitui, assim, um ponto alto do salmo e, ao mesmo tempo, é como uma espécie de ponte que está preparando o terreno para a súplica final, pois se todo o sofrimento que está vivendo o povo é causado por Deus, só ele pode libertá-lo da tribulação.

Súplica: "Levanta-te e ajuda-nos!"

24 Desperta! Por que tu dormes, ó Senhor?

Acorda! Não nos rejeites para sempre.

25 Por que tua face ocultas, esquecendo nossa miséria e opressão?

26 Pois nossa garganta se afoga no pó,

está grudado à terra nosso ventre.

27 Levanta-te! Ajuda-nos!

E resgata-nos por tua imensa solidariedade!

Esta unidade inicia-se com verbos no imperativo e rompe com o estilo das unidades anteriores. A unidade está articulada em torno de duas perguntas dos vv. 24 e 25. É possível vermos uma organização das frases:

v. 24: Exclamação

vv. 25-26: Opressão do povo

v. 27: Apelo à solidariedade

A dupla exclamação do v. 24 chama a atenção para a angústia/ansiedade do momento presente: não é possível esperar mais. Já os vv. 25-26 descrevem a urgência da exclamação: estamos oprimidos, nossa garganta se afoga no pó e nosso ventre está grudado à terra. Só o auxílio de Deus pode resgatar o povo, num apelo desesperado à solidariedade divina. Os versos estão organizados assim:

²⁴ Desperta!   *Por que tu dormes,*   *ó Senhor?*

Acorda!   *Não nos rejeites para sempre.*

²⁵ Por que tua face ocultas, esquecendo nossa miséria e opressão?

²⁶ Pois nossa garganta   *se afoga no pó,*

    está grudado à terra   *nosso ventre.*

²⁷ Levanta-te!

Ajuda-nos!

E resgata-nos por tua imensa solidariedade!

O v. 24 está construído em paralelos, nos quais os verbos se equivalem (desperta/acorda), bem como o sonho de Deus se equivale com sua rejeição (por que dormes/não nos rejeites para sempre), ficando sem um termo correspondente ao "Senhor" da primeira frase. Neste versículo, a aproximação feita entre o sonho de Deus e a rejeição nos faz lembrar do encontro de Elias com os profetas de Baal e Aserá no Monte Carmelo (1Rs 18,27).

O v. 25 representa uma nova mudança no estilo poético do Sl 44, pois agora temos uma frase mais extensa. A referência à "face de Deus" remete ao começo do salmo, quando o resplendor da face de Deus era a garantia para a conquista da terra (v. 4). Mas, nesse momento, ela está oculta para o povo, expressando o esquecimento, a miséria e a opressão em que se vive.

Já o v. 26 retoma o uso de paralelismos e quiasmo:

²⁶ Pois nossa garganta   *(a)*   *se afoga no pó*   *(b)*

    está grudado à terra   *(b)¹*   *nosso ventre*   *(a)¹*

Com estas formas poéticas, os autores chamam a atenção para a gravidade da opressão em que vive o povo, só comparável àquela descrita por Amós no século VIII a.C. (Am 2,6-7). É o ponto mais alto da situação de miséria que foi descrita nos vv. 10-17, o máximo grau de humilhação, de degradação das pessoas, até o ponto de afogar suas vidas no pó e grudar suas barrigas à terra. Ante esta situação, só resta clamar:

²⁷ Levanta-te!

Ajuda-nos!

E resgata-nos por tua imensa solidariedade!

251

Só Deus pode resgatar seu povo da opressão na qual estão sumidos. Só a solidariedade de Deus, a misericórdia divina pode levantar sua garganta do pó e seu ventre da terra; só Deus pode libertar a vida dos pobres e resgatar sua integridade.

Visão geral

Depois de ter aprofundado a poeticidade do Sl 44, vamos sistematizar algumas anotações a respeito da situação que o texto nos revela. Na primeira estrofe (vv. 2-9), o tema central é a salvação do povo, descrita a partir dos feitos de Javé em favor do povo. O verbo "fazer" (v. 2) remete a uma celebração da memória, realizada no exílio ou no pós-exílio, em que é mais comum o uso desse verbo na raiz qa'al;[8] no v. 3 aparece uma característica especial de Deus: ele "quebra, causa dano aos povos", tirando-os de suas terras. A ação vitoriosa sobre os inimigos é descrita com verbos como "escornear, investir" e "pisotear" (v. 6), a quem Javé cobre de vergonha e põe em ridículo (no v. 16 será o povo que ficará em ridículo e envergonhado).

A razão do agir divino aparece no v. 4: "pois os amava"; um termo que nos leva ao âmbito das relações pessoais, ao encontro pessoal entre Deus e a comunidade, à esfera das alianças (Dt 7,12; 11). Nesse agir de Deus, destaca-se também a ausência da força militar: a conquista de terra, a posse da terra, não é realizada por meio da força bruta das armas (braço, arco, espada). Talvez essa negação das armas seja uma referência ao pós-exílio, momento histórico em que as armas não funcionam, quando elas não têm espaço, graças à força avassaladora do império persa, primeiro, e depois do império grego.

O tema da segunda estrofe (vv. 10-17) é a rejeição do povo. O verbo "rejeitar" tem como sujeito Deus e marca o tom de toda a unidade. Os vv. 11-13 desenvolvem o conteúdo dessa situação, chegando ao ponto alto no v. 12: a imagem de "ovelhas a ser devoradas" ou de comida que pode significar a exploração brutal ou a matança. Paralelamente ao verbo rejeitar, temos o verbo "dispersar", indicando a fragmentação em comunidades menores e dispersas; o que se costuma

---

8   Berges, Ulrich. Salmo 44: Un salmo contracorriente. *Revista Teológica Limense*, v. XXVI, n. 1, p. 23, (1992).

chamar "diáspora".[9] No v. 13 a opressão chega ao máximo: as pessoas são vendidas (o verbo *mkr* tem o sentido de vender como escravo). Uma venda feita com pouco lucro, talvez como pagamento de dívidas contraídas. Os quiasmos presentes nestes versos funcionam como descrição gráfica da situação em que vive a comunidade: são saqueados, vendidos e comidos como ovelhas.

Os vv. 14-17 descrevem o ápice da violência que sofre a comunidade: além da opressão, da escravidão, ela está coberta de vergonha, de escárnio e zombaria, opróbrio e desdém de cabeça. Um insulto permanente, que está ante seu rosto, na face de seus inimigos. Podemos dizer, então, que a violência descrita nos vv. 11-13 é interiorizada nos vv. 14-17 e faz com que as pessoas percam sua própria identidade.

A terceira estrofe (vv. 18-23) inicia-se com o reconhecimento da inocência da comunidade e conclui-se com a acusação de Javé como seu responsável. O verbo "esquecer", que aparece nos versos 18, 21 e 25 e articula toda a seção, dá um tom especial ao v. 18, quase como uma acusação a Javé: "nós não nos esquecemos de ti". O verbo *shqr* tem o sentido de "defraudar" a um camponês (Lv 19,11), "desmentir" a fidelidade (Sl 89,39). Esse verbo, unido com o v. 19, ajuda a compreender quem está por trás da situação descrita: são comunidades camponesas que, segundo o v. 20, estão sendo trituradas, pulverizadas. Esta explicação se complementa com a referência aos lugares onde isso é feito: lugar de chacais e trevas.[10]

Os vv. 21-22 parecem reflexões deuteronomistas que têm como pano de fundo a teologia da retribuição, uma teologia que é citada aqui para mostrar que não funciona. Os vv. 21-22 oferecem uma reflexão mais próxima de ambientes sapienciais. Já o v. 23 descreve a responsabilidade de Javé na chacina da comunidade: ela é devorada como ovelha.

A quarta estrofe (vv. 24-27) é mais um pedido de auxílio diante da rejeição de Javé e lembra o êxodo, como um grito que brota da opressão. Essa opressão passou do aspecto físico ao aspecto psicológico, pois a pessoa interiorizou até o extremo seu esmagamento, já que sua vida está curvada no pó; uma descrição

9 Schökel & Carniti, *Salmos 1–72,* cit., p. 613.

10 Ibidem, p. 614.

da miséria que sofre a pessoa e, ainda mais, quando sua "barriga está grudada à terra". É uma situação extrema na qual a única alternativa é que Deus se lembre de solidarizar-se com o povo, "resgate"-o, "compre"-o novamente, quite suas dívidas. Esta esperança aparece expressa no uso do termo solidariedade (*hsd*), que remete às antigas instituições dos clãs que protegiam as famílias das dívidas, das catástrofes e da violência.

Em síntese, temos um salmo que corresponde ao gênero de lamentação comunitária,[11] aspecto litúrgico que se apresenta claramente na primeira parte de nosso salmo (vv. 2-9). Nessa lamentação a situação do povo é descrita, em termos teológicos, como "rejeição de Deus" e como causada pelo próprio Deus; já em termos sociais, a comunidade é apresentada na "diáspora" onde está sendo explorada e vive endividada até o ponto de vender os próprios integrantes do clã. As pessoas agora são alimento, comparadas às ovelhas para o abate. Além dessa descrição sociológica, o texto é rico em detalhes na hora de narrar os mecanismos de opressão que levam à despersonalização da comunidade: a vergonha e o opróbrio cobrem a comunidade; a exploração e opressão chegaram ao extremo de levar as pessoas a perderem sua própria identidade e viverem com o pescoço curvado e a barriga grudada à terra.

Considerações finais

No começo de nosso estudo, propomos como metodologia organizar o salmo 44 atribuindo uma linha para cada frase. Esta metodologia possibilitou perceber a maneira como o texto está organizado, sentir sua poeticidade e compreender cada frase, cada palavra, dentro de seu contexto específico. Tal maneira de trabalhar permitiu identificar vários recursos poéticos presentes no Sl 44. Destacamos especialmente o paralelismo e o quiasmo.

Em várias frases do salmo sublinhamos que as palavras estavam organizadas paralelamente, o que não significa que a segunda frase seja repetição da primeira. Aliás, em geral, percebemos que ao colocar duas frases em paralelo os autores faziam avançar seu pensamento, pois o sentido de cada palavra ficava

---

[11] Gottwald, Norman K. *La Biblia Hebrea*. Una Introducción socio-literaria, p. 428.

mais esclarecido a partir das demais palavras que formavam parte da frase. Já o uso do quiasmo, isto é, a inversão na ordem das palavras dentro das frases colocadas em paralelo, tinha por objetivo fechar um pensamento, como se os autores quisessem dar um nó no "tecido" do texto.

Estes dois recursos, paralelismo e quiasmo, mais do que ferramentas poéticas, fazem parte de uma "proposta pedagógica", de uma maneira específica de comunicar a mensagem que os autores querem transmitir. Como métodos de ensino, favorecem a memorização dos conteúdos, razão pela qual é comum encontrá-los em textos litúrgicos, como são os salmos.

Agora, se paralelismo e quiasmo são as "formas" como é transmitida a mensagem, qual é seu conteúdo? A resposta está na primeira estrofe de nosso salmo (vv. 2-9): a história da caminhada do povo. É uma história narrada de geração a geração ("nossos pais nos contaram..."); uma história que é relida, reinterpretada, revista, recordada (*re-cordis*: passar de novo pelo coração). Dessa maneira, a comunidade sempre estava em contato direto com sua história, fazia memória do agir de Deus em sua vida cotidiana.

Estes dois processos descritos, tanto a forma como o conteúdo, confluíam num espaço específico da vida de Israel: no culto. Sob a forma de hino, a comunidade transforma o conteúdo da história da salvação – aqui a tradição da conquista e distribuição da terra prometida – em seu próprio testemunho, com o que glorifica o milagroso poder de Deus, sobre o qual se baseia toda sua existência.[12]

Sendo assim, tanto pela proposta pedagógica que o salmo 44 apresenta como pelo seu uso litúrgico, bem como pela temática nele aprofundada, propomos uma redação pós-exílica para este texto bíblico. Contudo, apesar das múltiplas referências ao contexto histórico que encontramos em Sl 44,10-17, uma situação de catástrofe nacional, o salmo não afirma, fica aberto a outras releituras. O salmo oferece muitas indicações de como se encontra o povo: rejeitado, envergonhado, fugindo do opressor, saqueado, entregue como ovelha para o abate, disperso entre as nações, vendido por nada, ultrajado, miserável, prostrado..... Ao longo de

---

[12] Cf. Weiser, Artur. *Os Salmos*. São Paulo, Paulus, 1994. p. 262. (Grande Comentário Bíblico.)

sua história, o povo de Deus passou por muitas dominações e opressões estrangeiras. Todas elas se enquadram e se espelham neste salmo.[13]

Mas talvez o elemento que mais contribui para atribuir uma data posterior ao exílio sejam os paralelos que o Sl 44,12 e 23 têm com Jr 12,3, pois são os únicos textos em que se comparam os israelitas às ovelhas prontas para ser devoradas. Também encontramos muita semelhança entre Jr 24,9 e Sl 44,14-15.[14]

No âmbito cristão, este salmo não é muito conhecido, até porque não foi citado de forma explícita nos escritos do Novo Testamento. No entanto, a experiência que descreve aproxima-o muito do testemunho de Paulo, na Carta aos Romanos (8,31-39): "O que vai nos separar do amor de Cristo? Serão os sofrimentos, as dificuldades, as perseguições? Será a fome, a miséria, o perigo ou a morte? [...] Mas em todas estas coisas temos a vitória total, por meio de Deus que nos demonstrou o seu amor por nós".

Temos, pois, um salmo, no qual liturgia, história e pedagogia aparecem intimamente unidas. Estes três elementos convertem-se, para todos nós, em desafios para nossa celebração da fé, uma celebração que brote da vida e a ilumine novamente; uma celebração que lembre os conflitos cotidianos da vida para ler e discernir a presença de Deus que continua presente junto ao povo, como expressão de sua solidariedade.

Bibliografia

BARROS, Marcelo. *E a vida vira oração*. São Paulo, Paulus, 1983, 99 p. (Sl 44, pp. 84-91).

BENETTI, Santos. *Salmos*: verso e reverso. São Paulo, Paulus, 1978. 286 p. (Sl 44, pp. 193-204).

BERGES, Ulrico. Salmo 44: un salmo contracorriente. *Revista Teológica Limense*, v. XXVI, n.1 (1992), p. 23.

---

13 Cf. BORTOLINI, José. *Conhecer e rezar os Salmos*. 2. ed. São Paulo, Paulus, 2000. p. 189. (Comentário popular para nossos dias.); BARROS, Marcelo. *E a vida vira oração*. São Paulo, Paulus, 1983. p. 86.

14 BONNARD, Pierre E. *Os salmos dos pobres de Deus*: influência literária e espiritual de Jeremias sobre hinos e três salmos, pp. 114-115.

Bonnard, Pierre E. *Os salmos dos pobres de Deus*: influência literária e espiritual de Jeremias sobre hinos e três salmos. São Paulo, Paulus, 1975. 305 p. (Sl 44, pp. 113-118).

Bortolini, José. *Conhecer e rezar os Salmos*. 2. ed. São Paulo, Paulus, 2000 (Sl 44, pp. 186-190).

Croatto, José Severino. A figura do rei na estrutura e na mensagem do livro dos salmos. *Revista de Interpretação Bíblica Latino-americana (RIBLA)*, Petrópolis, Vozes, n. 45 (2003/2), pp. 38-39.

Gottwald, Norman K. *La Biblia hebrea: una introducción socio-literaria*. Barranquilla, Seminario Teológico Presbiteriano y Reformado de la Gran, Colombia, 1992. Tradução de Alicia Winters.

Schökel, Luís Alonso & Carniti, Cecília. *Salmos 172*. São Paulo, Paulus, 1996. 915 p. (pp. 603-616). (Grande Comentário Bíblico)

Silva, Valmor da. Os salmos como literatura. *Revista de Interpretação Bíblica Latino-americana (RIBLA)*, Petrópolis, Vozes, n. 45 (2003/2), pp. 15, 18-19.

Weiser, Artur. *Os Salmos*. São Paulo, Paulus, 1994, 662 p. (Sl 44: pp. 260-265). (Grande Comentário Bíblico.)

Wolff, Hans Walter. *Joel and Amos*. Philadelphia, Fortress Press, 1977. pp. 201 e 233.

Os que retornam, os que sonham, os que choram: os que resistem

Marcos Paulo Bailão

Neste artigo, pretendemos analisar o Salmo 126 em seu contexto literário, histórico e social. Queremos descobrir quem ficou como os que sonham e quem semeia com lágrimas para colher com alegria. Enfim, queremos ver as pessoas e sua situação por trás do texto.

Sendo assim, apresentamos nossa tradução procurando demonstrar as relações da estrutura poética do Sl 126. Para isso dividiremos o texto em colunas.

Os que regressam do cativeiro

¹ Canto de Subida.

Quando fez regressar[1]	*Yahweh*
os que regressaram	*para Sião,*[2]

---

[1] Um problema no que diz respeito à tradução está no tempo dos verbos e, por conseqüência, na época dos acontecimentos mencionados nos vv. 1-4. As cláusulas temporais "quando" (v. 1) e "então" (duas vezes no v. 2) tanto podem se referir ao passado quanto ao futuro, portanto, em nada ajudam. As considerações de Gerstenberger acerca da necessidade de se ler os vv. 1-3 no passado são relevantes e suficientes. E quanto ao v. 4, o verbo no imperativo enfático deve ser lido como uma petição, um clamor e não uma recordação. Ver: GERSTENBERBER, Erhard S. *Psalms, part 2, and Lamentations*, p. 340.

[2] Esta expressão apresenta grande dificuldade de tradução. Alguns defendem

	ficamos		como os que sonham.	
² Então	se encheu		de riso	nossa boca,
	e nossa língua,		de júbilo.	
Então		diziam	entre os povos:	
³ grandes coisas		Yahweh	fez	junto a estes;
grandes coisas		Yahweh	fez	junto a nós.
Por isso	ficamos	alegres.		
⁴ Faz regressar	Yahweh		do nosso cativeiro,	
	como as torrentes do Negeb.			
⁵ Os que semeiam		em lágrimas,		
em júbilo	colherão.			
⁶ Na verdade o que anda		e chora,		
	levando		as sementes,	
na verdade voltará		em júbilo,		
	levando		seus feixes.	

A primeira frase do v. 1 é o título. A partir daí o Salmo é composto em três partes. A primeira compreende os vv. 1b-3, a segunda, o v. 4 e a terceira, os vv. 5-6.

A primeira parte apresenta uma estrutura muito rica. Nela, duas frases estão em perfeito paralelo ("quando fez regressar Yahweh" e "os que regressaram para Sião"), seguidas por uma intermediária ("ficamos como os que sonham"). Estas frases estão ligadas a outras duas em paralelo ("Então se encheu de riso nossa boca" e "e nossa língua de júbilo"). Mais uma intermediária ("Então diziam en-

que deva ser "mudou a sorte de Sião". Esta tradução considera a palavra *xiyvat* – da mesma raiz do verbo "retornar" – como formando uma expressão com ele. De fato, ela encontra correspondência em Sl 14,7 e 53,7, em que "Yahweh muda a sorte de seu povo". Porém, se mantida essa alternativa, no Sl 126 o objeto da ação de Yahweh seria diferente: Sião. Além disso, essa não é a única alternativa. A palavra *xiyvat* tem uma melhor opção de tradução: "os que retornaram de".

tre os povos") une outras duas em paralelo ("grandes coisas Yahweh fez junto a estes" e "grandes coisas Yahweh fez junto a nós"). E termina com uma conclusão ("Por isso ficamos alegres"). Por sua vez, a primeira frase intermediária ("ficamos como os que sonham") e a conclusão ("Por isso ficamos alegres") estão em paralelo, o que reforça a unidade do conjunto.

A segunda parte é composta por duas frases em paralelo, na qual a segunda é dependente da primeira, visto que o verbo "faz regressar" rege as duas.

A terceira parte é composta por seis frases em paralelo, sendo que as duas primeiras se correspondem, e as quatro últimas estão em paralelismo alternado, pois "Na verdade o que anda e chora" corresponde a "na verdade voltará em júbilo"; e "levando as sementes" corresponde a "levando seus feixes".

Os que clamam

O Sl 126 tem uma estrutura similar à do Sl 85: a primeira parte recorda um tempo passado no qual Yahweh interveio de forma salvífica, o que trouxe grande alegria; segue-se a ela uma petição, que é uma afirmação de fé, na certeza de que a salvação pedida acontecerá.

Em ambos os salmos, a petição é o centro do texto, não só estruturalmente, como também enfaticamente. A primeira parte, a recordação dos feitos passados de Yahweh serve para fundamentar a petição: assim como Yahweh agiu no passado, age também agora. A afirmação de fé serve para animar a comunidade na certeza de que terá seu clamor atendido.

Este é, portanto, um *Salmo de Lamentação Coletiva*. Em tais salmos a recordação de atos salvíficos de Yahweh serve para encorajar a continuidade da resistência em fé.

Os que se frustraram

Embora haja quem defenda uma data pré-exílica para o Sl 126,[3] a maioria dos comentaristas entende que este texto foi composto após o exílio na Babilônia. Mesmo entre aqueles que são a favor da tradução do v. 1 como "mudou a sorte

---

3 Dahood, Mitchell. *Psalms III: 101-150*, pp. 217-218.

de Sião", existe quem veja nesta expressão uma referência direta ao retorno dos exilados.[4]

De fato, a tradução que escolhemos não deixa dúvida de que levas de exilados já tinham voltado para Judá após o edito de Ciro em 538 a.C. Porém, esta situação já é passado. A alegria pela libertação já se foi, e os sonhos dela decorrentes não mais existem. Isso significa que as expectativas de gloriosa reconstrução haviam sido frustradas.

Entretanto, há mais do que simples frustração. A petição do v. 4 compara a situação atual com o próprio cativeiro, o que reflete um profundo agravamento nas condições do povo. Esse contexto é demonstrado pelo episódio narrado em Ne 5,1-5, em que camponeses protestam contra tanto empobrecimento, que estavam perdendo suas terras e sendo escravizados. Portanto, a composição do Sl 126 aconteceu em meados da dominação persa, por volta do ano 450 a.C.

Os que peregrinam

O título do Sl 126 o designa como Cântico de Subida. E não só ele, mas o Sl 126 está inserido em um grupo de salmos (120 a 134) que se autodenominam como tal.

Essa designação quer significar que os salmos eram entoados pelo povo em peregrinação ao Templo de Jerusalém para alguma celebração. Realmente, embora a lamentação e petição comunal fizessem parte do culto, cânticos como este podem ter o seu lugar vivencial também fora do Templo, em peregrinações.

As referências à semeadura e sega dos vv. 5-6 indicam que esse grupo de peregrinos era formado por agricultores. Mais ainda, e é importante notar isso, os termos usados, como sementes e feixes, apontam para grupos que cultivavam cereais. Geograficamente, a citação ao Negeb e seus rios temporários pode significar que esse grupo vivia mais ao sul, ainda que isso não seja certo, pois esta característica da estepe era muito conhecida em diversos outros lugares.

O importante é que, fosse entoado durante a peregrinação ou durante a celebração litúrgica do Templo, o Sl 126 é originário de agricultores que viviam na cultura do cereal.

---

4   KRAUS, Hans Joachim. *Psalms 60-150*, pp. 449-450.

Os que são cativos em sua própria terra

Em 538 a.C. o rei Ciro proclamou o edito que permitia a reconstrução do Templo de Jerusalém e, indiretamente, a volta do povo do exílio, abrindo novas perspectivas à história desse povo.

Mas permissão não significa obrigatoriedade. Muito tempo havia se passado desde que a Babilônia destruíra Jerusalém e várias coisas tinham mudado. Além disso, alguns haviam conquistado ascensão social e econômica. Voltar para Jerusalém poderia parecer algo religiosamente desejável, mas não social e economicamente viável para eles.

Somente aqueles que continuavam empobrecidos podiam se sentir atraídos a voltar e construir vida nova. Por isso houve um pequeno mas constante fluxo populacional da Mesopotâmia para Judá durante todo o período.

A maioria dos que chegavam era instalada em vilas agrícolas, misturando-se aos que já estavam lá, ou que de lá nunca tinham saído. Os que eram camponeses na Babilônia se misturaram com os que haviam permanecido durante o exílio.

Este processo faz sentido no modo persa de dominação, baseado na arrecadação de tributos e incremento de produção agrícola. As áreas rurais ocupadas serviriam para suprir o império com impostos e víveres.

Dentro da estratégia persa de dominação, estava a destinação das regiões agrícolas para o cultivo de certos produtos a fim de criar uma complexa interdependência em todo o império. A Judá cabia a produção de vinho e azeite.

Tal mudança alterava profundamente a economia agrária de Judá. Antes voltada para subsistência, transforma-se em uma economia comercial. Essa mudança não foi sem problemas. Tanto o cultivo da uva quanto da oliva demandava grandes investimentos e muitos anos de espera pelo início da produção. A passagem para a monocultura comercial gerou empobrecimento.

Mas certamente que o império persa vendeu ilusões de prosperidade para aqueles que aderissem ao programa econômico imperial. Sonhos que inicialmente encheram as bocas de riso, mas posteriormente os olhos de lágrimas.

Os que permaneceram na cultura do cereal representavam a resistência ao projeto imperial. Na se inseriram na ordem econômica e não receberam os incentivos do poder. Mas conseguiam extrair da terra sua sobrevivência.

Os que resistem

O edito do rei Ciro despertou nos judeus, tanto os do exílio quanto os que haviam permanecido na Palestina, uma grande esperança de reconstrução da nação. É bem verdade que aqueles que permaneceram na terra reconstruíram sua sociedade em uma situação possivelmente até mais favorável daquela que viviam durante a monarquia. No entanto, não se deve desprezar a força do ideal de nação livre. Essas esperanças foram alimentadas por palavras proféticas, especialmente as do Dêutero-Isaías.

O retorno dos exilados, sua incorporação às comunidades agrícolas e a reconstrução do Templo pareciam confirmar tais esperanças. A menção a Sião, e não a Judá ou Jerusalém, não é casual. O Templo ou, mais ainda, o lugar do Templo, desde o início da monarquia, vinha crescendo em legitimidade religiosa. No início do período pós-exílico havia adquirido o papel simbólico de lugar de conexão entre Deus e o povo. Com isso se tornava também sinal da identidade judaica. Sião tinha se transformado em símbolo da identidade da comunidade pós-exílica. A partir da comunidade de culto em Sião que Judá se definiria como nação. Aparentemente a reconstrução da nação estava acontecendo e a alegria e os sonhos tomavam conta do povo.

Porém, a política "de tolerância" persa não demorou para mostrar sua verdadeira face. Ao império interessava a reconstrução. Queria integrar a região ao império e extrair de lá impostos e víveres para a corte. Nesse programa, Templo e campo exerciam papel fundamental. Um funcionando como centro administrativo e arrecadador de impostos e outro transformando sua produção de subsistência em produção de larga escala que abasteceria o comércio.

A participação, voluntária ou não, em tal programa transformou o sonho em pesadelo. As vinhas e olivais que interessavam aos persas demoravam a produzir. E mesmo que não demorassem, o sistema não privilegiava os agricultores, mas a elite burocrática imperial. Não tendo como extrair a subsistência do campo, os camponeses foram obrigados a se endividar e posteriormente vender terras e a si mesmos como escravos para pagar seu alimento e até mesmo os impostos.

A revolta dos camponeses narrada em Ne 5 apresenta bem o resultado dessa política: o endividamento, a perda das terras e servidão. Note-se que o texto fala

da perda de vinhas (Ne 5,3) e vinhas e olivais (Ne 5,11) para comprar trigo e pagar o tributo do rei (Ne 5,3-4). O sonho de liberdade se perdeu e a realidade foi o cativeiro em sua própria terra.

Por isso, o clamor central do Sl 126 é pelo retorno do cativeiro, ainda que eles não mais estivessem exilados. É o grito daqueles que se dirigem ao Templo em peregrinação para a festa, mas também para pagar o tributo. É o desejo do livramento daquela situação de empobrecimento e exploração a que estavam submetidos.

A reconstrução de Judá não era completa apenas com a volta dos exilados a Sião. O livramento só seria completo com o rompimento da dominação econômica exercida pelos persas. Por isso, o povo busca Àquele que iniciara o processo. O mesmo Yahweh que trouxe de volta os que retornaram a Sião seria o interventor a resgatá-los do seu cativeiro atual.

A terceira parte do Sl 126 (vv. 5-6) exerce dupla função. É, sem dúvida, uma afirmação de fé na resposta de Yahweh ao clamor do povo. Porém, afastando-se do tom profético, aproxima-se em sua linguagem dos textos de sabedoria, adquirindo uma forma como que didática. Estes versos não somente anunciam a alegria da colheita, mas ensinam que com lágrimas se semeiam cereais. Ao afirmar isso, o salmo propõe a resistência ao império e a recusa a se integrar a um sistema perverso e explorador. Chorar e semear cereais é resistir e retomar o sonho da comunidade de Sião.

Os que voltarão em alegria

O império persa com sua política "de tolerância" mascarava a exploração do campo feita através da transformação da cultura de subsistência em plantio comercial.

O Sl 126 trata de alegria e esperança causadas pela volta dos exilados e pela frustração do não cumprimento das expectativas que se formaram em torno desse evento. Pior que isso, o que veio foi o cativeiro em sua própria terra aos que aderiram à proposta persa.

Clamor e resistência andam juntos. Enquanto o povo clama, anuncia como resistir. É romper com o plano do império, e seus interesses econômicos, e retornar

à vida de comunidade agrícola voltada à subsistência do povo. Voltar e sonhar, chorar, semear e resistir.

Bibliografia

ALLEN, Leslie C. *Psalms 101-150*. Waco, Word Books, 1983. 342p. (Word Biblical Commentary)

BAPTISTA, Roberto Natal. A miséria dos camponeses judaítas na época de Neemias. *Estudos Bíblicos*, Petrópolis/São Leopoldo, Vozes/Sinodal [44:64-71], 1994.

CARTER, Charles. *The Emergence of Yehud in the Persian Period*. A Social and Demographic Study. Sheffield Academic Press, 1999. 386 p. (Journal for the Study of the Old Testament Supplement Series 294).

DAHOOD, Mitchell. *Psalms 101-150: III*. New York, Doubleday. 490 p. (The Anchor Bible.)

GERSTENBERBER, Erhard S. *Psalms, part 2, and Lamentations*. Grand Rapids, William B. Erdman, 2001. 543 p. (The forms of the Old Testament Literature)

KRAUS, Hans Joachim. *Psalms 60-150*. Minneapolis, Fortress Press. 587 p. (A Continental Commentary)

SMITH-CHRISTOPHER, Daniel L. *A biblical theology of exile*. Minneapolis, Fortress Press. 209 p.

WEISER, Artur. *Os Salmos*. São Paulo, Paulus. 662 p. (Grande Comentário Bíblico)

"Jogava futebol com a gente."

"Na época em que o pastor Milton esteve aqui na paróquia, eu participava do grupo de jovens. Lembro que ele deu muito apoio aos grupos de jovens e também contava sempre com estagiários. Jogava futebol com a gente e isto animava bastante. Tinha grupo de jovens em muitas comunidades, acho que foi o auge da Juventude Evangélica em nossa paróquia. Nas pregações ele sempre transmitia alegria e trazia ânimo pra gente."

(Sr. Marcílio Drescher, agricultor, comunidade da Linha Vera Cruz.)

"Eu lidei bastante com o Milton como pastor. Nós tínhamos muitos estudos bíblicos com ele. Também foi a época em que nós construímos a igreja e ele estava bastante lá com a gente."

(Sr. Selvino Arendt, agricultor, Comunidade da Linha Glória, Paróquia de Cunha Porã, SC, 1974-1978. Depoimento recolhido pelas pastoras Regene Lamb e Íria Lamb, 2005.)

No andar da carroça as abóboras se ajeitam

(Parafraseando Coélet, um provérbio típico de Milton Schwantes.)

No andar da carroça
as abóboras se acertam

"Há uma doença debaixo do sol." Uma introdução ao livro de Coélet[1]

José Ademar Kaefer[2]

Resumo: O "amor ao dinheiro" representa uma característica de nossa época. O livro de Coélet também se vê às voltas com esta problemática. Situamo-lo na primeira metade do século III a.C., provavelmente durante o reinado de Ptolomeu II Filadelfo (282-246 a.C.). Este é um período de grande florescimento econômico, cuja força principal se encontra na intensificação do uso da "moeda" *kesep*. A moeda dinamiza o comércio que, por sua vez, faz surgir uma nova classe, a classe comercial, cujo poder está na concentração de riquezas. Paralelo ao uso da moeda se encontra o aumento da escravidão. Em nenhum momento na história o escravismo havia atingido tamanha dimensão. A força de trabalho escravo é amplamente imposta para aumentar a produção de bens a serem transformados em *kesep*. Coélet observa estas duas realidades antagônicas e descobre que o "amor ao *kesep*" inverte as coisas. A vida passa a ser somente "trabalheira" *'āmāl* e "canseira" *'inyān* em busca de "lucro" *yitrôn*. Os "produtos do campo" perdem sua função alimentar e passam a ser estocados, "guardados" para serem transformados em *kesep* e saciar uma fome insaciável. Isso, diz Coélet, é um "mal doentio" *ra'ah holah*, um enorme "vazio" *hebel*.

---

[1] Agradeço, de coração, as sugestões e correções dos companheiros e companheiras do Centro Bíblico Verbo, especialmente a Cecília Toseli.

[2] Para contato com o autor: Centro Bíblico Verbo – R. Verbo Divino, 993, São Paulo. *E-mail*: jademarkaefer@yahoo.com.br

Abstract: "The love of money" appears to be a characteristic of our present time. The Book of Qohelet is also involved with this problematic. We place it in the first half of the third century BCE, probably during the reign of Ptolomy Philadelphus (282-246 BCE). This is a period of great economic flourishment. One of the principal factors of this growth is the intensification of the use of "coin" *kesep*. The *kesep* energizes the commerce and consequently, creates a new class, an economic class that is of those who concentrate the wealth. Parallel to the use of coin is the intensification of slavery. In no other moment of history had slavery reached such large dimensions. The force of slave labor is amply imposed to improve riches to be converted to *kesep*. Qohelet observes these two antagonistic realities and points out that the "love of *kesep*" inverts things. Life comes to be just "laborousness" *'āmāl* and "weariness" *'inyān* in the search of "profit" *yitrôn*. The "produce of the fields" lose its function to nourish and comes to be stockpile, "guarded" to be transformed in *kesep* and to satiate an insatiable hunger. This, says Qohelet, is a "sickly evil", an enormous "emptiness" *hebel*.

No final de um milênio e início de outro, o Programa das Nações Unidas para o Desenvolvimento mostrava este deprimente quadro da situação da população mundial.

> O número absoluto de pobres no mundo triplicou em 50 anos e chega a 1,3 bilhão de pessoas, pouco superior à população da China e equivalente a 22,8% do total mundial (5,7 bilhões de pessoas). Em 1947, o total de pobres correspondia a cerca de 17,4% da população mundial. No mesmo período, as riquezas mundiais cresceram sete vezes, e o número de ricos dobrou, ampliando as desigualdades sociais. Os 20% mais pobres do mundo detêm só 1,1% das riquezas, e a subnutrição afeta 840 milhões.[3]

Esta é a triste realidade do início do terceiro milênio: o grande aumento da riqueza e ao mesmo tempo a elevação da pobreza. Enquanto a cada cinco segundos uma criança morre de fome no mundo, e por ano ao menos cinco milhões,[4]

---

[3] *Folha de S. Paulo,* São Paulo, p. A 1, 17 out. 1997.

[4] Relatório anual da FAO (Organização das Nações Unidas para a Agricultura e Alimentação). *Folha de S. Paulo,* p. A 16, 9 dez. 2004.

só em 2004 o orçamento em armas dos Estados Unidos foi superior a 400 bilhões de dólares. Nunca na história a humanidade atingiu um nível tecnológico tão elevado nem as guerras, os impérios e a fome mataram tanto. Jamais se registrou um acúmulo de riquezas tão grande nem faltou tanto alimento.

Um livro bíblico que pode ajudar-nos a refletir sobre esta realidade, talvez melhor do que outro qualquer, é o livro de Coélet. Nos dias de Coélet também foi registrado um enorme crescimento econômico mundial, ao mesmo tempo em que se presenciava um incremento da população escrava como não se havia visto até então. Considerando a grande distância que separa as duas realidades, entendemos que as reflexões de Coélet auxiliam-nos a entender melhor nosso mundo atual. Vejamos!

O livro de Coélet

O livro de Coélet é conhecido pela sua complexidade: "Só uma singular vaidade ou uma rara inconsciência pode levar alguém a escrever sobre o Eclesiastes", afirma Jacques Ellul[5] na introdução de seu estudo. Zapletal, em 1911, dizia que "não há nenhum livro do Antigo Testamento no qual se acredita encontrar tantos erros filosóficos e teológicos como o de Coélet"[6]. S. Wright, de modo racista, escreve: "O livro do Eclesiastes poderia ser chamado a ovelha negra da Bíblia".[7] O mesmo pergunta: "Com base em que você defenderia a inclusão do Eclesiastes no Cânon?". "É um livro estranho", diz Haroldo de Campos: "Parece um fragmento insurrecto, imbricado anacronicamente no 'cânon bíblico'".[8] "Um livro confuso", contesta Castellino.[9] E, para fechar, mencionamos a frase conhecida como a maldição de F. Delitzsch: "Todas as tentativas para mostrar na totalidade da obra

---

5   ELLUL, Jacques. *La razón de ser*. Meditación sobre el Eclesiastés. Barcelona, Herder, 1989. p. 17.

6   Citado por VÍLCHEZ, José. *Eclesiastés o Qohelet*. Estella, Verbo Divino, 1994. p. 33.

7   WRIGHT, J. Stafford. The Interpretation of Ecclesiastes. In: ZUCK, Roy B. (ed.). *Reflecting with Salomon*. Selected Studies on the Book of Ecclesiastes. Michigan, Baker Books, 1994. p. 17.

8   CAMPOS, Haroldo de. *Qohelet / O-que-sabe*. São Paulo, Perspectiva, 1990. p. 17.

9   CASTELLINO, George R. Qohelet and his Wisdom. In: ZUCK, Roy B. (ed.). *Reflecting with Salomon*, cit., p. 31.

não somente a unidade de inspiração, mas uma progressão genética, um plano de conjunto e uma estrutura orgânica fracassaram até o presente e fracassarão para o futuro".[10]

De fato, o livro de Coélet foi pouco compreendido na história do estudo bíblico. Não é citado no Novo Testamento e somente é lido uma vez no anuário litúrgico católico. Porém, nos últimos anos esta imagem está mudando. Coélet vem ocupando um novo espaço. Novas leituras vão resgatando sua importância. Esse resgate se deve, principalmente, ao novo enfoque ligado ao contexto social. Lido a partir do contexto latino-americano, Coélet é compreendido. De "velho pessimista", como sempre foi interpretado, Coélet passa a denunciante de injustiças, incitante à vida e utópico. É o novo profeta dos tempos modernos.

O autor

Descobrir quem são os autores dos livros bíblicos nem sempre é fácil. Às vezes, impossível. Em muitos casos, o máximo que podemos alcançar são alguns traços que não permitem decifrar claramente a fisionomia de quem está por trás do texto sagrado. Mas, mesmo assim, esses vestígios, por mais insignificantes que possam parecer, são de fundamental importância para um estudo bíblico sério. No caso do livro de Coélet, não é diferente. Ao contrário, ele é um exemplo clássico. Aliás, nem bem sabemos se é correto perguntar sobre o autor. Não seria melhor perguntar quem é Coélet?[11]

Essa é uma pergunta que já foi motivo para muita pesquisa. Até o início do século XIX, acreditava-se piamente que o autor era o rei Salomão. No final desse mesmo século surge a teoria de que o livro fora escrito por vários autores. Chegou-se a defender a tese de nove autores. Mais tarde a teoria dos vários autores foi reduzida a quatro: Coélet, o autor principal; o ḥasid, "piedoso"; o ḥakam, "sábio"; e o editor.[12]

---

[10] Veja comentário ao livro de Coélet de F. Delitzsch, 1877, p. 195, citado por Glasser, Étienne. *O processo da felicidade por Coélet*. São Paulo, Paulus, 1975. p. 8.

[11] Coélet aparece sete vezes no livro todo (1,1.2.12; 7,27; 12,8.9.10).

[12] Veja Vílchez, *Eclesiastés...*, cit., pp. 48-54.

Atualmente a teoria que predomina é a de um único autor principal.[13] Coélet teria sido um sábio judeu (1,3-4; 2,16; 12,9), em idade avançada, de preferência, com formação grega, que ensinava, com uma visão crítica, os filhos da aristocracia judaíta de Jerusalém. Coélet é comumente denominado de "pregador". Esse cognome deriva da raiz da própria palavra Coélet, *qahal*, em hebraico, que significa "reunir, congregar". Por ser um particípio, a palavra Coélet é mais bem traduzida como "aquele que reúne, que fala na assembléia, o pregador".[14] A palavra "assembléia" é transcrita no grego por *ekklesia*. Daí, em português, "Eclesiastes", como é conhecido o livro de Coélet. Como vemos, não é uma tradução muito apropriada.

O curioso nisso tudo é que a forma Coélet, em hebraico, é um particípio feminino singular. Isto é, sua terminação é feminina. Nunca é usada desta maneira no resto da Bíblia.[15] Outra curiosidade é que, apesar da terminação da palavra Coélet ser feminina, todos os verbos ou pronomes que a regem são masculinos, à exceção de 7,27.[16]

Coélet, de fato, não mostra seu rosto, pelo menos não de maneira visível. Às vezes, dá a impressão de que seus rastros foram apagados intencionalmente. A única coisa de seguro que temos é o seu nome enigmático. Como identidade, o que encontramos em sua obra é alguém que critica, aconselha e, principalmente, que denuncia. O destinatário principal não são estudantes, como normalmente se afirma, mas o *'ādām*, "comerciante", com mentalidade grega. Coélet é alguém que conhece a realidade do seu povo, que vê a opressão, mas que também sabe das tramas comerciais e pecuniárias existentes no meio aristocrático. Enfim, identificamos Coélet com alguém que, do meio dos conflitos e conspirações da elite de Judá, sai em defesa do empobrecido e do escravizado. E nesse meio popular descobre o "bom", que *'elōhîm* oferece ao *'ādām*.

---

[13] Ou, mais especificamente, de três autores: um que escreveu o título (1,1); outro, o corpo (1,2–12,8); e um terceiro, o epílogo (12,9-14).

[14] Entre outros, Schökel, Luis Alonso. *Dicionário bíblico hebraico-português*. São Paulo, Paulus, 1997. p. 573.

[15] Apesar de, na Bíblia, ainda designarem uma função, os particípios femininos podem, em alguns casos, ser usados como nomes próprios (veja Esd 2,55-57; Ne 7,57-59).

[16] Daí Ana Maria Rizzante Gallazzi e Sandro Gallazzi (O teste dos olhos, o teste da casa, o teste do túmulo. *RIBLA*, n. 14, pp. 50-72, 1993) afirmarem que Coélet é uma mulher.

Estrutura do livro

Encontrar a estrutura de uma obra é fundamental para entender o melhor possível a intenção do autor ou da autora. Quanto melhor compreendemos a maneira de organizar um texto, tanto mais nos aproximamos do conteúdo da mensagem. Através da estrutura do livro, descobrimos o que é importante e o que é secundário para o autor. No entanto, isso nem sempre é fácil. Esse é o nosso caso. Paralelamente ao enigma do autor, caminha a ambigüidade da estrutura.

Muito já se estudou e muitas propostas já surgiram; porém, nenhuma convincente ou que tenha alcançado certa unanimidade entre os estudiosos. Por enquanto a maldição de F. Delitzsch se mantém.[17]

Atualmente há duas tendências: uns opinam que não existe uma estrutura que abarque o conjunto do livro e outros defendem uma estrutura da obra toda. Entre estes últimos, uma proposta que conseguiu atrair grande número de adeptos foi a do biblista alemão N. Lohfink.[18] Este autor apresenta a seguinte proposta:

1,2s:	Marco (enquadramento)
1,4-11:	Cosmologia
1,12–3,15:	Antropologia
3,16–4,16:	Crítica à sociedade I
4,17–5,6:	Crítica à religião
5,7–6,10:	Crítica à sociedade II
6,11–9,6:	Crítica à ideologia
9,7–12,7:	Ética
12,8:	Marco (enquadramento)

---

[17] Veja p. 273.

[18] Lohfink, Norbert. *Kohelet*. Stuttgart, Echter Verlag, 1980. p. 10. Entre nós, por exemplo, quem literalmente segue esta proposta é Storniolo, Ivo & Balancin, Martins Euclides. *Como ler o Livro do Eclesiastes: trabalho e felicidade*. São Paulo, Paulus, 2002. Veja também Michaud, Robert. *Qohelet y el helenismo*. Estella, Verbo Divino, 1988.

Os versículos 1,1 e 12,9-14 seriam acréscimos do editor.

Como se vê, Lohfink defende uma estrutura concêntrica para o livro de Coélet. O centro da obra seria a crítica à religião (4,17–5,6). No entanto, ela é questionável, pois, para que uma estrutura seja concêntrica, necessita-se que o centro esteja relacionado, pelo menos implicitamente, com toda a obra. E isso não ocorre. À exceção do texto mencionado, a crítica à religião não reaparece mais no livro de Coélet.[19]

Um dos grandes problemas que se tem encontrado para definir uma estrutura única são as contradições que existem nas reflexões de Coélet. Por exemplo, em 7,1a lemos: "mais vale um bom nome que um perfume fino"; mas em 9,8b encontramos: "não falte o perfume sobre a tua cabeça"; ou, ainda, em 7,26a: "mais amarga que a morte é a mulher"; porém, em 9,9a, diz: "goza a vida com a mulher amada". Para solucionar estas contradições, ultimamente uma teoria, que nos parece bastante convincente, vem ganhando forças. É a assim chamada: "teoria das citações".[20] Segundo tal teoria, as contradições ou tensões não seriam outra coisa senão um método usado pelo autor. Coélet citaria uma opinião com a qual ele não concorda e a rejeita. Por exemplo, 7,1a e 7,26a seriam dos adversários de Coélet; 9,8 e 9,9a pertenceriam ao próprio Coélet, contestando seus oponentes. Neste mesmo plano pode ser comparado 4,2-3 e 6,4-5 com 9,4-6.

Particularmente, consideramos que é importante mencionar que a obra de Coélet está claramente dividida em duas grandes partes: uma que vai dos capítulos 1–6 e outra que abrange os capítulos 7–12. A primeira parte (1–6) aponta, principalmente, para o cotidiano vivido "debaixo do sol". Aqui encontramos as observações de Coélet que mostram os problemas sociais, econômicos, políticos e ideológicos existentes nos dias de Coélet. Os temas centrais são o trabalho, a riqueza, a opressão, o dinheiro, a sabedoria e a autoridade. Tanto é que o verbo ver (r'h), marca do estilo observador de Coélet, é usado em sua maioria na pri-

---

[19] Na América Latina, quem se empenhou no estudo da estrutura do livro de Coélet foi Irene Stephanus (veja *RIBLA*, n. 15, pp. 60-67, 1993). Irene procura fundamentar a estrutura do livro a partir da palavra hebraica *hebel*.

[20] Veja Schwienhorst-Schönberger, Ludger. Das Buch Kohelet. In: Zenger, E. (ed.). *Einleitung in das Alte Testament*. 5. ed. Stuttgart/Berlin/Köln, 2001. pp. 337-341.

meira parte. O mesmo ocorre com a palavra *hebel*, outra marca com a qual Coélet denomina toda a realidade observada "debaixo do sol".

Não se pode negar, no entanto, que encontramos, nesta primeira parte, passagens que destoam um pouco do conjunto. O exemplo maior é o belo hino sobre o tempo para fazer as coisas (3,1-8). Foram textos como esses que levaram alguns estudiosos a especularem sobre as diversas e possíveis influências que Coélet teria recebido de outras culturas. Nesse particular, G. Ravasi faz uma vasta apresentação sobre o que ele chama de "os mil Coélets".[21]

A segunda parte (7–12) é de caráter mais sapiencial. Resume-se em conselhos, refrões populares e críticas, estas predominantemente à sabedoria oficial. Pareceria que, como na parte anterior Coélet apresentou a realidade que viu debaixo do sol, agora a sua preocupação seria a de como sobreviver dentro dessa realidade opressora, vazia e cheia de contradições. Por isso a insistência nos provérbios práticos e na sabedoria popular. Vejamos!

Um breve olhar sobre o conjunto da obra

Logo no princípio do livro (1,3), Coélet faz a grande pergunta que praticamente permeia toda sua reflexão: "Que lucro tira o '*ādām* de toda a sua trabalheira com que se cansa debaixo do sol?". Entender esta pergunta é chave para compreender o teor crítico do livro de Coélet.

Feita a pergunta, Coélet começa sua argumentação para lhe dar uma resposta convincente. Sua conclusão é a de que não há nada de novo debaixo do sol (1,9), pois as gerações continuam indo e vindo, o sol continua se levantando e se deitando, o vento continua dando suas voltas, todos os rios continuam correndo para o mar, e o olho continua não se fartando de ver nem o ouvido de ouvir (1,4-8).

Para aprofundar esta resposta, Coélet se coloca no lugar de um rei sábio e rico que se pôs a examinar tudo o que existe debaixo do céu[22] (1,13). A conclusão de sua observação é a de que tudo o que se faz debaixo do sol é uma "canseira", '*inyān*; é um castigo de Deus, assim como em Gn 3,17-19; é um "vazio", *hebel*.

---

[21] Ravasi, Gianfranco. *Coélet*. São Paulo, Paulus, 1993. pp. 282-350.
[22] Debaixo do céu e debaixo do sol são duas dimensões diferentes para Coélet.

Esse mesmo rei, no intuito de experimentar a alegria e alcançar a felicidade, faz imensas obras: ergue palácios, planta vinhedos, edifica jardins, constrói reservatórios de água para regar suas plantações, compra escravos, adquire rebanhos, acumula riquezas, ouro e prata, como ninguém havia feito até então (2,1-10). No final, novamente a mesma decepção: toda essa trabalheira não passou de um *hebel*, "vazio", um correr atrás do vento. Tudo debaixo do sol, expressão que só no capítulo 2 é usada seis vezes, é vazio, é *hebel*.

Finalmente, depois de dedicar a vida inteira para encontrar a felicidade, com muita "trabalheira", *'āmāl*, e "canseira", *'inyān*, Coélet descobre que a receita para a felicidade está mais perto do que se imagina. A felicidade consiste em comer e beber, fruto do seu trabalho (2,24-25). Esta é a grande sabedoria que Deus deu ao *'ādām*. A tarefa de acumular, ao contrário, é um castigo de Deus (2,26).

Como reforço para seu argumento, Coélet recorre a um belo hino (vv. 1-8), que provavelmente não é seu, pelo menos não na íntegra, no qual ele busca mostrar que debaixo do céu cada coisa deve ser vivida no seu tempo. O hino do tempo e o estribilho de Coélet (2,24-25) se complementam.

Concluído o hino do tempo, poderíamos tomar como finalizada a reflexão de Coélet, a qual começou com uma pergunta sobre o sentido da "trabalheira", passou pelo relato da tentativa de um rei sábio e rico que realizou muitas obras na busca da felicidade, e finalizou com a descoberta de que a felicidade é simplesmente comer e beber, desfrutando do resultado do seu trabalho. Porém, a reflexão continua. Coélet retorna à pergunta inicial: "Qual é o lucro de tanta trabalheira?" (3,9). E novamente conclui que a felicidade é trabalhar o suficiente para comer e beber (3,12).

Coélet, portanto, usa em sua reflexão um estilo tipicamente semita: a progressão em forma de espiral. A argumentação retoma o começo, mas acrescenta sempre algo novo, de maneira que não é mera repetição.

Feita a pergunta e dada a resposta, Coélet volta a seu posto de observação (3,16)[23] e vê mais uma triste realidade: debaixo do sol, em vez do direito se encontra o delito, em vez da justiça, a injustiça. Porém, diz Coélet: Deus vai julgar

---

[23] Um dos verbos prediletos de Coélet é o verbo *r'h*, "ver", usado nada menos que 47 vezes.

o justo e o injusto, pois ninguém pode escapar da morte: "tudo vem do pó e tudo volta ao pó" (3,20). Por isso, mais uma vez ele repete: a felicidade para o *'ādām* é alegrar-se com a porção das suas obras (3,22).

Do seu posto de observação, Coélet amplia o raio de visão e percebe mais opressões debaixo do sol. Ele vê o sofrimento dos oprimidos e a força dos opressores (4,3); a competição entre pessoas (4,4), que alimenta o egoísmo a ponto de haver gente que prefere ficar sozinha, sem família, sem filhos, para poder trabalhar mais e não precisar repartir seus bens. Uma trabalheira sem-fim, diz Coélet, pois os olhos do *'ādām* não se saciam de ver riquezas. Para que trabalhar tanto e se privar da felicidade, pergunta ele (4,7). Isso tudo não passa de *hebel*, "vazio". Mais vale dois que um, pois, se um cai, o outro ajuda a levantar. Se faz frio, um pode aquecer o outro, mas, se estiver sozinho, como vai aquecer-se (4,9-12)?

Coélet também tem algo a dizer sobre o Templo. Apesar de ser aqui mais brando, Coélet não deixa de fazer suas críticas àqueles que vão à casa de Deus para oferecer sacrifícios (4,17–5,6). Coélet não é a favor das muitas palavras, nem das muitas promessas quando se vai à casa de Deus. Muito melhor do que o palavrório é o silêncio, a escuta. Acima de tudo, porém, está o temor a Deus (5,6).

Terminada a crítica àqueles que vão ao Templo, Coélet volta seu olhar para o que se passa na província (5,7-19). A essa unidade, que consideramos o centro do livro de Coélet, dedicaremos uma análise mais detalhada. A ela voltaremos mais tarde.

A partir do capítulo 7 acontece uma grande mudança. A atitude observadora de Coélet dá lugar aos conselhos. Aqui também são mais evidentes as famosas contradições que aparecem no livro. Por exemplo, em 7,1a diz: "mais vale um bom nome do que um bom perfume"; em 9,8 fala: "não falte o perfume em tua cabeça". Em 7,26a declara: "mais amarga que a morte é a mulher" (7,26a); em 9,9a sentencia: "desfruta a vida com a mulher que amas" (9,9a).[24] Parecem opiniões

---

[24] Como já dito, para solucionar as contradições existentes no livro de Coélet, ultimamente uma proposta vem ganhando forças. É a: "teoria das citações" (veja Schwienhorst-Schönberger, Das Buch Kohelet, cit., pp. 380s.). Segundo esta teoria, as contradições ou tensões não seriam outra coisa senão um método usado pelo autor: Coélet citaria uma opinião com a qual ele não concorda e a rejeita. Por exemplo, 7,1a e 7,26a seriam conceitos dos adversários de Coélet;

de autores diferentes. Uma possibilidade pode ser que os conselhos de caráter pessimista, os quais destoam do jeito prático de Coélet, sejam do mesmo autor do primeiro epílogo (12,9-11), que trata exatamente da correção dos provérbios e da sua função repreensiva.

A ênfase sapiencial desta segunda parte do livro (7-12) leva a que um dos temas centrais seja a "sabedoria". Tanto é que, só no capítulo 7, esta palavra se repete sete vezes. Também aqui se opõem dois conceitos: o da sabedoria oficial, instituída, e o da sabedoria popular.

A partir de 8,9, Coélet retorna ao seu posto de observação e retoma sua crítica acirrada contra tudo o que se comete debaixo do sol. A crítica aqui vai especialmente contra a competição (8,9) e contra a impunidade dos injustos (8,10-14). Isto também é *hebel*, "vazio", diz Coélet. E mais uma vez ele canta sua música para o *'ādām*: a alegria está em comer e beber, usufruindo do seu trabalho (8,15). Crítico ferrenho da teologia da retribuição, Coélet anuncia que todos têm o mesmo destino. Todos, justo ou ímpio, vão para o Xeol (9,1-6.11).[25] E, pela última vez, Coélet repete seu refrão: come o teu pão com alegria, bebe teu vinho com gosto, vista a melhor roupa, perfuma a cabeça e desfruta a vida com a mulher amada (9,7-10).

A partir de 9,13, volta à tona o tema da sabedoria "debaixo do sol". O contraponto se dá entre o "sábio", *hākām*, e o "insensato", *kesîl*. Coélet é contra o uso de muitas palavras (9,17; 10,12-14). Enquanto o autêntico sábio usa poucas palavras, o insensato multiplica o palavreado (10,14a).[26] Dois exemplos ilustram a insensatez reinando no país: um é o da cidade salva por um sábio pobre, mas que não é lembrado (9,13-14); e o outro é o dos insensatos que ocupam altos postos no governo do país (10,5-6.16-19) e, em cujo meio, as relações são de desconfiança e de espreita (10,20).

Com o capítulo 11, começam a baixar as cortinas da obra de Coélet. Antes do final, porém, ele ainda apresenta uma seção de conselhos, quase todos relacio-

---

9,8 e 9,9a, do próprio Coélet, contestando seus oponentes. Neste mesmo plano, compare 4,2-3 e 6,4-5 com 9,4-6.

[25] Tudo indica que Coélet não é partidário da ressurreição.

[26] Veja 4,17–5,6.

nados à prevenção (11,1-6). Em 11,7 se inicia a clausura com uma linda poesia. Usando muitas metáforas, Coélet quer lembrar mais uma vez ao 'ādām que a vida foi dada por 'elōhîm e a ele voltará (11,7–12,7). E o conselho que Coélet dá é que, antes que esta hora chegue, ele se alegre com todos os anos da sua vida (11,8).

O helenismo

Existe uma grande unanimidade entre os estudiosos, à qual nos somamos, em localizar o livro de Coélet entre o final do século IV e início do século III a.C. Esse é o período em que os gregos, especificamente os ptolomeus, a partir do Egito, dominavam Judá. Se assumimos isso, então é imprescindível, ainda que brevemente, uma abordagem do que foi o helenismo e o que significou para o povo de Israel. Só assim poderemos nos aproximar do mundo de Coélet e, a partir dele, entender o que escreveu.

É em 2Mc 4,13 que encontramos pela primeira vez o termo "helenismo", como a manifestação da cultura e religião grega. É também 2Mc que emprega pela primeira vez o termo "judaísmo", para denominar a religião judaica (2Mc 2,21). Nos tempos modernos, foi Johann Gustav Droysen (1808-1884) quem primeiro caracterizou o helenismo como a fusão das culturas grega e oriental a partir das conquistas de Alexandre Magno.[27] Sabemos, no entanto, que o conceito tem sido usado de diferentes modos, o que demonstra sua complexidade. Entendemos que o fenômeno não pode ser limitado simplesmente a um aspecto cultural, político, socioeconômico ou religioso, mas que inclui todos eles. Normalmente se considera o início da expansão do helenismo a partir das conquistas de Alexandre, o Grande. Seu começo, no entanto, está situado muito antes. Seus primeiros agentes, comerciantes e mercenários gregos já os encontramos durante o domínio persa (539-333) e talvez antes.[28] Uma confirmação disso é o testemunho do orador Isócrates (436-338) no enaltecimento a Atenas, por ela "fazer com que o nome grego já não seja o de uma raça, mas o de um modo de pensar, e que se chame gregos não somente aos que têm a mesma origem que nós, mas a todos os

---

[27] HENGEL, Martin. *Judaism and Hellenism*. London, SCM Press, 1974. v. 1, p. 2.

[28] Veja MOMIGLIANO, Arnaldo. *Alien Wisdom*. The Limits of Hellenization. New York, Cambridge University Press, 1998. pp. 74-77.

que compartem nossa educação".[29] Assim como precede a Alexandre, o helenismo também não termina com o domínio grego, mas sobrevive e até se fortalece no Estado hasmoneu e mesmo no reinado romano.

Nossa atenção, no entanto, está centrada na expansão da Grécia no final do século IV a.C.: a ação político-militar de Alexandre, seguida da penetração econômico-cultural na região de Judá, sob o governo dos ptolomeus, e a reação do leste, principalmente na esfera econômica e religiosa, aceitando ou rejeitando este fenômeno. Tal etapa é comumente conhecida como período helenístico.

A novidade do helenismo

Por volta de 350 a.C., pela primeira vez na história, o centro de gravidade começa a mudar do Oriente para o Ocidente. A hegemonia dos persas, que haviam reinado sobre o mundo desde a queda da Babilônia, começa a ser ameaçada por um rei que surge do norte da Grécia, Felipe II, rei da Macedônia. A grande oponente de Dario III, rei dos persas, estava sendo a união das cidades-estado gregas em torno de Filipe II. Essa unidade, no entanto, só chega a concretizar-se plenamente com a subida ao poder do filho de Filipe, Alexandre, o Grande.[30]

Alexandre, depois que seu pai havia conquistado todos os estados gregos pela força militar, faz uso dessa ideologia do "somos iguais entre nós, mas diferentes e superiores aos outros", para dar corpo, consciência e objetivo a seu exército. O espírito grego primeiro revelou sua superioridade através da perfeita e superior técnica de guerra.[31] No campo militar, a grande novidade da política grega foi a introdução da falange, uma tática militar, também conhecida como infantaria, utilizada nas batalhas. A tudo isso se somava a construção de máquinas de guerra cada vez mais poderosas, grandes navios e fortes colossais.

O motor do helenismo, no entanto, foram as novas relações econômicas fomentadas pelos gregos e, a partir delas, o crescimento do capital. A intensificação econômica se dava graças ao livre comércio desenvolvido nas cidades, *polis*. As

---

[29] Citado por MICHAUD, *Qohelet...*, cit., p. 13.

[30] A forma monstruosa com que se vai caracterizar este novo império é muito bem descrita por Dn 7,7.

[31] HENGEL, *Judaism and Hellenism*, cit., p. 12.

cidades da costa do Mediterrâneo, assim que conquistadas por Alexandre, foram transformadas em grandes centros do helenismo. Ou seja, a diferença fundamental do império grego em relação aos outros impérios consiste no novo sistema de exploração. O modo de produção tributário, que era o meio de exploração dos impérios anteriores, centralizados no palácio do rei e no Templo, passou a ser substituído pelo livre comércio desenvolvido pela *polis*, mais sofisticado e mais refinado (1Mc 10,25-45).

Outro elemento, tão importante quanto a *polis*, é o escravismo. A grande novidade do helenismo era a capacidade e a agilidade de transformar a mercadoria em riqueza e vice-versa. A possibilidade de enriquecer despertou cada vez mais a procura desesperada de bens para comercializar. Essa demanda, por sua vez, começou a exigir uma maior produção desses bens comerciáveis. Enfim, era necessário produzir mais e mais para abastecer o mercado. O modo de produção dos impérios anteriores já não respondia à demanda do mercado do novo império. Para solucionar essa falta de produtos comerciáveis, os grandes comerciantes das *polis*, cujo poder ia crescendo dentro do Estado, passaram a criar um novo sistema de produção: o escravismo. 1Mc 3 e 2Mc 8 apresentam um panorama bastante nítido desse novo sistema de produção através do ávido comércio de escravos, mostrando, por sua vez, que os grandes comerciantes foram seus principais agentes.

O comércio de escravos não resultou da conquista dos macedônios. Por volta do ano 400 a.C., tal comércio já era uma prática constante entre os comerciantes gregos (Jl 4,3-6; Ne 5,1-5). O escravismo, porém, intensificou-se enormemente no início do império grego. As cartas de Aristeas 12–27 alegam que Ptolomeu I (305-282 a.C.) deslocou 100.000 homens da terra dos judeus para o Egito, escravizando todos aqueles que não eram aptos para lutar no seu exército. Flávio Josefo confirma essa prática ao comentar sobre o grande número de judeus deportados para o Egito por Ptolomeu Soter.[32]

---

[32] JOSEFO, Flávio. *História dos hebreus*. São Paulo, Ed. das Américas, [s.d.]. v. 3, p. 251. Veja também 1Mc 10,33. Durante o domínio persa, o escravismo já se intensificara, bem como o comércio de escravos (Ne 5,1-5). Neemias fala que 1/7 da população total de Jerusalém era escrava (Ne 7,67). Quando os gregos surgem no horizonte, como o grande império, o escravismo se impõe forçosamente como novo modo de produção. No início do império grego, em

Os bens produzidos em larga escala pelos escravos e comercializados nas *polis* geram um excedente que permitiu a formação de uma elite pensante, uma classe social que, graças ao trabalho escravo, pôde sentar e estudar, produzir arte, literatura, teatro, esportes etc. O livre mercado grego das *polis*, assentado sobre a exploração do trabalho escravo, desenvolveu-se a ponto de criar um excedente tal que possibilitou o surgimento dos maiores pensadores, estudiosos e escolas que o mundo havia visto até então. É em Alexandria, com seu museu, sua célebre biblioteca, seus milhares de estudantes, que surge o primeiro centro universitário. A filosofia emergente no mundo grego, por sua vez, já bem antes das conquistas de Alexandre, ia dando cada vez maior respaldo ideológico às novas políticas do Estado. Não é por acaso que o próprio Alexandre Grande tenha sido o mais nobre aluno do grande filósofo Aristóteles, e Ptolomeu Soter, um seguidor fervoroso das idéias do renomado pensador.

Em síntese, o helenismo produziu duas grandes classes: os cidadãos livres, voltados ao comércio, à política, à arte e à filosofia; e os escravos, que eram os que produziam na base o excedente que mantinha àqueles. Para os primeiros, o helenismo era a grande novidade do século; para os últimos, significava ser vendido como instrumento de trabalho.

O estudo de Ecl 5,7-19

A análise mais detalhada de uma perícope nos ajudará a compreender melhor esse período histórico, bem como a crítica à ideologia helenista. Optamos por 5,7-19 porque pensamos que este texto expressa, de maneira bem abrangente, o pensamento de Coélet. Vejamos!

Tradução

⁷ Se a opressão do empobrecido e o roubo do direito e da justiça vês na província, não te assombres sobre esse projeto. Eis que: um superior está sobre outro

---

309 a.C., mais da metade da população na Grécia era escrava. Foram contados 400 mil escravos em Ática nesse tempo (veja McKenzie, John S. *Dicionário Bíblico*. São Paulo, Paulus, 1983; Michaud, *Qohelet...*, cit., pp. 117-119; e Hengel, *Judaism and Hellenism*, cit., pp. 39-42).

superior vigiando e estes têm outros superiores sobre eles. [8] E o lucro de toda a terra é para ele. Para o rei é o campo escravizado.

[9] Quem ama o dinheiro não se sacia de dinheiro. E quem ama a abundância não se sacia dos produtos do campo. Em especial, isto é vazio. [10] Ao aumentar os bens, aumentam os seus devoradores. E que vantagem há para os seus senhores senão ver com os olhos? [11] Gostoso é o sono do escravizado, se pouco ou se muito come. Mas para a saciedade do rico não existe descanso nem para ele dormir.

[12] Existe um mal doentio que vi debaixo do sol: riqueza guardada para o seu senhor, para o mal dele.[13] E ele perde esta riqueza em canseira má. Gerou um filho, mas não existe mais nada em sua mão. [14] Como saiu do ventre da sua mãe, nu voltará, para ir como veio. E nada levará de sua trabalheira em sua mão. [15] E, em especial, isto é um mal doentio. Totalmente, como veio, assim irá. E que lucro para ele que trabalha para o vento? [16] Em especial, todos os seus dias come na escuridão em meio a muita irritação, doença e fúria.

[17] Eis o que eu vi que é bom e belo: comer, beber e ver. Todos os bens da sua trabalheira, que trabalhou debaixo do sol, do número dos dias da sua vida, que Deus lhe deu, eis que isto é a sua porção. [18] Em especial, para todo *'ādām*, que Deus lhe deu riqueza, fortuna e poder, é para deles comer, e levar sua porção e se alegrar com sua trabalheira. Isto é dádiva de Deus. [19] Eis que ele não recordará muito os dias da sua vida. Pois Deus ocupará com alegria o seu coração.

Uma organização social em busca do "lucro"

Como se pode perceber, a perícope está estruturada em quatro partes. Na primeira (vv. 7-8), existe uma ênfase na estrutura social e administrativa vigente no tempo de Coélet. O chão que pisamos é de "opressão": o "empobrecido" é roubado no seu "direito" e na sua "justiça". Essa opressão é um processo em andamento: o pobre (*rôš*) está em vias de tornar-se mais pobre. Seu fim é ser "escravizado" (*'bd*, v. 11). Atrás desta situação existe um projeto (*hēpes*) meticulosamente estruturado. Tal estrutura é hierárquica: "superior sobre superior" (v. 7), e tem como topo a pessoa do "rei", *melek* (v. 8).

No tempo de Coélet, a pirâmide social e administrativa organizava-se mais ou menos da seguinte forma.

Em primeiro plano, estava o rei,[33] que se considerava filho do deus Amon-Rá.[34] Ele era o proprietário das terras, de tudo o que elas produziam e até das pessoas.[35] Em segundo plano, atuavam os administradores financeiros, que tinham sua sede central em Alexandria. No tempo de Ptolomeu II Filadelfo, o administrador financeiro era um tal Apolônio. Esse ministro contava com um secretário das finanças (*oikonomos*), cuja função principal era coletar impostos e canalizar todo o lucro resultante do comércio dos produtos do campo para o rei em Alexandria.[36] Na província de Judá, essa função ficava a cargo de um certo Zenão e da família dos tobíadas. No mesmo nível dos tobíadas agia o sumo sacerdote que governava o país. O administrador das finanças tinha a seu lado um oficial militar[37] e uma enorme quantidade de funcionários distribuídos nos diferentes níveis da hierarquia administrativa.[38] Entre todos esses níveis havia uma forte presença de vigias delatores do rei.[39] Em terceiro plano, encontravam-se os

---

[33] Poder-se-ia tratar do rei Ptolomeu Filadelfo (282-246) ou de Ptolomeu III Evergetes (246-222). Esse é um período em que os ptolomeus reiniciam a guerra contra os selêucidas. A guerra exige mais divisas, oriundas das províncias do império, bem como terras para os soldados. Isso explica a opressão e a disputa pela terra (vv. 7-8). É também um período tardio em que as *polis* gregas já estão em pleno auge, inclusive Jerusalém, o que explica a cobiça pelo "dinheiro". Visto desse ângulo, parece-nos interessante situar o livro de Coélet no reinado de Ptolomeu II Filadelfo (282-246). Conforme Martin Hengel (*Judaism and Hellenism*, cit., pp. 39-40), fundamentado em várias cartas desse período, a atividade comercial em Judá durante o reinado de Filadelfo foi muito intensa. Além disso, esse período não distancia muito a obra de Coélet de Primeiro Macabeus. De modo que vemos em Coélet um dos precursores do movimento macabaico.

[34] "Obedece à ordem do rei porque ele faz o que lhe agrada. Porque a palavra do rei é soberana, e quem lhe diria: 'que estás fazendo?'" (8,2-4).

[35] "E o lucro de toda a terra é para ele" (5,8).

[36] "E o lucro de toda a terra é para ele." (5,8).

[37] "Ai de ti país governado por um jovem, e cujos oficiais comem desde o amanhecer" (5,16).

[38] "Eis que: um superior está sobre outro superior vigiando e estes têm outros superiores sobre eles" (5,7).

[39] "Cuida de teus passos quando vais à Casa de Deus" (4,17); "nem em pensamentos amaldiços o rei, não amaldiços o rico, mesmo em teu quarto, pois um pássaro do céu poderia levar a voz, e um ser alado contaria o que disseste" (10,20).

comerciantes, uma nova categoria insurgente fomentada pelas idéias helenistas, ávidos de "dinheiro",[40] aos quais Coélet denomina de *'ādām*. Abaixo dos comerciantes viviam os pobres oprimidos.[41] E, por último, os escravos.[42/43]

A relação dentro da hierarquia era de "vigilância". O motor de toda essa estrutura e situação opressiva era o "lucro", *yitrôn* (v. 8), termo exclusivo de Coélet. O "lucro" era que punha em movimento a máquina que assolava o "empobrecido". Ele resultava do suor, do sofrimento e do sangue transformados em "dinheiro-moeda", *kesep*, e que era bombeado com muito sacrifício através dos canais do sistema até o cume da estrutura onde estava o "rei". E nesse movimento unicamente ascendente, boa parte do "lucro" vasava pelos tubos e escorria para as mãos de funcionários e prósperos comerciantes que garantiam a perpetuidade do sistema.

Depois de denunciar a opressão e a estrutura montada em torno dela (vv. 7-8), Coélet volta-se exclusivamente para a crítica ao *kesep* (dinheiro-moeda) e aos que buscam desmedidamente o "lucro" (vv. 9-11). Coélet percebe que a causa de toda situação vigente é o "amor ao *kesep*" (v. 9), um amor a uma coisa como se fosse uma pessoa ou um deus. Esse amor visa o objeto amado acima de qualquer coisa, o que Coélet chama de "fome que não se sacia" (v. 9). Por isso, o amante do *kesep* dedica a vida inteira a aumentar e acumular o objeto amado. Isso faz com que o amante veja as coisas somente em função do *kesep*, principalmente aquilo que pode ser comprado ou vendido, como os "produtos do campo" (v. 9). Estes já não existem para alimentar a fome natural, mas para saciar a fome insaciável de *kesep*. Por isso, Coélet denomina esse amor de *hebel*, "vazio" (v. 9). Um "vazio" em oposição ao "encher", ao "aumentar"; um "vazio" inconsistente, passageiro, sem vida.

---

40 "Quem ama o dinheiro não se sacia de dinheiro" (5,9).

41 "Se a opressão do empobrecido e o roubo do direito e da justiça vês na província, não te assombres" (5,7).

42 "Aí estão as lágrimas dos oprimidos, e não há quem os console" (4,1).

43 Veja STORNIOLO, Ivo & BALANCIN, Euclides Martins. *O livro do Eclesiastes*, cit., pp. 7-12; TAMEZ, Elsa. La razón utópica de Qohelet. *Pasos*, n. 52, p. 15; MICHAUD, *Qohelet...*, cit., pp. 116-118.

Mostrado o "amor" do amante, Coélet alerta para as preocupações e os sofrimentos diários daquele que ama a "riqueza". Ao conseguir acumular uma boa parte de *kesep*, aparecem outros famintos, "devoradores" de *kesep* (v. 10), iniciando-se uma competição voraz entre eles. E aí o amante entra num triste dilema: ele não pode consumir o *kesep* porque senão desaparece o objeto amado; se ele não consumir, outros consumirão. Resta-lhe, então, vigiar (v. 10). Uma vigilância sem sossego, sem descuido. Nessa vigilância, "não há sossego nem para dormir" (v. 11). O resultado final é: "não existência de vantagem". O amante acaba sendo escravizado, mais do que aqueles que ele escravizou para adquirir o amado *kesep*.

Coélet continua olhando para dentro do sistema e descobre, assim como viu a opressão no início, que o "amor ao *kesep*" é uma doença grave, um "mal doentio", *ra'ah holah* (vv. 12-16). Traduzido em miúdos, isso significa um desequilíbrio mental e afetivo. Essa doença foi trazida pelos que estão "debaixo do sol" (v. 12), ou seja, pelo império greco-egípcio. "Debaixo do sol" não é um espaço geográfico,[44] mas um modo de pensar e agir, uma ideologia do império.[45] Trazida pelos gregos, essa doença está contagiando muita gente em Judá. E é aí que se localiza o conflito de Coélet em relação a seus compatriotas que se deixam contagiar sem resistir. O sintoma mais comum dessa doença é "guardar *kesep*" (v. 12). Como ele é o deus dos contagiados, é preciso que seja guardado e vigiado. Em vez do deus velar pelo súdito, ele é que tem de cuidar do seu deus. E isso é um mal, repete Coélet, tanto para ele quanto para os escravos que precisam trabalhar para o acúmulo, vendo o produto do campo ser transformado em mero *kesep*.

A riqueza atrai outros famintos. Depois de muito sofrimento e *'inyān*, "canseira" (v. 13), para reunir uma grande, mas não suficiente, quantidade de *kesep*, eis que chega alguém, que Coélet chama de "devoradores", e que entendemos tratar-se dos funcionários do rei com seu exército, que toma o *kesep* e leva-o para longe. O amante, então, se encontra de mãos vazias. O pior é que agora ele já gerou um "filho", um *ben*, e sonhava ser este a extensão do seu existir, passando-lhe um dia a guarda da riqueza. Porém, não existe mais *kesep* para pôr "em sua mão" (v. 13). Sem *kesep* esta "mão" não terá mais poder para continuar oprimindo. Agora ele se encontra numa nudez total. Está como no dia do nascimento (v. 14). Depois de

---

44 Como o é a expressão "debaixo do céu" (1,13; 2,3; 3,1).
45 Veja Gallazi, "Eu e meus filhos...".

perder o *kesep*, o amante perdeu o rumo da vida. Já às portas da morte, olha para trás e vê que da sua vida de *'āmāl* "trabalheira" não ficou nada, nem nome, nem memória, nem sepultura. Na hora da morte "nada irá em sua mão". O amante, contra sua vontade, é obrigado a abrir as mãos e deixar o "dinheiro" cair delas. Só ficou "canseira", "trabalheira" e as "mãos vazias". Não viveu. Parece que nasceu, suspirou e morreu. Foi um *hebel* em pessoa. Por isso, Coélet reafirma: "isto é um mal doentio" (v. 15). O amante "assim como veio irá" (v. 15). O seu precioso e tão buscado *yitrôn*, "lucro", se resumiu em um "cansar-se para o vento" (v. 15). E Coélet insiste em recordar o sofrimento do amante e conta que os seus últimos dias são de "miséria", "irritação" e "fúria" (v. 16), uma doença que vai consumindo-o pouco a pouco. Ao morrer pobre sucede aquilo que o amante mais temia: morrer sem *kesep*.

Esta insistência de Coélet em mostrar o engodo que significa o amor ao *kesep* tem como fim abrir os olhos do rico comerciante amante da riqueza. Seu objetivo é conduzir o amante a uma possível conversão. Por isso, depois de não deixar nenhuma saída, Coélet mostra uma alternativa bem simples, contrária ao acúmulo, de como evitar todo esse sofrimento.

A alternativa nasce da capacidade observadora de Coélet. Como é impossível encontrar coisa boa "debaixo do sol", Coélet volta-se para o seu povo e encontra no meio dos "empobrecidos", dos "escravizados", a solução para curar a doença do "amante do *kesep*" (vv. 17-19). Como todo doente tem seu organismo debilitado, necessita alimentar-se bem. É, portanto, da cozinha que sai a receita para o bem viver: "comer e beber, eis que isto é bom", diz Coélet (v. 17). Trocando em miúdos, a nova proposta consiste em recuperar o fim original dos produtos do campo. Vistos "debaixo do sol" pelo seu valor comercial, os "produtos do campo" são transformados em *kesep* e "guardados", estocados, para a satisfação do seu amante. Coélet diz que isso traz cansaço, sofrimento, doença e morte. O "bom" dos "produtos do campo" é "comer e beber" deles. É para isso que tem sentido a "trabalheira". Limitar-se a consumir o fruto do seu trabalho, isto é suficiente. O resto traz infelicidade.

Repentinamente (v. 18) Coélet dá um nome ao "amante do *kesep*", chama-o de *'ādām*.[46] Logo nos vem à memória o *'ādām* criado por Deus no princípio (Gn

---

[46] Expressão que Coélet usa 46 vezes.

1,1–2,4a). De fato, Coélet está com um olho no Gênesis, quando *'elōhîm* criou o *'ādām* e o colocou no Éden para que fosse feliz. A situação que aqui encontramos é completamente diferente: o *'ādām* se perverteu, é infeliz e está doente. Aqui ele não passa de um comerciante, amante do *kesep*. A esse *'ādām* contagiado, Coélet diz que, de toda a "riqueza" e "fortuna" que ele adquiriu, o que vem de *'elōhîm* é aquilo que ele pode comer. Isso é "bom". O resto é "doença" e "mal". O "bom" anunciado por Coélet também nos lembra o "bom", *tob*, do Gênesis: tudo o que *'elōhîm* criou é "bom". O demais, o *kesep*, a "canseira", a "trabalheira", a "doença", a "irritação", a "fúria", tudo isso não é "bom" e, portanto, não vem de *'elōhîm*. O "bom" é uma oferta, uma dádiva de *'elōhîm* para o *'ādām*; se ele entender isso, não haverá mais dias amargos em sua vida. Seu coração voltará a estar repleto de alegria (v. 19).

Vemos, portanto, que Coélet está preocupado em resgatar a vida do *'ādām*, do rico, amante do *kesep,* mostrando-lhe o que vem de Deus e o que não vem, o que é "bom" e o que não é. De forma que Coélet assume aqui o papel de porta-voz de Deus para salvar a vida do *'ādām*, para recriar o *'ādām*.

O amor ao dinheiro

O som que sobressai na orquestra da perícope 5,7-19 é o do instrumento econômico, principalmente na segunda e terceira unidades (vv. 9-16). A linguagem que predomina é a ligada à riqueza, preferencialmente "riqueza guardada" (v. 12). A exegese nos revela que por "riqueza guardada" deve-se entender "dinheiro guardado". O texto mostra que, em torno desse centro "riqueza guardada", existe um conflito, o qual se traduz na busca do "lucro", da "vantagem" e do "aumentar os bens". Ele tem sua origem no amor ao *kesep*, "dinheiro" (v. 9). E é para lá que converge a crítica de Coélet.

O que há por trás desse conflito? Por que essa denúncia do amor ao *kesep* e a conseqüente crítica tão severa? Quais as forças históricas que conduziram a isso?

Como já visto, o helenismo era a grande novidade no tempo de Coélet. Judá, como parte do império ptlomaico, não ficou isento das influências desse novo sistema. Ao contrário, grande parte da elite de Jerusalém recebeu de muito bom grado as idéias helenistas. O coração deste novo sistema era sua economia, cuja

força para agilizar o comércio se encontrava na praticidade do "dinheiro". Ecl 5,7-19, de realce, apresenta, além das opressões e violações do direito e da justiça, uma intensa atividade monetária,[47] o que corresponde ao contexto do livro. Estamos, portanto, no tempo dos ptolomeus, em plena economia helenista.

Olhando a partir da nossa realidade, em que as relações sociais, econômicas e políticas são mediadas pelo dinheiro, e é impossível conceber as relações de troca sem dinheiro, pode parecer estranho essa reação de Coélet diante do *kesep*. Para entendê-la é preciso remontar à sociedade primitiva onde vigorava o sistema de troca e que, em um dado período, nos dias de Coélet, o "dinheiro" surge como senhor das relações econômicas. É difícil imaginar os efeitos causados por essa inovação na economia daquele povo. As coisas, os bens primários e as produções em geral passaram a ter um valor diferenciado. Sua validade não estava mais na utilidade, enquanto satisfação das necessidades primárias, mas no valor social, como valia comercial. Ademais, as pessoas, comerciantes, efetivamente, começavam a perceber que o "dinheiro" podia dar-lhes um poder antes inimaginável, um poder incontrolável.

Aristóteles, em sua obra *Política*, fala dos desastres causados pela introdução do "dinheiro" na economia primitiva.[48]

---

[47] Conforme Frederic W. Madden (*History of Jewish Conage*. San Diego, Pegasus Publishing, 1967. p. 22), com as conquistas de Alexandre Magno começa uma cunhagem de moedas muito intensa. São encontrados por essa época muitas moedas, como o tetradracma com a figura de Alexandre, de Ptolomeu I Soter, Seleuco I Nicator, Antíoco III, o Grande, Antíoco IV Epífanes, cunhadas no Egito e na Síria. As moedas de prata eram mais comuns e dominavam o comércio, principalmente porque seu valor era menor. O valor correspondente era de 20 moedas de prata por uma de ouro. No entanto, a maior quantidade de moedas achadas em várias escavações data do período de Ptolomeu Filadelfo (262-246 a.C.). Período esse no qual tendemos a situar o livro de Coélet. Segundo Martin Hengel (*Judaism and Hellenism*, pp. 43-44), as moedas cunhadas por Ptolomeu II excederam as de seu pai em quatro ou cinco vezes, e a préptlomaica, ática, fenícia, árabe-filistéia e alexandrina, em oito vezes. De modo geral, pode-se afirmar que a cunhagem de moedas foi finalmente estabelecida na Palestina somente por Ptolomeu II, suplantando largamente a troca.

[48] ARISTÓTELES. *Política*. Brasília, Universidade de Brasília, 1997. pp. 1256b-1258a.

> Para um sistema de troca dentro dos relacionamentos naturais, há os limites naturais das restrições, mas, quando o dinheiro se torna um elemento intermediário do intercâmbio, os limites naturais das necessidades físicas deixam de exercer restrições sobre o desejo, e o desejo ilimitado de riquezas converte-se em ausência de freios naturais.[49]

Com o comércio, começa uma transação entre indivíduos independentemente de qualquer relacionamento social. No mundo das trocas, o "dinheiro" não tinha qualquer sentido, era tolice, pois não podia ser comido e nem servia para a satisfação de qualquer necessidade básica da vida. Ali, o bom era aquilo que se podia consumir. Aristóteles afirma que a riqueza surgiu com o comércio e este com o "dinheiro". Ele distingue entre riqueza doméstica e riqueza comercial. A primeira tem limites e está relacionada às necessidades básicas. A segunda está ligada ao "dinheiro" e não tem limites.[50] É dessa riqueza que trata Coélet. Com a introdução do "dinheiro" desaparecem os limites da riqueza e cresce a ambição humana a tal ponto que vira uma doença. Serve como ilustração a conhecida lenda do ambicioso Midas, ao qual foi concedido um desejo e, como era um ganancioso insaciável, pediu que tudo ao seu redor se transformasse em ouro. Cumprido o desejo, morreu de fome.

Em síntese, percebemos que a perícope 5,7-19, assim como todo o livro de Coélet, está construída à luz de um conflito entre dois projetos. O primeiro é o projeto greco-egípcio, denominado por Coélet de *hepes* e "mal doentio", *ra'ah holah*. Está traçado nas três primeiras unidades do texto (vv. 7-16). É um projeto opressor, em que não há "direito" nem "justiça" para o "empobrecido"; é um projeto piramidal, bem estruturado e cuja cabeça é o rei. O seu fim último é o "lucro". As pessoas que fazem parte desse projeto são amantes do *kesep*. Elas são portadoras de uma fome insaciável, não têm descanso e não conseguem dormir.

---

[49] MOXNES, Halvor. *A economia do reino*: conflito social e relações econômicas no evangelho de Lucas. São Paulo, Paulus, 1995. p. 43, citando TODD LOWRY, S. Recent Literature on Ancient Greek Economic Thought. *Journal of Economic Literature* 17, p. 68, 1979.

[50] ARISTÓTELES, *Política*, cit., p. 1257b. Nesta mesma obra, Aristóteles menciona a afirmação de Sólon: "Não foi fixado para o homem um limite de riquezas", p. 1257a.

São doentes que passam a vida inteira numa intensa "canseira" e "trabalheira" para guardar "riquezas" que não aproveitarão. Vivem seus dias "irritadas" e "furiosas", predispostas a doenças. Sua vida é um cansar-se para o vento, um completo "vazio".

O segundo é um projeto que Coélet denomina de "bom". Ele compreende a última unidade do texto (vv. 17-19). Nasce do meio popular e resume-se no "comer" e no "beber". É um projeto dado ao *'ādām* por *'elōhîm*, como uma "dádiva", desde o princípio da criação. Ele é oferecido ao *'ādām*, que agora se transformou num comerciante judaíta-helenista pervertido, que esqueceu o "bom" da vida para dedicar-se ao *kesep*. Coélet, como porta-voz de *'elōhîm*, quer resgatá-lo para que seu coração volte a ser preenchido de alegria.

Uma vez eliminado o "amor ao *kesep*" e restaurado o "bom" da vida, extinguir-se-ão a "opressão do empobrecido e o roubo do direito e da justiça" (v. 7).

O cotidiano da vida na aldeia

Muito já temos visto sobre o estilo de vida do comerciante. Pouco, porém, sobre a vida do povo do campo. Coélet, infelizmente, não traz muitos dados sobre o dia-a-dia do camponês. Mesmo assim, é possível apresentar um breve esboço.

O povo do campo, o camponês que ainda gozava de certa liberdade, vivia em pequenas aldeias ou vilarejos. Ali sobrevivia cultivando o solo. Produzia para si, para o dono da terra, para o Estado e para o Templo. Sua preocupação era com comida. Essa constituía sua maior necessidade, quase a única. O cotidiano nas aldeias era rotineiro. Os afazeres eram quase sempre o mesmos. Todos se conheciam e quase todos tinham algum laço de parentesco. Isso contribuía para a partilha e a ajuda mútua nos momentos de carestia, de doença e de desastres naturais.

Como a água era muito escassa, as povoações sempre ficavam perto de algum poço. Todos se serviam da mesma fonte. O poço era, portanto, a maior riqueza da aldeia. A forma de distribuir as casas auxiliava na proteção contra os assaltos de bandos armados. Não lhes era possível, no entanto, resistir aos assaltos do exército quando este vinha requisitar os tributos.

A maior fonte de alimentação era o trigo. Todos comiam pão. O cultivo, porém, não era muito fácil. Havia total dependência das condições climáticas, que nem sempre se mostravam favoráveis. O ataque de pássaros e de pragas, como gafanhotos e outros insetos, era constante. Às vezes faltava chuva; às vezes vinha em excesso; às vezes soprava o vento quente do oriente e chegavam as tempestades. Tudo isso prejudicava enormemente a agricultura. Sem falar da grande quantidade retida para pagar os tributos. Em alguns lugares havia possibilidade de fazer irrigação. A colheita do trigo, como o plantio, muitas vezes era feita em comum. Uma vez ceifados, os feixes de trigo eram levados para a eira, onde, com o auxílio de um bordão, eram debulhados. Depois de separar o grão da palha, o vento ajudava na retirada das impurezas. Terminado o processo da colheita, guardava-se o trigo em grandes potes de cerâmica e estocava-o no fundo da casa. Para conservar melhor o produto, costumava-se enterrar os potes. O final do plantio e da colheita normalmente era acompanhado de uma grande festa celebrativa.

No chão, no centro de cada casa, tinha um pequeno pilão de pedra usado para amassar o trigo. Junto ao pilão, fazia-se fogo. Este servia para aquecer a casa no inverno, para assar o pão e para cozinhar outras comidas. O pão era assado sobre um pedra ou diretamente na brasa. Também se comiam os grãos cru ou tostados.

Além do trigo, plantava-se ainda a cevada. O processo era o mesmo. Do mesmo modo, usavam-se o trigo e a cevada para fazer bebida fermentada em forma de cerveja.

Outra grande fonte de alimentação era o óleo retirado da azeitona. Praticamente em todo o território de Judá se plantavam oliveiras. A árvore é relativamente grande e, se as condições climáticas forem favoráveis, ela produz todo ano. O processo de fabricação do azeite era muito simples. Uma vez recolhido, o fruto era colocado em um recipiente de pedra que tinha o formato de uma bacia. Ali ele era amassado com um pequeno rolo de pedra. No fundo do recipiente havia um orifício por onde escorria o azeite. Depois a polpa era separada da semente e comprimida num recipiente até a retirada total do óleo. Esse processo podia ser feito na eira, quando a quantidade era maior, e em conjunto com os demais membros da aldeia, ou em casa.

O óleo de oliva era uma das maiores fontes de energia na dieta do povo das aldeias. Constituía a base de muitos alimentos e podia ser combinado com o pão. Além de servir como alimento, o azeite era usado também como remédio, pomadas, ungüentos, produto de beleza e combustível para as lâmpadas.

A colheita do trigo e das azeitonas acontecia em estações diferentes do ano: o trigo no final do inverno e a oliveira no final do verão. Isso contribuía para que houvesse maior rotação de alimentos.

O cultivo de uvas também fazia parte da cultura do campo, apesar que em quantidade bem menor. O processo de extração do suco da uva era semelhante ao do fruto da oliveira. O vinho, por ser um produto nobre, era designado praticamente em sua totalidade para a paga dos tributos.

O consumo de carne era muito ocasional. A carne mais comum era a de animais de pequeno porte, como a ovelha e o cabrito. O boi e o jumento normalmente serviam para arar a terra e como meio de transporte. A caça era muito rara. Um alimento muito comum era o leite de cabra, do qual se fazia coalhada e queijo.

As frutas também eram comuns. Algumas eram cultivadas e outras, silvestres. Entre as mais habituais estavam os figos, romãs, abricós, nozes, amendoeiras, tâmaras etc. A estação das frutas caía normalmente no verão ou no outono. Porém, costumava-se secar as frutas, como o figo, para guardá-las para o inverno, quando a alimentação era mais escassa.

Podemos ainda destacar alguns outros alimentos tirados diretamente da natureza, como mel, vagem, lentilhas, plantas silvestres, raízes etc.

Toda família ou clã estava envolvida no processo de produção. Cada grupo se encarregava de conseguir a porção para seu sustento, bem como para pagar os tributos. Arar a terra era trabalho do homem. O plantio e a colheita normalmente envolvia todo o clã. As mulheres preparavam a comida, buscavam água, lenha para o fogo, tostavam grãos, e assavam pão. O homem comia primeiro; mulheres e crianças, depois.

Outro trabalho importante dos afazeres domésticos da mulher era a tecelagem (1Sm 2,19; Pr 31,13.17.24). Era feita de lã e de pêlos de cabra. A lã constituía o material mais comum para o vestuário. Podia ser branca ou escura, e também

tingida (Pr 31,22). O couro não era muito usado para fazer roupa, e sim para fabricar cintos, alças, cordas, sandálias etc. Seu manuseio exigia certa destreza. Por isso, nem todos sabiam fabricar peças de couro.

Um trabalho também muito comum nas aldeias era a cerâmica. Produziam-se potes grandes para guardar cereais, potes menores para buscar água, para colocar leite, azeite, jarras para vinho, lâmpadas etc. Boa parte desses utensílios era requisitado pelo dono das terras e comercializado.

Ainda que aparente o contrário, o trabalho na aldeia não era intensivo. Uma vez solucionado razoavelmente o problema da alimentação, o resto do tempo ficava ocioso para descanso, festas, passeios, jogos, caças etc. Não havia muita preocupação com o amanhã. Não se costumava estocar muito cereal; nem convinha, pois, do contrário, o dono das terras, ou o exército, o tomava. Por isso, antes da colheita sempre a comida era muita escassa. Se acontecia alguma intempérie, seca ou ataque de pragas, a aldeia passava fome. O ritmo era viver o dia-a-dia.

Normalmente nas aldeias não havia pessoas com diferentes níveis econômicos. Todos eram pobres e a pobreza era partilhada. Quando conseguiam comida, todos comiam. Se houvesse pouca, todos comiam pouco; se muito, todos comiam muito. A amizade, o parentesco e o apadrinhamento ajudavam na divisão eqüitativa dos alimentos. Essa partilha garantia o equilíbrio social nas aldeias.

Um aspecto importante na vida do povo das aldeias do interior de Judá eram as festas religiosas. Em geral, tinha-se muito tempo disponível para essas festas, que podiam durar vários dias. Pouca coisa era necessária para celebrar. De maneira que as festas eram constantes e no seu transcorrer não mudava muito a vida cotidiana.

Esse estilo de vida não é, sem dúvida, um paraíso, mas permite uma certa dose de liberdade ao camponês. Essa liberdade é perdida quando se impõe o escravismo. A ruptura infelizmente não acontece para melhor. De camponês livre, o aldeão passa a ser um escravizado sem direitos.

Aprendendo com os povos indígenas

Faz alguns anos, juntamente com um colega, o Raimundo, fomos morar por dois meses numa aldeia indígena Xerente, no norte de Goiás, às margens do

rio Tocantins. Cientes das necessidades daquele povo, uma das preocupações era com nossa sobrevivência durante a estadia. Por isso, munimo-nos de uma grande bolsa de mantimentos: arroz, feijão, farinha, café, azeite, açúcar, sal, macarrão etc., o suficiente para sobrevivermos por um bom período. Chegando à aldeia, com muita curiosidade de ambas as partes, fomos muito bem acolhidos na cabana de uma das famílias. Ali amarramos nossas redes. Quando a multidão se dissipou, nós nos dirigimos ao casal da casa e lhe entregamos os alimentos com o nobre objetivo de contribuir nas despesas. O homem agradeceu, tomou os alimentos e os distribuiu para toda a aldeia. Comemos somente uma vez daquilo que era para ser a provisão de dois meses.

A proposta de Coélet de que o bom é "comer, beber e ver" pode bem ter nascido numa realidade tribal semelhante à de uma aldeia Xerente, totalmente distinta da realidade que vimos no início da nossa reflexão.

O temor de Deus:[1] uma leitura de Eclesiastes 3,1-15

Shigeyuki Nakanose
e Maria Antônia Marques

> Mãe:
> – *Sabia que Deus estava presente quando você roubou o doce na cozinha?*
> – *Sim.*
> – *E o que acha que ele lhe estava dizendo?*
> – *Dizia: "Não há mais ninguém aqui, além de nós dois – pegue dois doces".*

Em nossa infância, os pais costumavam instruir as crianças e corrigir os erros com imagens ameaçadoras de Deus: "Olha, menino, o Deus do céu está vendo tudo!"; "Não faça isso, porque Deus vai te pegar e te castigar!". Nas páginas da Bíblia encontramos, além da imagem do Deus de amor e de misericórdia (Is 41,13-14), outras que retratam a relação do povo com Deus, um relacionamento pautado pela submissão, ameaça, temor, medo. O temor de Deus para oprimir e subjugar o povo era reforçado na sociedade pós-exílica de Judá, governada pela elite sacerdotal.

---

[1] Este artigo é fruto de diálogo com assessoras e assessores do Centro Bíblico Verbo. A referência é o livro *Come teu pão com alegria!* Entendendo o livro de Eclesiastes. São Paulo, Paulus, 2006.

No pós-exílio, o governo dos sacerdotes chamava-se teocracia. Eles se aliavam aos persas na opressão e exploração do povo. O Templo e a Lei se tornaram instrumentos eficazes na coleta dos tributos para a elite e para o império persa: "Todo aquele que não observar a Lei de teu Deus – que é a Lei do rei – será castigado rigorosamente com a morte ou o desterro, com multa ou prisão" (Esd 7,26). Quem estivesse impuro diante da lei dos sacerdotes só podia ser reintegrado na comunidade mediante a entrega de produtos para o sacrifício. As leis dividiam a sociedade em puros e impuros, santos e pecadores, justos e injustos, bons e maus, ricos e pobres. A maioria da população, especialmente a camponesa, era pobre, impura e experimentava fome, miséria, expropriação, falta de moradia, morte prematura e escravidão (Jó 24). O povo levantava seu clamor a Deus, mas, para a surpresa de todos, ele não o escutava: "Da cidade sobem os gemidos dos moribundos e, suspirando, os feridos pedem socorro, e Deus não ouve a sua súplica" (Jó 24,12).

Mas por que Deus não escutava? Conforme o livro de Jó, os teocratas, à medida que centralizavam sua organização sociopolítica em vista do lucro, do poder e do controle sobre o povo, fortaleciam a imagem de um Deus distante, violento, autoritário e todo-poderoso: "Ele (Deus) me agarra com violência pela roupa, segura-me pela orla da túnica. Joga-me para dentro do lodo e confundo-me com o pó e a cinza" (Jó 30,18-19). É um Deus todo-poderoso colocado a serviço da elite, não dos pobres e moribundos. A palavra hebraica para todo-poderoso é *shadday*, aplicado a Deus 48 vezes no Antigo Testamento, sendo 31 vezes no livro de Jó. Nesse livro, a ênfase é sobre a imagem de um Deus poderoso que controla e subjuga o povo.

No livro de Jó, Eliú, um dos amigos de Jó, justifica a teologia da época, conhecida como a teologia da retribuição, no caso da desgraça, doença e sofrimento de Jó, dizendo: "Shaddai, nós não o atingimos. Mas ele, na sublimidade de seu poder e retidão, na grandeza de sua justiça, sem oprimir, impõe-se ao temor dos homens; a ele a veneração de todos os corações sensatos" (Jó 37,23-24). O "temor de Deus" para os teocratas significa "temer a Deus" que recompensa a pessoa justa com riqueza, descendência e vida longa. Pobreza, doença e esterilidade são sinais da maldição de Deus (Dt 30,15-16). Com o "temor de Deus", a elite sacerdotal subjuga o povo ao Templo, ao sistema tributário e às leis do puro e do impuro.

A opressão social se agrava ainda mais com a chegada dos gregos. A Palestina vive um período de guerras constantes. O aumento de tributo, a exploração por comerciantes estrangeiros e o trabalho penoso de escravos fazem parte do dia-dia dos camponeses (Ecl 6,2). A vida está se extinguindo aos poucos: "tempo de nascer e tempo de morrer" (Ecl 3,2). Diante dessa realidade, o livro de Eclesiastes apresenta o temor de Deus como meio para o ser humano alcançar a felicidade. O que significa, porém, o "temor de Deus" em Eclesiastes? Na tentativa de responder a esta pergunta, vamos retomar alguns elementos do contexto sócio-histórico de Eclesiastes.

As lágrimas dos oprimidos

> Observo ainda as opressões todas que se cometem debaixo do sol: aí estão as lágrimas dos oprimidos, e não há quem os console; a força do lado dos opressores, e não há quem os console (Ecl 4,1).

A Palestina é um importante corredor comercial ligando o Egito com a Fenícia, o norte da Síria, a Mesopotâmia e a Arábia. O controle dessa área sempre provocou disputas entre os grandes impérios. Em 333 a.C., Alexandre Magno derrotou o império persa na batalha de Ipsos, marchando em seguida para o Egito; dominou a Palestina e a Síria e, por fim, o próprio Egito. Samaria foi a única cidade a resistir; por isso, ao ser conquistada, foi ocupada e destruída. Com a invasão da Mesopotâmia, o grande rei grego passou a ser o único senhor de todo o Oriente (1Mc 1,1-9).

Alexandre Magno morreu em 323 a.C. sem deixar descendentes. Começou, então, um período de luta pelo poder entre os diádocos, ou seja, entre os generais de Alexandre, especialmente pelo controle do corredor siro-palestinense.

Nessa disputa, estavam Ptolomeu I Soter, soberano do Egito e fundador da dinastia dos Lágidas, Seleuco, do qual surgiu a dinastia dos selêucidas, rei da Mesopotâmia e da Síria Setentrional, e Antígono, rei da Ásia Menor. Depois de várias guerras, os ptolomeus, na batalha de Ipsos, em 301 a.C., conquistaram a Palestina e a Fenícia, permanecendo como senhores dessa região até por volta do ano 198 a.C.

Os ptolomeus governavam como proprietários de todo o reino: dos habitantes, de suas terras e das riquezas naturais, colocando agentes fiscais por toda parte (Ecl 5,4). Em pouco tempo, o reino do Egito conseguiu estabilidade e grande desenvolvimento. Mas o período de relativa paz não durou muito. Os selêucidas não aceitaram o fato de terem perdido o corredor comercial siro-palestinense e recomeçaram as guerras para se apoderarem dessa região.

Entre 301 a.C. e 198 a.C. aconteceram, pelo menos, cinco guerras sírias registradas na história oficial. As guerras trouxeram sérias conseqüências para o país: aumento de impostos para financiar as guerras, devastação de plantações e campos, recrutamentos de homens para o exército. Para piorar a situação, em Jerusalém se formou, entre a elite sacerdotal, um partido favorável aos selêucidas. Onias II, sumo sacerdote, suspendeu o pagamento do tributo na terceira guerra síria; isso provocou a intervenção dos ptolomeus, que concederam para os Tobíadas, uma família poderosa da Amanítida, na Transjordânia, o cargo de supremo coletor de impostos de toda a província da Síria e Fenícia, também chamada de Celessíria.

Os ptolomeus, as guerras e as elites dominantes eram sustentados pelo povo. As pessoas passaram a ser obrigadas a trabalhar para pagar taxas e impostos. Cresceu o endividamento. A única alternativa para muitas pessoas foi vender suas terras e a si mesmas como pagamento de dívidas. Começou a formação de grandes propriedades de terra que precisavam da mão-de-obra escrava para produzir mais e mais. Era uma corrida constante em busca do lucro e do enriquecimento pessoal.

Nesse contexto, surgia a voz de Coélet, o autor do livro de Eclesiastes, um escrito sapiencial: "Examinei todas as obras que se fazem debaixo do sol. Pois bem, tudo é vaidade e correr atrás do vento" (Ecl 1,14). Para ele, a busca desenfreada de riqueza era vaidade, ou seja, é coisa passageira, fugaz, absurda. Constituía uma crítica contra o modo de vida implantado pelo império grego-egípcio, que, entre outras mudanças, se organizava na cidade, a partir das leis do comércio e da formação de grandes propriedades de terras, tendo como conseqüência a exploração do trabalho e a utilização de mão-de-obra escrava.

Coélet mostra que a religião oficial também estava a serviço dos poderosos, tanto dos dominadores gregos quanto das elites judaicas para controlar e explo-

rar o povo. A teologia da retribuição, teologia oficial da elite sacerdotal judaica, dividia a sociedade em puros e impuros, santos e pecadores, justos e injustos. A pessoa impura estava excluída da participação na sociedade, pois tudo o que ela tocasse se tornava impuro. Para que a pessoa se purificasse e fosse reintegrada no meio social eram necessários o sacrifício e o pagamento ao Templo com sentimento de reverência, veneração e medo diante do poder e da majestade do Deus poderoso: a teologia do "temor de Deus".

Em meio a essa teologia oficial, Coélet procurou minimizar sua importância: "ouvir vale mais que o sacrifício" (Ecl 4,17). E ele continua: "Deus está no céu, e tu na terra; portanto, que tuas palavras sejam pouco numerosas" (Ecl 5,1). De nada adianta enganar a Deus com belas palavras ou com votos e promessas (Ecl 5,3-4). Em várias passagens, o sábio mostra que a teologia da retribuição não corresponde à realidade:

> Sim! Em tudo isso apliquei todo o coração e experimentei isto, a saber, que os justos e os sábios com suas obras estão nas mãos de Deus. O homem não conhece o amor nem o ódio de tudo o que espera. Tudo é o mesmo para todos: uma sorte única, para o justo e o ímpio, para o bom e o mau, para puro e o impuro, para quem sacrifica como o que não sacrifica; para o bom e o pecador, para quem jura e quem evita o juramento (Ecl 9,1-2).

A teologia oficial garantia, para quem cumprisse a Lei, vida longa e feliz, mas os fatos mostravam o contrário. Havia muitas pessoas justas que enfrentaram grandes sofrimentos e morte prematura. Coélet evidencia que a pobreza, o sofrimento, a doença e a morte não são castigos de Deus, mas conseqüência de uma estrutura social injusta (Ecl 6,1-2). É a partir dessa perspectiva que queremos ouvir a sabedoria de sua reflexão sobre "temor de Deus" no texto de Ecl 3,1-15.

Ecl 3,1-15: Há um tempo para tudo?

Coélet é um observador atento da vida humana. Para ele, a morte é o fim de tudo; com a morte acabam todas as esperanças. A partir de sua observação, ele afirma: "Há um momento para tudo e um tempo para todo propósito debaixo do céu" (3,1). No passado, a sabedoria do povo chegou à conclusão semelhante:

"Teus olhos viam o meu embrião. No teu livro estão todos inscritos os dias que foram fixados e cada um deles nele figura" (Sl 139,16).

O texto de Eclesiastes 3,1-8 é o mais conhecido desse livro. E ainda hoje continua provocando sérias reflexões sobre o sentido da vida humana e do tempo.

A palavra *momento* significa tempo estabelecido e o substantivo *tempo*, o momento oportuno. Nossa vida é determinada num momento oportuno. O tempo certo para viver é agora; então, cada pessoa é chamada a viver intensamente sua história no momento presente.

Para falar da experiência humana, Coélet apresenta 28 situações, sendo a metade positiva e a outra negativa. Em geral, os números têm sentido simbólico nas diferentes culturas do Oriente. No caso, o número 28 é o resultado de sete vezes quatro. Números que indicam totalidade e perfeição. Dessa forma, ele procura abranger, senão a totalidade, ao menos as mais variadas experiências cotidianas da pessoa humana.

Ao enumerar as ações, o sábio começa dizendo que há "tempo de nascer e tempo de morrer". Os extremos da vida humana: o começo e o fim. Quem é que dispõe da vida do ser humano e do tempo? Conforme a crença judaica, Deus é o Senhor do tempo e da história. Paralelamente ao tempo de nascer e de morrer, há duas outras ações correspondentes: plantar e arrancar a planta. Em geral, quem trabalha no campo sabe o tempo certo de plantar e colher.

O nascer e o morrer não dependem da vontade do ser humano, mas todas as outras ações apresentadas supõem escolhas pessoais. No versículo três o sábio mostra algumas situações da vida social: matar e curar, destruir e construir. Tempo de matar e tempo de destruir. O povo costuma dizer: "Desde que o mundo é mundo, há gente matando e destruindo". Essas ações representam a morte violenta, que pode acontecer em tempo de paz ou de guerra. Esse é o lado negativo e assustador da humanidade; mas existe outra dimensão: a de curar e construir. Ações que ajudam a refazer a vida.

O versículo 4 nos coloca em contato com os sentimentos existentes em cada pessoa: "Tempo de chorar e tempo de rir; tempo de gemer e tempo de bailar". O choro e o gemido são o lado triste da vida; o riso e a dança traduzem as alegrias. São experiências próprias do ser humano. Em seguida, outra situação: "tempo de atirar pedras e tempo de recolher pedras; tempo de abraçar e tempo de se

separar" (v. 5). As pedras eram usadas para cortar, olhar a sorte ou, em tempo de guerra, para destruir os campos do inimigo. Recolher as pedras pode indicar a preparação dos campos para plantar (2Rs 3,19; Is 5,2). Uma corrente da tradição judaica aplicou esse versículo para a relação conjugal: tempo de ter relação sexual e tempo de se abster, por exemplo, durante o período da menstruação.

"Há tempo de buscar e tempo de perder, tempo de guardar e tempo de jogar fora" (v. 6). Experiência comum vivida por todas as pessoas, seja no âmbito individual, seja no comercial. Em seguida, ele acrescenta algumas atitudes que podem se referir ao luto ou à desgraça: "tempo de rasgar e de costurar; tempo de calar e de falar" (v. 7). O gesto de rasgar as vestes nos momentos de dor e de desgraça faz parte de uma longa tradição do povo de Israel (Jz 11,35; Jó 2,12), assim como calar diante do sofrimento de outras pessoas (Jó 2,13), ou ainda o silêncio necessário em tantas ocasiões.

No versículo 8 o autor cita o tempo de amar e o tempo de odiar. Dois sentimentos extremos do ser humano. O amor é capaz de gerar e salvar muitas vidas, enquanto o ódio destrói, aniquila o outro ou a outra. Até agora, Coélet apresenta um tempo para uma ação positiva e um tempo para uma ação negativa. Mas nesse último versículo ele inverte a ordem: apresenta primeiro o tempo de guerra e por último o tempo de paz. Observe que o conjunto das ações é formado pelo nascer e pela paz. A primeira e a última ação estão voltadas para o aspecto positivo da humanidade... Será que podemos concluir com isso que o ser humano é chamado para reconstruir a vida?

Eclesiastes 3,1-8 expressa ações que se realizam no cotidiano da existência humana. É o que a sabedoria tradicional também afirma. Em seguida, Coélet questiona o que acaba de apresentar, pois, se tudo já tem um tempo definido, "que proveito o trabalhador tira de sua fadiga?" (3,9). Não seria melhor cruzar os braços e deixar que o tempo siga seu curso? A pergunta do sábio é séria e profunda. Nos vv. 10-15 encontramos uma resposta de sabedoria e fé que representa a maneira de pensar do sábio.

O sábio observa e conclui. O que ele vê? "A tarefa que Deus deu aos homens para que dela se ocupem" (3,10). Observar a tarefa dada ou imposta ao homem é uma constante nas preocupações do sábio (1,13; 2,23.26). Desde o início da formação do povo de Israel, a tradição afirma que tudo tem origem em Deus. Mas, a partir do versículo 11, Coélet tentará esclarecer seu pensamento.

Eis a sua afirmação: "Tudo o que ele fez é apropriado em seu tempo". Todas as coisas que existem estão nas mãos de Deus. Ele é o criador de tudo. Até aqui nenhuma novidade. Mas o sábio acrescenta: Deus "colocou no coração do homem o conjunto do tempo, sem que o homem possa atinar com a obra que Deus realiza desde o princípio até o fim" (3,11). O conjunto do tempo é o sentido da vida e da história. E por mais que o ser humano se aplique em compreender qual é esse sentido, sua visão será sempre limitada (11,5; Sl 139,17-18). Não compreender as obras de Deus estabelece limites entre o ser humano e Deus, entre o humano e o divino. E não existe nada que o ser humano possa fazer para atrair os benefícios de Deus. Isso coloca por terra o princípio da teologia da retribuição, que afirma que Deus recompensa uma pessoa justa com riqueza, descendência e vida longa (Pr 3,2).

"Compreendi que não há felicidade para o homem a não ser no prazer e no fazer o bem durante a sua vida. E que o homem coma e beba, desfrutando do produto de todo o seu trabalho, é dom de Deus" (3,12-13). Coélet repete a afirmação já feita em 2,22-24. O caminho para o ser humano encontrar a felicidade é comer, beber e desfrutar o produto do trabalho. Porém, em 3,13, o sábio coloca outra condição: que a pessoa viva com prazer e bem-estar, que não viva de qualquer jeito, mas plenamente. O sábio conclui afirmando que isso é direito de todos – é dom de Deus –, e dessa forma reconhece que ele é a fonte de tudo.

Por último, Coélet apresenta mais uma conclusão: "Tudo o que Deus faz é para sempre. A isso nada se pode acrescentar e disso nada se pode tirar. Deus assim faz para que o temam" (3,14a). O verbo "temer" e o substantivo "temor", "*yare*" em hebraico, aparecem, no sentido de "temer a Deus", sete vezes no livro de Eclesiastes:

- *"Deus assim faz para que o temam" (3,14).*
- *"Quando da quantidade de sonhos provêm muitos absurdos e palavras, então teme a Deus" (5,6).*
- *"É bom que agarres um sem soltar o outro, pois quem teme a Deus fará terminar um e outro" (7,19).*
- *"Um pecador sobrevive, mesmo que cometa cem vezes o mal. Mas eu sei também que há o bem para os que temem a Deus, porque eles o temem; mas que não há o bem para o ímpio e que, como a sombra, não prolongará seus dias, porque não teme a Deus" (8,12-13).*
- *"Teme a Deus e observa seus mandamentos, porque aí está o homem todo" (12,13).*

À primeira vista, a expressão "temor de Deus" em Eclesiastes parece apresentar o mesmo sentido da teologia da retribuição usado no livro de Jó. Mas uma leitura cuidadosa possibilita perceber uma forte diferença devido ao contexto do uso dessa expressão. Exceto em Ecl 12,3, texto considerado acréscimo posterior, o autor aplica o "temor de Deus" na crítica contra a prática religiosa vigente e sua teologia da retribuição:

> Mas que não há o bem para o ímpio e que, como a sombra, não prolongará seus dias, porque não teme a Deus. Há uma vaidade que se faz sobre a terra: há justos que são tratados conforme a conduta dos ímpios e há ímpios que são tratados conforme a conduta dos justos. Digo que também isso é vaidade (Ecl 8,13-14).

No livro de Eclesiastes, o conceito de "temor de Deus", portanto, não é simples "medo, terror, ou reverência" ao Deus da teologia da retribuição. Mas é uma crítica contra os "ímpios", as pessoas que não reconhecem nem respeitam o Deus criador e exploram o povo. São as pessoas auto-suficientes que se colocam até no lugar de Deus.

Deus é Criador e Senhor da história. Temer a Deus é reconhecer e aceitar a limitação humana, quebrar a auto-suficiência e acolher a vida como dom de Deus. Deus é Senhor do presente, do passado e do futuro. Ele é o Senhor do Tempo (3,15). Não adianta viver só do passado ou sonhando com o futuro. O tempo de ser feliz é agora, no momento presente.

O texto de Ecl 3,1-15 nos abre, assim, para uma nova compreensão de "temor de Deus" e, ao mesmo tempo, para um aprofundamento do nosso relacionamento com Deus. Vamos conhecer um pouco mais os outros textos do livro de Eclesiastes a respeito da imagem de Deus para desfrutar da sabedoria nascida de experiências do grupo de Coélet com o Deus da vida.

Deus e o ser humano

Eclesiastes é um livro sapiencial, um depósito de experiências vividas ao longo da história do povo de Israel. Para ele, não há dúvida sobre a existência de Deus. Ele é o criador do universo e de todas as coisas existentes. Cada ser humano, por ter sido criado, é limitado no tempo e no espaço, está dentro da obra de Deus. Observando, experimentando e discernindo a vida humana, Coélet chega

à seguinte conclusão: "Observei toda a obra de Deus, e vi que o homem não é capaz de descobrir toda a obra que se realiza debaixo do sol; por mais que o homem trabalhe pesquisando, não a descobrirá. E mesmo que um sábio diga que conhece, nem por isso é capaz de descobrir" (8,17). A obra de Deus é um mistério.

Uma das poucas certezas que a humanidade descobre e experimenta é a morte: "Os vivos sabem ao menos que irão morrer; os mortos, porém, não sabem, nem terão recompensa, porque sua memória cairá no esquecimento" (9,5). Depois da morte, não há esperança nem prazer para os homens e as mulheres: "Lembra-te do teu Criador nos dias da mocidade, antes que venham os dias da desgraça e cheguem os anos dos quais dirá: 'Não tenho mais prazer...'. O homem já está a caminho de sua morada eterna, e os que choram sua morte começam a rondar pela rua" (12,1.5).

Diante da dura realidade da morte e da limitação humana, o olhar do sábio é dirigido para a vida presente como tempo e espaço de procura do sentido da existência humana e de seu relacionamento com Deus, seu criador. No livro de Eclesiastes, nós encontramos muitas imagens de Deus. Eis algumas que podem nos ajudar a compreender o relacionamento de Deus com a humanidade, e quais são as "tarefas" do ser humano. Vamos observar algumas experiências do passado com o objetivo de aprofundar nosso entendimento sobre a existência humana aqui e agora.

1. *Deus da história*: um Deus que cria e insere a humanidade no "conjunto do tempo".

- *O ser humano está inserido na história*: "Uma geração vai, uma geração vem, e a terra sempre permanece. Mesmo que alguém afirmasse de algo: 'Olha, isto é novo', eis que já sucedeu em outros tempos muito antes de nós. Ninguém se lembra dos antepassados, e também aqueles que lhes sucedem não serão lembrados por seus pósteros" (1,4.10-11).
- *A tarefa do ser humano na história*: "Observo a tarefa que Deus deu aos homens para que dela se ocupem: tudo o que ele fez é apropriado ao seu tempo. Também colocou no coração do homem o conjunto do tempo, sem que o homem possa atinar com a obra que Deus realiza desde o princípio até o fim" (3,9-11).

2. *Deus da vida*: um Deus criador da humanidade para que ela se sustenha e viva na felicidade e na esperança.

- *É ele que concede meios para que o ser humano consiga recursos: "Todo homem a quem Deus concede riquezas e recursos que o tornam capaz de sustentar-se, de receber a sua porção e desfrutar do seu trabalho, isso é um dom de Deus" (5,18; cf. 6,2).*
- *A felicidade é dom de Deus e conquista do ser humano: "Eis que a felicidade do homem é 'comer e beber, desfrutando do produto do seu trabalho; e vejo que também isso vem da mão de Deus, pois quem pode comer e beber sem que isso venha de Deus?" (2,24-25).*
- *Apesar de tudo, manter sempre a esperança: "Ainda há esperança para quem está ligado a todos os vivos, e um cão vivo vale mais do que um leão morto" (9,4).*

3. *Deus da gratuidade*: um Deus que não cabe nos parâmetros da teologia da retribuição.

- *O mesmo destino para todos: "Assim, todos têm um mesmo destino, tanto o justo como ímpio, o bom como o mau, o puro como o impuro, o que sacrifica como o que não sacrifica; o bom é como o pecador, o que jura é como o que evita o juramento" (9,1-2).*
- *Oportunidade e chance para todos(as): "Observei outra coisa debaixo do sol: a corrida não depende dos mais ligeiros, nem a batalha dos heróis, o pão não depende dos sábios, nem a riqueza dos inteligentes, nem o favor das pessoas cultas, pois oportunidade e chance acontecem a eles todos" (9,11).*

4. *Deus dos perseguidos*: um Deus que defende os perseguidos no mundo das pessoas que não temem a Deus e ocupam o seu lugar.

- *Pessoas más: "O coração dos homens está cheio de maldade; enquanto vivem, seu coração está cheio de tolice, e seu fim é junto aos mortos" (9,3).*
- *Pessoas insaciáveis: "Todo trabalho do homem é para sua boca e, no entanto, seu apetite nunca está satisfeito" (6,7).*
- *Pessoas que ocupam o lugar de Deus: "Eis a única conclusão a que cheguei: Deus fez o homem reto, este, porém, procura complicações sem conta" (7,29).*
- *Deus procura os perseguidos: "O que existe, já havia existido; o que existirá, já existe, pois Deus procura o perseguido" (3,15).*

5. *O temor de Deus*: um Deus que é fonte de vida e senhor da história.

- *Temer a Deus como a fonte da vida: "Eu sei também que acontece o bem aos que temem a Deus, porque eles o temem; mas não acontece o bem ao ímpio e que, como a sombra, não irá prolongar seus dias, porque não teme a Deus" (8,12-13).*

- *Temer a Deus como o senhor da história: "Compreendi que tudo o que Deus faz é para sempre. A isso nada se pode acrescentar, e disso nada se pode tirar. Deus assim faz para que o temam" (3,14).*

Deus caminha conosco

No livro de Eclesiastes, um aspecto importante é que o sábio faz sua observação, meditação e descrição de Deus a partir do sofrimento das pessoas do seu tempo: "Observo ainda as opressões todas que se cometem debaixo do sol: aí estão as lágrimas dos oprimidos, e não há quem os console; a força do lado dos opressores, e não há quem os console" (4,1). Realidade que exprime ganância, auto-suficiência e desrespeito com a vida, tornando-se ponto de partida para uma nova compreensão das relações entre as pessoas e com Deus: o temor de Deus para vida. As recomendações de Coélet – "Lembra-se do teu Criador nos dias da mocidade" (12,1) e "Não há felicidade para o homem a não ser a de alegrar-se e fazer o bem durante sua vida" (3,12) – afirmam que o temor de Deus é eliminar a auto-suficiência das pessoas e torná-las iguais diante de Deus, transformando a história e a vida do ser humano em lugar da manifestação de Deus: "Ele não se lembrará muito dos dias que viveu, pois Deus encheu seu coração de alegria" (5,19).

O livro de Eclesiastes é um convite para nos libertarmos da falsa teologia do temor de Deus, da prisão da imagem do Deus da teologia da retribuição, o Deus dos opressores, a fim de entrarmos na história, no cotidiano, "no conjunto do tempo", que Deus nos concedeu e no qual ele se dispõe a caminhar com o ser humano e construir um mundo de felicidade para todos(as): "Vai, come teu pão com alegria e bebe gostosamente o teu vinho, porque Deus já aceitou tuas obras. Que tuas vestes sejam brancas em todo tempo e nunca falte perfume sobre a tua cabeça" (9,7-8). Essa caminhada é um desafio: um convite para abandonarmos o individualismo, a ganância e a insensibilidade que marcam nosso tempo e nosso mundo, no qual um ser humano morre de fome a cada três minutos. É necessário respeitarmos a "porção" dos outros e nos solidarizarmos com as pessoas oprimidas e exploradas por aqueles que se autodenominam donos do mundo. Acima de tudo, manter acesa a vela da esperança no Deus da vida.

Desfrutar o produto de seu trabalho é felicidade!

Mercedes Brancher[1]

> Vai, come teu pão com alegria
> e bebe gostosamente teu vinho
> porque Deus já aceitou tuas obras!
> (Ecl 7,1a)

Achei oportuno apresentar um pequeno ensaio sobre o tema do trabalho, no livro de Eclesiastes. Selecionei este tema, por um assunto emergente na sociedade atual e também no próprio texto bíblico. A reflexão parte de duas perguntas básicas que o próprio autor bíblico levanta. A primeira: "Que proveito tem o ser humano de todo seu trabalho em que trabalha debaixo do sol?" (Ecl 1,3); a segunda "Que proveito tira o trabalhador do trabalho que faz?" (Ecl 3,9). Nos dias de hoje, além destas duas importantes perguntas, há muitas outras que precisamos fazer: Por que não há trabalho para as pessoas que querem trabalhar? Por que as pessoas que mais trabalham são as que menos ganham? Por que os que fazem os piores trabalhos são os mais mal remunerados? Por que preferem a mão-de-obra infantil a empregar adultos? Por que a tecnologia moderna desempregou tanta gente? Por que quanto mais a tecnologia se desenvolve, mais se desumanizam as condições de trabalho? Por que hoje se trabalha mais e se tira menos proveito?

---

[1] Doutora em Ciências da Religião. Para contato: Rua Teodoro de Beaurepaire, 164/83 – 04279-030 – São Paulo-SP.

Estas são algumas das muitas questões que se podem levantar sobre o tema do trabalho. Neste ensaio pretendo evidenciar o modo sapiencial de Coélet denunciar a opressão do trabalho e, ao mesmo tempo, destacar sua proposta de ética do trabalho humano.

O livro do Eclesiastes começa dizendo "Palavras de *Qohélet*, filho de Davi, rei de Jerusalém" (Ecl 1,1). A origem da palavra *Qohélet* vem de *qahal*, que tem como significado básico "assembléia, multidão humana reunida".[2] *Qohélet* é um particípio feminino do verbo *qahal* que se traduz como "colocar junto, reunir, congregar". São diversas as possibilidades de tradução: uma delas é que o autor é alguém que convoca, reúne e lidera uma assembléia. Daí, entende-se *Qohélet* como alguém que fala na reunião, isto é, fala em público. A tradução grega do Primeiro Testamento (*Septuaginta)* deu-lhe o nome de *Ekklesiastes*, e em latim é conhecido como Eclesiastes. Ao longo deste artigo, usarei a nomenclatura *Coélet* para me referir ao livro ou ao autor.

Observar a natureza e o cotidiano

Coélet é um sábio ou sábia que observa e analisa a realidade do povo e o trabalho que as pessoas fazem. O verbo "ver" (*ra'ah*)[3] aparece 46 vezes no texto. Observar é um dos paradigmas relevantes utilizados pelo autor. Coélet observa a natureza e o cotidiano da vida. O verbo *ra'ah* está no sentido de perceber sensorialmente a realidade que vive. O sentido principal deste verbo é "ver" com os olhos, é "perceber" a realidade. A percepção através de outros sentidos significa "ouvir", "sentir", "notar", "conhecer", "experimentar". A reflexão nasce do "olhar", do "observar", do sentir e do experimentar. Em Ecl 2,24 assume o significado de fazer sentir, fazer experimentar algo a alguém.

---

[2] Conforme MÜLLER, H. P. *Diccionario Teológico Manual del Antiguo Testamento II*. Madrid, Ediciones Cristiandad, 1985. p. 768.

[3] O significado principal do verbo *r'h,* qal é "ver". A palavra "vidente" (*ro'ae*) é um substantivo derivado deste verbo (*r'h*). A percepção sensorial precede a todos os outros tipos de significado. Podem-se distinguir três formas de ver: 1) ver as aparências com os olhos; 2) ver e ouvir; 3) perceber através de outros sentidos. Conferir: VETTER, D. *Diccionario Teológico Manual del Antiguo Testamento II*. Madrid, Ediciones Cristiandad, 1985. pp. 872-873.

O livro de Coélet inicia-se com um grande refrão: "vaidade das vaidades" (*habel habelim*) e o repetirá muitas vezes ao longo da sua reflexão. A palavra "vaidade" (*hebel*), além de compor a moldura de todo o texto (1,2; 12,8), ela também perpassa todo o livro, ocorrendo 41 vezes.[4] O sentido do termo hebraico *hebel* significa "vento", "sopro", "vazio". Dependendo do contexto em que é usado, expressa a idéia de "inutilidade", "absurdo", "passageiro", "fugacidade". É com esta chave de leitura que Coélet está olhando para a realidade da sua época. Podemos dizer que a expressão "vaidade das vaidades" significa: tudo é passageiro e ilusão! Absurdo! Nada tem valor! Todavia, será possível verificar que o autor, se, por um lado, denuncia o vazio, a ilusão, o fugaz, por outro lado também anuncia valores importantes para a vida e para o trabalho do ser humano.

Na primeira e grande questão levantada por Coélet, "Que proveito (*yitron*) tem o ser humano de todo seu trabalho (*'amal*) em que trabalha debaixo do sol", ele está perguntando pelo benefício do trabalho, pela qualidade de vida. O substantivo *'amal* abrange um campo de significado que, em alemão, só se desdobrou a partir de Lutero. O sentido básico de *'amal*, em primeiro lugar, se refere ao processo produtivo de trabalho e o esforço que implica. Em seguida vem o resultado do trabalho e, concretamente, de um lado, está o lucro, a apropriação do produto; e, do outro, a opressão e o cansaço impostos aos trabalhadores. Esse processo praticamente perpassa todo o livro de Coélet (Ecl 2,11.18; 5,17; 9,9).[5] Na pergunta feita, a compreensão do trabalho está relacionada a "esforço, fadiga, cansaço". Dos 57 casos da raiz de *'ml*, 35 deles aparecem no Eclesiastes.[6] Esta é uma indicação de que o termo *'amal* pertence ao conjunto da linguagem tardia. O conceito "trabalho" aqui usado representa mais o trabalho escravizante que provoca fadiga, cansaço nas pessoas que o realizam.

[4] ALBERTZ, R. *Diccionario Teológico Manual del Antiguo Testamento I*. Madrid, Ediciones Cristiandad, 1978. pp. 659-660.

[5] SCHWERTNER, S. *Diccionario Teológico Manual del Antiguo Testamento II*. Madrid, Ediciones Cristiandad, 1985. pp. 424-425.

[6] O substantivo *'amal* = "trabalho" aparece 55 vezes no Primeiro Testamento, mas onde mais se usa este substantivo é no livro do Eclesiastes (22 vezes). Aparece, também, 13 vezes no livro dos Salmos e 8 vezes em Jó. O verbo aparece 11 vezes, sendo 8 vezes no Eclesiastes; o adjetivo verbal aparece 9 vezes, sendo 5 vezes no Eclesiastes. Conferir: SCHWERTNER, *Diccionario Teológico...*, cit., pp. 423-424.

Verifica-se ainda uma estreita ligação entre 'amal e o termo hebraico yitron, que literalmente significa "aquilo que sobra", o "resto". Este termo, que aparece 18 vezes no texto, deriva da raiz hebraica yatar, que quer dizer "deixar para trás", "deixar escapar", "fazer sobrar". É um termo comercial. Quando Coélet usa o termo yitron, possivelmente, está se referindo ao lucro do trabalho das pessoas, mas também está questionando a qualidade de vida que o trabalho deve garantir.

Eu fui rei em Israel!

Depois de perguntar pela qualidade de vida, ante a dureza do trabalho que observa, Coélet mostra que tal sofrimento não é natural. Deixa claro que a natureza tem um ritmo e segue normalmente seu ritmo: Uma geração vai, outra vem, o sol nasce e desce, o vento sopra para as várias direções e a água dos rios segue para o mar (Ecl 1,4-7). Portanto, a natureza cumpre sua tarefa (Ecl 1,4-7). Coélet, porém, diz que tudo está tão tedioso que não há palavras que expliquem; o olho não se cansa de ver nem o ouvido se enche do que ouve. Mesmo que alguém diga: "Olhe, isto é novo!". Coélet responde, dizendo: "Eis que já aconteceu em outros tempos muito antes de nós" (Ecl 1,10). A intenção do autor é ajudar a comunidade a perceber que o trabalho cansativo e extenuante tem origem muito antiga. Vem de longe! E faz a memória da origem da opressão do trabalho, colocando-se como rei de Israel em Jerusalém (Ecl 1,12). A beleza do texto está em observar a pedagogia de Coélet, em retratar-se ele mesmo como um rei de Jerusalém para ajudar a assembléia a entender a realidade que a cercava.

Como rei, Coélet usa a sabedoria para investigar tudo o que está acontecendo debaixo do sol. Quer examinar principalmente a tarefa ingrata que Deus entregou aos filhos de Adão para nela se aplicarem (Ecl 1,13). A expressão "tarefa",[7] usada no texto, significa "esforço", "canseira". A situação de sofrimento e dureza

---

[7] A raiz de 'nh II é provavelmente cananea e quer dizer "estar desanimado", "deprimido"; em fenício, 'nh piel significa "oprimir, submeter". Geralmente se distingue 'nh II, "ser miserável", como raiz própria; e há raízes menos freqüentes, como 'nh III, que tem o sentido de "esforçar-se" (Ecl 1,13; 3,10), e hifil, "tem que fazer" (Ecl 5,19); além de 'inyan, "assunto", "coisa" que aparece oito vezes em Eclesiastes. Conferir: *Diccionario Teológico Manual del Antiguo Testamento* II. Madrid, Ediciones Cristiandad, 1985. p. 435.

no trabalho faz Coélet analisar todas as obras que acontecem debaixo do sol. Traz à memória todos seus grandes feitos como rei de Jerusalém (Ecl 2,4-10) e conclui que tudo isso é vento, é ilusão. A palavra vento (*ruah*), do v. 14, significa "esforço inútil", "tempo perdido". Possivelmente, a intenção de Coélet, ao assumir o papel de rei, é fazer memória das grandes obras do rei Salomão para evidenciar a raiz do sofrimento que o povo está passando. Recorda a penosa condição vivida pelas famílias de agricultoras palestinenses do passado relacionando-a com o sofrimento presente. No passado, o rei sustentava a estrutura monárquica intensificando o trabalho das mulheres nas moendas (Ecl 12,3), exigindo tributo do produto da família camponesa, impondo a todos a corvéia.[8] Aí está a origem da tarefa ingrata dos filhos de Adão. Quem é o rei na época de Coélet?

O sábio percebe a raiz do sofrimento

A sociedade judaico-palestinense, após o exílio babilônico, como colônia persa se estruturou em torno do Templo. Sua autoridade máxima político-religiosa era o sumo sacerdote. O domínio grego conservou a estrutura do Templo. A Palestina sofre uma forte influência da cultura grega introduzida a partir de 333 a.E.C., com Alexandre, o Grande. Na época de Coélet, os ptolomeus, herdeiros egípcios de uma parte do império grego, dominavam a Palestina. Esta permaneceu sob o domínio grego-egípcio (dinastia dos Lágidas) a partir de 301 a.E.C até 198 a.E.C., sofrendo as conseqüências dos conflitos entre os poderes das duas dinastias – selêucidas e lágidas – por situar-se estrategicamente numa região muito importante, isto é, no corredor entre a Síria e o Egito. O livro é datado em meados do século III, isto é, em torno do ano 250 a 190 a.E.C., provavelmente, escrito em Jerusalém.

Quando Judá foi submetida ao Egito, os Lágidas aceitaram a antiga organização que se articulava em torno do Templo, porém, nomearam ao mesmo tempo um funcionário civil como representante oficial de Judá junto ao governo egípcio. Este tinha a função de vigiar a administração econômica que o sumo sacerdote fazia através do Templo e garantia o envio da porção devida ao soberano da di-

---

8   A corvéia é o trabalho que todo camponês submetia-se a realizar, gratuitamente, para ajudar na construção das grandes obras do rei. O tributo era a parcela do produto que toda família camponesa via-se obrigada a entregar para sustentar o rei e sua corte.

nastia dos Lágidas. No século III, a Judéia era uma província administrada pelos ptolomeus. O texto evidencia a estrutura piramidal de domínio destes sobre as províncias. A estrutura garantia ao dominador o controle do tributo.

> Se numa província vês o pobre oprimido e o direito e a justiça violados, não fique admirado: quem está no alto tem outro mais alto que o vigia, e sobre ambos há outros mais altos ainda. O proveito da terra pertence a todos e até mesmo um rei é tributário da agricultura (Ecl 5,7-8).

Coélet reconhece que há uma estrutura que controla a vida do povo. Parece dizer: "Isto não é novidade!" "Não fiques admirado se vês o pobre sendo oprimido e o direito e a justiça violados." Esta é a prática deles! Enfim, o texto aponta para uma prática sistêmica de violência sobre os povos das províncias, que, possivelmente, se refere ao povo da diáspora. Entende-se que essa era um prática uso comum dos grego-egípcios sobre a Palestina.

A estrutura administrativa do Egito funcionava através de províncias, subprovíncias e conjuntos de *aldeias*: "Onde aumentam os bens, aumentam aqueles que os devoram. Que vantagem tem o dono, a não ser ficar olhando?" (Ecl 5,9-10). O v. 10 mostra a prática de extorsão do produto junto ao dono. Possivelmente, esse exercício era feito na base da violência, porque as pessoas não tinham possibilidade de reação. Que vantagem tem o dono, a não ser ficar olhando? O texto enfatiza a ganância dos ptolomeus e da elite local.

Toda a administração centralizava-se em Alexandria, capital do Egito. É um tempo de intenso dinamismo econômico-comercial. Na estrutura administrativa do Egito, a Palestina pertencia à província de Celessíria. E o chefe das finanças do rei comandava um exército de funcionários que tinha como função representá-lo em todos os escalões. O texto a seguir testemunha a busca desenfreada pelo enriquecimento dos estrangeiros nas aldeias da Palestina e da Transjordânia.

> A situação reinante é bem retratada por um tal de Zenão, homem de negócios cujos documentos pessoais foram encontrados em Fayum, no Egito. Famoso pela sua habilidade administrativa, Zenão foi contratado por Apolônio, ministro das finanças de Ptolomeu II Filadelfo. Segundo seus documentos, nesse tempo a Palestina e a Transjordânia foram invadidas por mercadores e traficantes de

todo tipo que para aí se dirigem a fim de enriquecer. Compra-se de tudo: produtos da terra, animais domésticos, mercadorias humanas. Zenão põe-se em contato com os Tobíadas e faz grandes negócios na Palestina, sempre a serviço de Apolônio e também de seus próprios interesses, tornando-se proprietário de vinhas e de banhos públicos, coletando taxas e emprestando dinheiro.[9]

Os clãs e as famílias camponesas são forçados a participar na engrenagem do trabalho fatigante para atender aos interesses ptolomaicos e da elite local (Ecl 4,1). O livro do Eclesiastes usa muitas vezes a raiz verbal (*'ml)* "trabalhar" para expressar o lado árduo, enfadonho e opressivo do trabalho.[10] Em Ecl 2,18-20, está expressa, de forma imperativa, a indignação do autor por esse tipo de trabalho difícil e opressivo, quando diz:

> Detesto a vida porque me desagrada a obra (*ma'ash*) que se faz debaixo do sol. Detesto todo o trabalho com que me afadigo debaixo do sol, pois, se tenho que deixar tudo ao meu sucessor [...] ele será dono de todo o trabalho com que me afadiguei com sabedoria debaixo do sol [...] e meu coração ficou desenganado (*y'sh*) de todo o trabalho com que me afadiguei debaixo do sol (Ecl 2,17-20).

A expressão "detesto" (*sn'*) tem a dimensão de ódio ante a ganância (Ecl 2,11-18; 5,17; 9,9) e a incapacidade de tolerar a dureza e a opressão impostas na forma de trabalho. O autor mostra que a sociedade palestinense – no tempo em que foi escrito o Livro de Eclesiastes – passava por uma profunda transformação no sistema produtivo. Pode-se entender que, além da exploração do sistema tributário vigente, com a chegada da dominação grego-egípcia intensificaram-se bem

---

[9] STORNIOLO, Ivo. *Trabalho e felicidade*: o livro do Eclesiastes. São Paulo, Paulus, 2002. pp. 21-22.

[10] Eclesiastes faz distinção entre *'amel* II e *'amel* I, considerando o *'amel* II um adjetivo verbal, "labutando", traduzido por "extenuante", "fatigante" (Ecl 2,18.22; 3,9; 4,8; 9,9). Confira: ALLEN, Ronald B. *Dicionário Internacional de Teologia do Antigo Testamento*. São Paulo, Vida Nova, 1999. pp. 1131-1132; KOEHLER, Ludwig & BAUNGARTNER, Walter. *Lexicon in Veteris Testamenti Libros*. Leiden, E. J. Brill, 1985. p. 715.

mais as formas de extorsão do produto dos camponeses e o controle do processo produtivo.

No final do capítulo 2, Coélet retoma a pergunta inicial feita em Ecl 1,3, dizendo: "O que resta ao ser humano de todo o trabalho e esforço com que seu coração se afadigou debaixo do sol?" (Ecl 2,22). Coélet apresenta uma conclusão do que observou nos dois primeiros capítulos e diz: "Na verdade, todos os seus dias são dor e sua tarefa é só aflição. Mesmo de noite, seu coração não descansa" (Ecl 2,23). A denúncia de Coélet é mostrar que o trabalho das pessoas não garante a elas uma vida digna e de qualidade. Trabalham muito, mas não são felizes! Além de denunciar a realidade, anuncia também uma nova ética: "Nada melhor para o ser humano que comer e beber, desfrutando do produto do seu trabalho. Vi que também isto vem da mão de Deus" (Ecl 2,24-25). Coélet não apenas insiste na denúncia opressiva do trabalho humano, mas enfatiza também o seu significado positivo (Ecl 3,13; 5,17; 8,15; 9,9). O olhar teológico do sábio mostra que o produto do trabalho deve ser desfrutado pela própria pessoa.

Trabalho é uma ocupação para se distrair

Depois de um belo poema, em que afirma existir um momento para tudo e tempo[11] para cada coisa debaixo do céu (Ecl 3,1-8), Coélet apresenta a segunda importante pergunta: "Que proveito o trabalhador tira do trabalho que faz?" (Ecl 3,9). O diferencial desta pergunta está no sujeito: "aquele/aquela que trabalha" ('*sh*).[12] Se na primeira pergunta o sujeito era genérico, ser humano (*'adam*), nesta segunda o sujeito representa uma classe social. Na linguagem de hoje dizemos classe trabalhadora.

---

[11] A palavra '*et* significa tempo. Nas frases genéricas de Ecl 3,1-7.17; 8,6.9; 9,11, refere-se à existência de determinado momento. Esse momento significa "tempo justo". As frases gerais sobre o "momento justo" aparecem só tardiamente em Eclesiastes. Conferir: JENNI, Ernst & WESTERMANN, Claus (eds.). *Manual del Antiguo Testamento* II. Madrid, Ediciones Cristiandad, 1985. p. 425.

[12] O campo de significado de '*sh* é muito vasto e tem como campo semântico "fazer", "trabalhar". O sujeito do verbo na sua grande maioria faz menção a homens, grupos humanos ou povo. Conferir: VOLLMER, J. *Diccionario Teológico Manual del Antiguo Testamento* II. Madrid, Ediciones Cristiandad, 1985. p. 460.

Que "benefício" (*yitron*) traz o trabalho que a pessoa faz? Essa é a questão básica que o autor levanta. O substantivo *'amal* designa "trabalho", "fadiga". Os termos afins, da época de Coélet, confirmam este significado: "muito sofrido", "cansativo" e de "muito esforço".[13]

Felicidade é alegrar-se e fazer o bem

Os capítulos 3, 4 e 5 de Coélet destacam muitas situações vividas no processo produtivo e observadas pelo sábio. O verbo "ver" (*ra'ah*) é usado para observar e perceber a realidade vivida pelas pessoas que exercem suas tarefas diárias e afirmar alguns princípios ético-teológicos referentes às vantagens que o trabalhador ou trabalhadora tem no exercício de sua tarefa.

Coélet observa o trabalho que Deus deu ao ser humano para se ocupar (Ecl 3,10); observa que no lugar do direito encontra-se o delito; no lugar do justo, o ímpio (Ecl 3,16); observa que não há felicidade para o ser humano, a não ser alegrar-se com suas boas obras (Ecl 3,22); observa todas as opressões que se cometem debaixo do sol (Ecl 4,1); observa que há trabalho e êxito que se realizam porque há uma competição entre companheiros (Ecl 4,4); observa pessoas sozinhas que trabalham demais, porque seus olhos não se saciam de riquezas (Ecl 4,7); observa um homem dominar o outro para arruiná-lo (Ecl 8,9).

Nos capítulos 3, 4 e 5 concentra-se, de forma mais intensa, num olhar teológico sobre a realidade social. "Compreendi que não há felicidade para eles, a não ser a de alegrar-se e fazer o bem durante sua vida. E que todo ser humano coma e beba desfrutando o produto de todo o seu trabalho, é dom de Deus" (Ecl 3,12-13). A expressão "para eles" é uma referência àqueles e àquelas que trabalham. Coélet defende sua posição ética sobre o sentido do trabalho, afirmando que a felicidade do ser humano está em comer e beber, desfrutando o produto do seu trabalho, e não sentir que este é uma mercadoria que se compra e vende pelo preço que os donos do capital propõem.

---

[13] Os vocábulos afins, na época, do verbo *'amal* têm o significado de: "estar cansado", "esforçar-se", "fadiga", "trabalho", "benefício", "possessão", "fortuna", "lucro", "cansaço extenuado". Conferir: SCHWERTNER, *Diccionario Teológico Manual...*, cit., pp. 476-478.

Organizar-se para a festa ou para dominar

Certamente a insistência de Coélet na proposta de que: "Todo ser humano a quem Deus concede riquezas e recursos que o tornam capaz de sustentar-se, de receber a parte que lhe cabe e desfrutar do seu trabalho, isto é vontade de Deus" (Ecl 5,17-18), deve-se ao clamor dos trabalhadores e trabalhadoras que estavam impossibilitados de praticar essa vontade de Deus na sua vida cotidiana. Possivelmente, a prática contradizia o mandamento de Deus e lhe negava o direito. O texto bíblico denuncia a dominação estrangeira que aprofundou o sistema de controle e de expropriação do produto do trabalho através de uma eficiente organização hierarquizada.

> "Se numa província vês o pobre oprimido e o direito e a justiça violados, não fiques admirado: quem está no alto tem outro mais alto que o vigia, e sobre ambos há outros mais altos ainda" (Ecl 5,7).
> "Há um outro mal que observo debaixo do sol e que é grave para o ser humano: a um, Deus concede riquezas, recursos e honra, e nada lhe falta de tudo o que poderia desejar; Deus, porém, não lhe permite desfrutar estas coisas; é um estrangeiro que as desfruta. Isso é vaidade e sofrimento cruel" (Ecl 6,1-2).

O processo da vigilância econômica desencadeia opressão sobre os pobres e violação do direito (*mishpat*) e da justiça. O autor critica a prática adotada pelos ptolomeus, através das autoridades do Templo e dos cobradores de impostos nas províncias, subprovíncias e aldeias para extorquir o produtor. Denuncia o processo de extorsão ('*oshéq*) e roubo (*gezél*) que é praticado sobre os trabalhadores e trabalhadoras do campo. A palavra hebraica *gezél*, usada pelo autor para falar da violação do direito, vem da raiz *gazal*, que significa "apoderar-se", "puxar para fora", "tirar à força", "roubar".[14] Na raiz deste termo existe o sentido de violência que vai além de simplesmente roubar ou subtrair os pertences de alguém, mas inclui o sentido de tirar alguma coisa de alguém na base da força, da violência.

---

[14] Conforme Smick, Elmir E. *Dicionário Internacional de Teologia do Antigo Testamento*. São Paulo, Vida Nova, 1999. p. 259.

Entende-se que havia o uso da força para arrancar e recolher o tributo do campo. A opressão dos pobres se dava na extorsão do fruto de seu trabalho, que era passado para a mão do estranho. Este desfrutava do produto do trabalho cansativo do verdadeiro trabalhador. Eis a razão da pergunta de Coélet: "qual é o proveito que o trabalhador tira do seu trabalho?" Se o produto do trabalho é arrancado à força da mão de quem o produz, fica evidente que o cansaço e o sofrimento para produzir esse produto não trazem nenhum benefício, porque não se pode desfrutar dele. E o monopólio do comércio pelos egípcios e pela elite de Judá aprofundava o empobrecimento da maioria da população rural. E nos dias atuais, como se dá esse processo de extorsão? A violência é visibilizada ou é habilmente camuflada?

Outra observação em Ecl 5,7 é a palavra hebraica 'oshéq, que significa "oprimir, fazer injustiça, extorquir".[15] A opressão feita através da extorsão do produto do trabalho se encontrava em toda a região. Em Ecl 2,26 Coélet fala que o pecador tem o trabalho de ajuntar, recolher e acumular (kns) para dar a quem agrada a Deus. Certamente, uma forma irônica de Coélet para referir-se aos que iam pelas aldeias "reunir, retirar" ('sp) à força o produto para entregá-lo ao Templo. Em Ne 12,44, usa-se o mesmo verbo (kns) "recolher, reunir" para falar da nomeação de homens valentes ('nashyim= soldados), a fim de recolher ofertas, dízimos e porções das colheitas para os sacerdotes e levitas. Coélet denuncia a prática dos estrangeiros que dominavam o povo e, juntamente com as elites locais, se beneficiavam e se enriqueciam com o tributo, o comércio, o tráfico de animais domésticos e de mercadoria humana. Parece que não existia um sistema econômico escravocrata vigente nessa época, mas havia um trabalho escravo, fadigoso, extenuante. O sistema grego mantinha uma intensa articulação entre o poder do Templo e o poder dos egípcios. Os dois grupos se beneficiavam mutuamente com a extorsão dos produtos das aldeias.

Em Ecl 3,16, Coélet "observa outra coisa debaixo do sol: no lugar do direito (mishpat) encontra-se o delito, no lugar do justo encontra-se o ímpio". A afirmação deixa claro que o sistema jurídico estava usurpando o direito das famílias camponesas. A justiça encontrava-se controlada e submetida pelos opressores

---

[15] DICIONÁRIO HEBRAICO-PORTUGUÊS e aramaico-português. São Leopoldo/Petrópolis, Sinodal/Vozes, 1988.

do povo. Nela o justo não encontrava mais o lugar para a defesa do seu *mishpat* (direito). "A opressão enlouquece o sábio e um suborno extravia seu coração" (Ecl 7,7). São duas formas de pressão: uma, através de métodos opressivos, e outra, do suborno. Quando os opressores controlam o poder jurídico, podem extorquir porque o delito virou direito e o ímpio está garantido no lugar do justo. Quem ama o dinheiro, ama também o poder e o *status*.

As lágrimas dos oprimidos

Coélet observa que não há felicidade para o ser humano a não ser alegrar-se com suas obras: essa é sua porção que lhe cabe (cf Ecl 3,22). Em seguida, o autor afirma que vê muitas e muitas opressões acontecendo debaixo do sol: "Observo ainda as opressões todas que se cometem debaixo do sol: aí estão as lágrimas dos oprimidos e não há quem os console; a força (*koah*) está do lados opressores, e não há quem os console" (Ecl 4,1).

Este verso expressa a dor, o sofrimento, o desânimo e o abandono do povo ante a intensa exploração econômica dos ptolomeus na primeira parte do século III a.E.C. O substantivo *koah* designa "força, poder, habilidade, capacidade, poderio". A denúncia de Coélet afirma que a força está do lado dos opressores. Entende-se que as forças de segurança, o judiciário, o poder do Templo, são sustentadas com as taxas e tributos dos trabalhadores e trabalhadoras, mas na hora em que estes precisam de tais forças para defendê-los, elas ficam do lado dos opressores das famílias camponesas. As lágrimas dos oprimidos e das oprimidas são visíveis, causadas por "todas as opressões" desencadeadas sobre eles e elas; no entanto, não há ninguém que os(as) console. Todas as forças estão definidas: ficam do lado dos fortes. É evidente a grande aliança entre as forças da sociedade, os opressores estrangeiros e as elites dominantes locais e nacionais da Palestina.

Em Ecl 3,10, Coélet "observa a tarefa que Deus deu aos seus filhos para que dela se ocupem: tudo o que ele fez é apropriado ao seu tempo". É destacada aqui uma perspectiva teológica que aponta para uma nova compreensão do sentido do trabalho humano. A função do trabalho é vista como uma ocupação para o ser humano, e não como uma mercadoria. O autor aponta para uma dimensão importante a se pensar: o trabalho é uma forma de se ocupar, entretanto, o ocupar-

se deve ser apropriado ao tempo devido da pessoa: criança, adolescente, jovem, adulto, terceira ou quarta idade. Por isso, Coélet acrescenta: a vontade de Deus está totalmente oposta à vontade dos que só conseguem ver no trabalhador uma fonte de exploração ou uma oportunidade para acumular riquezas: "quem ama o dinheiro, nunca está farto de dinheiro" (Ecl 5,9a). A concentração de riquezas é um mal que está presente debaixo do sol e se transforma em desgraça para quem acumula (Ecl 5,12).

Para completar: "Eis o que observo: a felicidade que convém ao ser humano é comer e beber, encontrando a felicidade em todo trabalho que faz durante os dias da vida que Deus lhe concedeu. Pois esta é a parte que lhe cabe!" (Ecl 8,15).

Coélet observou profundamente sua realidade, verificou que havia muita violência, opressão, sofrimento, dor e lágrimas. Denunciou os mecanismos de morte e anunciou sonhos de esperança e alegria, oferecendo um novo sentido ao trabalho humano.

Coélet nos desafia a observarmos a realidade com um olhar de sábio, de sábia, e perceber os mecanismos que desumanizam as pessoas nas suas tarefas diárias e o benefício que Deus garantiu a todo ser humano com o fruto do seu trabalho. A realidade atual é tão complexa e envolvente que nos proíbe resgatar, sabiamente, o olhar de Deus nas tarefas do trabalho humano. Como estimular a capacidade de perceber e saber conectar as situações? Como sensibilizar nosso olhar e captar a vontade de Deus para o ser humano, dentro da realidade em que vivemos? Será que nós, na atualidade, não perdemos a capacidade de percepção das coisas no dia-a-dia? Será que tudo não se tornou evidente e natural e já não somos capazes de perceber, de captar, a realidade como ela é de fato?

Onde está o fruto do trabalho de milhões e milhões de pessoas do nosso país, da América Latina e do mundo? Não seria a permanente apropriação indevida do fruto do trabalho de milhões e milhões de trabalhadores e trabalhadoras que causa a pobreza no mundo? Comer e beber representa a satisfação das necessidades básicas do ser humano. É um dom de Deus! É um direito universal!

Bibliografia

CAMPOS, Haroldo. *Qohélet – o que sabe*: Eclesiastes. São Paulo, Perspectiva, 1991.

GASS, Ildo Bohn. O trabalho como ideal: o projeto de Eclesiastes. *Estudos Bíblicos*, Petrópolis/São Leopoldo, Vozes /Sinodal, n. 49, 1996.

JENNI, Ernst & WESTERMANN, Claus. *Diccionario Teológico Manual del Antiguo Testament*. Madrid, Cristiandad, 1978. v. I; 1979. v. II.

KOEHLER, Ludwig & BAUMGARTNER, Walter. *Lexicon in Veteris Testamenti libros*. Leiden, E. J. Brill, 1985. 1138 p.

STORNIOLO, Ivo. *Trabalho e felicidade*: o Livro do Eclesiastes. São Paulo, Paulus, 2002.

TAMEZ, Elsa. *Cuando los horizontes se cierran*: relectura del libro de Eclesiastés o Qohélet. San José, DEI, 1998.

VELCHEZ LINDEZ, José. *Eclesiastes ou Qohélet*. São Paulo, Paulus, 1999. (Grande Comentário Bíblico)

VERAS, Lília Ladeira. *Coélet*: contestador ou construtor de uma nova sabedoria? São Bernardo do Campo, Umesp, 2005. Tese de doutorado.

Astúcia e coragem em defesa da tradição de Israel. Uma reflexão do agir do sábio em Ecl 10*

Antonio Carlos Frizzo[1]

Introdução: considerações básicas na obra de Qohélet

Época

A revolta judaica, ocorrida entre os anos de 175 e 164 a.C., durante as dinastias dos Macabeus e Asmoneus, significou o registro relevante de uma ação

---

* Nos anos de 1985 e 1986, o Centro Universitário Assunção, no bairro do Ipiranga, em São Paulo, reuniu um grupo de exegetas e teólogos com a missão de ministrar aulas para a primeira turma de pós-graduação em Teologia Bíblica. "Era necessário formar uma nova geração de professores", alertavam os organizadores do curso. Como ávidos discípulos e discípulas, saboreávamos, diretamente da fonte, o que havia de mais atuante e moderno no estudo das Escrituras na América Latina e no Caribe, junto a nossos mestres. Chegávamos ao cume da reflexão teológica no continente. Mais tarde viria a derrocada desta hermenêutica. Nessa época, conheci o professor Milton Schwantes, que, em companhia de G. Gorgulho, A. Flora Anderson, E. Dussel, P. Richard, J. Comblin, J. Luis Segundo, C. Mesters, T. Machado Siqueira e D. Zamagna, formaram um verdadeiro e grande ″time″ no campo da exegese bíblica. Segue meu apreço ao amigo dos primeiros passos no estudo da Palavra. Milton, tu és um verdadeiro profeta da Escritura atuando na causa dos pobres que Deus tanto ama.

[1] Doutorando na PUC-Rio. Professor na Faculdade Dehoniana – Taubaté – São Paulo.

325

popular contra um império que quase solapou a comunidade religiosa de Judá. De todos os impérios que a subjugaram, nenhum foi tão beligerante e sombrio como o helênico.

Divididas as regiões conquistadas por Alexandre entre seus sucessores, a província da Judéia continuava a fazer parte da satrapia da Síria sob a regência e dominação dos ptolomeus de Alexandria durante todo o III século a.C.; ela foi em seguida integrada ao reino selêucida, no ano 200 a.C.

Desde a conquista da Síria por Alexandre Magno, 333, o século III foi um período de forte integração ao helenismo por parte dos judeus das regiões da Judéia e de toda a Galiléia. Houve uma rápida e profunda abertura ao mundo exterior e ao modo de vida grega. Da política à economia, passando pela filosofia e religião, as províncias de Judá viam-se diante de um novo confronto, de uma nova cultura dominante que provocariam reações assimilativas, por uma parte, e contestatórias, de outra.

Filosofia

"Os homens que possuem experiência conhecem que uma coisa é, mas não sabem por quê; os homens que têm arte sabem ao mesmo tempo o porquê e a causa [...]. É, pois, coisa evidente que a Filosofia é ciência das causas certas e dos princípios certos".[2] Aristóteles (384-322 a.C.) foi sem dúvida o maior gênio filosófico que o mundo grego produziu. Suas idéias levaram-no a escrever obras redimencionadoras na esfera do Direito, da Lógica, da Metafísica e da Ética. Uma gama de discípulos levaria adiante seu método de procurar saber o porquê de as coisas existirem e se manifestarem como tal diante de nós.

Os ensinamentos de grandes pensadores como Sócrates, Platão e Aristóteles chegaram ao seu ápice nos grandes centros acadêmicos, mas não nas espalhadas *pólis*, longe do núcleo de poder e da aristocracia. A filosofia grega, apoiada na língua da *koiné*, entusiasmava milhões de jovens que acorriam aos grandes centros filosóficos.

---

[2] CABALLERO, A. *A filosofia através dos textos.* São Paulo, Cultrix, 1985. p. 55.

Mas seria a obra de Epicuro (341-270 a.C.) que ecoaria de modo indireto no livro do Eclesiastes. Seus textos estão divididos em três partes: Canônica, Física e Ética. Esta última parte encontraria certa sintonia no pensamento de Qohélet. Para Epicuro, a felicidade consiste no prazer, livre da existência da dor.

> Deve-se, pois, filosofar quando se é jovem e quando se é velho; no segundo caso para retomar o contato com o bem, ao lembrar os dias passados, e no primeiro para ser, embora jovem, tão forte quanto um velho perante o porvir. É preciso, pois, estudar os meios de atingir a felicidade, já que com ela nós temos tudo e quando ela está ausente fazemos tudo para consegui-la.[3]

Teologia

As vertentes filosóficas gregas abriram largos caminhos no modo de pensar a origem do universo e da existência humana. Aristóteles formulou a existência do Primeiro Motor como causa primeira para explicar as coisas e seus movimentos. "[...] existe necessariamente uma substância imóvel eterna [...]. Ora, é impossível que o movimento tenha começado ou que termine, pois ele deve ter existido sempre; e o mesmo quanto ao tempo, pois do contrário não haverá um antes e um depois" (Metafísica, XI 107b 5-20).[4]

Em Eclesiastes persiste uma teologia calcada na tradição profética. Deus não é negligenciado, mas sofre uma releitura. Díspare da concepção aristotélica e daquela forjada na idéia da retribuição divina, Qohélet, compreendido como homem da assembléia, crê num Deus transcendente, visto que é Deus, longe dos afagos humanos, mas imanente e vivenciado pela experiência humana. O homem não pode controlar a vontade divina, daí Deus conceder aos homens e às mulheres a capacidade para descobri-lo nos momentos de felicidade e prazer. Tudo é dom gratuito proveniente de *haElohim*.

---

[3] Ibid., p. 60.

[4] Texto extraído de GILES, T. R. *Introdução à filosofia*. São Paulo, Edusp, 1979. p. 53.

Qohélet diante da sabedoria tradicional

Uma rápida leitura pelos vintes versículos que formam o capítulo dez verificará a existência de cinco diferentes blocos temáticos.[5] A consideração dos diferentes ritmos, máximas proverbiais e temas, encontrados em cada grupo de versos, legitima seu processo de composição. Vejamos: tema 1: *a saga do insensato* (vv. 1-3); tema 2: *prudência e contradições experimentadas na história* (vv. 4-7); tema 3: *a perícia não impede o acidente* (vv. 8-11); tema 4: *alerta contra a insensatez* (vv. 12-15); tema 5: *apelo à prudência diante dos desafios* (vv. 16-20).

No estudo do texto, o primeiro esforço foi o de procurar oferecer aos respectivos versículos uma tradução literal. Por literal compreendo evitar aspectos hodiernos tremendamente ideológicos, inexistentes na idéia do redator do livro. Digo tentativa, pois nem sempre foi possível entender as máximas proverbiais, as ritmas, bem como as métricas das sentenças. Tal literalidade favorece uma melhor compreensão de um livro redigido num hebraico tardio e, sobretudo, por se tratar de uma produção textual corrompida ao longo dos séculos.

Quanto aos troncos verbais – passivo, ativo e reflexivo –, procurei sempre mantê-los em suas formas originais. Para auxiliar na tradução e nos critérios adotados, recorri, e não poucas vezes, ao trabalho de Haroldo de Campos,[6] que, por sua larga experiência de ensaísta, proporciona intuições para *garimpar* a melhor expressão ao texto a ser traduzido, fazendo eclodir as forças originárias das palavras no poema de Qohélet.

---

[5] Não existe consenso entre os autores sobre a estrutura interna do capítulo dez. N. Lohfing recorre à estrutura concêntrica para explicar a lógica do livro, em que o capítulo dez integra um bloco literário formado pelos capítulos 9,7–12,7. Já F. Rousseau, com base nos temas literários, inclui o capítulo dez ao tema das *decepções e exortações*, somado aos capítulos 9,11–11,10. As propostas sobre as inúmeras estruturas oferecidas ao livro podem ser conferidas em Líndez, J. V. *Eclesiastes ou Qohélet*. São Paulo, Paulus, 1999. pp. 46-50. Um debate mais atualizado sobre o livro de Qohélet pode ser conferido no trabalho *O livro do Eclesiastes*, de Ludger Schwienhorst-Schönberger. Cf. Zenger, E. (org.). *Introdução ao Antigo Testamento*. São Paulo, Loyola, 2003. pp. 332-334.

[6] Campos, H. *Eclesiastes*. São Paulo, Perspectiva, 2004.

A destino do insensato e do sábio – Ecl 10,1-3

A impressionante imagem das זְבוּבֵי מָוֶת, "moscas mortas", abre o capítulo que retoma a temática presente em Ecl 2,14: a sorte do sábio e do insensato. O que é uma mosca num vaso de perfume? Nada. A menor quantia, porém, é o suficiente para estragar a fragrância manuseada pelo perfumista. De um fato real, o autor busca compreender o grau de estrago causado aos portadores da insensatez.

10,1 Moscas mortas farão apodrecer, estragar o óleo (o perfume) misturado,

mais do que sabedoria e (do que) glória pesa um pouco da idiotice.

² Coração do sábio é para (o bem) sua direita, e o coração do idiota está para (o mal) a esquerda.

³ além disso, no caminho que anda o insensato (sem rumo certo) com seu coração sem utilidade (carente, diminuído).

Todos falam: ele é insensato.

O sábio não tem outro caminho a não ser fazer o bem e evitar o mal. Seus desígnios são inalterados. Possuem finalidade: o bem. Contrário são os de coração idiota: sempre tendem para o mal. Ao retomar a afirmação "O sábio tem olhos na cabeça, mas o insensato caminha nas trevas" (Ecl 2,14), o texto não deixa brecha para meio-termo. Trata-se de uma sabedoria prática capaz de levar o homem ao sucesso e nunca ao fracasso.

O insensato será sempre um insensato. Esta pode ser a conclusão expressa no final da perícope (v. 3). Diferentemente do sábio é a sorte pública do insensato. O insensato deixa parecer seu caráter, seu pensamento na maneira de agir. A frase הֹלֵךְ לִבּוֹ חָסֵר "anda seu coração diminuído" (v. 3b), expressa o caráter público daqueles que vêem seu comportamento, ao ponto de concluir que se trata de alguém insano, sem perspectiva nem coerência.

A prudência e as contradições – Ecl 10,4-7

A perícope retoma os conselhos já citados em Ecl 8,2-4: a fração de se comportar diante da pessoa do rei ou de seu representante. A retomada do tema deixa transparecer a insistência de que diante da vontade do rei, em momentos de cólera do alto comissariado real, não há outra atitude senão a subserviência

e a calma. Por meio de tais comportamentos, pode-se garantir a continuidade de viver ou estar em liberdade (Pr 16,14).

Alguns autores afirmam ser os versículos 5 a 7 uma expressão fidedigna do pensar qohéletiano. Afinal, um autêntico judeu é incapaz de dar louros a determinado sábio helenista em detrimento do pensar e da tradição judaica. Muitos acreditam que o pensamento de Qohélet estão sintetizados nestes versículos.

⁴ Se o espírito (vento raivoso) do governador (do chefe) elevar (vier) contra ti, teu lugar não deixarás, pois (a) calma fará curar grandes erros.

⁵ Vi (que) existe mal debaixo do sol. Imprudência (erro) que saiu da parte

do poder.

⁶ Ao insensato foi dado um lugar de muito destaque e aos ricos na humilhação permanecerão.

⁷ Vi escravos sobre cavalos e príncipes andando como escravos

sobre a terra.

Os papéis acham-se invertidos. Na intenção de nosso autor, os erros encontrados debaixo do sol reportam à inversão de valores ocorrida no interior da sociedade israelita durante os séculos de dominação helênica. O erro proveniente do poder (v. 5) é personificado na pessoa do insensato ocupando lugar de destaque (v. 6), contra os ricos experimentando a humilhação. Presenciar os fatos foi uma marca na obra de Qohélet. O assombro é registrado pelo hábito de os escravos andarem a cavalo e os príncipes, como escravos, com os pés na terra. Ocorre o registro de que a sociedade de Qohélet está muito mal organizada, e que em seu interior reinam a ruína e a desordem.

A perícia não exclui o cuidado – Ecl 10,8-11

Instruir na sabedoria e prevenir momentos de fracasso era uma das principais funções dos sábios e mestres. Nos versículos 8 a 9, podemos recorrer à máxima "quem com ferro fere, com ferro será ferido", no desejo de compreender as quatro máximas presentes. Todas apelam para a prudência e as conseqüências no ato de realizar algum trabalho. Os verbos חפר (cavar), פרץ (quebrar, invadir, arrombar),

נסע (remover) e בקע (abrir) apresentam complementos legitimando a relação de *causa e efeito*.

⁸ *Cavou (um) buraco, nele cairá, e destruiu (um) muro picar-lhe-á (a) serpente.*

⁹ *Removeu pedras irritar-se-á com elas, abriu fendas em árvores ferir-se-á nelas.*

Recomenda-se astúcia para evitar que as ações realizadas no presente sejam portadoras de frustrações ou arrependimentos futuros. A prudência é companheira das atividades humanas, tão elogiadas nos textos sapienciais. "Ele cava e aprofunda um buraco, mas cai na cova que fez" (Sl 7,16).⁷

¹⁰ *Se estava embotado (cego) o ferro, e (se) não afiar as faces (os cortes) sem habilidades*

(ele) não trará grande vantagem; e sabedoria garantirá prosperidade.

¹¹ *Se morde a cobra e (ela) não está encantada não existe vantagem para o dono da língua (palavra do encantador).*

A arte de realizar determinado trabalho é louvada, pois eis a sabedoria aplicada à tarefa de ser bem-sucedido numa determinada empreitada. Os versículos 10 e 11 alertam para a aplicação do conhecimento na execução do trabalho. É evidente que com o auxílio do conhecimento aplicado ao trabalho, no tempo certo, com ferramenta adequada, o resultado do trabalho é satisfatório. Afinal, a sabedoria garante bom êxito na empreitada.

O contrário também é certo. A negligência nas atividades pode ocasionar péssimos resultados. Daí a utilidade do provérbio citar o encantador de serpentes se tornar vítima de sua imperícia. Pois, embora o encantador reconheça sua arte no encanto, a serpente não chegou a ser enfeitiçada e sua mordida poderá ser letal.⁸

"Qohélet considera que o verdadeiro *temor* é o ser humano ter confiança de suas próprias limitações. Um ser humano, por mais que tente ou se esforce, não é Deus. Não pode ter a pretensão de poder controlar tudo ao seu redor".⁹

---

⁷ Sir 27,26; Sl 35,8; 57,7.

⁸ "Quem terá dó do encantador que se faz morder pela serpente e de todos os que se aproximam das feras?" (Sir 12,13). Sl 58,6; Jr 8,17.

⁹ CRB. *Sabedoria e poesia do povo de Deus*. São Paulo, Loyola, 1993. p. 127.

O alerta contra a insensatez – Ecl 10,12-15

O que pode parecer mera repetição no conjunto do livro de Qohélet, sinaliza uma busca pela melhor compreensão de algo ainda não conhecido de maneira satisfatória. Em outras palavras, há uma busca constante pelo saber. Os versículos 12 a 15 retomam o tema do *sábio* em relação ao *insensato*. Temas, estes, já trabalhados nos capítulos anteriores (5,2; 6,11-12; 7,7).

No uso da ideologia da retribuição, nosso autor volta a enaltecer as palavras do sábio em relação às palavras do insensato. Por duas vezes é acentuado o insucesso proveniente das palavras e desejos do insensato. De seus projetos não há outra coisa a esperar a não ser: תְּבַלְּעֶנּוּ "muita destruição", e הוֹלֵלוּת רָעָה, "arrogância do mau".

¹² *Palavras da boca do sábio tem graça e (os) lábios do insensato trará muita destruição.*

¹³ *O início das palavras dele são idiotices e depois (e ao final delas) suas palavras são arrogâncias do mau.*

Há um consenso entre os autores em afirmar a presença do pensamento de Qohélet nos versículos 14 e 15.[10] A crítica de Qohélet é marcante no modo de pensar o futuro. O homem não tem a capacidade de prever o futuro, muito menos existe alguém para lhe dizer algo além das forças humanas.

¹⁴ *O insensato fará aumentar (suas) palavras, não conhece o homem o que será,*

e o que acontecerá depois dele. Quem fará comunicar para ele (isso)?

¹⁵ *Trabalho do insensato torna-o demasiadamente cansativo, (ele) que não sabe ir*

à cidade.

A insensatez humana chega ao exagero de se preocupar com questões tremendamente complexas e intermináveis, quando nem sequer encontra razões satisfatórias aos desafios mais simples, primordiais e inerentes. A vaidade humana é semelhante ao desejo de um insensato que quer conhecer o mundo, mas nem conhece o caminho da cidade.

---

[10] A incerteza diante do futuro é a base na obra de Qohélet, para se opor à ideologia da retribuição e, ao mesmo tempo, legitimar sua fé em Deus. CAMPOS, *Eclesiastes*, cit., p. 206, e LÍNDEZ, *Eclesiastes...*, cit., p. 377.

Apelo à prudência diante dos desafios – Ecl 10,16-20

Nesta seção, encontra-se um conjunto formado por quatro tipos de diferentes provérbios. De *ordem social*, os versículos 16 e 17 são complementares, ao apresentarem duas diferentes figuras de administradores. De *ordem familiar*, o alerta contra a preguiça, hábito responsável pelo insucesso, aviso do versículo 18. Diferente de todos os demais, é citado os prazeres da vida, elucidados no versículo 19, com sentido em si mesmo. Considerando a dominação grega nas regiões da Palestina, convém evitar falar mal, seja do rei, seja dos seus representantes. Quem age com esperteza diante das forças ou aparelhos de repressão social, pode salvar sua vida, propõe o versículo 20.

[16] *Ai de ti, terra (país) que tem rei jovem e príncipes que comem (banqueteiam-se) pela manhã.*

[17] *Feliz de ti terra onde teu rei é filho de nobres e onde teus príncipes no tempo (certo) comerão*

com força (para adquirir força) e não para beber (embriagar-se).

[18] *Os preguiçosos farão cair o teto e com os de mãos inábeis (pessoas incapazes) cotejará a casa.*

[19] *Para diversão fazem pão, (o) vinho trará alegria à vida, e o dinheiro responderá a tudo.*

[20] *Também em teu pensamento o rei não será amaldiçoado e no teu quarto de dormir*

não será amaldiçoado o rico, pois (um) pássaro do céu fará levar a (tua) voz

e (um) senhor (alguém de asas, um anjo) tornará conhecida a palavra.

A função da realeza, na tradição bíblica, é fazer triunfar a justiça. Como autoridade civil e religiosa, o rei passa a ser visto como mensageiro do Senhor e, logo, seu representante na terra. O rei tem a função, por excelência, de ser o portador de justiça e vontade divina.[11] Nosso autor parece ensaiar certa crítica ao estilo monárquico instalado em Israel durante a dominação helênica. Conclusão óbvia quando da comparação entre os versos 1 e 2. אִי־לָךְ אֶרֶץ, "ai de ti terra", *versus* אֶרֶץ

---

[11] 1Cr 17,4.11; Pr 8,15-17. A teologia da realeza pode ser notada nos salmos reais: Sl 2; 18; 20; 21; 45.

אַשְׁרֵיךְ, "feliz de ti terra", acentuam a diferença entre a direção de um país sob as ordens de certa autoridade sábia ou insensata, justa ou déspota. Os resultados são completamente adversos, como certifica nosso autor.

O verso 18 traz duas afirmações: nada a esperar do preguiçoso ou do operário inábil. Uma desgraça é inerente quando existe a possibilidade de unir tais atribuições. O teto pode cair, pois a preguiça não encontra forças para concluir o trabalho, assim como provoca goteiras as mãos inábeis de um aventureiro artesão.

Atrelado ao verso 16, pode-se interpretar o verso 19 como uma crítica ferrenha aos reis incautos que logo pela manhã buscam deleitar-se com bons vinhos e fartos banquetes; sabedores de que na posse do dinheiro expropriado das províncias, isto é, dos impostos, podem tudo comprar. Adverso à crítica imposta justamente à realeza, לֶחֶם וְיַיִן "pão e vinho" são compreendidos como dádivas divinas, sem a qual é impensável sobreviver. Pode-se ver na fala de Qohélet um louvor, por sinal salutar e aprazível, ao hábito de fartar-se com bom vinho, comer apetitosos pratos – pão – e, sobretudo, a garantia de poder possuir dinheiro para comprar o necessário.

Em Qohélet encontramos vários conselhos de precaução diante das autoridades, seja a pessoa do rei, seja seus representantes diretos.[12] Nada mais providencial do que o mestre solicitar prudência aos seus alunos, ou à comunidade. Nosso autor manifesta, assim, alguém tremendamente enraizado e conhecedor das contradições e perspectivas sociais do Estado de Israel sob dominação ptolomaica.

Conclusão

É hora de fazer justiça à obra do sábio Qohélet. Taxado de cético, pessimista, agnóstico, e até de um relativo patriarcalismo, o trabalho deste jerosolimitano continuará inquietando leitores que buscam enquadrar sua obra num determinado esquema e estrutura literária. O autor de Eclesiastes é um sábio tremendamente atrelado a toda tradição teológica de Israel, mas, ao mesmo tempo, porta-

---

[12] N. Lohfing afirma que, em 205 a.C., subiu ao trono Ptolomeu V Epífanes, com apenas cinco anos, e começou a época de desgraça. Agatocles, o tutor do rei, governava com a ajuda de serviços secretos e denunciantes, o que conviria a 10,20. Cf. Líndez, Eclesiastes..., cit., p. 384.

dor de um pensar que não deixou de ousar em quebrar tradicionais paradigmas e garantir a identidade coerente e coercitiva do seu povo.

O que caracteriza e define um *sábio* é seu grau de aproximação com a Torá (Sl 1,2; 111,10; 112,1-2). Neste aspecto, Qohélet é merecedor deste título. Sem renunciar à fé no Santo Bendito, a quem se refere de modo diferenciado, chamando-o de *haElohim*, Qohélet soube com maestria, em sua época, balizar a eficiência dos ensinos legados pela tradição e defendê-los diante do surgimento e da expansão da cultura grega, com a ascensão de Alexandre Magno. Esta cultura foi determinante para o Egito, a Síria e certas regiões espalhadas entre o Eufrates e a Ásia Menor. Os israelitas, por sua posição geográfica, também foram tocados pelo processo, quase que arrasador, desta nova onda de pensar, ser, morar e agir.

Bibliografia

ALTER, R. & KERMODE, F. *Guia literário da Bíblia*. São Paulo, Unesp, 1987.

CAMPOS, H. ECLESIASTES. São Paulo, Perspectiva, 2004.

DICTIONNAIRE ENCYCLOPÉDIQUE DU JUDAÏSME. Paris, Cerf e Robert Laffont, 1998.

GARMUS, L. Educação dos filhos nos livros sapienciais. *Estudos Bíblicos*, Petrópolis, Vozes/Sinodal, n. 85, pp. 30-43, 2005.

GUNNEWEG, A. H. J. *História de Israel*: dos primórdios até Bar Kochaba e de Theodor Herzl até nossos dias. São Paulo, Teológica/Loyola, 2005.

_____. *Teologia do Antigo Testamento*: uma história da religião de Israel na perspectiva bíblico-teológica. São Paulo, Teológica/Loyola, 2005.

LÍNDEZ, J. V. *Eclesiastes ou Qohélet*. São Paulo, Paulus, 1999.

_____. *Sabedoria e sábios em Israel*. São Paulo, Loyola, 1999.

ROSTOVTZEFF, M. *História da Grécia*. Rio de Janeiro, Zahar, 1983.

SCHÖKEL, L. Alonso. *A palavra inspirada*: a Bíblia à luz da ciência da linguagem. São Paulo, Loyola, 1992.

SCHOORS, A., Coélet – A ambiguidade do desfrutar, Concilium, 287 (2000/4), p. 36-43.

SILVA, A. J. Os instrumentos de helenização. *Estudos Bíblicos*, Petrópolis, Vozes/Sinodal, n. 61, pp. 23-47, 1999.

URBACH, E. E. *Les sages d'Israël. Conceptions et croyances des maîtres du Talmud*. Paris, Cerf e Verdier, 1996.

WOLDE, E. V. Perspectivas diferentes sobre fé e justiça: o Deus de Jacó e o Deus de Jó. *Concilium*, 294 (2002/1), pp. 17-24.

WOLFF, H. W. *Antropologia do Antigo Testamento*. São Paulo, Loyola, 1975.

ZENGER, E. (org.). *Introdução ao Antigo Testamento*. São Paulo, Loyola, 2003.

O simbolismo do corpo na mensagem de Coélet

Lilia Ladeira Veras[1]

O livro de *Coélet* talvez seja um dos menos lidos da Sagrada Escritura. É muito pouco utilizado nas liturgias cristãs, raramente é lembrado nos exemplos e comentários das nossas revistas bíblicas, merece poucas aulas nos cursos de teologia e poucos o escolhem para estudá-lo de forma mais aprofundada. E, no entanto, é uma obra intrigante, de estilo redacional único, que encerra riqueza de temas e profundas reflexões. Embora muito agradável de ler, o livro é de difícil interpretação, prestando-se a leituras de pontos de vista diversos.

Como aluna e orientanda de Milton Schwantes, tive a grata satisfação de participar de um seminário que ele ministrou sobre *Coélet* e não resisti à tentação de me dedicar ao estudo desse livro e de elegê-lo como objeto da minha tese de doutorado.[2]

Coélet, em seu livro, trata de muitos temas. Parece que quis tocar em todos os assuntos que, em sua época, ocupavam a reflexão humana. Fala de Deus, do mundo, do ser humano e de vários aspectos da existência.

A respeito de Deus, discorre sobre sua obra extensa e incompreendida, seu poder e gratuidade ao atribuir a cada ser humano a sua porção; exprime sua unicidade e transcendência, indica uma forma de se relacionar com ele, afirma

---

[1] *E-mail*: liliaveras@yahoo.com.br.

[2] VERAS, L. L. *Coélet*: contestador ou contrutor de uma nova sabedoria? São Bernardo do Campo, Umesp, 2005. 409 p. Tese de doutorado.

a impossibilidade de conhecer suas preferências e seus julgamentos, e aconselha temê-lo embora sem compreendê-lo.[3]

A respeito do mundo, Coélet declara sua permanência, sua imutabilidade, sua beleza e seus fenômenos que não admitem interferência humana. Menciona o sol, os rios e o vento, a lua e as estrelas, as nuvens e a chuva, as árvores e os bosques, as plantas e as sementes, as aves, os peixes e os animais terrestres, o ouro, a prata e até as pedras. Cita, ainda, o espaço ilimitado e o tempo determinado.[4]

A respeito do ser humano, parece que nada fica sem uma menção de Coélet. A existência humana o interessa com todas suas circunstâncias. Ele reflete sobre o relacionamento do ser humano com Deus, com o universo que o cerca, com os seus semelhantes e consigo mesmo. Pondera sobre a sabedoria, o trabalho, o poder, a riqueza e suas respectivas influências na vida humana; e, ainda, sobre aspectos mais profundos como a alegria e a tristeza, o futuro e o destino, a vida e a morte.

O ser humano é o grande tema do livro e está relacionado a todos os outros temas. Coélet o analisa no que se refere à sua pessoa, às suas capacidades intelectuais, aos seus sentimentos, a suas obras e atitudes. De acordo com seus atributos e comportamentos, classifica-o em várias categorias. Assinala todas as fases da sua vida.[5]

Ao mencionar as capacidades, sentimentos, obras e comportamentos do ser humano, ou ao refletir sobre Deus ou sobre os grandes temas do universo, Coélet, muitas vezes enumera partes do corpo humano, como a cabeça, o coração, o ventre, os pés, as mãos, os braços, os ossos e os órgãos dos sentidos.

São citações que visam ilustrar suas mensagens e exemplificar seus pensamentos; assim, simbolizam aspectos mais profundos. Algumas vezes, podem ser entendidas em seu próprio sentido, mas que, quase sempre, têm significado metafórico. Os olhos representam o desejo (1,8; 2,10; 11,7.9), assim como os ouvidos (1,8). A boca expressa as palavras que dela saem (5,1.5; 8,2) ou a vida que

---

3   Ibid., pp. 310-312.
4   Ibid., pp. 313-314.
5   Ibid., pp. 314-319.

se mantém pelo alimento consumido através dela (6,7). A garganta identifica a própria pessoa ou sua alma, pelo alento que por ela passa e que mantém a vida (2,24; 4,8; 6,9). As mãos são o instrumento do trabalho (2,11; 5,5; 11,6) e os pés indicam o caminho escolhido na vida (4,17). A cabeça banhada de azeite é símbolo da alegria (9,8), o rosto voltado para um ponto mostra o centro do interesse (2,12) e a face iluminada, a mente esclarecida (8,1). O coração é a sede do pensamento (1,13.16.17; 2,15.22; 3,17.18; 7,2.25; 8,9.16; 9,1), da atenção (7,21), da consciência (2,1.3), da vontade (3.11; 9,3; 11,10), do desejo (2,10), da emoção (2,10; 5,19; 9,7; 11,9). O ventre é imagem da mãe, pois abriga o útero onde os ossos do feto se formam (5,14; 11,5). Coélet ainda menciona o sopro vital (3,19.21; 12,7), para assinalar a vida que anima o corpo. Algumas dessas citações serão comentadas a seguir.

Os olhos e os ouvidos – Logo no início de sua obra, Coélet pensa sobre a insatisfação do ser humano diante de sua própria efemeridade e de sua incapacidade para interferir na dinâmica imutável do universo. Para representar essa insatisfação, fala do olho que não se sacia de ver e do ouvido que não se satura de ouvir (1,8b). Para expressar a incapacidade de entender o universo, discorre sobre palavras que não podem ser ditas (1,8a). O olho e o ouvido são citados explicitamente. A boca está implícita como órgão articulador das palavras. Em outros versículos ela será mencionada explicitamente.

No Antigo Testamento, o olho, עַיִן (*'ayn*) pode identificar conhecimento (Gn 3,5.7), inclinação (Jr 22,17) ou opinião (Jz 21,25; Pr 26,5.12.16). Sua função de ver pode significar compreensão ou obediência (Jr 5,21). É um órgão tão importante que se um escravo for atingido e tiver seu olho vazado deve ser indenizado com a liberdade (Ex 21,26).[6]

---

[6] Ver JENNI, E. & VETTER, D., verbete עַיִן. In: JENNI, E. & WESTERMANN, C. *Diccionario teológico manual del Antiguo Testamento*. Madrid, Cristiandad, 1985. v. 2, c. 336-346; e SCHULTZ, C., verbete 1612a. In: HARRIS, R. L.; ARCHER JR., G. L.; WALTKE, B. K. *Dicionário internacional de teologia do Antigo Testamento*. São Paulo, Vida Nova, 1998. pp. 1108-1109.

No livro de Coélet é citado nove vezes.[7] Se em 1,8 é mencionado para ponderar sobre a insatisfação, em 2,10, o autor o representa como sede do desejo e descreve os olhos ambiciosos de um rei que muito realizou para satisfazer sua vontade em relação ao conforto, à riqueza, à arte e à sabedoria; que nada suprimiu do desejo dos seus olhos, mas que, mesmo assim, não viu vantagem na sua fadiga (1,12-2,11).

Em 4,8, os olhos figuram, ao mesmo tempo, ambição e insatisfação. São olhos que não se fartam de riquezas, de alguém que trabalha sem descanso apenas para prosperar e acumular bens sem ter nem ao menos com quem partilhar (4,7-8). Esses mesmos olhos ambiciosos e insatisfeitos são citados em 5,10, numa crítica àquele que produz e acumula muito além do que pode consumir.

Mas o olho é também o instrumento da observação, através do qual o sábio pesquisa. Em 2,14, usando o símbolo do olho que o sábio tem na cabeça, Coélet afirma que a observação feita com racionalidade distingue o sábio do tolo; porém, embora haja uma enorme vantagem da sabedoria sobre a tolice, tão grande como a da luz sobre as trevas, sábios e tolos terão o mesmo destino, não se perpetuarão na memória das gerações futuras e morrerão da mesma forma (2,12-19). A mensagem mais profunda que esses versículos encerram é a inexistência da retribuição pela igualdade do destino, da memória e da morte.

Como instrumento de observação, o olho é também lembrado em outros versículos, como em 6,9, quando Coélet afirma a primazia da observação da realidade sobre a divagação do espírito. A observação da realidade como uma fase da pesquisa é descrita através do ato de ver, que é a função mais concreta do olho. Coélet utiliza o verbo ver, ראה (r'h), quarenta e oito vezes em seu livro,[8] e em várias dessas ocasiões com o sentido de observação de um fenômeno que está sendo pesquisado.[9]

Os olhos são tão importantes na observação para o discernimento que Coélet aconselha seu discípulo a "andar nos caminhos do seu coração e na visão dos

---

7   1,8; 2,10.14; 4,8; 5,10; 6,9; 8,16; 11,7.9.

8   1,8.10.14.16; 2,1.3.12.13.24(2); 3,10.13.16.18.22(2); 4,1.3.4.7.15; 5,7.10.12.17; 6,1.5.6; 7,11.13.14.15. 27.29; 8,9.10.16(2).17; 9,9.11.13; 10,5.7; 11,4.7; 12,3.

9   1,14.16; 2,3.12.13.24; 3,10.16.18.22; 4,1.3.4.7.15; 5,7.12.17; 6,1; 7,13.15; 8,9.10.16.17; 9,11.13; 10,5.7; 12,3.

seus olhos" (11,9), sem temer que ele possa apenas realizar seus desejos. Guiar-se pelos olhos, juntamente com o coração, é uma forma de proceder com discernimento. O livro dos Números aconselha a "jamais seguir os desejos do coração e dos olhos" (Nm 15,39), alertando para os perigos que possam daí advir. Mas Coélet confia no discernimento e julga que olhos e coração poderão conduzir o jovem ao bom caminho, pois, em seguida, lembra o julgamento de Deus sobre os atos humanos.

Os olhos também são mencionados para representar a vida. Coélet afirma que "é bom para os olhos ver o sol" (11,7), para exprimir a alegria de viver, vendo a luz que ilumina o ser vivo, vendo o sol que o natimorto não conheceu (6,5).

Os olhos são, ainda, um meio de expressão dos sentimentos. Podem refletir a serenidade (Pr 15,30), a altivez (Pr 6,17; 21,4), a avareza (Pr 28,22) e o desprezo (Pr 30,17). Podem, até mesmo, verter lágrimas para exprimir a tristeza de quem chora. Assim, estão implicitamente referidos, no livro de Coélet, nas "lágrimas dos oprimidos que não têm consolador" (4,1). E o fato está relacionado entre as coisas que ele viu.

O ouvido, אֹזֶן ('ozen),[10] só é mencionado uma única vez para representar a insatisfação humana, já que não pode ser saciado em sua principal função, que é ouvir (1,8). Mas o verbo ouvir é citado algumas vezes, quer seja com o verbo שמע (xm'), "ouvir", "escutar", "obedecer",[11] quer seja com o verbo אזן ('zn), "ouvir", "prestar ouvidos".[12]

O primeiro, em 1,8, reforça a insatisfação do ouvido que não é saciado em sua função. Em outras ocorrências, enfatiza a prioridade que deve ser dada à escuta da Palavra de Deus sobre a oferta de sacrifícios (4,17) e à escuta da palavra dos sábios sobre o louvor dos insensatos (7,5), mesmo quando são proferidas na calma, sem o calor do fanatismo (9,17). O mesmo verbo é mencionado, também, para advertir sobre a necessidade de triagem na atenção dada ao que se ouve (7,21) e para observar a pouca importância que os poderosos e ricos dão aos

---

[10] Ver WOLF, H., verbete 57. In: HARRIS, R. L.; ARCHER JR., G. L.; WALTKE, B. K. *Dicionário internacional*, cit., pp. 1108-1109.

[11] 1,8; 4,17; 7,5.21; 9,16.17; 12,13.

[12] 12,9.

humildes e pobres (9,16). Finalmente, no epílogo do livro, é conjugado no imperativo como um convite para que o discípulo ouça as palavras do seu mestre, que termina o seu discurso e o adverte para o temor a Deus e o cumprimento de seus mandamentos (12,13).

O segundo verbo é citado para descrever a atividade de Coélet no processo de recolhimento de provérbios que passariam por uma minuciosa análise e sofreriam uma recomposição (12,9).

A boca, os lábios e a garganta – A boca, פֶּה (*peh*),[13] mereceu sete referências[14] pela sua dupla função: como órgão pelo qual a pessoa se alimenta para a vida, ou através do qual se comunica por meio de palavras. Recebeu, ainda, como já visto no item anterior, referências implícitas tanto nas menções dos atos de falar como também nas dos atos de comer e beber.

Como órgão de nutrição, a boca é citada como o principal motivo do trabalho do ser humano, que se esforça para ter seu alimento mas, mesmo assim, muitas vezes, não é suficientemente saciado (6,7). As referências aos atos de comer e beber conferem, muitas vezes, à boca uma parte da responsabilidade pela alegria humana (2,24; 3,13; 5,17.18; 8,15; 9,7).

Como órgão de comunicação, a boca serve para que o ser humano se relacione com seus semelhantes e para que louve a Deus.

Na comunicação com os semelhantes, a boca transmite "palavras de graça" do sábio (10,12), ou "tolices e loucuras" do insensato (10,13). A boca permite ainda que o rei manifeste seu desejo e poder (8,2.4).

As referências às palavras, ao discurso ou à voz são implícitas à boca que os emite. Coélet inicia seu livro afirmando que escreve aos discípulos suas palavras (1,1) e termina com a afirmação de que suas palavras devem ser ouvidas (12,13). A Deus, o fiel deve dirigir "poucas palavras" (5,1.2.6) e, também, evitar o "pecado cometido pela boca", ao pronunciar promessas que não são cumpridas (5,4-5).

---

[13] Ver LABUSCHAGNE, C. J., verbete פֶּה. In: JENNI, E. & WESTERMANN, C. *Diccionario teológico*, cit., c. 515-521; e HAMILTON, V. P., verbete 1738, In: HARRIS, R. L.; ARCHER JR., G. L.; WALTKE, B. K. *Dicionário internacional*, cit., pp. 1203-1204.

[14] 5,1.5; 6,7; 8,2; 10,12.13(2).

No serviço do rei, o servo deve evitar "palavras más" (8,3). Quem é sábio não maldiz o rei nem o rico para que sua voz não seja transmitida por palavras de outros que a ouviram (10,20).

Os lábios, שָׂפָה (sapah),[15] também são citados (10,12b) pela função de falar, exercida pelo tolo. Essa função fica ainda mais clara pela sua correspondência com a boca do sábio, numa menção explícita de pronunciar palavras e, mais ainda, com o esclarecimento dado a seguir sobre as tolices enunciadas pela boca do tolo (10,12.13).

Da mesma forma a garganta, נֶפֶשׁ (nepex), é mencionada pela função de nutrir. Mas nepex representa mais do que a passagem do alimento; quer dizer ainda a passagem da respiração, do sopro vital que dá alento aos seres vivos e, por isso, pode ser traduzida até mesmo como "vida" ou "alma".[16]

No Antigo Testamento, a palavra ocorre muitas vezes e com vários significados. No Deuteronômio, pode ser traduzida por "desejo" (Dt 21,14), "apetite" (Dt 23,24) ou "pessoa" (Dt 23,25). No primeiro livro dos Reis, no episódio em que Elias ressuscita o filho da viúva de Sarepta, é possível interpretá-la por "alma", no sentido de "vida" ou "sopro vital", pois "o nepex do menino voltou ao seu interior e ele viveu" (1Rs 17,21-22). O salmista utiliza a palavra no sentido de "garganta", pois afirma que "as águas sobem até o seu nepex" (Sl 69,1).[17]

E Coélet usa a palavra várias vezes e em diversos sentidos.[18] Significando a própria pessoa, usa as expressões "mostrar seu nepex bem", que ficaria melhor como "mostrar-se bem" (2,24), também "privo o meu nepex de bem" ou "privo-me do bem" (4,8) e ainda "o meu nepex procurou e não encontrei" ou "procurei e não encontrei (7,28). Com o sentido de "desejo", ele se refere a alguém que

[15] Ver COHEN, G. G., verbete 2298. In: HARRIS, R. L.; ARCHER JR., G. L.; WALTKE, B. K. Dicionário internacional, cit., p. 1488.

[16] Sobre os significados concreto e abstrato de nepex, ver Da garganta à alma. In: SCHROER, S. & STAUBLI, T. Simbolismo do corpo na Bíblia. São Paulo, Paulinas, 2003. pp. 77-84.

[17] Ver WESTERMANN, C., verbete נֶפֶשׁ. In: JENNI, E. & WESTERMANN, C. Diccionario teológico, cit., c. 102-133; e WALTKE, B. K., verbete 1395a. In: HARRIS, R. L.; ARCHER JR., G. L.; WALTKE, B. K. Dicionário internacional, cit., pp. 981-986.

[18] 2,24; 4,8; 6,2.3.7.9; 7,28.

não tem "necessidade para seu *nepex* de tudo quanto deseja" (6,2), mas que "seu *nepex* não se saciou dos bens" (6,3). Significando "alma" ou "espírito", ele afirma que "é melhor a visão dos olhos do que a divagação do *nepex*" (6,9). Com o sentido concreto de garganta, ele afirma que "a fadiga do homem é para a sua boca mas o seu *nepex* não se sacia" (6,7).

A face – Os olhos e a boca fazem parte da face, mas a face, como um todo, também é mencionada. A palavra פָּנִים (*panim*), que significa "face", "rosto", "semblante",[19] ocorre onze vezes no seu livro.[20] Há, também, ocorrências de *panim* com o significado de "face de Deus"[21] e, ainda, "face das águas"[22] ou "gume" de um instrumento cortante.[23]

Em três das ocorrências, *panim* tem o sentido de "face" ou "rosto" como parte do corpo. Na primeira, Coélet, citando uma série de provérbios, afirma que "a irritação é melhor do que o riso, pois em má face é bom o coração" (7,3). A face, muitas vezes, é um sinal do que se passa no interior da pessoa, permitindo que um observador perceba sentimentos de alegria, tristeza, irritação, preocupação, surpresa ou indignação. O mesmo acontece com os olhos ou com a boca. E Coélet, com sua afirmação, quer apenas observar que, muitas vezes, o riso denota leviandade e um rosto austero pode ser o reflexo de uma mente ocupada com pensamentos sábios.

Também com o significado de rosto como parte do corpo, a palavra é empregada duas vezes em 8,1. Novamente citando provérbios, Coélet declara que "a sabedoria do homem ilumina a sua face e a dureza de sua face se transformará". E, novamente, aqui, observa um caso em que o rosto denota o interior. Dessa vez, é a sabedoria transformando a face do sábio para torná-la mais agradável.

Mostrar uma face agradável para alguém é um sinal de simpatia, de tolerância, de proteção, de preferência. Em analogia à face humana, está a expressão

---

19 Ver Woud, A. S. van der, verbete פָּנִים. In: Jenni, E. & Westermann, C. *Diccionario teológico*, cit., c. 548-582; e Hamilton, V. P., verbete 1782a. In: Harris, R. L.; Archer Jr., G. L.; Waltke, B. K. *Dicionário internacional*, cit., pp. 1220-1222.

20 1,10.16; 2,7.9; 5,5; 7,3; 8,1(2).3; 9,1; 10,5.

21 2,26(2); 3,14; 5,1; 7,26; 8,12.13.

22 11,1.

23 10,10.

que, antropomorficamente, considera como sinal de escolha preferencial ou de proteção o ato de Deus "mostrar a sua face" para alguém. Coélet usa a expressão "bom à face de Deus" para indicar aquele a quem Deus julga bom, em oposição ao pecador (2,26; 7,26; 8,12.13).

Em quatro ocorrências, *panim* indica a própria pessoa e pode ser traduzido por um pronome pessoal. As pessoas se conhecem pela face e, na maior parte das vezes, essa é a única parte do corpo que as identifica e as representa. Coélet usa as expressões "antes da nossa face" (1,10) ou "antes da minha face" (1,16; 2,7.9) para exprimir que uma coisa aconteceu "antes de nós" ou "antes de mim".

Em outras três ocorrências, *panim* mostra uma postura diante de alguém (4,16; 5,5; 10,5). Há ainda uma última ocorrência, em que aponta a face de toda a humanidade diante da qual Deus coloca o destino (9,1).

O verbo de mesma raiz, פנה (*pnh*), que significa "virar-se", "voltar o rosto para", ocorre duas vezes[24] com o sentido de observação, revelando o interesse para o qual o rosto se volta. Coélet usa esse verbo para descrever a importância que deu ao trabalho que tanto o fatigou (2,11) e à pesquisa que realizou sobre a sabedoria (2,12). Nos dois casos, sua observação o levou a concluir que nem o trabalho nem a sabedoria são suficientes para promover a felicidade humana.

A cabeça – A palavra que é traduzida por "cabeça" é ראשׁ (*ro'x*), e pode significar, também, "pico", "cume", "parte superior", "chefe" ou "total". A mesma raiz dá origem a outras palavras que querem dizer "o melhor", "o primeiro" ou o "princípio".[25] O fato de a mesma palavra que designa "cabeça" indicar ainda a chefia ou liderança e, até, o que é considerado inicial, melhor e mais importante, mostra a primazia da cabeça sobre o resto do corpo.

A cabeça é referida três vezes: duas vezes como parte do corpo humano[26] e uma vez como princípio.[27] Em sua reflexão sobre a sabedoria, Coélet diz que "o

---

[24] 2,11.12.

[25] Ver MÜLLER, H. P., verbete ראשׁ. In: JENNI, E. & WESTERMANN, C. *Diccionario teológico*, cit., c. 883-900; e WHITE, W., verbete 2097. In: HARRIS, R. L.; ARCHER JR., G. L.; WALTKE, B. K. *Dicionário internacional*, cit., pp. 1387-1389.

[26] 2,14; 9,8.

[27] 3,11.

sábio tem os seus olhos em sua cabeça e o tolo caminha na escuridão" (2,14a). A afirmação mostra que o sábio faz suas observações de forma racional. Sua mente comanda seu trabalho com inteligência. Ao estabelecer a oposição entre sábio e tolo, Coélet coloca, de um lado, a observação representada pelos olhos feita com o uso da inteligência, simbolizada pela cabeça, e, de outro lado, a conduta como sinal do caminho seguindo o padrão da insanidade, expressa pela escuridão. Mas a conclusão a que chega, na segunda parte do versículo, não é consoladora, pois, embora em oposição tão radical, sábio e tolo terão o mesmo destino, o que para ele é um argumento forte contra a existência da retribuição (2,14b).

Novamente refletindo sobre a sabedoria, e novamente declarando a igualdade de destinos entre os seres humanos e a ausência de retribuição (9,1-6), Coélet sugere a busca da alegria, única forma que ele vê para aproveitar as ocasiões favoráveis; aconselha, então, a comer pão com alegria, beber vinho com prazer, usar roupas brancas, untar a cabeça com óleo perfumado e viver com a mulher amada (9,7-9). A unção tem vários significados no Antigo Testamento. Unge-se o corpo dos mortos e dos recém-nascidos (Ez 16,4.9). Sagram-se reis (1Sm 16,13; 1Rs 1,39), sacerdotes (Ex 29,7; 30,30) e profetas (1Rs 19,16), ungindo-lhes a cabeça. A unção é sinal de sacralidade (Ex 30,23-30) e de prosperidade (Dt 33,24). Aqui, é símbolo de alegria (Ecl 9,8).

As mãos e os braços – As mãos e os braços, ambos traduzindo a palavra יָד (*yad*),[28] são os instrumentos das obras humanas, tanto das boas obras como das más. É com as mãos que os seres humanos executam muitos trabalhos, mas é também através delas que exercem o domínio e a opressão. A palavra *yad* é repetida onze vezes no livro.[29]

Coélet tem uma grande preocupação com o trabalho, que ele aconselha a realizar com empenho, embora nem sempre traga o retorno esperado. A vida humana é limitada e é preciso "fazer com esforço tudo o que a mão encontrar para fazer" (9,10). A semeadura deve ser feita de manhã até a tarde, sem que as mãos tenham descanso (11,6). Muitos trabalhos são descritos no livro e representam

---

[28] Ver WOUD, A. S. van der, verbete יָד. In: JENNI, E. & WESTERMANN, C. *Diccionario teológico*, cit., v. 1, c. 921-931; e ALEXANDER, R. H., verbete 844. In: HARRIS, R. L.; ARCHER JR., G. L.; WALTKE, B. K. *Dicionário internacional*, cit., pp. 591-593.

[29] 4,1.5; 5,5.13.14; 7,18.26; 9,10; 10,18; 11,6; 2,11.

menções implícitas à mão que os realiza. Coélet fala de plantar e de arrancar a planta (2,4; 3,2), de construir e de destruir (2,4; 3,3), de cavar buraco e de quebrar muro (10,8), de transportar pedras e de rachar lenha (10,9), de semear e de ceifar (11,4.6).

Mas a obra feita pelas mãos é sinônimo de grande fadiga, que nem sempre traz vantagem para seu realizador (2,11). A fadiga do trabalho é repetida enfaticamente vinte e duas vezes[30] e o verbo fatigar, conjugado treze vezes.[31] Além disso, eventualmente pode acontecer um infortúnio que provoque a perda dos bens adquiridos pelo trabalho e, nesse caso, o trabalhador não terá "nada em sua mão para o seu filho" (5,13) e morrerá sem "nada levar em sua mão" (5,14). E até mesmo a obra de suas mãos pode ser destruída por Deus (5,5).

As mãos também expressam atitudes que devem ser tomadas ou convicções que têm de ser conservadas. Depois de uma série de aconselhamentos (7,9-17), Coélet sugere a seu discípulo que retenha nas mãos os conselhos e que não dê descanso às suas mãos para executá-los (7,18).

Da mesma forma, há atitudes inadequadas que são simbolizadas pelas mãos. A atração exercida pela mulher sedutora aparece em imagens de mãos que atuam como laços e de coração que age como rede (7,26). A negação do trabalho também pode ser representada pelas mãos, tomando uma posição de negligência por meio dos braços cruzados (4,5). Coélet afirma que "a indolência das mãos permitirá goteiras na casa" (10,18).

As mãos ainda praticam a força e exercem a opressão[32] sobre os mais fracos. Coélet afirma que viu "todas as opressões que se fazem sob o sol", acrescentando que "não há consolador para as lágrimas dos oprimidos" e "a mão dos opressores age com força" (4,1).

Outrossim, ele usa partes das mãos como medida para uma de suas comparações. Condenando o trabalho excessivo, afirma que "é melhor a palma da mão

---

30 1,3; 2,10(2).11.18.19.20.21.22.24; 3,13; 4,4.6.8.9; 5,14.17.18; 6,7; 8,15; 9,9; 10,15.

31 1,3; 2,11.18.19.20.21.22; 3,9; 4,8; 5,15.17; 8,17; 9,9.

32 Sobre a mão poderosa e violenta. In: SCHROER, S. & STAUBLI, T. *Simbolismo do corpo na Bíblia*. São Paulo, Paulinas, 2003. pp. 209-211.

cheia de tranqüilidade do que os punhos cheios de fadiga e busca de vento" (4,6). A palma da mão e os punhos traduzem, respectivamente, as palavras כַּף (kaf) e חֹפֶן (hopen).

Usando uma figura antropomórfica, Coélet menciona a "mão de Deus", que, por um lado, permite ao ser humano usufruir de seus bens e ser feliz em seu trabalho (2,24), todavia, por outro, mantém sob o seu domínio as obras humanas para julgá-las como lhe apraz (9,1).

Várias atividades descritas pelos verbos "pegar", "alcançar", "abarcar", "lançar" podem ser menções implícitas de ações praticadas com as mãos: Coélet fala de pedras que têm momento certo para serem lançadas e pegas (3,5); da sabedoria que é impossível de ser alcançada (7,23); da obra de Deus que não pode ser abarcada (3,11); do pão que, prudentemente, deve ser lançado às águas (11,1).

Os pés – Os pés são lembrados apenas uma vez.[33] A palavra utilizada é רֶגֶל (regel) que designa "pé", mas também pode ter o sentido ampliado para "passo". Os pés são os órgãos da locomoção, além de domínio sobre os outros (Sl 110,1).[34]

Os pés que andam pelo caminho representam a conduta assumida pela pessoa durante a vida. E Coélet aconselha seu discípulo a "vigiar o seu pé quando andar para a casa de Deus" (4,17). É um convite à vigilância. Não apenas para ir ao Templo, mas toda vez que se dirige a Deus o orante deve ser vigilante. O relacionamento com Deus requer vigilância porque ele está muito acima da criatura: "Deus está nos céus e o ser humano está na terra" (5,1). Vigiar os pés significa vigiar a conduta. O salmista também afirma "ter os pés no caminho plano" (Sl 26,12) e explica a expressão quando diz "andar na integridade" (v. 1) e "andar na verdade" (v. 3).

Os pés são a base de sustentação do ser humano em sua postura ereta, posição que assume para agir. Expressam a possibilidade de locomoção e a independência no caminhar e deixam pegadas que podem ser seguidas.[35] Assim, devem ser vigiados para que haja discernimento nos passos.

---

[33] 4,17.

[34] Ver WHITE, W., verbete 2113a. In: HARRIS, R. L.; ARCHER JR., G. L.; WALTKE, B. K. *Dicionário internacional*, cit., pp. 1398-1399.

[35] Sobre as funções e o simbolismo dos pés, ver ROY, A. *Tu me deste um corpo*. São Paulo, Paulinas, 2000. pp. 106-110.

Os pés são mencionados implicitamente por Coélet, quando é citada sua função de andar. O verbo "andar", "caminhar", "ir", הלך (*hlk*),[36] é intimamente relacionado aos pés e, como eles, identifica-se com a conduta assumida na vida. Coélet aconselha o jovem a "andar nos caminhos do coração e na visão dos olhos" (11,9), numa referência ao discernimento, à conduta correta. Afirma que "quando o tolo anda, o coração dele falha" (10,3), pois ele "anda na escuridão" (2,14), referindo-se à sua conduta leviana, à falta de vontade que manifesta durante a vida e até mesmo à sua falta de discernimento, pois não pode ver na escuridão. Coélet reflete sobre a morte e sobre a sabedoria que advém dessa reflexão, e diz que "é melhor andar para a casa de luto do que para a casa de banquete" (7,2).

O ato de andar significa o decorrer da vida, o trajeto percorrido no caminho que leva o ser humano do nascimento à morte. Coélet determina que "todos andam para o pó" (3,20); que quem morre, "nu voltará para andar como veio" (5,14), pois "todos, como vieram, andarão" (5,15); até o natimorto que "veio no vazio, andará na escuridão" (6,4); declara que "todos andam para o mesmo lugar" (6,6), que todos andam para o *xeol* (9,10), que "o homem caminha para a casa da eternidade" (12,5); são referências à morte niveladora e igual para todos, que ele repete muitas vezes e de várias formas.

O coração – A parte do corpo humano mais citada por Coélet é o coração. A palavra לֵב (*leb*), que quer dizer coração, é empregada trinta e nove vezes.[37] No Antigo Testamento, o coração não designa apenas o órgão cardíaco (1Sm 25,37), ou o que garante a força vital (Gn 18,5). É também a sede da emoção (1Sm 1,8; 2,1, Dt 20,3.8), do pensamento (Dt 4,9), da inteligência (Dt 8,5), da sabedoria (Pr 2,10; 14,33), da vontade (2Cr 12,14; Sl 20,5), da consciência (Jr 22,17), das decisões boas e más (2Sm 7,2; Is 10,7; Ex 4,21) e do desejo sexual (Os 4,11; Jó 31,9).[38]

---

[36] Ver SAUER, G., verbete הלך. In: JENNI, E. & WESTERMANN, C. *Diccionario teológico*, cit., v. 1, cc. 683-692; e COPPES, L. J., verbete 498. In: HARRIS, R. L.; ARCHER JR., G. L.; WALTKE, B. K. *Dicionário internacional*, cit., pp. 355-356.

[37] 1,13.16(2).17; 2,1.3(2).10(2).15.20.22.23; 3,11.17.18; 5,1.19; 7,2.3.4(2).7.21.22 .25.26; 8,5.9.11.16; 9,1.3(2).7; 10,2(2).3; 11,9(2).10.

[38] Ver STOLZ, F., verbete לֵב. In: JENNI, E. & WESTERMANN, C. *Diccionario teológico*, cit., v. 1, c. 1176-1185; BOWLING, A., verbete 1071b. In: HARRIS, R. L.; ARCHER JR., G. L.; WALTKE, B. K. *Dicionário internacional*, cit., pp. 765-767.

Coélet usa a palavra com várias dessas acepções. Em alguns momentos, utiliza expressões curiosas em que descreve ações que envolvem seu coração. Assim, encontram-se, no livro, as frases "dediquei meu coração a pesquisar" (1,13), "eu falei com o meu coração" (1,16), "dediquei meu coração para conhecer sabedoria" (1,17; 8,16), "disse eu em meu coração" (2,1.15; 3,17.18), "investiguei em meu coração" (2,3), "dei voltas para desesperar o meu coração" (2,20) ou "dei para o meu coração" (9,1). Em outras ocasiões, o coração parece personalizado, figurando como a própria pessoa que age com inteligência e vontade, pois Coélet proclama que seu coração "viu muita sabedoria e conhecimento" (1,16), que "conduziu-se com sabedoria" (2,3), que não foi impedido de alegrar-se (2,10a) e alegrou-se (2,10b); mais adiante, indaga sobre "o que há para o ser humano na sua fadiga e na busca do seu coração" (2,22); e, em seguida, ressalta seu esforço afirmando que "também de noite não descansa o seu coração" (2,23).[39]

Em 1,13, Coélet fala que dedicou seu coração "a pesquisar e investigar com sabedoria tudo o que se fez sob os céus" e, nesse versículo, utiliza *leb* com o sentido de inteligência, mente, vontade. A pesquisa que desenvolveu é classificada por ele como "tarefa má dada por Deus aos homens para se atarefarem com ela". A designação negativa se deve ao fato de ter concluído que tudo é vazio e que não há possibilidade de alguém interferir nos acontecimentos (1,13-14). Sua pesquisa versou sobre sabedoria (1,16-18), prazer (2,1-3), trabalho (2,4-7) e riqueza (2,8-11). E Coélet, aplicando seu coração, estava aplicando sua mente e sua vontade, seu vigor e sua pessoa, para fazer essa intensa pesquisa, ao final da qual concluiu que a sabedoria, o prazer, o trabalho e a riqueza não dão satisfação a quem os busca (2,12-23).

Em 3,11, *leb* é utilizado como órgão do desejo. Coélet declara que "Deus pôs a eternidade no coração" humano. Sua afirmação leva a supor que essa ação divina é a responsável pela tendência humana ao infinito. Mas, embora deseje, o ser humano não consegue abranger toda a obra de Deus.[40]

No relacionamento com Deus, o fiel deve manter calmos sua boca e seu coração (5,1). A ansiedade de muitos desejos, expressa com muitas palavras, de nada adiantará. Basta temer a Deus (5,2.6).

---

[39] Ver VERAS, *Coélet*, cit., p. 113.

[40] Ibid., pp. 154-155.

Coélet preocupa-se com a morte porque ela nivela as pessoas. Contudo, admite que a reflexão sobre a morte traz sabedoria. O sábio que vai ao velório reflete sobre a morte em seu coração (7,2.4). Coélet diz também que a irritação pode ser salutar e fazer bem ao coração (7,3) e que o suborno prejudica o coração (7,7). Em todas essas citações, o coração está sendo tomado como órgão do pensamento e da reflexão.

Mas o coração é ainda fonte de alegria, e é feliz aquele a quem "Deus faz com que se ocupe na alegria do seu coração" (5,19).

O ventre – A palavra בֶּטֶן (*beten*), é empregada, no Antigo Testamento, com o sentido de "ventre", "útero", "entranhas", "estômago" ou, simplesmente, "corpo". Denota a parte inferior do abdômen.[41] É o lugar onde o feto é modelado por Deus (Jó 31,18; Sl 139,3; Jr 1,5), de onde a criança sai para nascer (Jó 1,21; Sl 22,9). Mas também é a parte do abdômen que recebe o alimento (Jó 15,2). Jó, ao se ver em desgraça, desabafa: "Nu saí do ventre de minha mãe e nu voltarei para lá" (Jó 1,21), e lamenta não ter morrido ao sair do ventre de sua mãe (Jó 3,10-11). Jó reflete sobre a igualdade das pessoas ponderando que foi Deus quem as fez no ventre, como também o fez (Jó 31,15). Da mesma forma, pensa sobre a proteção de Deus que o guiou desde o ventre (Jó 31,18). Entretanto, nesse mesmo livro, *beten* é também utilizada no sentido de estômago (Jó 15,2). O salmista declara que Deus o tirou do ventre (Sl 22,10) e que pertence a ele desde que de lá saiu (Sl 22,11). Em oposição, os ímpios mentem a partir do instante que saíram do ventre materno (Sl 58,4). Em outros salmos, os filhos, frutos do ventre, são considerados herança de Javé (Sl 127,3), e o salmista proclama que Deus o teceu no ventre materno (Sl 139,13). Isaías afirma que Deus o chamou desde o ventre materno (Is 44,2).

No livro de Coélet, a palavra ocorre duas vezes[42] com o sentido de ventre materno, de útero. Refletindo sobre a efemeridade da riqueza, Coélet fala que o rico que perdeu sua fortuna nada deixa para o seu filho, que "como saiu do ventre de sua mãe, nu, voltará para ir como veio" (5,14). A forma com que se expressa lembra o livro de Jó. Ponderando sobre a incapacidade humana de conhecer a

---

[41] Ver Oswalt, J. N., verbete 236. In: Harris, R. L.; Archer Jr., G. L.; Waltke, B. K. *Dicionário internacional*, cit., p. 171.

[42] 5,14; 11,5.

obra de Deus, Coélet observa o mistério representado pelo desenvolvimento dos "ossos no ventre da grávida" (11,5). E neste versículo cita também esse outro componente do corpo humano que são os ossos.

Os ossos – Os ossos são citados unicamente no versículo comentado logo acima (11,5). A palavra עֶצֶם (*'ezem*) significa osso, tanto o humano como o do animal.[43] O osso é a essência do ser vivo. Ao verificar que sua mulher tinha a mesma natureza sua, Adão exclama: "É osso dos meus ossos" (Gn 2,23). Os ossos constituem a estrutura do corpo do seres vivos. Jeremias emprega a palavra para designar o mais íntimo da sua pessoa. Sua decisão de não falar em nome de Javé, provocou-lhe uma sensação semelhante a de um "fogo devorador encerrado nos ossos" (Jr 20,9). O salmista exprime seu sofrimento atroz suplicando a misericórdia de Deus porque seus "ossos tremem" (Sl 6,3), seus "ossos se desconjuntam" (Sl 22,15), seus "ossos se consomem" (Sl 31,11). O inimigo que o agride com injúrias "esmigalham seus ossos" (Sl 42,11).

Ao afirmar que o ser humano "não tem conhecimento sobre o desenvolvimento dos ossos no ventre da grávida", Coélet está declarando que o ser humano não conhece a sua própria essência, não domina sua própria estrutura, não entende seu próprio íntimo. É uma forma de mostrar a incapacidade humana de entender a obra de Deus e a impossibilidade do ser humano de interferir nela.

A carne – A palavra בָּשָׂר (*basar*) traduz-se por "carne", além de ser entendida como "pele"; é usada com esse sentido no *Levítico*, nas prescrições sobre as doenças da pele (Lv 13). Pode também simbolizar "corpo", principalmente quando é usada junto com "ossos". Quando Adão exclama "osso de meus ossos", referindo-se à sua mulher, ele acrescenta "carne de minha carne", pois percebe que sua esposa tem um corpo como o seu e lhe é equivalente.[44]

A palavra ocorre cinco vezes no livro de Coélet,[45] sempre com o sentido de "corpo". Coélet menciona o corpo que se embebeda com vinho na busca do pra-

---

[43] Ver ALLEN, R. B., verbete 1673c. In: HARRIS, R. L.; ARCHER JR., G. L.; WALTKE, B. K. *Dicionário internacional*, cit., pp. 1157-1159.

[44] Ver GELERMAN, G., verbete בָּשָׂר. In: JENNI, E. & WESTERMANN, C. *Diccionario teológico*, cit., v. 1, c. 541-545; OSWALT, J. N., verbete 921a. In: HARRIS, R. L.; ARCHER JR., G. L.; WALTKE, B. K. *Dicionário internacional*, cit., pp. 227-228.

[45] 2,3; 4,5; 5,5; 11,10; 12,12.

zer (2,3), o tolo que cruza os braços e deixa o seu corpo ser prejudicado pela negligência (4,5), a boca que arrasta o corpo para o pecado (5,5), a irritação do coração que causa mal ao corpo (11,10) e o estudo que cansa o corpo (12,12).

As citações são feitas em contextos bem diferentes. A primeira ocorre em uma reflexão sobre o prazer que é insuficiente para proporcionar a felicidade. Na segunda, refere-se ao trabalho que não deve ser negligenciado. Na terceira, o contexto é religioso e o mestre aconselha seu discípulo a não deixar de cumprir os juramentos pronunciados diante de Deus. A quarta citação também integra um conselho para que seu ouvinte afaste a irritação que prejudica sua saúde. A quinta, já no epílogo, é uma advertência para quem estuda excessivamente.

Conclusão – E assim, mencionando várias partes do corpo humano para ilustrar seus pensamentos, Coélet vai transmitindo uma mensagem, às vezes, polêmica e contestadora. No epílogo do seu livro, que pode ter sido escrito por um discípulo seu responsável pela redação final da obra, há uma menção ao "ser humano total" (12,13). Nada seria melhor para finalizar a série de citações de partes do corpo do que a visão do "ser humano total", que é definido como aquele que, tendo ouvido o discurso do mestre até o fim, vai "temer a Deus e guardar os seus mandamentos". Estará preparado, então, para o julgamento de Deus que se fará sobre "todo ato oculto, quer seja bom, quer seja mau" (12,14).

Bibliografia

COMBLIN, José. *Antropologia cristã*. 3. ed. Petrópolis, Vozes, 1994. 272 p. (Teologia e Libertação)

GALLAZZI, Anna Maria Rizzante & GALLAZZI, Sandro. O teste dos olhos, o teste da casa, o teste do túmulo: uma chave de leitura do livro de Qohelet. *Revista de Interpretação Bíblica Latino-Americana* – RIBLA: vida cotidiana – resistência e esperança, Petrópolis/ São Leopoldo, Vozes/Sinodal, n.14, pp. 50-72, 1993.

GASS, Ildo Bohn. O trabalho como ideal: o projeto do Eclesiastes. *Estudos Bíblicos*: Bíblia e utopia, Petrópolis/São Leopoldo, Vozes/Sinodal, n. 49, pp. 22-27, 1996.

GLASSER, Étienne. *O processo da felicidade por Coélet*. São Paulo, Paulus, 1975. 278 p. (A Palavra Viva.)

HARRIS, R. Laird; ARCHER JR., Gleason L.; WALTKE, Bruce K. *Dicionário internacional de teologia do Antigo Testamento*. São Paulo, Vida Nova, 1998. 1789 p.

JENNI, Ernst & WESTERMANN, Claus. *Diccionario teológico manual del Antiguo Testamento*. Madrid, Cristiandad, 1985. 2 v., 637 + 734 p.

KAEFER, José Ademar. *Coélet e a idolatria do dinheiro*: um estudo a partir de Ec 5,7-19. São Bernardo do Campo, Umesp, 1999. 231 p. Dissertação de mestrado.

KLEIN, Carlos Jeremias. Coélet e a felicidade. *Estudos Bíblicos*: felicidade na Bíblia, Petrópolis/São Leopoldo, Vozes/Sinodal, n. 53, pp. 59-66, 1997.

LELOUP, Jean-Yves. *O corpo e seus símbolos*: uma antropologia essencial. 13. ed. Petrópolis, Vozes, 2005. 133 p. (Unipaz – CIT.)

LOADER, James A. *Polar structures in the Book of Qohelet*. Berlin/New York, De Gruyter, 1979. 136 p. (Beiheft zur Zeitschrift für die Alttestamentliche Wissenschaft, 152.)

MAGGIONI, Bruno. *Job y Cohélet*: la contestación sapiencial en la Biblia. Bilbao, Deeclée, 1993. 105 p. (Cristianismo y Sociedad.)

MORLA ASENSIO, Víctor. O livro do Eclesiastes. In: MORLA ASENSIO, Víctor. *Livros Sapienciais e outros escritos*. São Paulo, Ave Maria, 1997. pp. 157-187. (Introdução ao Estudo da Bíblia, 5.)

PEREIRA, Ney Brasil. O sentido do trabalho nos livros sapienciais. *Estudos Bíblicos*: trabalhador e trabalho, Petrópolis, Vozes, 1986, n. 11, pp. 83-91.

PODECHARD, Emmanuel. *L'Ecclésiaste*. Paris, Gabalda, 1912. 499 p. (Études Bibliques.)

RAD, Gerhard von. *Sabiduría en Israel*: Proverbios, Job, Eclesiastés, Eclesiástico, Sabiduría. Madrid, Cristandad, 1985. 408 p. (Biblioteca Bíblica Cristiandad.)

RAVASI, Gianfranco. *Coélet*. São Paulo, Paulinas, 1993. 350 p. (Pequeno Comentário Bíblico – AT.)

RODRÍGUEZ GUTIÉRREZ, Jorge Luis. Que proveito tem Adam de todo seu trabalho com que se afadiga debaixo do sol? (Ec 1,2). *Revista de Interpretação Bíblica Latino-Americana – RIBLA*: economia e vida plena. Petrópolis/São Leopoldo, Vozes/Sinodal, n. 30, pp. 39-46, 1998.

_____. A lei, a fadiga e o vazio no livro de Eclesiastes. *Estudos Bíblicos*: a Lei, Petrópolis/São Leopoldo, Vozes/Sinodal, n. 51, pp. 32-43, 1996.

RODRÍGUEZ GUTIÉRREZ, Jorge Luís. Enquanto há vida, há esperança: as pequenas e firmes esperanças do dia-a-dia em Coélet. *Revista de Interpretação Bíblica Latino-Americana – RIBLA*: semeando esperanças, Petrópolis/São Leopoldo, Vozes/Sinodal, n. 39, pp. 74-81, 2001.

ROY, Ana. *"Tu me deste um corpo"*. São Paulo, Paulinas, 2000. 177 p. (Sopro do espírito.)

SCHROER, Silvia & STAUBLI, Thomas. *Simbolismo do corpo na Bíblia*. São Paulo. Paulinas, 2003. 307 p. (Bíblia e História.)

SCHWANTES, Milton. Seis dias trabalharás e farás toda a tua obra: iniciação à temática do trabalho e do trabalhador na Bíblia. *Estudos Bíblicos*: trabalhador e trabalho, n.11. Petrópolis: Vozes, 1986. p.6-21.

SOCIEDADE DE TEOLOGIA E CIÊNCIAS DA RELIGIÃO et al. (org.). *Corporeidade e teologia*. São Paulo, Paulinas/Soter, 2005. 300 p.

STEPHANUS, Irene. *Coélet. – Revista de Interpretação Bíblica Latino-Americana – RIBLA*: Bíblia: por mãos de mulher, Petrópolis/ São Leopoldo, Vozes/Sinodal, n. 15, pp. 60-67. 1993.

STORNIOLO, Ivo. *Trabalho e felicidade*: o livro do Eclesiastes. São Paulo, Paulus, 2002. 151 p. (Bíblia e Cotidiano.)

STORNIOLO, Ivo & BALANCIN, Euclides M. *Como ler o livro do Eclesiastes*: trabalho e felicidade. 3. ed. São Paulo, Paulus, 1991. 44 p (Como ler a Bíblia.)

TAMEZ, Elsa. *Cuando los horizontes se cierran*: relectura del libro de Eclesiastés o Qohélet. San José, DEI, 1998. 228 p. (Lectura Popular de la Bíblia.)

VERAS, Lilia Ladeira. *Coélet*: contestador ou construtor de uma nova sabedoria? São Bernardo do Campo, Umesp, 2005. 409 p. Tese de doutorado.

VÍLCHEZ LÍNDEZ, José. *Eclesiastes ou Qohélet*. São Paulo, Paulus, 1999. 510 p. (Grande Comentário Bíblico)

ZIEGLER, Erica Luisa. O idoso em Eclesiastes. *Estudos Bíblicos*: a Bíblia e as pessoas idosas, Petrópolis, Vozes, n.82. pp. 49-54, 2004.

"Igreja e política não são separáveis."

Depois dos relatórios de onze comunidades e dois Pontos de Pregação, da Juventude, do pastor Milton, do estagiário, a assembléia se dividiu em quatro grupos para debater os mesmos. No relatório do 3º grupo consta: "Quanto à questão política, dão o seu parecer favorável conforme a explicitação do pastor, que procurou elucidar que igreja e política não são separáveis, que os vários setores estão entrelaçados, e é engano pensar o contrário."

(Extratos dos livros de Ata da Paróquia de Cunha Porã.
Assembléia Paroquial de 6 de janeiro de 1977.)

"O pastor Milton Schwantes levou ao conhecimento dos presentes que existem famílias paupérrimas em Linha Moroé, Avante e Sertão, que fazem pedidos de batismos, mas não possuem recursos financeiros para contribuir o mínimo; pediu que os presentes refletissem sobre o assunto e em próximas reuniões voltássemos para resolver o assunto."

(Ata da paróquia de Cunha Porã,
7 de agosto de 1977,
reunião das diretorias das comunidades.)

Restam-nos esperanças

(Milton Schwantes. *Projetos de esperanças*: meditações sobre Gênesis 1–11. Petrópolis/São Leopoldo, Vozes/Sinodal, 1989. p. 11.)

Sinais da derrocada dos impérios no Apocalipse de Daniel

Rafael Rodrigues da Silva[1]

Fiquei muito contente e sensibilizado com o convite para participar desta publicação em homenagem a Milton Schwantes. E a tarefa não é fácil quando se é novato na leitura e interpretação da Bíblia. Comecei a entendê-la nas pegadas de Carlos Mesters e do próprio Milton. Ao assumir esta tarefa, pensei em resgatar um dos fortes conteúdos da leitura bíblica que fui aprendendo na leitura junto às comunidades e nas aulas do Milton: a profecia de análise da conjuntura na literatura apocalíptica. Escutei da exegese socioeconômica que a apocalíptica, de modo especial a de Daniel, surge em meio ao domínio avassalador do helenismo e das arbitrariedades de um Antíoco IV Epífanes, que em 166 a.E.C. profanou o Templo de Jerusalém. Aí brota o sonho apocalíptico de Daniel. É o grito de desespero de um povo massacrado e encurralado, cujo alvo primeiro e imediato é o aniquilamento da abominação. Nesta perspectiva, o livro de Daniel é, por excelência, um projeto antiimperialista.[2]

---

[1] Doutor em Comunicação e Semiótica pela PUC-SP, professor de Introdução ao Pensamento Teológico do Departamento de Teologia e Ciências da Religião da PUC-SP e de Exegese do Antigo Testamento da Unisal e do Itesp. Caixa Postal 42466 – CEP 04218-970 – São Paulo-SP. *E-mail*: raphaelli@pucsp.br

[2] Trecho de um dos primeiros textos que li de Milton Schwantes: Projeto de Deus na Bíblia (anotações para uma palestra no Curso de Extensão Universitária "Fé e Educação Política", promovido pelo Diretório Acadêmico do Instituto de Teologia da PUC-Porto Alegre, 30.9.1981), p. 7.

Proponho alguns aspectos importantes do livro de Daniel, que ousou sonhar com a derrocada dos poderosos e, nesta perspectiva, animou e anima muitas comunidades e grupos a ousar, a sonhar e a esperar com firmeza e teimosia a queda dos tiranos e opressores.

O livro de Daniel é apaixonante e fez longa história. Livro apocalíptico que circulou entre sábios, escribas, mestres da Lei, piedosos, rebeldes, profetas, messias e o povo que buscava ser fiel e desejava o fim da situação de sofrimento. Uma leitura atenta deste livro vai necessariamente nos levar à descoberta de textos carregados de contos e legendas populares que no âmbito da oralidade aguçou o imaginário de crianças, adultos e velhos. Eis um livro de visões extraordinárias que a princípio enchem de medo o ouvinte e leitor, mas, ao entrar na dinâmica dessas visões, o resultado é totalmente outro: enche de coragem e teimosia o povo que espera o tempo do fim.

O livro de Daniel é um conjunto de orações que evoca a prática penitente como um dos caminhos para enfrentar os tribunais e as execuções de morte. No processo de martírio, anima a resistir contra as fornalhas, as covas de leões, as cruzes e as espadas. Livro que é escrito com o corpo,[3] como mediação de imagens e análise do presente. "O texto é corpo e o corpo é texto":[4] jovens judeus que protegem seus corpos da comida do rei (Dn 1); o poder representado no corpo de uma estátua que tem pés de ferro e pés de barro (Dn 2); corpos condenados ao fogo que saem vitoriosos (Dn 3); o poder do império é um corpo desfigurado: é um animal! É um rei louco! (Dn 4); é o corpo (dedos da mão) que escreve na parede o destino do império (Dn 5); é o corpo do piedoso condenado por seguir suas rezas e sai livre da boca dos leões (Dn 6). São os impérios representados nos corpos de animais estranhos (leão com asas de águia, urso com costela na boca, leopardo de quatro cabeças e o animal de dentes de ferro e que tem dez chifres) e que serão derrotados pelo "Filho do Homem" e pelos "santos do Altíssimo" (Dn 7); o anjo Gabriel toca no corpo de Daniel consolando-o e fortalecendo-o para entender a visão do carneiro e do bode (Dn 8); o corpo de Daniel em oração que

---

[3] Ver Certeau, Michel de. *A invenção do cotidiano*: artes de fazer. Petrópolis, Vozes, 2000. v. 1, pp. 221-273.

[4] Tamez, Elsa. A vida das mulheres como texto sagrado. In: VVAA. As Sagradas Escrituras das mulheres. *Concilium*, 276, Petrópolis, Vozes, p. 74, 1998/3.

pede piedade e compaixão (Dn 9); a visão de um homem com o corpo vestido de linho que decreta o tempo do fim dos perseguidores (Dn 10–12); os corpos que gritam por justiça e o grande grito de Susana (Dn 13); as marcas dos pés no chão denunciando os falsificadores da religião de Bel; Daniel que explode o dragão dando-lhe um bolo para comer; e Daniel é lançado na cova dos leões e liberto por Deus, mas antes é alimentado pelo profeta Habacuc (Dn 14). E o livro termina usando mais uma vez a ironia da conversão do rei.

Livro que ajudou muitas comunidades cristãs a enfrentarem crises, fornecendo luzes para que pudessem criar a imagem do Jesus apocalíptico no enfrentamento aos impérios, ao proporem na radicalidade deste projeto do Reino a esperança de sua volta. Livro que animou comunidades apocalípticas espalhadas no período de dominação romana e inspirou-as a serem ousadas. Na ousadia recriaram a leitura e a interpretação dos impérios. Transformaram os animais estranhos (Dn 7) em duas bestas terríveis (Ap 13). Mas, também, incentivou as comunidades do cristianismo originário na esperança da "vinda majestosa e gloriosa de Jesus". Livro de expectativas e de julgamento. Livro da parusia.

Nas sendas do cristianismo encontramos muitas leituras deste livro enigmáti-co. Leituras que mantiveram o livro aberto e outras que fecharam o livro segun-do os interesses da ortodoxia. Mas é livro irreverente e que dá longos passos na direção das correntes milenaristas.

Livro que chegou à América pelas mãos dos colonizadores, mas que fez brotar no Novo Mundo as visões do Paraíso e a busca de tempos melhores. Das carave-las à circulação na Terra de Vera Cruz. Encontrou eco nas profecias de Bandarra que também aqui circulavam e fez revoada na leitura milenarista de Vieira. Al-guns leitores, cassados e queimados como hereges, lançaram seus olhares sobre este livro tendo nas mãos a *História do Futuro*. E outros leitores produziram sempre novas interpretações. Assim, o livro de Daniel, da pena e boca de Pedro de Rates Henequim[5] até as suas primeiras palavras, sofreu proibições. Livro, em

---

[5] "Pedro de Rates Henequim, português instalado nas Minas desde 1702, que, adepto da cabala, apresentou-se em Lisboa como profeta iluminado, o eleito de Deus para penetrar no verdadeiro sentido das Escrituras. Preso pela Inquisição, permaneceu quase quatro anos nos cárceres, submetido a longas sessões de exame e interrogatório, ao fim das quais o Conselho Geral o declarou heresiarca – como Lutero e Calvino, o propugnador de uma nova seita". Veja

determinado sentido, arrumado para entrar no cânon; do livro ampliado (versão grega dos capítulos 3 e 13–4), que teve as partes acrescentadas proibidas porque foram consideradas "fora da régua", ao livro que chega em nossas mãos através das *histórias sagradas*. Eis um livro proibido que sofreu percalços. No cânon cristão ou na cristandade amargou tempos de silêncio, pois foi considerado livro muito judaico, e para tirá-lo das penumbras foi necessário produzir leituras alegóricas, literais, tropológicas e anagógicas. De livro apocalíptico transformou-se num livro moralizante.

Na América foi tirado do baú e, aos poucos, provocou impacto ao ser pano de fundo das profecias populares. Foi proibido por conseqüência junto à censura das leituras das trovas de Bandarra. Mais uma vez o livro sofre o peso da censura. No passado, de escribas; agora, dos clérigos inquisidores. No passado, circulou usando o recurso da pseudonímia e caminhou avante independentemente de escribas e "letrados"; aqui na América colonizada volta à baila através da oratória e da escritura de Vieira.

Livro nômade que provocou novas leituras antigas, ou seja, leituras sempre novas na reapropriação de um livro antigo. O que diz o texto continua fixado nas palavras desde os tempos dos *maskilim*, dos *hassidim*, dos essênios, dos fariseus, dos cristãos, dos revolucionários e dos que resistem às dominações. Assim, é o livro que provocou a nova leitura de sempre. Pode ser paradoxal. Mas quero dizer que este livro produziu novas leituras retiradas do antigo baú da história. Usando uma linguagem própria da profecia poética do exílio da Babilônia,[6] eu diria que os autores do livro de Daniel tiraram sempre coisas novas do baú da

---

ROMEIRO, Adriana. À roda da *Clavis Prophetarum*: a trajetória de dois leitores de Vieira. In: ABREU, Márcia (org.). *Leitura, história e história da leitura*. 1. reimp. Campinas/ São Paulo, Mercado de Letras, Associação de Leitura do Brasil/ Fapesp, 2002. pp. 249-269. Podemos conferir as duas teses defendidas sobre Henequim: GOMES, Plínio Freire. *Um herege vai ao paraíso*: cosmologia de um ex-colono condenado pela Inquisição (1680-1744). São Paulo, Companhia das Letras, 1997; e ROMEIRO, Adriana. *Um visionário na corte de D. João V*: revolta e milenarismo nas Minas Gerais. Belo Horizonte, Editora UFMG, 2001.

6   "Não fiqueis a lembrar coisas passadas, não vos preocupeis com acontecimentos antigos. Eis que vou fazer uma coisa nova, ela já vem despontando: não a percebeis? Com efeito, estabelecerei um caminho no deserto, e rios em lugares ermos" (Is 43,18-19).

história e talvez seja por isso que o livro em suas origens tenha oscilado entre a profecia e a sabedoria.

Daniel 2–7: o livro de sonhos e visões da derrocada dos opressores

O livro de Daniel é um dos famosos livros do gênero literário apocalipse. É um *mixtum compositum*[7] de revelação[8] com uma estrutura narrativa[9] que busca interpretar a realidade presente,[10] influenciando a compreensão dos ouvintes. Nessa perspectiva, é uma literatura que aponta para os sinais de esperança presentes na ação de Deus na história, na restauração da vida degradada/violentada e que busca consolação diante das situações de crise.

> A literatura apocalíptica não é a literatura do horrendo, mas da esperança, pois se trata da ação de Deus na história libertando a história dos poderes desumanizadores. Portanto, esta literatura não

---

[7] Expressão de RAD, Gerhard von. *Teologia do Antigo Testamento*. São Paulo, Aste, 1974. tomo II, n. 454, p. 455.

[8] Veja os comentários nesta perspectiva de MACHO, Alejandro Diez. *Apocrifos del Antiguo Testamento*. Madrid, Ediciones Cristiandad, 1984. tomo I, p. 45; CARMIGNAC, Jean. Qu'est-ce que l'apocalyptique? Son emploi à Qumrân. *Revue de Qumrân* 10, 1979, p. 20; MESTERS, Carlos & OROFINO, Francisco. Apocalipse de João: esperança, coragem e alegria. *Círculos Bíblicos*. São Leopoldo, CEBI, 1997, p. 14. (A Palavra na Vida, 119/120.)

[9] "Um gênero de literatura de revelação com uma estrutura narrativa, na qual uma revelação é mediada por um instrumento humano, que revela uma realidade transcendente, a qual é, ao mesmo tempo, temporal, enquanto visa salvação escatológica, e espacial, ao envolver um outro mundo, um mundo sobrenatural" (COLLINS, John J. The Morphology of a Genre. Semeia, 14, Missoula, 1979, p. 9, citado por BOER, Martinus de. A influência da apocalíptica judaica sobre as origens cristãs: gênero, cosmovisão e movimento social. *Estudos de Religião* 19, São Bernardo do Campo, p. 12).

[10] "Um apocalipse visa à interpretação do presente, às circunstâncias terrenas à luz do mundo sobrenatural e do futuro. Apelando para a autoridade divina, quer influenciar tanto a compreensão como o comportamento dos ouvintes" (GARMUS, Ludovico. Traços apocalípticos em Ezequiel 38-39. *Estudos Bíblicos* 65, Petrópolis, Vozes, 2000. p. 38).

fala simplesmente do fim da criação, mas da restauração da criação, restabelecendo as relações humanizadoras propostas por Deus ao mundo.[11]

Para muitos, expressa a ação de Deus nos finais dos tempos revelada de maneira simbólica e mítica a grandes personagens do passado. Daí a conotação de escritos obscuros e secretos, reservada a grupos particulares, que sempre suscitam a curiosidade dos leitores e ouvintes, pois elaboram o julgamento do mundo celestial sobre o destino do nosso mundo.[12]

Os apocalipses apresentam uma linguagem em forma de protesto e resistência ao poder opressor e centralizador. E o jeito de escrever é carregado de sutileza, pois o texto remete para acontecimentos do passado. O grande instrumento do apocalipse é o recurso do pseudônimo, ou seja, o autor não se apresenta e tem um outro nome que veio da tradição ou dos acontecimentos passados que eram conhecidos pelo povo. Deixa transparecer a tentativa de uma legitimação das coisas que estão falando e, de maneira sutil, um modo de criticar sem se expor. Por exemplo, o livro de Daniel, escrito ao redor de conflitos e guerrilha entre os Macabeus, os generais selêucidas e os judeus que abraçaram o projeto dos dominadores (entre os anos 167 e 142 a.C.), apresenta seu personagem principal em meio à situação de perdas e de crise que fora instaurada nos dias da invasão de Nabucodonosor. Os autores do "apocalipse" de Daniel lançam um olhar para o passado (situação de exílio – 587 a.C.) com o objetivo de ajudar os leitores a interpretarem a realidade de perseguição e perda de identidade que estão vivendo no presente (violência e perseguição de Antíoco IV Epífanes).

---

[11] BORGES DE SOUSA, Ágabo. O fim do mundo no livro de Daniel: a esperança do novo. *Estudos Bíblicos* 59, Petrópolis, Vozes, 1998. p. 24.

[12] "O termo grego *apokalypsis* significa 'desvelamento', 'descobrimento' – e uma característica comum a todos os apocalipses é o propósito de desvendar aos seres humanos segredos anteriormente conhecidos apenas nos céus. Às vezes, tal conhecimento secreto trata do mundo celestial, mas na maioria das vezes refere-se ao destino deste nosso mundo. Na verdade, os dois tipos de segredo estão intimamente vinculados, pois o que ocorre na terra é considerado reflexo do que ocorre no céu. Se o mundo encontra-se agora na iminência de uma transformação total e definitiva, isto se deve a um decreto celeste" (COHN, Norman. *Cosmos, caos e o mundo que virá*: as origens das crenças no Apocalipse. São Paulo, Companhia das Letras, 1996. pp. 215-216).

Os apocalipses elaboram uma linguagem altamente simbólica. Causa estranheza no leitor que toma contato com o texto pela primeira vez, pois o apocalipse num primeiro plano apresenta as imagens de domínio popular (leão, urso, leopardo, águia e outros animais) e, depois, num segundo plano, imagens jamais vistas pelo povo (leão com asas de águia, leopardo com quatro cabeças, animais com dez chifres e outros terríveis). O símbolo apocalíptico acaba tendo um grande significado para o leitor atento aos acontecimentos que está vivendo; aquele que viveu entre os anos 167 e 142 a.C. conhecia muito bem os animais terríveis e horrendos de Dn 7, assim como o leitor de hoje é capaz de compreender as charges que circulam em nossos jornais.

Ao mesmo tempo em que descobrimos o que é um apocalipse, encontramos um caminho para entender os objetivos e as finalidades dos textos apocalípticos. Os apocalipses querem ajudar os leitores a construírem a partir de seus ambientes e lugares sociais uma leitura da conjuntura. Estes textos simbólicos buscam uma compreensão da realidade, ou seja, ajudam as comunidades perseguidas e oprimidas a entender a opressão e a buscar pistas de saída. Um primeiro passo para sair da crise e das amarras do poder é reconhecer quem são os dominadores e que seu poder tem fim. Se a profecia em tempos passados afirmava que "o império não salva!", agora, os grupos apocalípticos dizem: "não salva e não ajuda em nada; só faz é violentar e destruir!". Portanto, vêem claramente que o império é simplesmente devastador, pois destrói a cultura, as tradições e a própria vida.

Os apocalipses que encontramos na Bíblia são, nada mais, que uma das maneiras de resgatar a profecia antiga a partir da elaboração de uma leitura conjuntural e de uma linguagem de resistência da casa. A linguagem simbólica esconde e, ao mesmo tempo, revela.

Isso por quê? Porque tanto o poder do império quanto a resistência das comunidades oprimidas se assentam na língua (linguagem). Pois um apocalipse procura animar a mística dos grupos que resistem. Só poderemos entender o simbolismo e as finalidades de um apocalipse se levarmos em conta o imaginário, a sabedoria dos grupos que resistem, a força que os anima a lutar e o modo de exercer a profecia. Tomando o simbolismo pelo simbolismo, acabamos por destituir o texto: se eu quiser saber o significado do bicho que aparece no texto, simbolizando o império – sem que eu entenda a história, o passado, a experiência, a leitura conjuntural que o grupo está produzindo –, tal empreendimento

transforma-se num mero saber [erudito] do texto, mas que não me traz conseqüências práticas e, mais ainda, a espiritualidade presente no texto.

Todo apocalipse exige uma leitura a partir de dentro. Nessa perspectiva saberemos ler o livro (texto) e, ao mesmo tempo, olhar para nossa realidade. É necessário ser crítico, profético e sábio diante de tanta violência.

Uma das tradições carregadas de novidades no livro de Daniel são os contos e legendas dos capítulos 2–7, que constituem relatos leves, amenos, muito conhecidos e com conteúdo teológico profundo, mas que constantemente correm o risco de ser interpretados superficialmente.[13] Nestes capítulos se entrelaçam diálogos, narrativas, sentenças, orações, sonhos, interpretações e teologia. São algumas das características de como o livro de Daniel é apresentado na Bíblia Hebraica. E olhando de perto o conjunto do livro percebemos algumas unidades, provavelmente de distintas fontes que o compõe. De certa maneira as palavras/orações que formam o texto têm uma estrutura ou uma rede de relações que são portadoras de sentido. Porém, vale salientar que deparamos no texto não só com o que está articulado ou explícito, mas também com o não-articulado e implícito. É caminhar na descoberta das relações internas do relato, sua ênfase e uma melhor compreensão de seu sentido.

Numa primeira aproximação ao conteúdo do livro de Daniel, percebemos que ele pode ser dividido em duas partes. Na primeira parte (capítulos 1–6), encontramos narrativas de sonhos, interpretações e casos de condenação e livramento no contexto das cortes dos dominadores (de Nabucodonosor a Dario e Ciro). Esta primeira parte, narrada em terceira pessoa, compõe-se de `aggadôt (histórias populares).[14] Na segunda parte (capítulos 7–12), a descrição dos sonhos e visões de Daniel com uma forte conotação futurista.[15] Porém, tomando as duas versões

---

13 Veja a opinião de Sicre Diaz, José Luís. *Profetismo em Israel*. O profeta. Os profetas. A mensagem. Petrópolis, Vozes, 1996. pp. 445-446.

14 Veja Wit, Hans de. "Brilharão os entendidos..." – O livro de Daniel: perseguição e resistência. *Revista de Interpretação Bíblica Latino-Americana*, Petrópolis/ São Leopoldo, Vozes/ Sinodal, nn. 35/36, pp. 138, 2000.

15 Basicamente, os capítulos 1–6 são compostos de histórias nas quais a referência a Daniel se dá na terceira pessoa, enquanto os capítulos 7–12 são ostensivamente revelações sobre o futuro, apresentadas por Daniel em primeira pessoa. Outro aspecto que corrobora para esta divisão está presente

lingüísticas do livro como um parâmetro de divisão, temos de um lado os capítulos 1,1–2,4a + 8–12 e, do outro, 2,4b–7,28. Hans de Wit propõe que o texto aramaico seja dividido em duas partes (2,4b–6,28 e 7,1-28), enquanto outros autores sugerem que o capítulo 7 tenha sido acrescentado para servir de ponte e eixo entre as duas versões: 1,1–2,4a (hebraico) + 2,4b–6,28 (aramaico) + 7,1-28 (aramaico) + 8, 1–12,13 (hebraico).[16]

Numa leitura despretensiosa de Daniel 2–7, percebe-se um paralelismo entre os capítulos 2 e 7 no tocante ao esquema dos quatro reinos, formando assim uma estrutura em forma de quiasmo. Da mesma maneira que os capítulos 3 e 6 se relacionam como casos de libertação e atas de martírio, o miolo do livro se concentra nos capítulos 4 e 5, que apresentam críticas aos reis.[17] Estamos diante

---

nas referências cronológicas: os capítulos 1–6 estão situados nos reinados de Nabucodonosor (caps. 1–4), Baltazar (cap. 5) e Dario, o Medo (cap. 6); os capítulos 7–8, embora revertam para o reinado de Baltazar, são seguidos na seqüência por Dario (cap. 9) e Ciro da Pérsia (cap. 10). Veja Collins, John Joseph. *Daniel with an Introduction to Apocalyptic Literature.* Grand Rapids (Michigan), William B. Eerdmans Publishing Company, 1984. p. 28.

[16] Wit, "Brilharão os entendidos...', cit., p. 138: "Do ponto de vista gramatical e lexical, os caps. 2–6 formam uma unidade coerente. São produto de um processo redacional sofisticado e deliberado (Wesselius: 208). Expressões características de 1–6 faltam no cap. 7 (*kol-qobel* encontra-se 20 vezes em 2–6 e falta em 7). A análise literária demonstra que os caps. 2–6 provêm de um círculo cultural determinado e podem ter origem entre os judeus da diáspora oriental, pois possuem elementos gramaticais que se encontram também em textos 'orientais' do século V, a época dos aquemênidas (530-330 a.C.). Os caps. 7 e 8–12 obedecem a outro contexto, certamente mais tardio (Folmer: 754-755)".

[17] Vou mencionar alguns comentários a título de exemplo: Collins, *Daniel with an Introduction...*, cit., 2. ed., 1989; Wit, Hans de. *Libro de Daniel. Una relectura desde América Latina.* Santiago, Ediciones Rehue Ltda., 1990; Richard, Pablo. O povo de Deus contra o Império: Daniel 7 em seu contexto literário e histórico. *Revista de Interpretação Bíblica Latino-Americana*, Petrópolis/São Leopoldo/São Paulo, Vozes/Sinodal/Imprensa Metodista, n. 7, pp. 22-40, 1990; VVAA. *Apocalipsismo*: coletânea de Estudos. São Leopoldo, Sinodal, 1983; Silva, Rafael Rodrigues da. Mo(vi)mentos entre a imaginária da opressão e o imaginário da esperança: uma leitura do livro de Daniel. *Revista de Interpretação Bíblica Latino-Americana,* Petrópolis/São Leopoldo/São Paulo, Vozes/Sinodal/ Imprensa Metodista, n. 39, pp. 82-100, 2001; Delcor, Mathias.

de um livro bem organizado. Vejamos a coerência e a unidade deste livro em sua forma literária e no seu conteúdo.

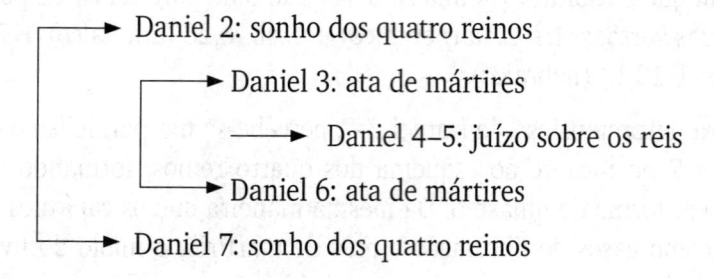

Daniel 2: sonho dos quatro reinos

Daniel 3: ata de mártires

Daniel 4–5: juízo sobre os reis

Daniel 6: ata de mártires

Daniel 7: sonho dos quatro reinos

Proponho na leitura dos contos de Daniel que tomemos os capítulos 2 e 7 como um ensaio de como estas narrativas de sonhos estão produzindo uma análise da conjuntura e uma ironia aos sujeitos mais violentos e semeadores do terror que conheceram: o império e seus mecanismos em meio à aristocracia local.

Daniel 2 e 7: sonho e visão dos quatro reinos

O sonho de Nabucodonosor – 2,1-49

O relato de Daniel 2,1-49 coloca em evidência uma crítica aos impérios e ao mesmo tempo procura apresentar a conjuntura político-econômica e social em Judá. Mesmo que alguns autores apostem na hipótese de que os capítulos 2–7 de Daniel sejam fruto da leitura e análise que brotou dos judeus da diáspora na época do exílio na Babilônia, podemos inferir o quanto este texto serviu para uma leitura dos sérios conflitos com os generais selêucidas. Conflitos estes que culminaram na guerra dos Macabeus entre 167 e 142 a.E.C. O texto, simbolicamente, focaliza o período de dominação de Nabucodonosor (o famoso exílio da Babilônia entre 597/587 e 538 a.E.C.). A narrativa do sonho do rei

---

Studi sull'apocalittica. *Studi Biblici 77,* Brescia, Paidéia, 1987; PIERCE, Ronald W. Spiritual Failure, Postponement, and Daniel 9. *Trinity Journal* 10.2, Fall 1989, pp. 211-222; e WOODRUFF, Archibald Mulford. *Reino, realeza e povo no Livro de Daniel.* São Paulo, 20 abr. 1990, 23 p. Ensaio mimeografado.

e a interpretação de Daniel estão emolduradas pelo diálogo e decreto do rei (vv. 3-12) e o engrandecimento de Daniel e de seus companheiros (vv. 46-49). Duas figuras são centrais na construção do texto: o rei e Daniel. De um lado, o rei que tem um sonho que lhe tira o sono e deixa-o com o espírito perturbado e desejoso de conhecer o significado desse sonho. Daniel e seus amigos serão engrandecidos quando o primeiro diz conhecer o sonho de Nabucodonosor e o interpreta.

Buscando identificar a forma e o jeito que o redator imprimiu em 2,1-49, podemos, inicialmente, dizer que eles formam uma unidade narrativa. Percebemos num rápido olhar que estamos diante de um texto compilado em dois grandes blocos, os quais realçam a intervenção de Daniel, seja junto a Ariok, o chefe designado pelo rei para matar os sábios, seja junto ao próprio rei, descrevendo o sonho que este teve e a sua interpretação. Vale lembrar que a narrativa faz um jogo entre guardar segredo e revelar, pois o rei guardou segredo acerca do sonho e esperava que algum sábio ou adivinho revelasse não apenas os sentidos do sonho, mas que também fosse capaz de descrevê-lo. Martin Noth faz a seguinte observação:

> A visão de Daniel 2 está emoldurada por uma narrativa. Segundo esta narrativa, o rei neobabilônico Nabucodonosor teve um sonho que muito o inquietou e que nenhum de seus adivinhos conseguiu interpretar, uma vez que já nem conseguiam cumprir a sua exigência de que lhe narrassem o sonho, sem que ele lho contasse. Somente Daniel, que fazia parte dos judeus deportados por Nabucodonosor para a Babilônia, é que conseguiu, em virtude da sabedoria divina a ele concedida, anunciar-lhe o sonho e sua interpretação. [18]

---

[18] Cf. Noth, Martin. A concepção de história no apocalipsismo do Antigo Testamento. In: VVAA, *Apocalipsismo...*, cit., p. 81.

Vejamos a estrutura do texto:

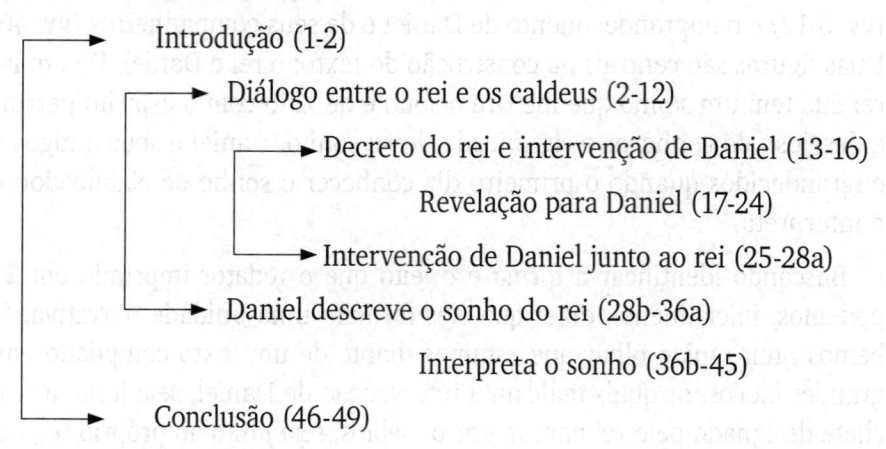

Introdução (1-2)

Diálogo entre o rei e os caldeus (2-12)

Decreto do rei e intervenção de Daniel (13-16)

Revelação para Daniel (17-24)

Intervenção de Daniel junto ao rei (25-28a)

Daniel descreve o sonho do rei (28b-36a)

Interpreta o sonho (36b-45)

Conclusão (46-49)

A organização concêntrica de um texto é algo muito presente na literatura hebraica, onde a parte inicial está relacionada com a parte final e, conseqüentemente, as outras partes vão sento costuradas de maneira circular. De um lado, a abertura do texto (vv. 1-2) apresenta o tema do sonho e a perturbação do rei e, no outro, a conclusão do relato (vv. 46-49) que aponta para as benesses que o rei dá a Daniel por este ter revelado e interpretado o sonho. A segunda costura gira em torno dos diálogos de Nabucodonosor, sendo o primeiro diálogo entre este e os seus sábios (vv. 3-12), e da grande fala de Daniel na qual se descreve o sonho e a sua interpretação (vv. 28b-45). Esta palavra de Daniel tem dois momentos: a descrição do sonho (vv. 28b-36a) e a interpretação (vv. 36b-45).[19] A terceira costura tematiza a intervenção de Daniel diante do decreto de extermínio promulgado pelo rei (vv. 13-16 e 25-28a). A parte central (vv. 17-24) está fora do âmbito do palácio, e se desenvolve na casa de Daniel, onde recebe a revelação do enigma do rei.[20] No miolo do texto encontramos o pedido de oração de Daniel juntamente com a sua louvação e a descrição das características do seu Deus.

---

[19] Notemos que no v. 28b a palavra de Daniel é dirigida ao rei Nabucodonosor, pois o diálogo entre os dois tem seu início no v. 26. E toda a descrição do sonho e da sua interpretação é dirigida ao rei, como podemos notar nos vv. 29, 31 e 37.

[20] A combinação de reinos e metais na imagem da estátua implica um gradual declínio da ordem política do Oriente Próximo. A destruição da estátua pressupõe a subordinação de todos estes reinos ao reino de Deus. As implicações escatológicas do sonho numa leitura presente no material tradicional adaptado

Acompanhando a parte central do capítulo, descobre-se o seguinte esquema:

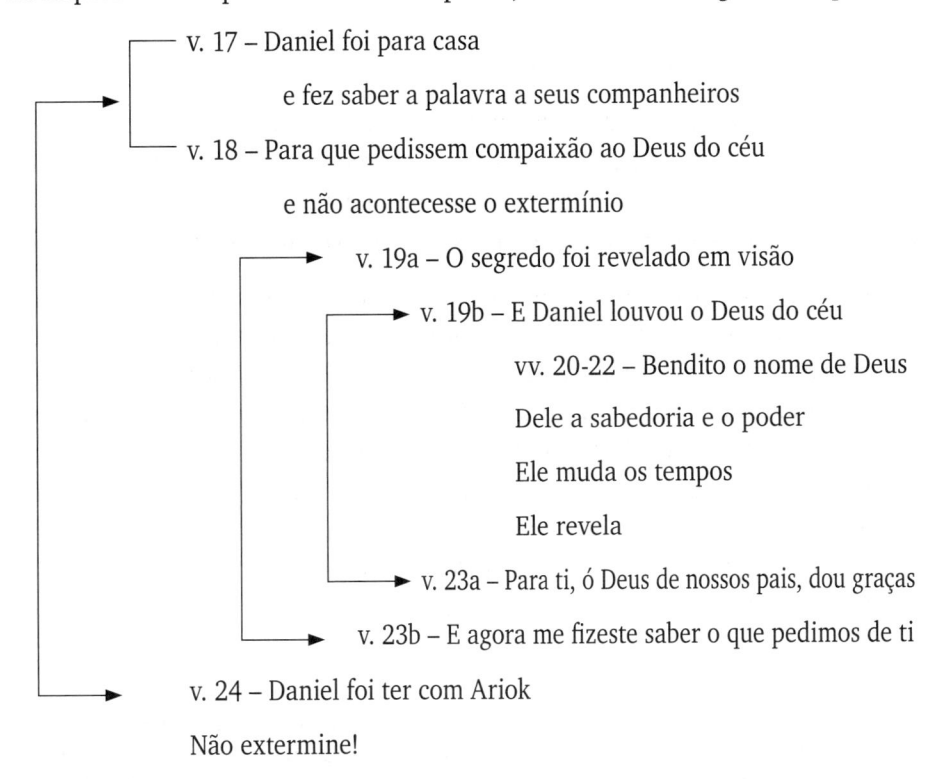

v. 17 – Daniel foi para casa

e fez saber a palavra a seus companheiros

v. 18 – Para que pedissem compaixão ao Deus do céu

e não acontecesse o extermínio

v. 19a – O segredo foi revelado em visão

v. 19b – E Daniel louvou o Deus do céu

vv. 20-22 – Bendito o nome de Deus

Dele a sabedoria e o poder

Ele muda os tempos

Ele revela

v. 23a – Para ti, ó Deus de nossos pais, dou graças

v. 23b – E agora me fizeste saber o que pedimos de ti

v. 24 – Daniel foi ter com Ariok

Não extermine!

Faze-me entrar diante do rei...

Esta análise das costuras do texto mostra que o centro (miolo) está nos versículos 20-22, que coloca em evidência a teologia do texto.

---

pelo autor de Daniel 2. No contexto de Daniel 2, a primeira ênfase recai na habilidade de Daniel para dizer e interpretar o sonho do rei, enquanto os homens sábios (caldeus) falham. O rei reage com admiração para este feito, mas não presta nenhuma atenção para o conteúdo da interpretação, qual a força que pode se esperar de sua consternação. O foco da história está muito mais na revelação do mistério do que mostrar a iminência da intervenção divina (COLLINS, John Joseph. *Seers, Sybils and Sages in Hellenistic-Roman Judaism*. Leiden/New York/Köln, Brill, 1997. pp. 135-136).

Vejamos cada uma destas costuras do texto.

E aconteceu sonho... (1-2)

A introdução da narrativa do sonho da estátua tem por objetivo apresentar três aspectos, que de alguma maneira vão permear o conjunto do texto: uma informação cronológica, uma nota sobre o sonho e a perturbação do rei e a convocação feita por este a todos os sábios para que revelem e interpretem seu sonho.

A informação cronológica tenta acompanhar e dar certa uniformidade a estes textos.[21] Isto não significa que os capítulos e a conjuntura do livro de Daniel estejam corretamente relacionados ao período histórico da redação do livro.[22] Aliás, vamos encontrar em Daniel 1-7 certa confusão nos dados históricos. Por exemplo, no final do capítulo 5 é mencionado que o sucessor de Belsazar é Dario, o medo; o que não corresponde às informações que recebemos da história da transição dos babilônicos aos persas,[23] pois Belsazar era filho de Nabonidus, e não era um descendente direto de Nabucodonosor como o livro de Daniel quer informar. Da mesma maneira, quem acaba vencendo a Babilônia, que estava sob

---

[21] Cada capítulo vai de certa forma apresentar uma espécie de informação cronológica: Dn 1,1: "No ano terceiro do reinado de Joaquim, rei de Judá, veio Nabucodonosor, rei de Babilônia, a Jerusalém, e a sitiou"; Dn 2,1: "E no segundo ano do reinado de Nabucodonosor..."; Dn 4,1: "Nabucodonosor rei..."; Dn 5,1: "O rei Belsazar deu um grande banquete..."; Dn 5,30-31: "Naquela mesma noite foi morto Belsazar, rei dos caldeus. E Dario, o Medo, ocupou o reino, na idade de sessenta e dois anos"; Dn 6,1: "E pareceu bem a Dario constituir sobre o reino a cento e vinte presidentes, que estivessem sobre todo o reino"; e Dn 7,1: "No primeiro ano de Belsazar, rei de Babilônia...".

[22] Cf. Bentzen, Aage. *Introdução ao Antigo Testamento*. São Paulo, Aste, 1968. v. II, p. 222; as inúmeras inexatidões históricas corroboram para uma rejeição da data tradicional das narrativas.

[23] Este é um dos pontos do debate entre Porfírio e Jerônimo acerca da autenticidade de Daniel. O debate muito se centrou na questão da historicidade de Dario, o medo, e na possibilidade de uma profecia de previsão. De certa maneira, Nabucodonosor e Ciro são figuras inquestionáveis, porém os fatos e acontecimentos em que estão envolvidos no livro de Daniel não são efetivos. Podemos dizer que discussões acerca da autenticidade de Daniel de uma maneira ou de outra estarão ao redor dos problemas cronológicos que encontramos no livro. Ver Collins, *Daniel with an Introduction ...*, cit., pp. 28-29.

o governo de Nabonidus, foi Gobryas, general de Ciro. É provável que a referência a Dario, o medo, seja uma confusão com Dario I, que reinou na Pérsia entre os anos 522 e 486 a.E.C.[24]

A notificação sobre o sonho de Nabucodonosor tenta situar o leitor de que se trata de um texto sobre os sonhos. Aliás, a palavra sonho (*helem* / חֲלוֹם e termos derivados) aparece 15 vezes em todo o texto.[25] A informação sobre o sonho do rei não está separada da menção à perturbação e perda do sono: "e perturbado seu espírito e seu sono se foi sobre ele".

O último aspecto está relacionado à convocação feita pelo rei a todos os magos, astrólogos, encantadores e caldeus para que pudessem mostrar o sonho para o rei, e conclui com a apresentação destes diante do rei (v. 2). É interessante perceber nesta introdução a referência às ações de grupos distintos relacionados com o mundo mágico e interpretativo: os magos, os astrólogos, os encantadores e os caldeus.[26]

Diálogo entre o rei e os caldeus (vv. 3-13a)

Estes versículos estão organizados ao redor do verbo responder que aparece nos versículos 5, 7, 8 e 10. Nesse sentido, podemos dizer que se trata de um diálogo que aconteceu entre o rei e os caldeus que foram convocados para revelar o sonho e sua interpretação.

---

[24] Ibid., pp. 68-69.

[25] 2,1: חֲלַם, sonhou/חֲלֹמוֹת, sonhos; 2,2: חֲלֹמֹתָיו, seus sonhos; 2,3: חֲלוֹם חָלַמְתִּי, sonhei um sonho/אֶת־הַחֲלוֹם, o sonho; 2,4.5.6.7.9.26.36: חֶלְמָא, o sonho, e 2,28: חֶלְמָךְ, teu sonho.

[26] Em grande parte indica os habitantes da Babilônia. "Caldeus" é um termo antigo para se referir aos babilônicos e à região da baixa Mesopotâmia. Porém, *kasdîm* significa também aqueles que praticam a astrologia (astrólogos). Para Koehler e Baumgartner, em Dn 2,2.4, *kasdîm* representa os astrólogos e os sábios (KOEHLER, Ludwig & BAUMGARTNER, Walter. *Lexicon in Veteris Testamenti Libros*. Leiden, E. J. Brill, 1985. p. 458).

Estes versos têm a seguinte estrutura:

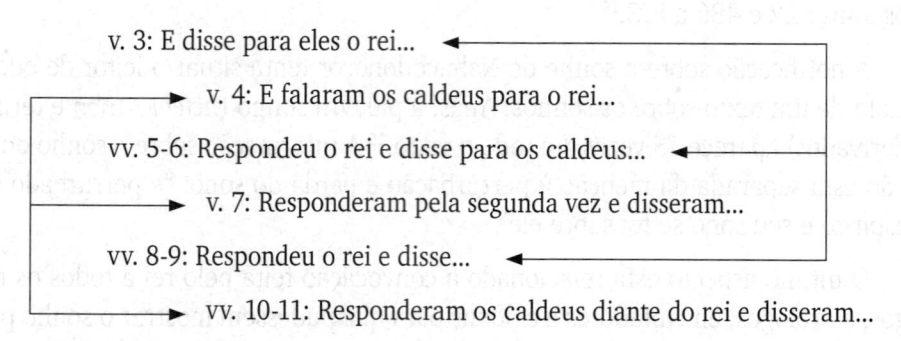

v. 3: E disse para eles o rei...

v. 4: E falaram os caldeus para o rei...

vv. 5-6: Respondeu o rei e disse para os caldeus...

v. 7: Responderam pela segunda vez e disseram...

vv. 8-9: Respondeu o rei e disse...

vv. 10-11: Responderam os caldeus diante do rei e disseram...

vv. 12-13a: Reação do rei...

O objetivo do rei é simplesmente saber acerca do seu sonho; porém, apresenta as suas medidas (reação) caso seja corretamente revelado e interpretado o sonho. O rei promete e ameaça. O versículo 3 abre as conversações com a enunciação do problema que aflige o rei: saber o sonho. Podemos notar que o narrador quer que o leitor esteja atento para a reação do rei que ordena a execução de todos os sábios de Babilônia (v. 12). As palavras do versículo 5 estão carregadas de ameaças aos sábios da Babilônia: se não conseguirem dizer o sonho e a sua interpretação, suas casas serão assoladas e eles mesmos serão destruídos.[27] No entanto, as palavras do rei no versículo 6 estão cheias de promessas: dádivas e bênçãos se conseguirem dizer o sonho e sua interpretação. Este versículo tem na abertura e fechamento a mesma afirmação: "Se o sonho e sua interpretação mostrais a mim" e no centro do versículo encontramos o objeto da promessa: dádiva e honra grande. "E se o sonho e sua interpretação mostrarem, presentes e recompensa e honra grande recebereis diante de mim, portanto, o sonho e sua interpretação mostrem para mim."

---

[27] O tom das ameaças deixa transparecer uma descrição dos feitos de Nabucodonosor durante a invasão a Judá/Jerusalém em 597/587 a.E.C. Aliás, a descrição do exílio da Babilônia é marcada por destruição, devastação e deportação. O cativeiro iniciado por Nabucodonosor é o ponto inicial das histórias populares no livro de Daniel.

Do outro lado, encontramos nas palavras dos caldeus todo um enlace ao redor do não-conhecimento do sonho e de sua interpretação; igualmente, funciona como estratégia neste diálogo para que o rei revele o sonho e, com isso, eles possam interpretá-lo. As duas primeiras falas/respostas dos sábios (vv. 4 e 7) têm a mesma intenção: que o rei diga o sonho para eles apresentarem a interpretação. Porém, é na fala dos versículos 10-11 que o narrador praticamente antecipa no jogo da narrativa a justificativa para a presença e intervenção de Daniel (vv. 14-16). O fato de Nabucodonosor descobrir as intenções dos seus sábios tem um tom irônico e sarcástico na narrativa, pois demonstra a impotência daqueles que faziam parte da corte.[28] A fala dos sábios é a constatação da incapacidade da sabedoria da corte de desvendar mistérios, enigmas e segredos. Primeiramente dizem que não existe homem que seja capaz de mostrar o que o rei pede; bem como não existe rei, príncipe ou chefe que tenha feito pedido semelhante. Depois confirmam sua total incapacidade afirmando que somente os deuses são capazes de dar resposta ao que o rei pede.[29]

Tudo indica que o v. 13 funciona como "dobradiça", ou seja, a primeira parte conclui este bloco sobre o diálogo do rei com os sábios e culmina com a promulgação do decreto do rei: "E saiu a sentença para os sábios serem mortos" (13a). Já a segunda parte do versículo introduz o leitor ao bloco seguinte que dará início à intervenção de Daniel. Contudo, é preciso saber que a intervenção de Daniel em favor dos sábios tem a ver com a sua situação de também estar sendo perseguido e ameaçado pelo decreto de morte: "e buscaram a Daniel e seus companheiros para serem mortos" (13b).

---

28 Cf. Storniolo, Ivo. *Como ler o Livro de Daniel*: Reino de Deus x imperialismo. 2. ed. São Paulo, Paulus, 1999. p. 25.

29 Para Airton José da Silva, nos vv. 1-13 são encontradas algumas oposições: "O poder absoluto e despótico do rei se contrapõe ao servilismo e à impotência dos sábios babilônicos, que são seus servos. Contrapõe-se igualmente o poder dos deuses, que tudo podem e sabem, à limitação dos homens, que não podem saber os pensamentos do rei. Ainda: o despotismo real aparece fortemente no poder do rei de fazer alguém viver em grande honra ou morrer em grande desgraça". Acesso em: 24 abr. 2003. Disponível em: <http://www.airtonjo. com/apocaliptica02.htm>.

A intervenção de Daniel (14-16)

Os versículos 14 e 17 têm a mesma fórmula inicial. O narrador quer deixar bem claro como Daniel interveio para transformar a situação. Nos vv. 14-16, Daniel busca informações com o chefe da guarda do rei encarregado de cumprir o decreto; enquanto os vv. 17-24 põem em evidência as estratégias de Daniel. Neste bloco causa estranheza o v. 16, que dá a entender que Daniel está diante do rei e pede tempo para interpretar o sonho; porém, somente nos vv. 25-28a é que Daniel é introduzido na presença do rei para dizer o sonho e apresentar seu significado. Nesse sentido, muitos consideram os vv. 16-23 um adendo ao texto.[30] Para Louis F. Hartman, os vv. 14-23 são uma inserção posterior neste capítulo, pois o v. 24 encaixaria bem depois do v. 13; bem como os vv. 25-26 não concordam com o v. 16, que pressupõe os vv. 18-20. A menção aos companheiros de Daniel, que não aparecem em nenhum outro lugar deste capítulo, é outro indício de que tais versículos foram enxertados pelo redator.[31]

Revelação a Daniel (17-24)

Os versículos 17 e 24 são marcados por movimento e mudança de lugar: no primeiro, Daniel foi para a sua casa e, noutro, encontra-se com Ariok. No entanto, o v. 24 está em continuidade com o v.15.

É interessante observar que a revelação do segredo/enigma[32] a Daniel vai se dar no âmbito da casa e em meio a orações. A narrativa não oferece informações acerca da revelação, pois a intenção é fazer com que o leitor/ouvinte acompanhe atentamente a descrição do sonho (28-36) e a interpretação (36-45) apresentada por Daniel. A grande marca destes versículos está na louvação, liturgia, doxologia e teologia apresentada por Daniel. A reza confiante e agradecida nos

---

30 Ver COLLINS, *Daniel with an Introduction...*, p. 49.

31 HARTMAN, Louis F. *Daniel*. Comentario Biblico San Jerónimo. Madrid, Ediciones Cristiandad, 1971. v. 2, p. 299.

32 Nos versículos 17-24 não aparece a palavra sonho, e sim a palavra רָז: segredo, enigma. A Daniel foi revelado o segredo. No v. 24 apenas se menciona: "Faze-me entrar diante do rei e a interpretação para o rei mostrarei". Aqui a interpretação está relacionada ao segredo, e não ao sonho como aparece nos versículos anteriores.

versículos 20-23 é uma apresentação das características do Deus de Daniel e da comunidade que produziu esta narrativa.

Essa reza e louvação tem a estrutura bem simples: no v. 20, o grande enunciado da oração e hino de louvor: a evocação do nome de Deus bendito, que é introduzido pelo "Falou Daniel e disse". Nos vv. 20c – 22 encontramos a descrição das ações desse Deus (motivação para o louvor e para o ato de confiança) e no v. 23, a conclusão da oração com palavras de agradecimento.

Introdução vv. 20a-b Falou Daniel e disse:	Aconteça o nome de Deus bendito de eternidade à eternidade
Ações de Deus: Motivações para o louvor vv. 20c-22	pois que a sabedoria[33] e o poder são dele. E ele que muda o tempo e os tempos de remover reinos e de levantar reinos
	dá a sabedoria para os sábios e o conhecimento para conhecer discernimento
	Ele revela o profundo e as coisas secretas
	conhece o que na escuridão e a luz com ele habita
Conclusão v. 23 Palavras de agradecimento	Para ti, ó Deus de nossos pais, eu te louvo e o glorifico a sabedoria e a força destes para mim e agora me fizeste saber o que pedimos de ti o que enche o rei nos fizeste saber.

---

[33] חָכְמְתָא‎ – Uso semelhante ao hebraico (Hokma/Hokmot), podendo significar conhecimento técnico e capacidade profissional (nas construções do templo e do palácio, nas guerras e nas atividades políticas da corte). Porém, na maioria das vezes, relacionada com os sábios e anciãos, significa conhecimento adquirido e experiência. Para George Fohrer, a Hokma aparece, por um lado, como mediadora de revelação, já que intervém, com sua proclamação, como o profeta e, igual a este, atribui a si mesma a máxima autoridade; e, por outro lado, como revelação da vontade divina com respeito ao ser humano, uma vez que oferece a este a vida e indica que sua aceitação equivale à aceitação da vontade divina (Apud: JENNI, Ernst & WESTERMANN, Claus. Diccionario Teologico Manual del Antiguo Testamento. Madrid, Ediciones Cristiandad, 1985. p. 788).

O que marca o encontro de Daniel com Ariok (v. 24) é o pedido para que o chefe da guarda não coloque em prática a ordem do rei. A palavra de Daniel é incisiva e propositiva: "não extermine os sábios de Babel! Faze-me entrar diante do rei".

Daniel intervém junto ao rei (25-28a)

Estes versículos introduzem o relato do sonho e a interpretação feita por Daniel. De um lado, reforça a questão levantada pelo rei acerca da capacidade dos sábios em dizer o sonho ou até mesmo de sonhar o que ele sonhou. E, de outro lado, enfatiza a confiança e teologia de Daniel de que só existe o Deus dos céus, que pode revelar o segredo, e, conseqüentemente, os magos, adivinhos, sábios e caldeus ficam incapacitados de revelar os enigmas e acontecimentos.

Daniel relata o sonho do rei (28b-36a)

Os versículos 28b-30 introduzem o relato ("e visão de tua cabeça e sobre tua cama é esta..."), reforçando que as visões e os sonhos são uma maneira de as divindades revelarem os acontecimentos futuros.

> Tu, ó rei, teus pensamentos sobre tua cama subiram[34] o que acontecerá depois disto. Aquele que revela o segredo te faz saber o que acontecerá. E eu não na sabedoria que existe em mim de todos os viventes, o segredo este revelou para mim, mas para que a interpretação para o rei faça saber e conheças os pensamentos de teu coração.

E o versículo 36a conclui o relato através da fórmula: *este o sonho*. Os versículos 31-35 se encarregam de descrever o sonho, utilizando uma fórmula introdutória ("Tu, ó rei, estavas vendo..."). Os vv. 31-33 apresentam uma descrição da estátua com as suas várias partes;[35] enquanto os vv. 34-35 retomam a visão,

---

[34] Ou surgiram.

[35] "La estatua es una sola, los cinco elementos (oro, plata, bronce, hierro y barro) presentes en cinco partes (cabeza, pecho y brazos, vientre y muslos, piernas, pies) forman una sola imagen, son parte de lo mismo, constituyen un solo cuerpo. Del aspecto de la imagen no se nos dice mucho, solamente que

utilizando a mesma fórmula introdutória ("estavas vendo"), para descrever o elemento de mudança que é a "pedra sem mãos" que destruirá a imagem (estátua) e esta se transformará numa grande montanha.

vv. 31-33: A descrição da imagem:

Tu ó rei estavas vendo	E eis que imagem uma grande
	a imagem esta grande e seu esplendor excelente
	estava de pé diante de ti e sua aparência terrível
	sua cabeça de ouro bom
	seus peitos e seus braços de prata
	seu ventre e suas coxas de cobre
	Suas pernas de ferro
	seus pés parte de ferro e parte de barro

vv. 34-35: estavas vendo, quando...

Estavas vendo	até que foi cortada pedra sem mãos e atingiu a imagem
	Sobre seus pés de o ferro e o barro e os esmigalhou
	Então esmigalharam juntamente
	O ferro, o barro, o cobre, a prata e o ouro
	e se tornaram como palha da eira de verão
	e levantando eles o vento
	e todo vestígio não achou para eles
	E a pedra que atingiu a imagem
	Tornou-se uma montanha grande e encheu toda a terra.

hay cierta dualidad, pues es terriblemente impactante y, al mismo tiempo, impactantemente terrible. Desde arriba para abajo desde la cabeza a los pies, (cabeza de oro, pies de barro) la estatua se va deteriorando, debilitando y va perdiendo esplendor. Lo que debiera haber sido el elemento más firme, los pies y las piernas, resulta ser una extraña mezcla de un material que jamás podrá sostener el resto del cuerpo" (Wit, Hans de. Libro de Daniel..., p. 118).

381

Daniel interpreta o sonho do rei (36b-45)

O v. 36b introduz a interpretação de Daniel ("e sua interpretação diremos diante do rei") e o v. 45 conclui: "e seguro o sonho e digna de confiança sua interpretação". Podemos dizer que os vv. 28b a 45 funcionam como uma unidade. Estes versos apresentam a longa fala de Daniel diante do rei, que consiste na descrição do sonho e a sua conseqüente interpretação. Aqui, o relato já demonstra a ação de Daniel (no diálogo com o rei) que está em oposição ao diálogo do rei com os caldeus. Daniel diz e interpreta o sonho, enquanto os sábios não conseguem revelá-lo nem decifrá-lo. As palavras de Daniel podem ser divididas em dois momentos: descreve e interpreta os significados das partes (metais) que compõem a estátua, parte por parte (vv. 37-43), e, na seqüência, interpreta os sentidos da pedra e da montanha (vv. 44-45a).

Martin Noth vai apresentar a seguinte leitura destes versículos:

> Trata-se, portanto, de uma seqüência de impérios mundiais em número de quatro; pois, se bem que a estátua tivesse cinco partes, as duas últimas, ou seja as pernas de ferro e os pés de ferro e barro, na realidade somente significam subdivisões de uma só parte; isto se depreende não só do fato de o material ferro aparecer em ambas as subdivisões, mas também pela pressuposição expressa da interpretação, que explica também os pés de ferro e barro a título de "quarto reino". E finalmente a pedra que destroça a estátua é interpretada como o Reino eterno de Deus que haverá de eliminar e tomar o lugar de todos os reinos humanos.[36]

Podemos observar que a interpretação de Daniel enfatiza a descrição da quarta parte da estátua, ou melhor dizendo, os pés de ferro e de barro.

---

[36] Noth, Martin. A concepção de história no apocalipsismo do Antigo Testamento..., cit., pp. 81-82.

Visualizemos a descrição da estátua e a interpretação de Daniel:

Descrição da estátua	Interpretação apresentada por Daniel
sua cabeça de ouro bom	*Tu ó rei, rei de reis* *porque o Deus dos céus, o reino, o poder* *e a força e a honra deu para ti* *E em tudo que habitam filhos dos homens,* *bestas do campo e aves do céu deu em tuas mãos* *e teu domínio em tudo;* *tu és a cabeça de ouro* (vv. 37-38)
seus peitos e seus braços de prata	*E depois de ti se levantarão reino outro inferior ao teu* (v. 39a)
seu ventre e suas coxas de cobre	*e reino terceiro outro de cobre que dominará em toda a terra* (v. 39b)
Suas pernas de ferro	*E o reino quarto será forte como o ferro em conformidade o ferro tritura e esmaga tudo e como o ferro que quebra em pedaços* *todos estes tritura e quebra em pedaços* (v. 40)
seus pés parte de ferro e parte de barro	*E o que vistes os pés e os dedos em parte barro de oleiro e em parte ferro reino dividido será e da firmeza do ferro será nela em conformidade verá o ferro misturado com barro de lodo. E dedos do pé em parte ferro e em parte barro: parte do reino será forte e parte será quebrada. Do que viste o ferro misturado com barro de lodo, misturados serão com semente[37] de homens e não serão ligados um ao outro assim como o ferro não misturado com o barro.* (vv. 41-43)

---

[37] זֶרַע – semente, descendência. No hebraico é um substantivo utilizado em quatro categorias: 1) época da semeadura; 2) a semente que é semeada; 3) semente no sentido de sêmen e 4) a semente como descendência (por exemplo, o texto clássico da promessa de Deus a Abraão). Veja Harris, R. Laird; Archer Jr., Gleason L.; Waltke, Bruce K. Dicionário Internacional de Teologia do Antigo Testamento. São Paulo, Vida Nova, 1998. pp. 409-411.

A interpretação do sonho dada por Daniel, na qual descreve a sucessão de quatro reinos dominadores,[38] é algo claro no texto e não suscitou muita discussão entre as várias leituras e comentários do texto de Daniel, vale observar que "o esquema de quatro sucessivos impérios, ou 'reinos', mundiais era bem conhecido no antigo Oriente Próximo, mas nas mãos do compilador do Livro de Daniel – que presenciou o auge da perseguição de Antíoco e o levante macabeu –, ele adquiriu novo significado".[39] No entanto, para Martin Noth a visão de Dn 2 tem uma forte relação de dependência com tradições preexistentes que relacionam metais com eras mundiais ou impérios; porém, "a interpretação do sonho no sentido de impérios mundiais sucessivos é uma concepção original do livro de Daniel".[40] Certamente, o autor das narrativas de sonhos e visões do livro de Daniel utilizou várias fontes e materiais. Mais adiante, vamos nos deter nas possíveis fontes presentes na edição do livro aramaico de Daniel.

---

[38] Na alegoria do livro de Daniel, os impérios são os seguintes: 1) cabeça de ouro – império neobabilônico; 2) peito e braços de prata – reino medo; 3) ventre e coxas de bronze – império persa e 4) pernas de ferro e pés de ferro/argila – império grego de Alexandre (ferro), depois dividido entre ptolomeus e selêucidas. Veja SILVA, Airton José da. *Apocalíptica*. Acesso em: 24 abr. 2003). Disponível em: <http://www.airtonjo.com/apocaliptica02.htm>.

[39] COHN, *Cosmos, caos e o mundo que virá...*, cit., p. 222: "A cabeça de ouro, explicou Daniel ao rei, era o próprio Nabucodonosor, enquanto as partes de prata e bronze representavam reinos futuros, inferiores ao babilônico. Mas o principal interesse de Daniel estava reservado para o quarto reino, representado pelas pernas de ferro e pelos pés de ferro e argila. Assim como o ferro esmaga e esfacela todas as coisas, do mesmo modo, previu ele, esse reino irá esmagar e esfacelar toda a terra; evidentemente, ele estava prevendo a história do império de Alexandre e os Estados que o sucederam. A despeito disso, esse reino sofreria de fraquezas internas: fracassariam as tentativas de unir suas inúmeras partes por meio de casamentos dinásticos, pois essas partes seriam tão incompatíveis quanto o ferro e a argila – uma referência explícita ao difícil relacionamento entre os selêucidas e os ptolomeus".

[40] NOTH, A concepção de história no apocalipsismo do Antigo Testamento..., cit., pp. 83-84. Nas páginas 86-93, Martin Noth demonstra a progressão da concepção dos quatro impérios desde as suas primeiras formas no período persa até chegar às tradições que caracterizaram o império romano como sendo a quarta parte da estátua ou a quarta fera de Dn 7.

O rei engrandece a Daniel e seus companheiros (46-49)

Estes versículos concluem a narrativa em contraposição à ação, ao projeto e à atitude do rei no início: perturbado, desejoso de saber sobre o sonho e seu significado e que ordena a matança dos sábios. Agora, rende homenagem a Daniel (v. 46), louva o Deus de Daniel (v. 47) e promove ele e seus amigos a cargos de extrema confiança. A breve doxologia no versículo 47 reforça a teologia de Daniel e amarra o grande tema da narrativa, que é a revelação de segredos e mistérios. O Deus de Daniel é para o rei Deus dos Deuses e Senhor dos reis. É aquele capaz de revelar segredos. Dizer que Daniel estava às portas do rei é reforçar a imagem de Daniel em todas as narrativas do livro: um judeu presente na corte/palácio do império.

As visões de Daniel – 7,1-28

O capítulo 7 de Daniel nos apresenta sob a forma de sonho e visão as ações dos impérios na história.[41] São animais ferozes e estranhos que dilaceram, esmagam e engolem o povo. Eles não existem fisicamente (leão com asas de águia, urso com costelas na boca, leopardo com quatro asas e quatro cabeças e um animal terrível com dentes de ferro e dez chifres), mas estão inseridos no contexto da vida do povo. Pois, além de ter amplos poderes, devoram e fazem em pedaços as suas presas. Daí, podemos dizer que na experiência de opressão que o povo estava vivendo nos anos 200 a.E.C em diante, esses animais passam a existir concretamente. Noutras palavras, as características estranhas desses animais querem representar situações concretas da dominação que o povo estava sofrendo. O texto nos convida a dar maior atenção ao quarto animal, que é terrível, pois além de triturar tem um chifrinho poderoso dotado de olhos e boca. Eis uma das imagens que o texto utiliza para descrever as ações do império, seja no que se refere à violência, seja ao poder manipulador.

Um aspecto importante que descobrimos no texto é o jogo com três palavras que se aproximam pela sonoridade: Házâ: visão; Hayâ: vida, e Hêwä´: animais. Evidentemente que estas palavras não têm nenhuma correlação em seus significados, mas na sonoridade e vocalização acabam prendendo a atenção do ouvinte.

---

[41]   Ver Richard, O povo de Deus contra o Império..., cit., pp. 22-40.

São palavras que seguram o texto e aguçam a percepção do ouvinte e do leitor (usando uma imagem popular: é como o prego que segura o quadro na parede).

Antes de entrar no conteúdo do texto, vejamos sua forma e estrutura. Daniel 7 é relativamente simples. Ele compreende duas partes bem distintas, mas complementares. Numa, temos a descrição da visão (vv. 2b-14) e, na outra, sua interpretação (vv. 15-27). Estas duas partes são amarradas por uma introdução (vv. 1-2a) e por uma conclusão (v. 28). Como indicam os vv. 1 e 28, este capítulo tem a forma literária de uma visão que é colocada por escrito.

A – INTRODUÇÃO – vv. 1-2a

    1. Cronologia: No primeiro ano de Belsazar, rei de Babilônia (v. 1a)

    2. Apresentação do conteúdo: Teve Daniel, na sua cama um sonho e visões (v. 1b)

    3. A escrita do sonho (v. 1c)

    4. Fórmula para introduzir o relato do sonho e visão: Falou Daniel e disse: (v. 2a)

B – VISÕES – vv. 2b-14

    A VISÃO DOS QUATRO ANIMAIS – vv. 2b-7

        a) Expressão introdutória das visões: *Eu estava olhando... e quatro animais subiam do mar* (vv. 2b-3)

        b) *O primeiro era como leão* (v. 4)

        c) *Continuei olhando e eis que o segundo animal* (v. 5)

        d) *Continuei olhando e eis outro* (v. 6)

        e) *Continuava olhando... e eis aqui o quarto animal* (v. 7)

    A VISÃO DE UM CHIFRE PEQUENO – v. 8

        Estando eu considerando os chifres... subiu outro chifre pequeno

A VISÃO DO TRONO – vv. 9-10

Eu continuei olhando até que foram postos uns tronos... e um ancião de dias se assentou...

A VISÃO DO JULGAMENTO – vv. 11-12

1. *Então estive olhando...* as ações do pequeno chifre (v. 11a)

2. *Estive olhando até que animal foi morto...* Destruição dos animais (vv. 11b-12)

A VISÃO DO FILHO DO HOMEM – vv. 13-14

1. *Eu estava olhando nas minhas visões da noite e eis... um como Filho do Homem* (v. 13)

2. Descrição do seu domínio e reino (v. 14)

C – INTERPRETAÇÃO DAS VISÕES – vv. 15-27

a) Interpretação – vv. 15-18

1. Daniel comenta o seu estado (v. 15)

2. Pedido de esclarecimento das visões a um intérprete (v. 16)

3. Interpretação (vv. 17-18)

b) Desejo de conhecer mais sobre as visões – vv. 19-27

1. O que deseja esclarecer sobre as visões (vv. 19-20)

2. Visão da guerra entre o pequeno chifre e os Santos do Altíssimo (vv. 21-22)

3. Continuação da interpretação das visões (vv. 23-27)

D – NARRATIVA DE CONCLUSÃO – v. 28

1. Aqui findou a visão (v. 28a)

2. Daniel comenta o seu estado (28b)

Na introdução (vv. 1-2a) encontramos os elementos de uma fórmula redacional que está presente em outros capítulos (2,1). Escrita na terceira pessoa do singular, tenta situar o leitor na época, no lugar, no gênero e tema do texto, e introduz o personagem principal. Notamos nesta introdução as marcas da intencionalidade do compilador ou redator do texto: demonstrar a importância dessas visões, dizendo que a escrita da visão é para que ela não seja esquecida e, com isso, possa fortalecer a memória ("então o sonho escreveu (de) cabeça").

Evidentemente a cronologia apresentada pelo redator não tem valor histórico, mas sim uma intencionalidade teológica e, de certa maneira, deseja ajudar o leitor ou ouvinte a entender o presente, falando do passado ou do futuro. Isto significa que o livro de Daniel tem valor literário ao criar uma narrativa que fornece ao imaginário social, digamos, o estabelecimento de um distanciamento espaço-temporal. Interessante que o livro de Daniel e, de modo especial, este capítulo carregado de imagens constrói uma representação de tempo e espaço fictícios, como podemos perceber na menção ao reinado de Belsazar e aos animais esquisitos, que, de fato, são imagens irreais e símbolos mitológicos.[42]

Na descrição das visões (vv. 2b-14) encontramos cinco blocos: a visão dos animais (vv. 2b-7), o chifre pequeno (2,8), o trono (vv. 9-10), o julgamento (vv. 11-12) e a visão de "um como filho do homem" (vv. 13-14). Estas visões são costuradas com as seguintes expressões: "vi acontecer em visões na noite" (v. 2b); "depois disto vi acontecer" (v. 6); "depois disto vi acontecer na visão da noite" (v. 7); "observando aconteceu nos chifres" (v. 8); "estava vendo..." (v. 9); "estava vendo então" (v. 11); "estava vendo até que" (v. 11) e "estava vendo em minhas visões da noite" (v. 13).

Estas expressões vêm acompanhadas pelas locuções adverbiais: "eis que" e "até que", dando um caráter de vivacidade aos traços dos animais e produzindo uma sensação de surpresa. E as repetições parecem ter a intencionalidade de envolver os leitores na cena.

---

[42] A apocalíptica utiliza-se de mitos e da ironia (em alguns textos proféticos, como, por exemplo, Sofonias, aparece como caricatura) para transmitir formas diferenciadas de compreender o mundo e se aproximar da vida "velada". Por isso, a característica fundamental de um apocalipse é a "revelação" (des-cobrir o que está encoberto).

Outro aspecto importante na descrição dos animais é que eles são esquisitos e têm correspondência com o poder e a violência exercida pelos reis e/ou imperadores. Simbolicamente as partes do corpo (pés, costas, olhos, boca, coração, cabeça) podem indicar o alcance das ações de domínio desses animais sobre a vida e, conseqüentemente, revelam uma situação sem perspectiva de saída e solução. Os três primeiros animais são descritos "à semelhança de...", seguido de um detalhamento de suas características: "era como um leão" (v. 4); "era como um urso" (v. 5); "era como um leopardo" (v. 6); enquanto o quarto animal, o mais violento, é descrito de forma direta e incisiva: "e eis que animal quarto terrível e terrível e sua força extraordinária e tinha grandes dentes de ferro e come e tritura e o resto com seus pés pisa e ele se diferencia de todos os animais de diante dele e chifres dez para ele" (v. 7).

A grande oposição apresentada no texto se dá entre a humanidade e os animais (as grandes feras contra o humano) que se traduz na resistência das comunidades (povo fiel e justo) contra os impérios.[43] Já é notório nas várias interpretações deste capítulo de Daniel que os quatro animais representam os impérios babilônico, medo, persa e grego.[44] Por detrás da descrição de cada animal, são afirmadas as imagens e marcas da opressão experienciada pelos grupos que resistem.

> Mesmo que não haja diabos no mundo de Daniel, há anjos e há inimigos. Ele apresenta os inimigos estrangeiros, os governantes dos impérios persa, medo e helênico, na imagística visionária tradicional, como animais monstruosos. Em uma visão, o primeiro animal é como um leão com asas de águia; o segundo como um urso, que devora ferozmente sua presa; o terceiro, como um leopardo, com quatro asas de ave nas costas e quatro cabeças; e o quarto animal é terrível, espantoso e sobremodo forte, o qual tinha grandes dentes de ferro:

---

[43] É muito importante perceber as semelhanças entre Daniel e o Livro de Henoc (principalmente o Livro dos Sonhos – 1 Henoc 83–90), no tocante à descrição das ações dos impérios e dos animais que devoram e impõem medo.

[44] "O livro de Daniel tem dois erros históricos: põe Baltazar como filho de Nabucodonosor e o império medo como posterior ao babilônico [...] em termos gerais, o império medo não é sucessor, mas coetâneo do império babilônico: os medos ao norte e os babilônicos ao sul (Richard, O povo de Deus contra o Império..., cit., p. 34).

ele devorava e fazia em pedaços, e pisava aos pés o que sobejava. Em uma outra, Daniel viu um bode peludo de dois chifres, que o anjo Gabriel explicou ser "o rei da Grécia". Em todas as suas visões, os animais monstruosos representavam governantes estrangeiros que ameaçavam Israel.[45]

O leão com asas de águia[46] (o império assírio-babilônico) traz as marcas de guerra: invasão, deportação e destruição. Posto de pé como um homem, este animal recebeu um coração humano e representa a repressão e o medo. Vemos que o texto de Daniel não se fixou num rei específico, mas quer descrever o medo e o grande poder babilônico. Parece que esta imagem (Dn 7,4) quer ilustrar a descrição do poder e glória de Nabucodonosor:

> Ó rei! Deus, o Altíssimo, deu a Nabucodonosor, teu pai, o reino, e a grandeza, e a glória e a magnificência. E por causa da grandeza, que lhe deu todos os povos, nações e línguas tremiam e temiam diante dele: a quem queria matava, e a quem queria dava a vida; e a quem queria engrandecia, e a quem queria abatia (Dn 5,18-19).

O leão e a águia representam o império que exibe o seu poder, intimida o povo pela brutalidade, age com violência e derrama muito sangue.[47]

---

[45] Cf. PAGELS, Elaine. *As origens de Satanás*: um estudo sobre o poder que as forças irracionais exercem na sociedade moderna. Rio de Janeiro, Ediouro, 1996. p. 85. Norman Cohn diz o seguinte: "O significado dos quatro animais monstruosos é explicado no mesmo capítulo 7: como as quatro partes da estátua no segundo capítulo, eles representam as potências imperiais que haviam dominado os judeus. O quarto monstro, muito mais terrível que seus predecessores, é identificado com o império de Alexandre e os Estados que o sucederam; os dez chifres são os diversos monarcas, com Antíoco sendo representado tanto pelo décimo chifre como pelo 'chifre pequeno'. Porém, há muito mais nesse simbolismo" (*Cosmos, caos e o mundo que virá...*, cit., p. 224).

[46] Esta imagem se encontra nas reproduções de arte assírio-babilônicas. Conhece-se, por exemplo, a existência de leões alados que guardam a entrada dos palácios de Assurbanipal. Veja DELCOR, Mathias. Les sources du Chapitre VII de Daniel. *Vetus Testamentum*, v. 18, n. 3, pp. 290-312, 1968.

[47] Na profecia de Jeremias encontramos uma comparação das ações de um leão com os impérios assírio e babilônico: "Cordeiro desgarrado é Israel: os leões

O urso (7,5) se levanta para devorar ainda mais. É um animal que precisa de muita comida para saciar sua fome de "expansão".[48] Eis um animal terrível: abraça, agarra e esmaga. Assim, a apocalíptica quer descrever as marcas das ações do império medo-persa. Representa os inícios das ações de Ciro e de Dario. Estes causaram grande impacto no meio do povo da Judéia, por se apresentarem como "benevolentes"[49] e, com isso, se engrandeceram e alargaram o campo de ação. No entanto, em poucos anos transformaram o poder em terror.[50] O leopardo com suas quatro cabeças pode representar o império persa com toda a sua organização e domínio muito bem articulado. A velocidade e as asas demonstram rapidez e astúcia próprias da dominação dos persas.

Toda a atenção do sonho e da interpretação, no que se refere às marcas e aos sinais da opressão, se dá na descrição do quarto animal. É o animal terrível, medonho e extraordinariamente forte: tem dentes de ferro que tritura e devora, e pisoteia com os pés o que sobrava. Este animal representa o domínio helênico de Alexandre Magno. Os gregos chegam com audácia e com a grande estratégia militar dele, que sabia a arte de dominar! A perseguição a Dario III realizada por Alexandre alarga o avanço e a conquista dos territórios. Assim, sua estratégia militar consistia na não-captura de Dario III, pois a fuga de Dario demarcava as novas conquistas. Com as conquistas de Alexandre, a língua grega ficou do-

---

o afugentaram. O primeiro a devorá-lo foi o rei da Assíria; e, por último, Nabucodonosor, rei de Babilônia, lhe quebrou os ossos" (50,17; cf. 49,19).

[48] Em termos econômicos, refiro-me ao projeto expansionista dos impérios antigos, e se olharmos a partir de uma perspectiva geopolítica estamos falando de expansão em termos de tomada e invasão de território e de divisas. Estas são práticas muito comuns nos impérios antigos (Egito, Assíria, Babilônia, Media, Pérsia, Grécia e Roma).

[49] Entre as benesses oferecidas pelo império medo-persa aos habitantes da Judéia, está a autorização de viver e praticar sua religião, o financiamento para a reconstrução da cidade de Jerusalém e do Templo e, em alguns momentos, a isenção dos tributos.

[50] Ver KELLNER, Wenderlin. *O Filho do Homem*: a mensagem político-teológica de Jesus. São Paulo, Paulinas, 1987. p. 26. Para a descrição das ações do império persa, ver NOTH, Martin. *Historia de Israel*. Barcelona, Ediciones Garriga, 1966. pp. 275-318, e HERRMANN, Siegfried. *Historia de Israel en la época del Antiguo Testamento*. 2. ed. ampl. e rev. Salamanda, Sígueme, 1985. pp. 381-432.

minante e a filosofia e a visão de mundo dos gregos foi penetrando nas outras culturas. Aí germina o helenismo.

A grande novidade econômica trazida pelos gregos está no comércio de escravos. Gente é mercadoria (por que matar se posso vender[51]). Esta é a ação dos generais helênicos (tanto ptolomeus quanto selêucidas). Estes são os dez chifres do animal.[52] No entanto, o sonho do livro de Daniel quer chegar mais perto dos dias vividos pelos seus contemporâneos; quer descrever a grande imaginária de violência no cotidiano dos grupos perseguidos e oprimidos ("os Santos do Altíssimo"[53]): a imagem do chifre que derruba outros três, que tem olhos e boca e que fala com arrogância. Este "chifrinho" é Antíoco IV Epífanes, filhote do domínio grego e um dos grandes expoentes da dominação helênica.[54]

Sobre este chifrinho, no qual recai o maior interesse do visionário, é importante assegurar que o animal será morto, seu corpo destruído e queimado no fogo; enquanto os outros animais simplesmente perderão o poder. A descrição da morte do tirano era um anseio presente em alguns textos produzidos e/ou lidos

---

[51] Em 2 Macabeus 8,10 vemos que uma das intenções do general opressor é conseguir judeus para vender e pagar suas dívidas com os romanos.

[52] É comum interpretar estes dez chifres como sendo os reis/generais helênicos que oprimiram o povo.

[53] Em Daniel há indícios de que os "Santos do Altíssimo" são o povo judeu. "Em Daniel há indicações de que esse povo é formado pelos judeus que seguiram os ensinamentos dos 'sábios', ou seja, de visionários tais como o autor do livro de Daniel. Com esses 'sábios', eles terão aprendido a técnica da resistência não-violenta, mantendo-se firmes sob a perseguição, terão passado por uma purificação e um refinamento interiores, de modo a se tornarem 'alvos'. Também terão conhecido a técnica da interpretação escatológica, aprendendo a relacionar tanto a Torá como as experiências visionárias com o 'tempo do fim'" (COHN, *Cosmos, caos e o mundo que virá...*, cit., pp. 228).

[54] Detalhes acerca da dominação de Antíoco IV Epífanes e dos conflitos entre ptolomeus e selêucidas, ver: HERRMANN, *Historia de Israel en la época del Antiguo Testamento...*, cit., pp. 433-466; NOTH, *Historia de Israel...*, cit., pp. 321-356, e MESTERS, Carlos. *A história da dispersão e da reconstrução do povo*: o grande silêncio – sob o domínio do Egito – 332-198 (cap. 3); os Macabeus – sob o domínio da Síria – 19 –142 (cap. 4) e sobre a situação socioeconômica na época dos Macabeus (cap. 4 – Suplemento IV). Jerusalém, 1987. Texto manuscrito.

no ambiente da guerra dos macabeus. Nos Livros dos Macabeus encontramos três narrativas diferentes acerca da morte de Antíoco IV Epífanes. Em 1Mc 6,1-17, Antíoco morreu na Pérsia depois de receber notícias da derrota de seus exércitos na luta contra os judeus. Diante de tais notícias ficou apavorado, atordoado e triste. Teria morrido de depressão? Em 2Mc 1,11-17 se diz que ele foi morto a pedradas. Mas 2Mc 9 transforma a morte de Antíoco num acontecimento macabro. O perseguidor não pode ter morte comum, natural. Precisa ser desconjuntado, ter seu organismo todo desfeito, cheirar mal, apodrecer ainda vivo. E termina quase dizendo "o feitiço virou-se contra o feiticeiro": o cruel Antíoco, "assassino e blasfemo", morre em meio a dores terríveis: "seu final foi desastroso, da mesma forma como ele havia tratado a outros".[55]

De modo geral, a descrição dos animais em termos de imagens irreais, terríveis e pavorosas (leão com asas de águia, urso com costelas na boca, leopardo com quatro cabeças e o animal com dez chifres) quer representar no imaginário popular um olhar sobre a conjuntura econômica e política e sobre o ambiente de forte violência e opressão. É importante para o(s) autor(es) deste capítulo central do Apocalipse de Daniel descrever o desejo de um fim a esta situação vivida e, com isso, projetar a necessidade de reconstrução de uma nova ordem/mundo.

Nesta perspectiva, os vv. 9-14 estabelecem uma espécie de tribunal através das visões do trono, do ancião de dias e o filho do homem. São visões de um julgamento marcado pelo conflito e oposição entre o poder dos animais (que sobem do mar) e o reino do ancião, que é entregue a "um como filho do homem". Vamos nos deter um pouco nesta imagem do "filho do homem".

> Estava vendo em minhas visões da noite e eis que numa nuvem do céu como filho homem estava vindo e até ancião de dias veio e diante dele se aproximou. E para ele foi dado domínio e honra e reino e todos os povos, as nações e línguas para ele temerão[56] o seu domínio, domínio eterno que não será tirado e seu reino que não será destruído.

---

[55] Ver Vasconcellos, Pedro Lima & Silva, Rafael Rodrigues da. *Como ler os Livros dos Macabeus*: o Livro das Batalhas e o Livro dos Testemunhos. São Paulo, Paulus, 2004.

[56] O verbo significa temer, venerar, servir.

Para Maurice Casey, בַּר אֱנָשׁ "filho do homem" é um termo ordinário para "homem", "ser humano", de uso inadequado como título cristológico e sem um significado qualificativo.[57] E nesta mesma direção José Roberto Cristofani afirma que esta expressão literalmente significa *um homem* no sentido de um representante do gênero humano. Por isso, pode ser traduzida por "filho da humanidade" ou, simplesmente, "um homem". Cristofani propõe a seguinte tradução para o v. 13: "Vi acontecer na minha visão da noite e eis que junto com as nuvens do céu, um como filho da humanidade veio a ser, e até que diante do ancião de dias apresentou-se."[58] Norman Cohn aponta duas possibilidades de entendimento:

> ou esse 'um como Filho do Homem' é apenas um símbolo para os 'santos do Altíssimo', ou é o representante deles – o anjo Miguel ou talvez o futuro soberano messiânico. Em ambos os casos ele personifica o sentimento de eleição, a certeza de uma futura redenção e exaltação dos judeus – isto é, dos judeus aos quais se dirigia o autor do Livro de Daniel.[59]

A interpretação da visão nos vv. 15-27 começa enunciando o estado de perturbação do visionário e a necessidade de um intérprete (da mesma maneira que o rei Nabucodonosor nos capítulos 2 e 4 necessita de Daniel para interpretar o seu sonho, aqui é Daniel que precisa de alguém para interpretar o sonho que lhe perturbou o espírito). O anjo é o mediador entre Daniel e a divindade. A chave de interpretação do sonho aparece no paralelismo ou na correspondência

---

[57] Cf. CASEY, Maurice. Aramaic Idiom and the Son of Man Problem: A Response to Owen and Shepherd. *Journal for the Study of the New Testament*, 25.1, pp. 3-32. Nesta mesma direção encontramos a leitura de Charles D. Isbell, que aponta para a má interpretação deste termo como fonte da designação que Jesus faz de si mesmo, "Filho do Homem"; talvez a interpretação correta e defendida por muitos seja de que essa expressão de Daniel 7,13 signifique simplesmente "homem", como acontece com *ben 'ādām* (Ex 2,1 etc.), em hebraico, e com *bᵉnê 'ănāshā'* (Dn 2,38; 5,21), em aramaico. Apud LAIRD HARRIS; ARCHER JR.; WALTKE, *Dicionário Internacional de Teologia do Antigo Testamento...*, cit., pp. 1673-1674.

[58] Cf. CRISTOFANI, José Roberto. A expressão "Filho do Homem" em Daniel: anotações preliminares sobre uma proposta metodológica. *Estudos de Religião*, São Bernardo do Campo, Umesp, ano XIV, n. 19, p. 35, 2000.

[59] Cf. COHN, *Cosmos, caos e o mundo que virá...*, cit., p. 227.

estabelecida entre as figuras dos animais. A interpretação do sonho intensifica a ridicularização do poder dos reis. Na explicação do sonho é enxertada, quase de maneira abrupta, a narrativa da guerra movida pelo chifre pequeno contra os "santos do Altíssimo" e, depois, volta a falar do quarto animal de dez chifres. Nas idas e vindas do texto, transparece o interesse do redator em fortalecer a vitória dos santos sobre o domínio do quarto animal e, de modo especial, sobre as ações do pequeno chifre.

Transparecem nessas imagens dois momentos muito fortes: um, amarrado a uma história passada no que se refere à trajetória e ação dos quatro animais e, o outro, na descrição da história presente atrelada às ações do pequeno chifre. Ou seja, os quatro animais representam o passado: de Nabucodonosor a Alexandre Magno, e o pequeno chifre simboliza o presente marcado pela opressão de Antíoco IV Epífanes. Daí apresentar um texto amplamente aberto e que possibilita múltiplas leituras ao ouvinte e ao leitor da apocalíptica.

Como Antíoco IV Epífanes foi derrotado? Nas narrativas de batalha e testemunhos dos Livros dos Macabeus encontramos várias versões da sua morte: 1Mc 6,1-17; 2Mc 1,11-17 e 9,1-17.[60]

Em 1Mc 6,1-17 a morte do tirano é descrita em meio ao fracasso de suas tentativas de eliminar os judeus rebeldes. Seu primeiro fracasso foi o de tentar tomar e saquear a cidade de Elimaida, na Pérsia, que era rica em ouro e prata. O pessoal da cidade se organizou para a guerra e Antíoco teve de fugir e voltar para a região da Babilônia. O segundo fracasso está nas notícias que recebera das perdas e recuos que os seus exércitos tiveram nos confrontos contra os judeus e, além disso, o fortalecimento das tropas dos judeus através dos despojos e o aumento das armas. Sem contar o fracasso de sua tentativa de exterminar a identidade religiosa e cultural do povo judeu, por meio da abominação do Templo em Jerusalém. Diante de tais fracassos, o rei se enche de tristeza, cai na cama com grande depressão e fica assim por muitos dias. Ironicamente o redator coloca na boca do opressor uma espécie de exame de seus atos. Lendo sua fala para os grandes e maiorais do seu reino, nos dá a sensação de que o opressor se converte no fim de sua vida:

---

[60] Ver Vasconcellos & Silva, *Como ler os Livros dos Macabeus...*, cit.

O sono sumiu dos meus olhos, meu coração está abatido de tanta aflição. Eu disse a mim mesmo: "A que grau de aflição me vejo reduzido!" Como é grande a onda em que estou me debatendo. Eu que era feliz e estimado quando estava no poder! Agora, porém, estou lembrando os males que fiz a Jerusalém, de onde tirei todos os objetos de prata e ouro que nela havia. Lembro-me dos habitantes de Judá que mandei matar sem motivo. Reconheço que é por causa de tudo isso que hoje me acontecem essas desgraças. Agora estou morrendo, cheio de tristeza e em terra estrangeira. (vv. 10b-13).

Na carta de 2 Macabeus, a morte do tirano é descrita após uma tentativa de invadir e profanar o ambiente sagrado. Ao que parece, quem escreveu a carta transferiu para o filho aquilo que ocorreu ao pai, também chamado Antíoco, baseado em idéia semelhante a essa: "tal filho, tal pai". Afinal de contas, a família dos Antíoco era conhecida por invadir templos. Com efeito, Antíoco pai, que também fora rei, morreu numa emboscada que lhe armaram os sacerdotes do templo dedicado à deusa Nanéia. Com o pretexto de se casar com a deusa, Antíoco entrou no Templo, mas o que ele queria mesmo era apoderar-se de suas riquezas. Os sacerdotes, que conheciam a fama dos reis selêucidas, prepararam o bote, e o rei caiu na cilada. Qualquer semelhança com o que será narrado a respeito de Antíoco IV Epífanes em relação ao Templo de Jerusalém não é mera coincidência. Por isso não custa apresentar a morte deste da mesma forma que o pai morreu: ambos eram mestres em atacar templos, profaná-los e roubar suas riquezas. Tal morte é entendida como justa punição que Deus impõe a "esses ímpios", e por isso ele deve ser bendito (v. 17).

O texto mais irônico é o de 2Mc 9, pois o redator não poupou detalhes para afirmar o destino trágico daqueles que detêm o poder e o utilizam para oprimir e perseguir o povo fiel. Podemos perceber na narrativa dois momentos: os vv. 1-17 descrevem as dores, sofrimentos atrozes e a decomposição do corpo do opressor e termina ironicamente apresentando as promessas de arrependimento do rei; e os vv. 18-29 continuam a ironia através de uma carta mentirosa do rei. O perseguidor do povo de Deus não pode ter morte comum, natural. Precisa quase se desconjuntar, ter seu organismo todo desfeito, cheirar mal, apodrecer ainda vivo.

Note-se que o que está sendo contado não é uma simples morte, mas a realização do "julgamento do céu" (v. 4), ou da "justa condenação de Deus" (v. 18):

"o Senhor Deus de Israel, que tudo vê, mandou a Antíoco uma doença incurável e invisível" (v. 5). Além disso, essa descrição macabra da morte do opressor tem como contraponto a tortura ou as incríveis crueldades praticadas contra o povo fiel à aliança e às leis dos antepassados, descritas em 2Mc 6,18–7,42.

No v. 11 o texto deixa de descrever o sofrimento do rei e o mostra arrependido, tentando com isso alcançar o favor divino. O texto exagera e apresenta o rei prometendo desfazer tudo o que fez contra o povo e a terra santa: libertar Jerusalém, dar aos judeus os mesmo direitos que tinham os habitantes de Atenas, oferecer donativos ao Templo de Jerusalém e devolver os objetos sagrados que dele roubara e financiar as atividades que ali ocorriam. Chega ao cúmulo de prometer transforma-se em judeu e anunciar a todo mundo as maravilhas do poder de Deus!

Tudo isso para que fique claro a quem lê que o arrependimento do rei é apenas aparente, motivado pelo medo da morte e do julgamento divino: "é tarde demais". O rei tem medo da morte e jamais poderá atingir a grandeza de Eleazar ou da mãe e os sete filhos. De um lado, os mártires que, não tendo medo da morte, não negam seus princípios e desobedecem ao rei e, do outro, o rei com grande medo da morte, chega a negar os seus decretos e simula uma conversão mediante uma lista de promessas e benefícios para os judeus.

É bom não acreditar nem confiar na conversão dos opressores! Eis o conselho do redator a partir da ironia da conversão do rei.

O v. 28 expressa uma mentalidade do tipo "o feitiço virou-se contra o feiticeiro": o cruel Antíoco, "assassino e blasfemo", morre em meio a dores terríveis: "seu final foi desastroso, da mesma forma como ele havia tratado a outros".

Afinal, o rei morreu de depressão (1Mc 6), morto a pedradas pelos sacerdotes (2Mc 1), ou em meio a dores terríveis lançadas por Deus (2Mc 9)?

Podemos imaginar que o Livro dos contos e sonhos de Daniel (Dn 2–7) e o Livro de visões (Dn 8–12) tenha alimentado os desejos e sentimentos de vitória contra o tirano e opressor. Nesta perspectiva, a imagem da pedra que destrói a estátua e a do Filho do Homem vindo das nuvens que vence os animais esquisitos (de modo especial o animal medonho com muitos chifres e o seu chifrinho terrível) constrói no imaginário do povo que resiste a derrocada do poder opressor.

Itatiba, 9 de julho de 2006.

Uma marca na vida de um militante: Marcos 3,6

Achibald Mulford Woodruff

O convite de participar desta homenagem a Milton Schwantes é um momento para que esta comunidade, que se honra homenageando o homem com quem se aprendeu tanto, aprenda mais ainda. Pessoalmente, é uma oportunidade de agradecer o acolhimento que abriu para mim a possibilidade de participar da caminhada da pós-graduação na área de Bíblia no Brasil, nos meios acadêmicos, em que se construiu uma cultura de pós-graduação onde não existia, liderado por Milton, sempre na sombra da educação popular e da militância.

O texto que escolhi para trabalhar é de um versículo só. Normalmente está na contramão da boa exegese trabalhar um versículo só, mas o procedimento é justificado em certos casos, inclusive neste. Por um lado, Marcos 3,6 tem uma relação solta com a perícope em que está incluído, mas por outro é uma peça-chave na composição do evangelho inteiro.

Este versículo chama a atenção por antecipar, no meio do ministério de Jesus na Galiléia, a sua paixão. Com isso, e com sua composição bem amarrada desde o início até o fim, o evangelho inteiro ganha caráter de narrativa da paixão com introdução extensiva. É artificial este prenúncio fora do contexto de Jerusalém?

O versículo segue: "E saíram os fariseus imediatamente e aos herodianos eles passaram seu parecer contra ele, a fim de destruí-lo" (tradução nossa).

Na tradução, alguns pontos parecem ser de rotina, mas mesmos eles não o são. O versículo começa com a conjunção *E*, que parece ser rotineira, de tão comum na Bíblia. Sim, na Bíblia! Usando esta conjunção, Marcos escreve num estilo de-

liberadamente bíblico, que relembra as narrativas dos "profetas anteriores" das escrituras hebraicas. Não é um mero caso de "parataxe", como escrevem muitos comentaristas, pois a parataxe é rotina em grego, mas com outras conjunções. Os *fariseus* são, em Marcos, um dos grupos antagônicos a Jesus, embora menos importantes que os escribas e os sacerdotes; é um grupo que sobressai mais em outros evangelhos. Eles, assim como João Batista e o próprio Jesus, fizeram propostas para a renovação de Israel. Por causa disso, a ironia da malvadeza deles é muito grande. Trata-se de uma "geração" (Mc 8,11-12), e por isso não precisam ser considerados representantes definitivos do povo judaico nem do judaísmo rabínico. O advérbio *imediatamente* é, sim, rotina em Marcos, mas contribui para a apreciação do lugar deste versículo no conjunto de Marcos.

O termo *herodianos* já dá mais trabalho, não somente porque o leitor/ouvinte não espera nada dele, mas porque é insólito. Não é um termo freqüente na literatura antiga. Pior, a formação da palavra acusa a influência do latim,[61] que era uma raridade no primeiro século.[62] Parece ser uma invenção do próprio Marcos, já que nenhum grupo assumiria este nome.[63] Porém, existiriam pessoas a quem esta rótula expressiva pudesse ser aplicada. Para resolver a questão de que tipo de grupo se está falando, a ação que os envolve tem de ser considerada também. Propostas que fazem de herodianos algum codinome para um pequeno grupo desconhecido podem ser desconsideradas. Duas grandes opções se apresentam: ou se trata do partido político de Herodes ou então da "família" palaciana. Há ainda a possibilidade de que haja um meio-termo. Seria fácil (fácil demais) proje-

---

[61] É o que John P. Meier demonstrou em seu artigo, "The Historical Jesus and the Historical Herodians".

[62] É o que Alan Millard demonstra. De acordo com ele, a literatura em língua grega, assim como os papiros documentários do primeiro século, evitam latinismos, mas todos os quatro evangelhos canônicos os têm (*Reading and Writing*, pp. 148-153). Millard não considera a Fonte Q, mas o nome de moeda *assárion* (Lc 12,6 par.) é um latinismo pertencente à Fonte Q. Por que a presença de latinismos em toda a literatura dos evangelhos, quando quase inexistem em outra literatura grega da época? Millard não especula sobre a causa do fenômeno, mas é natural supor que foi a influência de Herodes, o Grande, e dos outros Herodes.

[63] John P. Meier, no já referido artigo, insiste, por este motivo, que não existiam "herodianos históricos".

tar ao primeiro século a dinâmica política do Brasil, em que, durante um tempo, os taxistas eram eleitores fiéis de um determinado prefeito que lhes concedera favores. Uma rede de relações clientelísticas deste tipo podia, sim, alcançar os pescadores de Cafarnaum, que possivelmente tinham recebido seus barcos do poderio herodiano, detentor único do excedente econômico na região.[64] Em geral, Herodes Antipas possuía simpatizantes nas cidades que ele construiu ou reconstruiu, como Séforis e Tiberíades, cidades estas que têm uma ausência enfática nos evangelhos. Que as obras públicas levadas a cabo por ele em Jerusalém e em Cesaréia visavam lograr simpatias políticas, está claro. Assim como está claro que membros da família herodiana tinham simpatizantes na elite. Justamente nos tempos de Marcos, Flávio Josefo era cripto-simpatizante de Agripa II, que também era da família de Herodes. Esta proposta, porém, tem uma interrogativa: não está nada óbvio o motivo por que os simpatizantes políticos de Herodes Antipas teriam interesse em destruir Jesus. Ou melhor, o principal motivo para os simpatizantes do governo quererem tal coisa seria porque os fariseus o desejavam, pois, maximizar o apoio a Herodes seria do interesse deles. A outra proposta faz mais sentido, como se verá.

A "família" palaciana consistiria nas pessoas mais chegadas a Herodes Antipas. Seja dentro do próprio palácio, seja em postos administrativos regionais, seja, ainda, na rotação constante entre os dois ambientes (que parece provável), essas pessoas teriam algum acesso ao próprio tetrarca. Marcos deixa uma pista sobre tais pessoas na narrativa sobre o banquete em que a cabeça de João Batista é encomendada e entregue (6,17-29). Ali ele lista os grupos de convidados ao banquete por ocasião do aniversário de Herodes Antipas: *os grandões dele, os militares e os primeiros [homens] da Galiléia*. Os militares (mais especificamente quiliarcas, de patente superior ao de centurião) eram obviamente os militares de Herodes. Os primeiros da Galiléia, cuja expressão é comum no grego, seriam as elites da terra, especialmente os proprietários de terras. Menos comum que os primeiros da Galiléia é a expressão que aqui é traduzida como grandões (*megistanes*). O que fica claro é que os grandões são referidos como pertencentes a ele. Eles teriam alguma ligação importante com Herodes Antipas e, provavelmente, seriam "grandes" somente por causa dos favores prestados. Seriam os herodianos por excelência e teriam uma coisa poderosa, e uma só: acesso ao chefe.

---

[64] Esta é uma proposta de Hanson and Oakman (*Palestine*, 106).

Que os herodianos não têm poder próprio é mostrado na advertência contra o fermento de corrupção dos corruptos (Mc 8,15), o qual não é de fariseus nem herodianos, mas dos fariseus e de Herodes. Porém, fariseus e herodianos se encontram novamente juntos no Templo, tentando pegar Jesus com sua pergunta sobre o censo romano (Mc 12,13).

A ação tomada pelos fariseus é traduzida aqui como *passaram seu parecer*. Trata-se de uma expressão que chama a atenção pela raridade. Outra tradução, hiperliteral, seria *deram conselho*. O paralelo em Mateus, também em tradução hiperliteral, é *tomaram conselho* (Mt 12,14). Em Mateus os herodianos não figuram, e a ação é somente dos fariseus. Em Marcos acontece duas ações. Marcos volta a usar uma expressão semelhante mais tarde, quando os sacerdotes aristocráticos, com o sinédrio – traduzindo hiperliteralmente de novo –, *fizeram conselho*, ou, de acordo com o Códice Sinaítico, *prepararam conselho*. A palavra traduzida por conselho (*symboulion*), em todas estas expressões, não é muito freqüente, especialmente quando usada à maneira de Marcos. O verbete de Frederick Danker esmiúça quatro sentidos: 1) o ato de consultar; 2) uma reunião de uma assembléia deliberativa; 3) o resultado alcançado por um grupo deliberativo; 4) o conselho ou assembléia deliberativa oficial. Das expressões aqui citadas, Danker usa como exemplo as do terceiro sentido: o resultado de uma deliberação. O verbo cognato (*symbouleuô*) tem como primeiro sentido "assessorar", seguido por "tramar com outros" e "considerar".[65] A natureza do segundo ato em Marcos (15,1) é mais clara que a primeira: um grupo prepara o caminho para a destruição de Jesus pelas mãos de outros, em conselho. Dificilmente o *symboulion* aqui não seja o resultado da deliberação, em especial porque a decisão já estava tomada nas ações violentas, "tapas" e "escarnações" (14,64-65), durante a noite. O *symboulion*, então, é alguma coisa além da condenação; é aquilo que eles vão passar para Pilatos junto com o réu. A leitura do Códice Sinaítico entende assim: eles *prepararam* aquilo. O que eles prepararam deve ser seu parecer, o resultado de sua deliberação que eles passam para outros como recomendação e pedido.

O parecer é *contra ele*, sem rodeios. Nada de motivos ocultos ou segundas intenções. Mais óbvio ainda: o conteúdo do conselho ou parecer é contra ele.

---

[65] Danker, Frederick William. *Lexicon*, p. 957 (ambos os verbetes).

Os fariseus fazem isso *a fim* de ver Jesus destruído. Os adeptos de traduções hiperliterais enxergam nesta expressão (*hopôs*, com subjuntivo) a palavra *como*. Assim, pode-se imaginar que os fariseus e herodianos estivessem deliberando juntos para encontrar um jeito de aniquilar Jesus. Tal leitura, porém, seria uma supervalorização da etimologia de uma palavra. A expressão não precisa significar mais que a finalidade, e o termo *como* só deve entrar na tradução se o contexto realmente o exigir.

A ação dos fariseus em 3,6, então, é a de abordar os herodianos na esperança de que estes, por sua vez, com o resultado de sua consulta, passem tal recomendação para seu chefe, e o chefe, Herodes Antipas, mande aniquilar o perturbador.

Fica, no entanto, a pergunta: a curto ou a longo prazo, a ação de Mc 3,6 tem algum resultado? Ou este versículo é apenas um detalhe, um lapso na narrativa de Marcos? Para tratar desta questão, é necessário ver a relação de 3,6 com o conjunto do evangelho de Marcos.

O primeiro grande ciclo de provocações e controvérsias em Marcos (1,40-3,6) termina com este versículo, que normalmente é tratado como pertencente à última perícope do ciclo, a cura na sinagoga no sábado (3,1-6). Na verdade, seus vínculos com essa cura podem ter sido sobrevalorizados. Que os fariseus *saíram* sugere que eles saíram da sinagoga, mas é comum e até normal dizer que alguém sai para agir sem especificar de onde ele sai. Além do mais, Marcos costuma iniciar novos segmentos com verbos de deslocamento. Alguns comentaristas consideram que as expressões *Jesus entrou* (v. 1) e *saíram os fariseus* (v. 6) emolduram a perícope. Porém, a saída dos fariseus tem mais um caráter de início de um novo segmento. O principal obstáculo para a aceitação desta perspectiva é a idéia que o exegeta tem de antemão da "perícope".

O confronto na cena da cura acontece entre Jesus e *eles* (vv. 2, 4 e 5), personagens que aqui não são especificados. Somente no v. 6 são identificados com os fariseus. Um ponto de continuidade entre a cura e a saída para destruir Jesus está na provocação contida no confronto na sinagoga; provocação esta que é o cume de uma série de outras provocações e conflitos. Todas elas contribuem para levar a efeito a nefasta ação final. A palavrinha *imediatamente* (em grego, *euthys*) sugere tanto continuidade como rapidez da ação. Contudo, Marcos usa-a não somente

dentro de uma ação, como em 1,10, mas também para ligar ações distintas, como em 1,12. Por outro lado, a rápida passagem da cura para a ação de acusação tem valor irônico, aspecto já observado por vários intérpretes: matar no sábado (v. 4) é exatamente o que essas pessoas saem para fazer. Existe, então, continuidade e descontinuidade entre a cura nos vv. 1-5 e a ação homicida no v. 6. Este versículo foi posto neste lugar não somente como desfecho de uma perícope, mas também como desfecho de um trecho maior do evangelho.

O papel de 3,6 como fecho de um trecho maior fica mais claro quando analisamos o desfecho que a cura na sinagoga – como a perícope 3,1-6 é conhecida – representa no conjunto da narrativa. A cura na sinagoga ocasiona uma controvérsia. Porém, o ciclo das controvérsias já começara numa outra cura, aquela em que os escribas estranharam o perdão dos pecados (2,1-12). Ao mesmo tempo, a cura na sinagoga tem uma dupla expressão de emoções de Jesus (com ira, condoído, 3,5), que relembra uma outra dupla expressão de emoções de Jesus no episódio do leproso ("ele teve um rompimento[66] de compaixão [...] ele se manifestou indignado com ele", 1,41.43). O que interessa aqui é que a cura na sinagoga relembra a cura ante os escribas de uma maneira e a purificação do leproso de outra. Além disso, a cura na sinagoga relembra ainda um outro momento na sinagoga, o de 1,21-28. É como se uma série de janelas, que se abriram em diversos momentos, se fechassem juntas, de uma só vez. Este fenômeno literário precisa de um nome, tal como "fecho forte".[67] No caso, uma perícope que serve de fecho forte, por sua vez, termina com o conteúdo forte de 3,6, a procura da morte de alguém.

E, depois, silêncio. O autor não dá seguimento imediato ao que parece ter sido tão nítida e literariamente planejado. Em 6,14-16 Marcos relata que Herodes Antipas ficou sabendo de Jesus, mas não como conseqüência da reclamação dos fariseus. A impressão dada ali é a de que Antipas mandou matar João Batista somente por constrangimento. Aqui Herodes parece estar demasiado temeroso para representar alguma ameaça a Jesus. Em Marcos, Antipas não é "aquela raposa".

---

[66] A expressão é traduzida, mais convencionalmente, como *teve compaixão*; é um verbo no aoristo e, portanto, no "aspecto ponto"; refere-se a um evento e não a uma mera atitude compassiva.

[67] Um bom termo em inglês para isto seria "mighty closure", relembrando o "mighty line" de Christopher Marlowe.

O lugar de 3,6 no conjunto de Marcos fica mais evidente quando lançamos um olhar sobre o debate a respeito da tributação (12,13-17). Os herodianos e fariseus, que tinham fechado o primeiro grande ciclo de controvérsias, abrem um segundo grande ciclo de controvérsias (12,13-40). Na presença do público, eles dizem a Jesus: "Tu és verdadeiro" (12,14), com o fim de armar-lhe uma cilada. Porém, saem vencidos, uma vez que a cilada não funciona. A partir dali não se ouve mais falar deles. Jesus passa, então, a provocar inimigos mais perigosos, os saduceus e os sacerdotes. Estes tramam e acabam conseguindo a morte de Jesus. Para reforçar a simetria entre os dois ciclos de controvérsias, o primeiro ciclo começa com escribas (2,6) e termina com três segmentos dedicados aos escribas (12,28-34.35-37.38-41).

É necessário, portanto, descartar a hipótese de a prefiguração da paixão em 3,6 ser um acaso na composição de Marcos. Poucos comentaristas prestam muita atenção nisso. Um comentário diz que o episódio mostra que a oposição a Jesus era ferrenha desde o início.[68] Dizer isso é certo, mas não diz tudo. O conflito era ferrenho desde o começo, embora nem sempre fosse com os mesmos opositores. Melhor ainda, Jesus era o mesmo desde o início, o mesmo militante, com a mesma disposição de provocar os que abusavam das coisas de Deus. Mc 3,6 comunica que Jesus era militante de tal maneira que sofria, bem cedo no seu trajeto, sua primeira ameaça de morte. Os capítulos posteriores de Marcos informam que Jesus se manifestou do mesmo modo em Jerusalém, onde ele provocou inimigos bem mais poderosos e chegou à cruz.

O resto é mais realista do que o leitor, ao observar que a narrativa é estilizada, imagina. Nada é mais natural que uma primeira ameaça de morte no momento em que o militante realmente se manifesta como tal. E todas as ameaças de morte têm a mesma seriedade? Na verdade, nada é mais natural que uma ameaça de morte que não resulta em morte. Nada é mais natural que um pedido não atendido ao palácio de Herodes. Nada é mais natural que um pedido de policiamento enérgico que caiu no esquecimento num rincão como Cafarnaum. Nada é mais natural que o militante conviver com a ameaça durante um bom tempo. Outros militantes também viveram isso – com Jesus.

---

68 HOOKER, Morna D. *Gospel*, p. 108.

Bibliografia

DANKER, Frederick William (responsável da nova edição do dicionário de Walter BAUER). *A Greek-English Lexicon of the New Testament and Other Early Christian Literature*: Third Edition (BDAG). Chicago e Londres, University of Chicago Press, 2000. 1108 p.

HANSON, K. C. & OAKMAN, Douglas E. *Palestine in the Time of Jesus*: Social Structures and Social Conflicts. Minneapolis, Fortress, 1998. 235 p.

HOOKER, Morna D. *The Gospel According to Saint Mark*. Massachusetts, Hendrickson, 1991, 424 p. (Black's New Testament Commentary.)

MEIER, John P. The Historical Jesus and the Historical Herodians. *Journal of Biblical Literature*, Atlanta, v. 119, n. 4, pp. 740-746, 2000.

MILLARD, Alan. *Reading and Writing in the Time of Jesus*. Nova York, New York University Press, 2000.

Dualismo escatológico e irrupção de poder no presente: notas para uma hermenêutica do Apocalipse de João

Paulo Augusto de Souza Nogueira[1]

O Apocalipse de João tem sido lido na história do cristianismo e dos movimentos milenaristas como um guia fantástico para a história da humanidade, ou melhor, um guia para o fim da história da humanidade. É como se nele Deus tivesse revelado como acabaria com as instituições, com os povos, com todos os habitantes do mundo e com o próprio mundo como o conhecemos hoje, e como haveria de reconstruir o mundo do nada, em "novos céus e nova terra". Os habitantes do mundo são rigorosamente divididos. A uns é reservada uma segunda existência, gloriosa, sem limites. Aos demais são destinados sofrimentos e tormentas. Tudo que é vivido e experimentado, na sociedade ou na natureza, tem um limite imposto à sua existência como a conhecemos e uma nova existência que desconhecemos. E é neste livro, um livro de "revelação", nesta obra profética que Deus mediou por anjos e pelo próprio João, que podemos descobrir em que seqüência este fim será imposto às coisas. E não bastasse o conteúdo negativo do livro – o fim das coisas –, este é apresentado de forma obscura e trágica. Obscura

---

[1]   Universidade Metodista de São Paulo.

porque toda a apresentação dos eventos do fim é feita por meio de narrativas simbólicas, com seres híbridos e misteriosos, tudo apresentado numa estrutura literária labiríntica. E trágica porque todos os seres desobedientes – e estes são a maioria – serão destruídos e punidos. Também a natureza e o cosmo não escaparão: sol, lua, estrelas, mar, rios.

Graças a esse caráter enigmático do livro, leitores de diferentes períodos têm criado métodos de interpretação e guias para a identificação dos fatos ali apresentados. Há interpretações alegóricas, que decifram as partes e símbolos das narrativas como sendo conteúdos morais ou históricos. Dessa forma, o Apocalipse acaba ganhando um *sentido moralizante*. Seria uma espécie de narrativa fantástica que tem por objetivo mostrar que "o mal vence o bem", ou que "no fim de tudo, Deus governa a história". Esse tipo de alegoria vê na linguagem simbólica do Apocalipse uma barreira que precisa ser vencida para se chegar à sua verdadeira essência, à sua revelação. O exegeta, o teólogo, o pregador, ávidos por traduzir o texto a seus ouvintes e leitores, eliminam assim os elementos bizarros para alcançar, por fim, um resultado edificante e otimista. A modernidade teológica vence o símbolo incompreensível e bizarro e o texto se transforma em projeto e práxis.

Ou, então, em outra forma de interpretação, o Apocalipse se transforma num guia – obscuro, mas exato, uma vez que é de inspiração divina – dos eventos do fim. Esse outro tipo de intérprete passa, neste caso, a criar mapas, tabelas, cálculos e outros tantos recursos para localizar fatos já ocorridos, listas de outros por acontecer, gerando uma ciência hermética, para poucos iniciados. Tal tipo de *interpretação historicista*, que projeta os fatos e detalhes da narrativa no passado e no futuro das sociedades (um grande problema já é dizer o que seria passado e o que seria futuro! Onde há cisão?), é muito representada nos tipos de interpretação do Apocalipse que encontramos no protestantismo brasileiro, muito influenciado pelas interpretações adventistas do Apocalipse nos EUA do século XIX. Por isso são freqüentes os debates para identificar o início da "grande tribulação", o tempo da vinda do anticristo. Quando a Igreja de Cristo seria arrebatada deste mundo destinado à destruição? O leitor leigo, não afeito a essa leitura evangélica do Apocalipse, achará tudo muito estranho, até bizarro. Mas quem nunca leu no adesivo de um carro: "Em caso de arrebatamento, este carro ficará desgovernado"? Quem nunca se defrontou com um pregador ou um vizinho que

afirma que um dos papas, ou um dos governantes de uma grande potência é a besta indicada no capítulo x e no versículo y? Mais que interpretações absurdas, esse tipo de *vigilância apocalíptica* faz parte de nossa cultura. É mais forte em círculos evangélicos, mas não ausente do universo católico e do imaginário religioso popular. O mundo, já tão ameaçador, tem sobre si um repertório de pragas e destruição que o capricho da vontade divina pode fazer despencar sobre todos os seres humanos e sobre todo o cosmo.

O bizarro dessa leitura não me choca tanto quanto a anterior, que alegoriza a interpretação do texto, reduzindo-a numa única afirmação, quase dogmática: "Deus reina!". Primeiro porque é evidente que no mundo de destruição, miséria e morte a esperança que alimenta o cristianismo não se realizou. O Apocalipse é a apresentação de um mundo de "cabeça para baixo", onde a vítima reina, o poder imperial está ruindo e os papéis encontram-se trocados. Mas o maior problema desse tipo de leitura reside em demitizar o Apocalipse, tirando-lhe o caráter narrativo. Ao dizer que o resumo, a essência, a doutrina, "o que se pode reter" de tudo isso é a afirmação básica de que "Deus reina" ou que "certamente a justiça vencerá", o teólogo está despindo o texto daquilo que lhe é mais caro: a *imaginação escatológica visionária*. É uma forma de salvar o livro descartando sua alma. É a negação da própria narrativa apocalíptica.

Diante deste quadro, de leitura historicista e leitura demitizadora, gostaria de apresentar algumas hipóteses para interpretação do Apocalipse de João que busquem levar em consideração o seu "leitor médio", ou seja, o horizonte de compreensão e de plausibilidade dos cristãos para os quais possa ter sido redigido. Não se trata aqui de uma reconstrução sociológica do grupo ou mesmo do círculo profético de João, mas de considerar a dinâmica da narrativa e a maneira como as imagens do Apocalipse apresentam o mundo. Faremos esse exercício por meio de duas expressões-chave: "dualismo" e "revelação imediata". Nelas temos perspectivas de leitura que perpassam toda a obra. Em resposta às duas perspectivas que descrevemos abreviadamente anteriormente, enfocaremos a força das imagens e a construção de mundo do texto.

Dualismo

O dualismo é característica reconhecida da literatura apocalíptica.[2] O mundo dos apocalípticos não é apresentado em perspectiva evolucionista, como se as coisas caminhassem para o fim desejado e se os partidos opositores dialogassem entre si. Trata-se de um mundo dividido entre justos e injustos, santos e ímpios, puros e impuros. Entre os dois grupos não há intermediários, nem negociações, tampouco progressos. O Apocalipse usa de um símbolo muito eficiente para apresentar este dualismo: os selos. No decorrer da narrativa os grupos vão sendo marcados com selos que representam os grupos a que pertencem: no capítulo 7 os justos são marcados com a *sfragis* do Cordeiro; já no capítulo 13 os "adoradores da besta" são marcados com seu *charagma*. A pertença é definida *a priori* e a prática que se exige é de acirramento de diferenças, conforme traz o final do livro: "que o injusto continue a praticar a injustiça e que o impuro continue na impureza, mas que o justo continue a praticar a justiça e que o santo se santifique ainda mais" (Ap 22,11). Na perspectiva temporal, também temos uma intransigente separação entre o "agora" de opressão, morte e o domínio de forças opressoras e o *eschatón*, tempo de plenitude, de "novos céus" e "nova terra". Não se passa progressivamente do momento mal atual para o paradisíaco, mas a passagem acontece por meio de ruptura. Finalmente, os agentes celestiais são opostos e apresentados com diversidade de nomes: Satanás, Diabo, Dragão, seus anjos, as bestas, demônios etc.; e, por outro lado, o Senhor, o Cordeiro, Miguel, seus anjos etc. Entre eles, por sua vez, não há negociações, mas apenas batalhas e enfrentamentos dramáticos.

Como essa postura do profeta João se relaciona com seu mundo social? Esta pergunta tem motivado pesquisadores a discutirem o caráter político do Apocalipse de João. Uma forma de ver o problema é dizer que João *emprega* linguagem

---

[2] COLLINS, J. J. *The Apocalyptic Imagination*. An Introduction to Jewish Apocalyptic Literature. Grand Rapids/Cambridge, Eerdmans, 1998. pp. 153-155; ROWLAND, Chr. *Christian Origins*. The Setting and Character of the most Important Messianic Sect of Judaism. London, SPCK, 2002 (2nd Ed.). pp. 30-32; KOESTER, H. *Introdução ao Novo Testamento*. São Paulo, Paulus, 2005. v. 1: História, cultura e religião do período helenístico, pp. 233-234; e CROATTO, J. S. Apocalíptica e esperança dos oprimidos, *RIBLA* 7 (1990/3), pp. 14-15. (Contexto sócio-histórico e cultural do gênero apocalíptico.)

dualista para denunciar um mundo opressor. Em sua narrativa ele revelaria a seus leitores o caráter maléfico do Império Romano e sua estrutura social. Há autores, seguindo tendência em voga na atualidade, que insistem em que João tenta dissuadir seus leitores de se deixarem seduzir por Roma e seu mundo de lealdades e de consumo. Pressupõem, portanto, que os leitores do Apocalipse estivessem em uma situação social na qual pudessem lucrar com a lealdade a Roma e ao culto imperial, por fim, com uma postura assimilada.[3] Esse seria o caso da profetiza chamada Jezabel ou do profeta chamado Balaão. Ambos são descritos como os que comem "comida sacrificada aos ídolos". Seriam cristãos que cedem aos apelos da ideologia social e, em busca de ascensão social, freqüentam as demonstrações públicas de lealdade ao império? Do outro lado encontramos os cristãos adeptos da postura defendida por João, os que são chamados a ser fiéis "até a morte". Ambos os grupos, os "assimilados" e os "fiéis" são apresentados antiteticamente nos capítulos 2 e 3, nas cartas às igrejas. Como não podia deixar de ser, ali também a apresentação é dualista, gerando imagens estereotipadas dos dois grupos.

Como entender a origem e o funcionamento do pensamento dualista de João? Era ele um denunciador de um regime autoritário e opressor? Tinha seu grupo dividido-se em dois subgrupos antitéticos? João exprime uma imagem realista ou, pelo menos, razoável de seu mundo, o interno[4] (seus leitores) e o externo (a sociedade, Roma)?

Aqui entramos na discussão de como surge e como funciona o pensamento dualista de João. Primeiro temos de reconhecer que o profeta João, mesmo que utilizando imagens bizarras e labirínticas, não está desconectado de sua realidade histórica. Tanto que sua obra foi utilizada e recriada por movimentos milenaristas de contestação ao poder em vários momentos da história. Mas tampouco podemos afirmar que é uma imagem objetiva e distanciada. É possível dizer que o radicalismo dualista da narrativa do Apocalipse é o *resultado de interação entre condicionantes históricas e expectativas originadas de crenças religiosas que*

---

[3] KRAYBILL, J. N. *Culto e comércio imperiais no Apocalipse de João*. São Paulo, Paulinas, 2004; e FRIEDRICH, N. P. Adapt or Resist? A Sócio-Political Reading of Revelation 2.18-19, *JSNT* 25.2 (2002), pp. 185-211.

[4] Limitamo-nos aqui a dizer "leitores" e não "adeptos" ou "seguidores", pois não sabemos qual o grau de adesão desses a João e a sua mensagem.

interagem na construção de quadros de realidade externos e identidades internas. Mas precisamos enfatizar aqui: as expectativas religiosas é que determinam todo o jogo. São elas e seus limites que determinam o que é visto como ameaçador e opressor numa dada sociedade. O homem continua sendo um ser da cultura. Numa sociedade de tabus sexuais é a licenciosidade das elites romanas o que chocará. Num universo delimitado pelo exclusivismo religioso a culto imperial tão genialmente descrito na "Segunda Besta". Também daí se entende a relação tão natural para João entre a prática do comércio, a idolatria e a prostituição no Apocalipse 18. Segundo a moderna historiografia, o poder econômico de Roma não advinha principalmente do comércio.[5] Contudo, para o profeta João é nesta universalização de bens, neste cruzar do mar, neste navegar para todos os portos que se encontra a expressão do domínio de Roma. Para a profecia, praticar comércio é uma das formas de "prostituir-se", ou seja, promover idolatria. Uma perspectiva particular, muito mais determinada pelos profetas da Escritura que influenciaram João do que de uma análise de conjuntura. Mas nem por isso menos verdadeira. Opinamos, dessa forma, por uma prioridade (lógica e cronológica) das crenças sobre o mundo social. Não se vê sem as lentes. E João vê o mundo com as lentes dos profetas, dos profetas relidos pela tradição apocalíptica. Nesse olhar a realidade ganha cores fortes.

O processo da construção dualista do mundo nos parece ter vários momentos que se interconectam ciclicamente. Num primeiro momento, João *projeta* suas expectativas motivadas pela linguagem radical da profecia apocalíptica sobre seu mundo social. Não podemos deixar de enfatizar a palavra "projeta". O mundo *deveria corresponder* às imagens de sociedade que derivam de sua tradição religiosa. As pessoas e instituições *deveriam seguir* a sua visão de Deus, a sua concepção de pureza, o seu exclusivismo cúltico. É incompreensível que assim não seja. Mas o fato é que a sociedade não corresponde! As coisas não são "como deveriam ser". Um absurdo para João. Uma blasfêmia para sua divindade. A conseqüência disso é que João se retira, isola-se de um mundo de contaminação, de perigos e ameaças.

---

5   Garnsey, P. & Saller, R. *The Roman Empire*. Economy, Society and Culture. London, Duckworth, 1987. pp. 43ss. Os comerciantes tampouco eram, apenas por causa desta atividade, considerados como parte das elites do império (ver Alföldy, G. *Römische Sozialgeschichte*. Wiesbaden, Steiner, 1984 (3. Aufl.). pp. 80ss.

Aí é que segue um segundo momento, quando João se volta para seus seguidores. Diante de um mundo que não corresponde às expectativas divinas, João aguarda que seus seguidores as correspondam, que eles reflitam esse universo de domínio de Deus e de suas normas e valores. Nessa microssociedade que é a comunidade cristã da Ásia Menor se deve realizar a vontade de Deus, que não se vê realizada na sociedade. Mas aqui creio que há uma diferença entre a profecia apocalíptica e outras formas de exortação no cristianismo primitivo. Se Paulo exorta leitores reais a se portarem na sociedade de uma determinada forma (às vezes muito padronizada), João não nos permite encontrar em seus escritos leitores concretos. Nada sabemos de seu suposto grupo de seguidores, a não ser por meio de *imagens idealizadas*. É isto que encontramos nos capítulos 2 e 3, nos quais muitos intérpretes acreditam ver refletido o contexto histórico e a identidade social e religiosa dos leitores do Apocalipse de João. Mas é o que temos de fato? Leitores, seguidores, adversários de verdade? Ou apenas na forma como João, no espírito de sua profecia, os constrói? O que encontramos é um profeta que não tem suas expectativas correspondidas na sociedade e que espera de seus seguidores fidelidade à toda prova, exclusão dessa mesma sociedade ("saí dela meu povo", 18,4). É por isso que cremos que se trata de um segundo momento na construção dualista de João. Ele volta-se para seus seguidores e os interpela sempre com identidades construídas com elementos derivados de valores do grupo: eles são "sacerdotes e reis para nosso Deus" (1,6), "colunas da cidade santa" (3,12), terão de Deus um nome oculto escrito em "pedras brancas" (2,17), dominarão as nações (2,26-27), se sentarão sobre tronos (3,21). Nada expressa melhor o dualismo joanino nesse ponto que o fato de que Cristo pretende vomitar de sua boca "os mornos" (3,16). Há que ser quente ou frio, tudo ou nada. Mas fazer parte do grupo requer o "testemunho até a morte", colocar-se numa posição de auto-exclusão e risco.

Essa *identificação idealizada* de seus leitores e (possíveis) seguidores tem, por outro lado, uma contrapartida: a demonização dos que não se enquadram em sua projeção de identidade oculta. Da mesma forma que ele expressa a identidade oculta dos seus leitores idealizados por meio dos símbolos religiosos que lhe são mais caros, a identidade demonizada dos seus seguidores é expressa por meio de ligações com seus inimigos ou com valores que rejeitam. É por isso que haveria em Pérgamo uma "sinagoga de Satanás" (2,9; 3,9), ou uma profetiza que

se chamaria "Jezabel" (2,20), um profeta "Balaão" (2,14); eles que induzem os seguidores a praticarem "idolatria" e "prostituição" (2,14 e 20) e que conhecem "as profundezas de Satanás" (2,24).

Essa frustração do profeta João com sua realidade social e com seus seguidores só pode ser superada por meio da irrupção do tempo escatológico. É no futuro iminente e oculto que os poderes ameaçadores serão destruídos e o reino de Deus, estabelecido; que os inimigos internos também serão afastados e os seguidores ideais assumirão postos de poder. O desejo que a sociedade aceite suas normas e que a identidade oculta dos seguidores seja finalmente revelada é o motor das visões escatológicas que as transferem para o futuro.

A seqüência de construção do sistema dualista de João pode ser esquematizada assim:

A)
- *Projeção de expectativas religiosas sobre a sociedade*
- *Não realização/frustração*
- *Alienação e conseqüente auto-estigmatização*

B)
- *Projeção interna com idealização dos seguidores*
- *Não-correspondência/frustração*

C)
- *Segunda projeção de expectativas religiosas no futuro*
- *Não-realização, frustração etc. (retorna para A)*

E as ambigüidades das idealizações e rejeições podem ser esquematizadas assim:

A)
- *Idealização da sociedade – futuro escatológico (ex.: "novo céu e nova terra")*
- *Rejeição da sociedade – juízo escatológico (ex.: lago de fogo e enxofre)*
- *Idealização dos leitores – identidade oculta (ex.: sacerdotes para Deus)*
- *Rejeição dos leitores – identidade forjada (ex.: Jezabel, Balaão)*

É interessante notar que o sistema construído por João não necessita de confirmação na realidade; pelo contrário, quanto mais ele é frustrado na sociedade, tanto mais o sistema se reforça. Ele exerce assim sua função de redefinir identidades e de criar inversão de mundo.

Revelação imediata

A narrativa do Apocalipse se impõe ao leitor como uma seqüência de ações cronológicas.[6] Nos primeiros capítulos (1–3) somos apresentados ao profeta João e aos seus seguidores. O Cristo se manifesta como o Filho do Homem, caminhando entre candelabros, o que também sinaliza sua presença entre as igrejas (1,12-20). E nos capítulos 2 e 3 se encontram as cartas que o Filho do Homem dita a João para os anjos das igrejas. Nelas ele afirma conhecer cada uma delas, seus pontos fortes e suas fraquezas. Ele lhes faz críticas, repreensões, mas também faz promessas e traz consolo. Temos assim a sensação de que estes capítulos até aqui tratam do que acontece na realidade dos leitores. De fato, o Apocalipse apresenta uma divisão da realidade em três partes, que são objeto da revelação. O Filho do Homem diz a João: "Escreve, pois, o que viste, o que é e o que deve acontecer depois" (1,19). Estaria o texto sugerindo que "o que viste" é a visão do Filho do Homem, "o que é", a apresentação das comunidades dos capítulos 2 e 3 e "o que deve acontecer depois", o futuro escatológico apresentado nos capítulos seguintes? Isto parece indicar a cena em que o Cordeiro recebe o livro selado contendo as pragas escatológicas, cuja abertura *inicia* uma seqüência de ações. A estrutura do que se segue também aponta nesta direção, uma vez que encontramos três séries de pragas que se sucedem e que apresentam os eventos do final dos tempos.

Vamos nos concentrar agora nas seqüências de pragas. As pragas incluem guerras, fome, perseguições, cataclismos, morte.

---

[6]   Sobre a estrutura do Apocalipse de João, ver o artigo de Adriano Filho, José. The Apocalypse of John as na Account of a Visionary Experience. Notes on the Book's Structure, *JSNT* 15.2 (2002), pp. 213-234.

Selo

1 – Cavaleiro do cavalo branco

2 – Cavaleiro do cavalo vermelho

3 – Cavaleiro do cavalo preto

4 – Cavaleiro do cavalo esverdeado

5 – *Almas sob o altar do Templo celeste*

6 – Terremoto e cataclismos

7 – *Anjo diante do altar do Templo celeste recebe sete trombetas*

Trombetas

1 – Chuva de granizo e sangue (1/3)

2 – Montanha de fogo lançada no mar (1/3)

3– Estrela candente cai sobre os rios (1/3)

4 – Anjo atinge sol, lua e estrelas (1/3)

5 – Abre-se o abismo e gafanhotos saem

6 – Soltos os quatro anjos exterminadores do Eufrates (1/3)

7 – *Culto nos céu e abertura do templo*

Taças

1 – Úlceras sobre os homens

2 – Mar transforma-se em sangue

3 – Água dos rios converte-se em sangue

4 – O sol queima os homens

5 – Reino na besta mergulhado em trevas

6 – Vêm os reis do Oriente e demônios enganadores

7 – Grande terremoto destrói Babilônia

Todas as pragas que mencionamos anteriormente são numeradas pelo próprio texto, o que mostra que de fato pretende ser um elemento estruturador da narrativa. Mas em que sentido? Devem ser entendidos como uma seqüência rígida de eventos que aconteceriam um após o outro? Seriam eventos lineares? Pouco importa aqui se os intérpretes identificam algumas das pragas com eventos passados, presentes ou futuros. O que me parece questionável é que as pragas sejam uma seqüência de fatos de qualquer ordem.

É necessário mapearmos as temáticas das pragas, que de forma geral enfocam o juízo. Nelas encontramos pragas contra a natureza (ainda que seu destino geral sejam os ímpios). Estas atingem o mar, os rios, as fontes, o sol, a lua e as estrelas. Mudam-se as cores naturais (ex.: escurecimento do sol), a composição dos elementos (água que é transformada em sangue ou absinto). Na mudança há implicações semânticas que revelam valores negativos ao grupo: sangue como indicador de violência, escuridão como oposição à luz, estrelas cadentes que aludem a movimento de queda (por exemplo, de anjos). Mas a essência da narrativa é que o mundo habitado pelos ímpios se torna insuportável. Exemplo disso temos no sexto selo, quando após uma praga contra a natureza completa (terremoto, sol escurece, lua em sangue, estrelas caem, céus se recolhem, montanhas e ilhas abaladas), os homens de todas os estratos sociais clamam às montanhas e aos rochedos: "Caí sobre nós e escondei-nos longe da face do que está sentado no trono e longe da ira do Cordeiro. Pois chegou o grande dia da sua ira, e quem poderá subsistir?" (6,16-17).

Há outro conjunto de pragas que atinge os seres humanos e a sociedade de forma mais direta, ainda que nunca percam proporções cósmicas. São as pragas de caráter político e bélico. O caso clássico é o dos quatro cavaleiros, que apontam de forma geral uma realidade de opressão bélica e suas conseqüências, como o ser conquistado, a morte, fome, peste. As trevas que encobrem o reino da besta também nos permitem imaginar que tipo de crítica política há por trás dessa imagem. O elemento bélico é retomado nos capítulos 9 e 10 com a descrição detalhada de gafanhotos armados para combate e dos cavaleiros-demônios que saem do abismo. Já a destruição de Babilônia por meio de um terremoto, ainda que contenha uma praga contra a natureza, revela na verdade forte ênfase sobre o significado político da cidade e do império que significa. Mas também há imagens mais desprovidas de sentido político, como as úlceras que atingem os ímpios.

Finalmente, há três pragas do total de 21 que não aparentam ter essa função punitiva, a saber, o quinto selo, com as almas dos imolados sob o altar do Templo celeste (6,9-11), o sétimo selo (8,1-5) e a sétima trombeta (11,15-19). O papel dessas três pragas (ou pragas falsas?) estrategicamente posicionadas tem sido desconsiderado pela pesquisa. Uma vem logo após a apresentação emblemática dos quatro cavaleiros, outra no fim do primeiro ciclo, abrindo o segundo, e a última, no fim do segundo ciclo, abrindo o último e decisivo (as sete taças). São posições estratégicas, portanto.

Vejamos mais detidamente seus conteúdos. A primeira mostra a conseqüência da ação dos cavaleiros. E também revela o caráter ambíguo das pragas, pois seguem a narrativa dos quatro cavaleiros. Nela os seguidores do cordeiro também parecem atingidos. Mas há um sentido oculto em suas mortes. Devem aguardar até "que se completasse o número de seus companheiros de serviço e de seus irmãos que seriam mortos como eles" (6,11). Em 8,1-5, no sétimo selo a cena é dominada pelo recebimento das sete trombetas pelos sete anjos "que estão diante de Deus". Ou seja, um ciclo de pragas se encerra na abertura de outro ciclo. Esta cena acontece nos céus, mais precisamente no Templo celeste. Toda a linguagem é dominada por vocabulário sacerdotal (altar, turíbulo, orações, fumaça de perfumes). Parece dar a entender que o juízo se origina dali. O anjo lança o turíbulo cheio de fogo do altar e o lança sobre a terra. Seguem-se manifestações epifânicas como: trovões, vozes, relâmpagos e um terremoto. A cena parece recolocar toda a narrativa no contexto de onde se origina: no templo celestial, onde o Cordeiro recebe o livro selado com as pragas escatológicas. Por fim, na sétima trombeta (11,15-19), que tampouco tem o caráter de uma praga propriamente dita, a cena é celestial: vozes celestiais ressoam, o reino de Deus é declarado como instaurado, os 24 anciãos adoram a Deus e o louvam pelo seu reino e afirmam ser chegado "o tempo do julgamento dos mortos, tempo para recompensa para teus servos, os profetas, os santos e os que temem o teu nome, pequenos e grandes, tempo de destruição para os que destroem a terra" (11,18).

Depois desta declaração, que mais parece uma resposta às perguntas dos mártires de 6,9-11 ("até quando?"), temos uma fantástica manifestação epifânica em que Deus se revela por meio da abertura do Templo, da manifestação da arca e, por fim, de "relâmpagos, vozes, trovões, um terremoto e forte tempestade de granizo" (11,19).

418

Estas pragas não são relacionadas a eventos, apenas proporcionam uma nova compreensão da realidade. Na primeira, a realidade de violência (que é vista como uma praga) atinge também aos justos, que não praticam violência (aparecem como degolados). A segunda revela que a origem das pragas é o Templo celeste, de onde são lançadas as chamas do altar. As ações parecem fazer parte de uma grande liturgia. O sofrimento dos "santos" não é esquecido nessa liturgia (as orações destes se transformam em incenso). Na última, há outra cena cúltica celeste em que o reinado de Deus é declarado como instaurado e que o tempo de recompensa e juízo estão chegando. Parece-nos que nelas o sentido oculto da realidade de violência e sofrimento revela-se. Este sentido oculto se encontra revelado não na seqüência de eventos, mas no movimento para cima, para o Templo celeste, onde tudo está oculto.

Nos ciclos de pragas, a realidade humana é interpretada na perspectiva visionária de João e seu grupo, a partir do centro de sua experiência religiosa, o trono de Deus. Como a experiência visionária se expressa com a linguagem do mito, as esferas políticas, sociais e ecológicas se manifestam de forma articulada. Tudo tem relação com tudo, nada é atingido individualmente, a perspectiva celeste irrompe sobre a terra.

Há também *visões que não estão numeradas e listadas dentro dos ciclos de pragas*, mas ainda assim inseridas *dentro* dos ciclos, perfazendo janelas literárias, como é o caso da visão dos anjos que selavam 12.000 pessoas de cada uma das doze tribos de Israel (7,1-8) ou de uma multidão de pessoas vestidas de branco que cultuam nos céus (7,9-17). Estas duas "janelas" se encontram entre o 6º selo (dos "moradores da terra" castigados por toda sorte de pragas) e o 7º selo, que descrevemos anteriormente, com suas cenas celestiais. Aparentemente elas quebram a seqüência narrativa das pragas, mas suas cenas parecem tornar o quadro apresentado mais complexo ainda. Por exemplo, no caso dos grupos apresentados em 6,9-11; 7,1-8 e 7,9-17, as identificações na história da pesquisa são das mais diversas: mártires – Israel – igreja, ou variações desta seqüência. Mas, segundo o esquema que propomos de identidades idealizadas e de escatologia presente, é mais coerente compreender estas descrições e cenas visionárias como imagens do mesmo grupo, a partir de ângulos distintos, como facetas de uma mesma e complexa realidade, de pessoas que sofrem (ou idealizam o sofrimento), mas que se vêem também como protegidas e como exaltadas. Esta afirmação absurda é

plenamente compreensível na perspectiva da experiência visionária. Ser martirizado implica confirmar as glórias vindouras, mas que por esconderem "o que se é de fato" são atualizadas na experiência do culto: o que sofre é entronizado, a vítima passa a ser sacerdote.

Por fim, devemos lembrar que o fechamento do último ciclo de pragas, o das sete taças, acontece com a destruição da Babilônia (17,1–19,9). A longa e detalhada cena da destruição de Babel e seus aliados é fechada com uma celebração de culto nos céus (19,1-9), no qual uma grande multidão e os 24 anciãos celebram a chegada do reinado de Deus. A referência à multidão e aos 24 anciãos remete ao cenário de capítulos 4 e 5. É como se o texto dissesse que tudo o que se passou já estava pronto no culto ao Cordeiro que temos descrito no capítulo 5. Tudo estava resolvido ali, nos céus, porém estava oculto na terra. As pragas, nesse sentido, são revelação e atualização da realidade celeste no âmbito terrestre, nas potências da natureza e do cosmo, nas forças políticas e da sociedade. Parece-nos que neste esquema literário a qualidade da revelação e sua geografia mítica são prioritárias em relação à seqüência de eventos que serão narrados. Os fatos que surpreendem e assustam já estavam contidos no livro selado pelo Cordeiro, na sua manifestação no capítulo 5.

Dessa forma, sem negar as crenças e expectativas de salvação real no futuro para os primeiros leitores do Apocalipse, somos da opinião de que elas são secundárias em relação à revelação qualitativa da realidade que acontece no desvelamento das estruturas profundas do cosmo. O mundo é como pode ser percebido dos céus, do verdadeiro centro de poder que é o trono de Deus no seu Templo. Quando as narrativas descrevem salvação e transformação futuras, elas, ao mesmo tempo, refletem e projetam experiências de poder religioso do seu círculo de leitores. Em outras palavras, eles viviam a expectativa de que sua identidade oculta de "reino e sacerdotes", de serem portadores de salvação e dignidade, viria a se manifestar em proporções cósmicas. Mas o germe desta experiência de poder já se apresenta em expressões do presente destas pessoas, em especial em suas celebrações cúlticas. Este é o lugar concreto das visões. É nesta dialética entre identidade presente oculta e expectativa futura manifesta que podemos compreender a mensagem de salvação do Apocalipse em sua complexidade.

E isso também é verdadeiro nas referências à sociedade. Quando as narrativas descrevem destruição, morte, sofrimento e juízo, elas ao mesmo tempo refletem

e projetam a situação específica de sofrimento de seu grupo e mais ampla da sociedade onde vivem. Aqui o caminho é inverso: estes cristãos aguardam que no futuro se revelem em forma de juízo (portanto, numa forma que faça sentido) as experiências de alienação, sofrimento e morte a que são submetidos no presente. É na dialética de projeção futura com sentido de experiências reais (que aparentemente não fazem sentido) que podemos perceber a ambígua compreensão de realidade destes cristãos do primeiro século.

Dessa forma, o Apocalipse de João fornece a seus leitores e ouvintes um conjunto narrativo que mantém a tensão entre a realidade experimentada pelo autor e pelos seus leitores e suas expectativa futuras de transformação, seja na *explicitação no futuro escatológico das identidades ocultas* (na experiência de salvação), seja *na transformação e ressignificação no futuro escatológico das experiências de sofrimento sem sentido do presente* (na realização do juízo).

Bibliografia

BERGER, K. *Historische Psychologie des Neuen Testaments*. Stuttgart, Verlag Katholisches Bibelwerk, 1991.

COLLINS, A. Y. *Crisis and Catharsis*: The Power of Apocalypse. Philadelphia, Westminster, 1989.

_____. *The Combat Myth in the Book of Revelation*. Eugene, Wipf and Stock Publishers, 2001.

DUFF, P. B. *Who Rides the Beast?* Prophetic Rivalry and the Rhetoric of Crisis in the Churches of the Apocalypse. Oxford, Oxford University Press, 2001.

FILHO, J. A. The Apocalypse of John as an Account of a Visionary Experience: Notes on the Book's Structure, *JSNT* 25.2 (2002), pp. 213-234.

FRIEDRICH, N. P. Adapt or Resist? A Socio-Political Reading of Revelation 2,18-29, *JSNT* 25.2 (2002), pp. 185-211.

KEE, H. C. *As origens cristãs em perspectiva sociológica*. São Paulo, Paulus, 1983.

KRAYBILL, J. N. *Culto e comércio imperiais no Apocalipse de João*. São Paulo, Paulinas, 2004.

NOGUEIRA, P. A. S. *Experiência religiosa e crítica social no cristianismo primitivo*. São Paulo, Paulinas, 2003.

RICHARD, P. *Apocalipsis*. Reconstrucción de la esperanza. San José, DEI, 1994.

"Temos compromisso de dar pão às crianças batizadas."

Relatório do pastor Milton: "Visitou quase todos que pediram batismo; temos compromisso de pedir escolas e dar pão às crianças batizadas; os cultos são ultrapassados, deveríamos mudar os cultos...".

Relatório do grupo cinco: "Já que há cultos em que há muita bagunça de crianças, não seria talvez melhor evitar crianças no culto? Mas, após os debates com todos os presentes, foi dito que se deve acostumar a criança desde pequena a freqüentar os cultos"

(Paróquia de Cunha Porã, 6 de janeiro de 1978, reunião das diretorias das comunidades.)

América Latina vive em exílio

(Milton Schwantes, *Sofrimento e esperança no exílio*: história e teologia do povo de Deus no século VI a.C. São Paulo, Paulinas, 2007. 134 p.)

Hermenêutica bíblica[1]

Flávio Schmit

Introdução

Escrever acerca do pensamento de uma pessoa não é tarefa fácil. Escrever acerca da contribuição de uma pessoa para a compreensão e divulgação da Bíblia é tarefa ainda mais desafiadora. Porém, escrever sobre a hermenêutica bíblica, ainda que penosa, é tarefa por demais grata, ainda mais em se tratando de perceber a contribuição à hermenêutica bíblica de alguém que está sendo homenageado.

Ainda não temos sistematizados os estudos sobre a obra exegética e hermenêutica do mestre Milton Schwantes. Contudo, sabemos que ele influenciou e continua a influenciar toda uma geração de biblistas e agentes de pastoral que tiveram o privilégio de desfrutar de suas aulas, assessorias e orientações. A extensão de toda esta contribuição à formação bíblica latino-americana ainda está por ser ordenada.

Os estudos bíblicos, principalmente voltados para o Antigo Testamento, já não são mais os mesmos. A leitura bíblica latino-americana encontra na contribuição do mestre Milton e de muitos outros colaboradores[2] um antes e um depois. A leitura da Bíblia vive um novo momento com um auxílio específica na leitura

---

[1] Texto escrito em homenagem e comemoração dos 60 anos de vida de Milton Schwantes.

[2] Entre os quais menciono Carlos Mesters, Carlos Dreher, Severino Croatto, Thomas Hanks, Jorge Pixley, Gilberto Gorgulho etc.

427

popular. Porém, questões como *leitura popular da Bíblia, exegese do Antigo Testamento, História de Israel, teologia do Antigo Testamento* têm nos artigos, livros, apostilas e palestras do mestre uma ajuda ímpar no campo da pesquisa bíblica. Nesse sentido, o propósito do presente artigo é resgatar a contribuição à hermenêutica bíblica latino-americana.

Hermenêutica, como arte de interpretar, tem a tarefa de tornar os textos inteligíveis.[3] Muito além da leitura literal ou espiritual de outras épocas, a hermenêutica busca recriar nos ouvintes de hoje o sentido de vida protagonizado pelos sujeitos que originaram determinada memória.

Hermenêutica e exegese

Uma primeira aproximação aos textos e estudos publicados pelo mestre nos permite perceber que exegese e hermenêutica bíblicas são duas realidades inseparáveis. Ambas necessariamente precisam se complementar. Onde a exegese não cumpre sua tarefa de levantar todos os elementos (textuais, históricos, teológicos) que possam contribuir para a compreensão de um texto, a tarefa hermenêutica será parcial. Da mesma forma, onde a interpretação dos dados não estiver em sintonia com a linguagem comunicada no texto, o entendimento do Espírito será incompleto.

Hermenêutica

Três são os aspectos para os quais o labor exegético do mestre deixam marcas que o tempo dificilmente apagará.

1. Superando dicotomias

Em termos gerais, a colaboração do mestre supera a *dicotomia entre ciência e leitura popular da Bíblia*. Esse dilema tem acompanhado o estudo da Bíblia desde o século XVIII, quando as pesquisas no terreno literário da Escritura passam a receber novo direcionamento, na medida em que a ciência bíblica é colocada a

---

3 CROATTO, Severino. *Hermenêutica bíblica*, p. 9.

serviço da leitura popular da Bíblia. Por sua vez, é lendo a Bíblia em meio aos desafios e ameaças à vida que surgem novas questões para a ciência bíblica.

Em outros tempos a questão se resumia no papel da fé e da razão no processo de conhecimento. A leitura bíblica praticada pelo mestre evidencia que essa dicotomia positivista não tem sentido quando o texto bíblico é utilizado como recurso para iluminar os passos de vidas ameaçadas de morte. Nesse terreno a ciência bíblica não pode se refugiar na indiferença, mas deve cumprir a missão de iluminar a vida.

2. Crítica à apropriação ideológica da tarefa hermenêutica

Um segundo aspecto fala da crítica à *apropriação ideológica da tarefa hermenêutica*. Essa crítica se desdobra em, no mínimo, três dimensões. Em primeiro lugar, é desmascarado o mito da neutralidade hermenêutica. Não existe uma interpretação, muito menos da Bíblia, sem preconceitos. Ora, a consciência deste discernimento conduz à segunda dimensão.

Uma vez assumida a impossibilidade da neutralidade na tarefa de interpretar o texto sagrado, torna-se necessário avaliar os preconceitos subjacentes à tarefa hermenêutica. Nem sempre esta tarefa é fácil, pois transcende aspectos metodológicos. Aqui a ideologia do intérprete se faz sentir com maior impacto.

3. Opção do intérprete

A terceira dimensão deste processo é *assumir uma posição* a partir de onde se interpreta. Fazer a opção. Em alguns casos essa opção vai se revestir de aspectos ideológicos e, em outros, até mesmo políticos. No entanto, mais importante que a neutralidade é a consciência de estar interpretando o texto dentro de uma précompreensão que tem como alvo a defesa da vida dos pobres, excluídos, marginalizados. É nessa dimensão que o texto/memória do povo de Deus do passado se torna Palavra de Deus para o povo de hoje. Somente uma leitura comprometida com o projeto de Deus preserva a interpretação de uma maior alienação.

Não se trata, portanto, de uma hermenêutica teleológica, em que supostamente os fins deveriam justificar os princípios, mas de resgatar algo que poderíamos chamar de hermenêutica da responsabilidade.[4]

---

[4] Por hermenêutica da responsabilidade entenda-se a interpretação preocupada com as conseqüências de tal hermenêutica.

Estas três dimensões estão presentes em vários textos escritos pelo mestre. Menciono apenas o livro *Projetos de Esperança* e a apostila, em forma de anotações, ainda inacabada, sobre a Teologia do Antigo Testamento.

Exegese

O desenvolvimento de uma metodologia exegética voltada para textos do Antigo Testamento contribuiu significativamente para a superação da dicotomia hermenêutica anteriormente mencionada.

Com base em um profundo conhecimento do método histórico-crítico e da metodologia exegética da escola alemã, o mestre lapidou antigos procedimentos exegéticos e incorporou novas perspectivas na leitura do texto.

Como profundo conhecedor da língua do Antigo Testamento, o primeiro passo exegético do mestre sempre foi a tradução. Uma boa tradução procura respeitar não apenas as regras gramaticais da língua original, mas perceber também a poética e a tensão que se arma no texto. Todo o trabalho exegético subseqüente deve confirmar ou corrigir esta primeira tradução, provisória.

O segundo passo da exegese consiste em contextualizar o texto traduzido no universo de variantes e textos alternativos. A crítica textual tem a preocupação de acompanhar a trajetória do texto e de sua interpretação ao longo da história.

As questões literárias marcam o terceiro momento da exegese do mestre. Nesse momento está em foco a perspectiva literária do texto e todas as suas implicações. Gênero literário, estilo do texto e do autor, as possíveis delimitações, bem como o lugar do texto na vida daqueles que transmitiram sua memória são algumas das questões contempladas neste passo.

O quarto passo, muito além do *Sitz im Leben*, busca a reconstituição histórica dos acontecimentos narrados no texto e do próprio texto. "Quem são os portadores desta memória?", era a pergunta que nunca calava nas aulas. Ainda que nem sempre seja possível precisar com todo rigor os tais portadores da memória, ainda assim, pelos indícios do próprio texto (perspectiva, cosmovisão, vocabulário, estilo etc), é possível uma aproximação. O resultado deste trabalho pode ser

percebido em estudos sobre o conflito entre Caim e Abel e a história da torre de Babel.[5]

Outro aspecto importante no processo de contextualizar o acontecimento e a memória que dele se faz a partir do texto é a percepção da dimensão do conflito. Mesmo sendo uma categoria de análise questionada na atualidade, a noção do modo de produção, como empregada pelo mestre, trouxe novas luzes para entender os textos sagrados. O modo de produção como chave de leitura sociológica para os textos dos profetas trouxe nova compreensão do fenômeno profético, por exemplo. O conflito, decorrente do jogo de interesses opostos, encontra explicação e compreensão mais profundas pela categoria de análise "modo de produção".

Caminho vital para a hermenêutica do texto é a análise teológica. Esta tarefa baseia-se em verificar a natureza teológica das palavras para reconstruir a Palavra de Deus no texto. O lugar da memória na vida do povo dá lugar à vida na memória.

A perspectiva teológica presente no texto abre caminho para o entendimento do plano de Deus. O discurso divino presente no texto renova a esperança, fortalece o enfraquecido, anima o desfalecido e alimenta o injustiçado com a promessa da justiça de Deus.

É no testemunho teológico do texto que irrompe a grande novidade na história. Os profetas não se cansam de testemunhar que, apesar dos pesares, Javé é senhor da história. O veredito final e derradeiro está em seu poder.

O desenvolvimento destes cinco passos através do trabalho da exegese permite uma aproximação ao texto e sua memória. Contudo, é na interpretação desta memória que a Palavra se faz vida e força histórica.

Conclusão

É por meio desses passos exegéticos, aparentemente simples, que o mestre Milton soube seduzir os amantes do texto sagrado. Re-significando a ciência bí-

---

[5] SCHWANTES, Milton. *Projetos de esperança*, pp. 53-61, 63-70.

blica, soube comprometer vidas com a justiça, o amor e a verdade. Esta mesma re-significação também coube à arte de interpretar para revelar os mistérios de Deus na vida e na história.

Acima de tudo, o mestre soube cativar, com exegese e hermenêutica, para uma vida comprometida com a vida. Tarefa do exegeta e do hermeneuta é revelar o plano de vida que Deus quer para todas as suas criaturas. Por esta lição, obrigado mestre!

Bibliografia

CROATTO, J. Severino. *Hermenêutica Bíblica.* São Paulo/São Leopoldo, Paulinas/ Sinodal, 1986.

KIRK, Andrés. *Hermenêutica.* São Leopoldo, Cades, 1982. Apostila.

MESTERS, Carlos. *Flor sem defesa.* Petrópolis, Vozes, 1983.

SCHWANTES, Milton. *Projetos de Esperança.* Petrópolis, Vozes, 1989.

_____. *História de Israel.* São Leopoldo, FacTeol, 1984. Polígrafo.

_____. *Teologia do Antigo Testamento I, II.* São Leopoldo, FacTeol, 1983. Polígrafo.

Promessas de salvação, aqui e no além: a Bíblia na obra literária de Antonio Conselheiro

Pedro Lima Vasconcellos[1]

Introdução: a Bíblia em Belo Monte

Por motivos que não vêm ao caso no momento, mas com certeza convicto de que

> [...] na América Latina vivemos em sociedades formalmente cristãs. Em tais sociedades a Bíblia tem um peso social, mesmo para os ateus ou para os que não praticam os ritos de nenhuma confissão cristã. A Bíblia é uma força social [...] nestas sociedades, a interpretação bíblica tem conseqüências,[2]

---

[1] Este texto expõe, de forma resumida, algumas das facetas desenvolvidas em nossa tese de doutorado junto ao Programa de Estudos Pós-Graduados em Ciências Sociais da PUC-SP, orientada pela professora dra. Josildeth Gomes Consorte e intitulada *Terra das promessas, Jerusalém maldita*: memórias bíblicas sobre Belo Monte (Canudos).

[2] PIXLEY, Jorge. O aspecto político da hermenêutica. *Revista de Interpretação Bíblica Latino-Americana*. Petrópolis, n. 32, p. 99, 1999.

colocou-se a mim, há alguns anos, uma questão: verificar a presença do dado bíblico na saga de Antonio Vicente Mendes Maciel Conselheiro e sua gente estabelecida em Belo Monte, cidade mais conhecida como Canudos, entre 1893 e 1897. Já faz tempo aquela saga vivida no sertão baiano se me apresentava como uma das expressões significativas da emergência das camadas populares na vida social brasileira, com inspiração nitidamente religiosa. Assim, a pergunta era: teria a Bíblia interferido de alguma forma na configuração das percepções da gente que fez a vida e a história de Belo Monte? Terra da promissão e arraial maldito, local para busca da salvação e seita político-religiosa; quanto ao líder, evangelizador sinistro e portador de remédio santo para tudo, inimigo da autoridade sacerdotal e simples peregrino: os posicionamentos que se cruzaram e se chocaram à beira do Vaza-barris e fizeram um dos eventos marcantes da violenta história de nosso país, beberam, de formas variadas, da Bíblia. Cabia verificar de que forma.

Entre tantas impressões colhidas aqui e ali a respeito deste líder, conhecido no sertão como "homem biblado", uma delas me causou particular sensação: o contato com um manuscrito, ainda inédito, com o nome de Antonio Conselheiro, que contém uma transcrição interrompida do Novo Testamento, além de uma série de prédicas assumidas pelo líder belomontense. Aqui comunicamos, de forma resumida, o que nos foi possível perceber da análise desse material e de outro, que logo apresentaremos. Destaque-se logo que essa documentação, evidentemente fundamental, pouca atenção vem recebendo dos estudiosos, salvo honrosas exceções.

A Bíblia do peregrino, em meio a *Apontamentos e Tempestades*

Depois de uma transcrição interrompida do Novo Testamento, o caderno inédito tem uma folha de rosto com o título "Apontamentos dos Preceitos da Divina lei de Nosso Senhor Jesus Cristo, para a salvação dos homens".[3] Um longo co-

---

[3]   Trata-se de um caderno de anotações que se encontra nos arquivos do Núcleo Sertão do Centro de Estudos Baianos da Universidade Federal da Bahia. No verso da página de capa, lêem-se informações interessantes. Numa letra ínfima se consegue, a custo, ler: "Antônio Conselheiro infame bandido". Logo

mentário aos dez mandamentos é seguido de prédicas sobre assuntos diversos: a cruz, a paixão de Jesus, a missa, a paciência nos trabalhos. A partir daí uma série de reflexões sobre temas e passagens bíblicas: a criação do ser humano, o profeta Jonas, a paciência de Jó, o dilúvio, esta seguida de uma reflexão conclusiva. A seguir uma seção chamada "Textos", composta quase na totalidade por frases e citações bíblicas, quase sempre com o texto latino e subseqüente tradução para o português. Enfim uma última prédica e, depois dela, um índice fecha o caderno, que nessa parte soma duzentos e cinqüenta e três páginas.

O título do segundo manuscrito de 1897, "Tempestades que se levantam no Coração de Maria por ocasião do Mistério da Anunciação" é também o conteúdo da primeira parte do manuscrito, em que se desenvolvem reflexões sobre vinte e nove dores de Maria.[4] A segunda parte reproduz o mesmo comentário a "Os

---

abaixo dados sobre sua descoberta explicam o que acima se escreveu sobre o autor do caderno: "Oferecido pela brigada do 25º batalhão de infantaria Eugênio Carolino de Sayão Carvalho, achado em Canudos no lugar chamado Santuário, ao Jornal de Notícias". Este achado com certeza se deu depois da destruição completa do arraial, da mesma forma que o caderno de 1897. Ele se apresenta em duas partes distintas, com paginação independente. A primeira, de 554 páginas, contém a transcrição dos quatro evangelhos, do livro de nome Atos dos Apóstolos e parte da carta de Paulo aos romanos, todos textos do Novo Testamento, segundo a versão do padre Antônio Pereira de Figueiredo. Não há qualquer introdução ou apresentação dos livros, nem folha de rosto a abrir esta parte que corresponde a quase dois terços do volume. Muito menos explicação para que a transcrição do Novo Testamento não tenha sido continuada. A sensação é de uma dupla ruptura, pois também a Carta aos Romanos ficou truncada, faltando suas páginas finais. Estranhamente, também não há para esta parte do caderno nenhum índice, sugerindo que a interrupção não fosse inicialmente pretendida. Diferente é o que ocorrerá com a seguinte. De 253 páginas, com o número 242 aparecendo em duas páginas seguidas, ela tem uma folha de rosto, com o título acima mencionado e, a seguir: "Pelo Peregrino / Antônio Vicente Mendes Maciel. / No povoado do / Belo Monte, Província da / Bahia em 24 de maio de / 1895".

4   Segundo inscrição antes da folha de rosto, no dia 5 de outubro de 1897, data do término da guerra, "dando busca no lugar denominado Santuário, em que morou o célebre Antônio Conselheiro, foi este livro encontrado em uma velha caixa de madeira [...]. Submetido ao testemunho de muitos conselheiristas, este livro foi reconhecido ser o mesmo que, em vida, acompanhava nos últimos dias a Antônio Maciel – o Conselheiro" (NOGUEIRA, Ataliba. *António*

435

dez mandamentos da lei de Deus", já encontrado no manuscrito anterior. "Textos extraídos da Sagrada Escritura" intitula a terceira parte do caderno: o conteúdo é basicamente feito de frases bíblicas, quase sempre citadas no latim e no português, a que se somam algumas citações de teólogos cristãos. Na verdade, essa seção inclui todo o conteúdo da correspondente "Textos" do manuscrito anterior e a amplia extensamente, com mais citações e comentários. A quarta parte, "Prédicas de circunstância e discursos", da mesma forma recolhe pregações já registradas nos cadernos de 1895 (como as relativas à missa, à confissão), mas traz outras da maior importância: uma quando do recebimento das chaves da igreja do padroeiro de Belo Monte, o famoso discurso contra a república, e uma tocante despedida.

A leitura dos dois cadernos que sobreviveram à guerra nos dá a conhecer alguém com destacado manuseio da Bíblia. Não só ela é citada abundantemente, mas ambos os cadernos têm seções reservadas quase que exclusivamente a transcrever versículos bíblicos, e nas demais seções ela também se faz presente. Mas não é só. A Bíblia ocupa nos cadernos de prédicas de Antonio Conselheiro a função de referencial. Além de um destaque a Paulo e aos evangelhos, no manuscrito inédito são várias as histórias bíblicas narradas pelo Conselheiro, e no meio delas um alongamento sugestivo sobre os episódios do êxodo e dos inícios do povo de Israel. Os temas do Conselheiro, salvo algumas exceções, são diretamente bíblicos. Assim, o texto da Escritura tem o que dizer por si mesmo. E isso mais que justifica olhar o legado do Conselheiro a partir do uso que faz dela, embora não seja possível, no espaço de que dispomos, uma análise exaustiva.

Conselheiro e Canudos: revisão histórica. 3. ed. Atlas, São Paulo, 1997. p. 35). "Achado [com] João de Souza Pondé, estudante de Medicina que serviu na campanha, foi passado para Afrânio Peixoto, que o ofereceu a Euclides da Cunha, que parece não ter tido oportunidade para avaliá-lo. De toda forma, o material foi aparecer num 'sebo', muitos anos depois, sendo adquirido pelo poeta Aristeu Seixas". De 598 páginas (as páginas são numeradas até 628, mas há uma inexplicável passagem da p. 569 para a p. 600, sem nenhum problema de continuidade em termos de conteúdo; terá havido confusão de 569 com 599?), apresenta-se da seguinte forma, na p. 1: Tempestades que se levantam no Coração de Maria por ocasião do Mistério da Anunciação. / A presente obra mandou subscrever / O Peregrino / Antônio Vicente Mendes Maciel / No Povoado do / Belo Monte, Província da / Bahia em 12 de Janeiro de / 1897. Foi editado apenas em 1974, por Ataliba Nogueira.

A *Bíblia entre os* Apontamentos

Em relação às prédicas contidas no manuscrito de 1895, vamos considerar inicialmente dez prédicas que formam um conjunto, que vai desde a vocação de Moisés (Ex 3) até a instituição dos juízes, passando pelas pragas do Egito, a celebração da Páscoa, a travessia do mar etc.[5] Trata-se, efetivamente, de um enredo completo, estruturado a partir da história da liderança de Moisés, que expõe o momento fundante da trajetória do povo de Israel. Mas não apenas isso. Em praticamente todas as prédicas é clara a perspectiva hermenêutica com que as histórias bíblicas são recuperadas: trata-se da "leitura tipológica", em que um elemento anterior, normalmente tirado das Escrituras judaicas, serve de modelo para realidades posteriores, particularmente aquelas encontradas no Novo Testamento ou da vida eclesial.[6] Tomemos alguns exemplos. O final da terceira prédica, sobre a celebração da Páscoa, traz o seguinte comentário:

> O Cordeiro Pascoal é figura do Cordeiro de Deus, que por nós se imolou. Fomos marcados com o seu Sangue, e assim preservados da morte eterna. No Santíssimo Sacramento do Altar Ele nos dá em alimento sua Carne e seu Sangue, debaixo das espécies de

---

[5] MENDES MACIEL, Antonio Vicente. *Apontamentos da divina lei de Nosso Senhor Jesus Cristo para a salvação dos homens*. Belo Monte, Manuscrito, 1895. pp. 185-216.

[6] A "leitura tipológica" foi uma prática comum de leitura dos textos da Bíblia judaica, e seu princípio básico é o seguinte: "Na Bíblia há acontecimentos, coisas e pessoas que prefiguram, quais alusões na penumbra, uma realidade visível só no nível superior da Redenção. A figura alusiva é o *tipo* (ou protótipo), a realidade é o *antítipo*" (SCHARBERT, Josef. *Introdução à Sagrada Escritura*. 3. ed. Petrópolis, Vozes, 1980. p. 174). Cabe ainda "a distinção entre antítipo e *teleótipo*: antítipo [...] exprime uma oposição entre figura e realidade; Adão e Cristo: Adão causou a morte, Cristo a Vida [...] Teleótipo [...] exprime o fato do Novo Testamento como cumprimento e aperfeiçoamento da figura vétero-testamentária. Assim, Páscoa cristã é o teleótipo da Páscoa judaica, ou seja, a libertação da escravidão do pecado e da morte é mais sublime do que a libertação da escravidão egípcia" (pp. 174-175). Alimentada da polêmica antijudaica, que pretendia mostrar que os escritos da primeira aliança só adquiriam seu sentido pleno quando lidos à luz do Novo Testamento, a leitura tipológica marcou os séculos, havendo de ser colocada em cheque apenas com o advento das críticas histórica e literária, aplicadas à Bíblia.

pão ázimo. O livramento dos Israelitas do cativeiro do Faraó por Moisés representa, ao vivo, o livramento de toda a humanidade da escravidão do demônio por Jesus Cristo.[7]

Na penúltima prédica, uma ligeira variação: o próprio Moisés, em suas derradeiras palavras, anuncia a vinda de um profeta "semelhante a mim", que não é outro senão "Nosso Senhor Jesus Cristo".[8] Mas a última prédica volta ao modelo anterior: os juízes de que se fala são "uma figura dos doze Apóstolos, que venceram o paganismo pela virtude de Cristo, seu chefe invisível".[9]

Versículos: o amor de Deus e o peregrinar

Os registros apontam para várias possibilidades interpretativas. É o caso da seção "Textos". Com efeito, os versículos bíblicos aí transcritos e os rápidos comentários que por vezes se seguem a eles (junto a uma ou outra citação de um santo) parecem indicar algumas preocupações.[10] Primeiramente predomina o

---

[7] MENDES MACIEL, Antonio Vicente. Morte dos primogênitos, Cordeiro Pascoal, saída do Egito. In: *Apontamentos dos preceitos da divina lei...*, cit., pp. 191-192. A conclusão da quarta prédica vê na travessia do mar Vermelho pelos hebreus liderados por Moisés uma prévia da realidade e das possibilidades abertas no presente: "A coluna de nuvens e de fogo [que, segundo o Êxodo, acompanhou o povo na saída do Egito] representa Jesus Cristo. Quem caminha aluminado por esta luz, atravessa com passos seguros os perigos do Mundo em que outros se perdem. A passagem do mar Vermelho, necessária aos israelitas para chegarem à terra prometida, simboliza o Sacramento do Batismo, pelas águas do qual chegamos ao céu" (Passagem do mar Vermelho. In: *Apontamentos dos preceitos da divina lei...*, cit., pp. 194-195).

[8] Id. Derradeira admoestação de Moisés, sua morte. In: *Apontamentos dos preceitos da divina lei...*, cit., pp. 211-212.

[9] Id. Os juízes. In: *Apontamentos dos preceitos da divina lei...*, cit., p. 216.

[10] A transcrição dos versículos (às vezes em latim e português, ou apenas numa das duas línguas) não parece obedecer a uma seqüência temática, o que se nota pela ordem em que eles aparecem, ou pela distribuição dos parágrafos no interior do conjunto. Julgamos que isso se deva principalmente a uma visão integrada construída pelo Conselheiro, em que os diversos assuntos se articulam. Apenas para efeito de clareza na exposição é que separamos os diversos temas que, a nosso ver, orientam a seleção dos versículos encontrados nessa parte do manuscrito.

empenho em mostrar o amor de Deus, de Jesus, pela humanidade. Assim, logo após a primeira citação, Lc 1,28 (o v. 35 também é transcrito, mas não citado), que apresenta o anjo anunciando a Maria que ela será mãe do Filho de Deus, o comentarista acrescenta: "Grande desejo que Jesus teve de sofrer e morrer por nosso amor".[11] E recorre ao teólogo João Crisóstomo para confirmar a dádiva grandiosa que o Pai oferece à humanidade: "Não é um servo, não é um anjo, é o próprio Filho que ele nos deu".[12]

Sobre a afirmação de Jesus, de que tinha vindo trazer fogo à terra (Lc 12,49), o comentário é o seguinte: "Que tinha vindo à terra para trazer às almas o fogo do Divino amor, e que não tinha outro desejo senão de ver esta Santa chama acender em todos os corações dos homens".[13] Mais adiante o convite é inspirado por Is 12,4, recriado: "Ide publicar por toda parte as invenções do amor de Deus para se fazer amar dos homens".[14] O otimismo se reforça com a aparição de um versículo, que se repetirá outras vezes: "O Apóstolo diz aos Romanos: Não foi tão grande o pecado como o benefício, onde o pecado abundou, superabundou a graça".[15]

O amor de Deus será adequadamente correspondido pela observância dos mandamentos; é o que lembra a última citação do conjunto, Jo 14,21: "Aquele, que tem os meus Mandamentos, e que os guarda, esse é o que me ama. E, aquele que me ama, será amado de meu Pai, e eu o amarei também, e me manifestarei a ele". Essa passagem é entendida em perspectiva escatológica, como se vê na passagem evangélica que a segue como se fosse seu comentário: "Porque o Filho do Homem há de vir na glória de seu Pai com os seus anjos [ilegível] dará a cada um a paga segundo as suas obras".[16] Nesse contexto cabem as únicas referências "ameaçadoras" de todo o conjunto: "Vos chamei, mas não me ouvistes, eu também em vossa morte rir-me-ei de vós".[17] E Jo 3,36: "O que crê no Filho tem a vida eterna, e o que, porém, não crê no Filho não verá vida, mas permanece sobre ele

---

[11] MENDES MACIEL. Textos. In: *Apontamentos dos preceitos da divina lei...*, cit., p. 236.

[12] Ibid., p. 239.

[13] Ibid., p. 236.

[14] Ibid., p. 242.

[15] Ibid., pp. 238-239. A passagem citada é Romanos 5,20.

[16] Ibid., p. 247. O manuscrito não indica a citação, que é de Mateus 16,28.

[17] Ibid., pp. 239. Não se faz alusão explícita a nenhuma passagem bíblica.

a ira de Deus".[18] Também aqui se situa a promessa de Mateus 10,32(33) de que o Filho confessará (ou não) diante do Pai aquele que o confessar (ou não) diante dos homens.[19]

Aspecto destacado nessa proclamação do amor de Deus pela humanidade é a descrição dos sofrimentos pelos quais passou Jesus. Registram-se passagens evangélicas a respeito, bem como outras dos profetas e dos salmos que a tradição cristã associou a esse momento único. Sem maiores comentários, pois os textos falam por si. Esta morte é entendida segundo Jo 15,13, citado em latim e numa tradução livre: "E que maior sinal de amor, diz o mesmo Salvador, pode dar um amigo ao seu amigo, que sacrificar a sua vida por ele?".[20] Decorrência desse processo vivido pelo Filho de Deus é o que aguarda quem lhe quiser ser fiel: tomar a cruz, pois ele sofreu para que sigamos seus passos (o texto articula Mt 16,24 "Se alguém quer vir após de mim, negue-se a si mesmo, tome a sua Cruz e siga-me", e 1Pd 2,21: "Jesus Cristo sofreu por nós deixando-nos o seu exemplo para que sigais os seus vestígios").[21] Delineia-se, assim, o perfil do itinerário cristão: obediência aos mandamentos e aceitação do sofrimento como imitação de Jesus.

Mas esse desenho vertical tem sua contrapartida. As passagens bíblicas relativas ao amor de Deus e de seu Filho pela humanidade e sua retribuição se mesclam àquelas que tematizam o amor que os fiéis deverão ter uns para com os outros. Esta é outra tônica da seleção de versículos bíblicos nessa parte do manuscrito. Por isso cabe aí a referência ao duplo mandamento, a Deus e ao próximo.[22] Particular interesse, dadas as circunstâncias em que se terá dado a elaboração do manuscrito, manifesta a transcrição de Mt 5,44: "Mas eu vos digo: Amai a vossos inimigos, fazei bem a quem vos tem ódio e orai pelos que vos perseguem e caluniam".[23]

---

[18] Ibid., p. 245.

[19] Ibid., p. 243.

[20] Ibid., pp. 237-238.

[21] Ibid., pp. 236-237.

[22] Ibid., p. 239. A citação apresentada é de Mateus 22,37, que corresponde ao versículo latino transcrito, relativo ao amor a Deus. Mas a tradução que vem a seguir se prolonga até o v. 39, incluindo a prescrição do amor ao próximo, e a semelhança desta com a anterior.

[23] Ibidem, pp. 244-245.

Duas outras citações parecem isoladas no conjunto, mas terão sua razão de aí se fazerem presentes; delas salientamos a primeira, vinda logo após um dos versículos referentes ao juízo final, e que terá determinado, há tempo, as relações do Conselheiro com pessoas possuidoras de bens; trata-se de Mt 19,24.[24] A recorrência deste versículo e de outras referências certamente indica que abordagens apressadas não são capazes de dar conta da complexidade do pensamento social do Conselheiro. No caderno de 1897, no interior de uma meditação sobre a parábola do semeador, encontraremos a passagem evangélica (sem a citação correspondente: Lc 14,12-14) que propõe convidar os pobres a um jantar ou ceia, em lugar dos amigos, irmãos ou vizinhos ricos; ação assim surpreendente é apresentada em vista da salvação: quem o fizer terá sua retribuição "na ressurreição dos justos". Certamente essa passagem é modelar para o comportamento do Conselheiro em relação a seu séquito, especialmente à gente despossuída que foi viver em Belo Monte: ele "acolhe em sua companhia sobretudo os mais miseráveis, que, segundo o Evangelho, não têm como retribuir: Canudos torna-se refúgio dos pobres, aleijados, coxos e cegos".[25]

Percebe-se então, no todo, que as citações bíblicas recolhidas configuram um quadro coerente que contextualiza a pregação do Conselheiro. O amor de Deus pela humanidade solicita dela retribuição em dupla direção: amor a Deus e ao próximo. Esse marco fundamental determina as inserções na realidade presente (o olhar sobre a sociedade), as motivações do agir e as expectativas do porvir

---

[24]   Ibid., p. 244; Textos extraídos da Sagrada Escritura. In: MENDES MACIEL, Antonio Vicente. *Tempestades que se levantam no coração de Maria...*, cit., pp. 442-443. Editado em: NOGUEIRA, Ataliba. *Antônio Conselheiro e Canudos...*, cit., p. 159. Itamar Freitas de Oliveira afirma ter ouvido de Daniel Fabrício, morador de Riachão do Dantas (Sergipe), que na passagem por essa cidade, entre 1872 e 1874, o Conselheiro teria "aconselhado", recorrendo "à parábola da passagem do camelo pelo fundo da agulha'", certo José de tal (segundo outra fonte, Joaquim da Macota) a deixar seus bens e seguir rumo à "terra prometida" (No rastro de Conselheiro. Acesso em: 9 mar. 2003. Disponível em: <http://www.infonet. com.br/canudos/roteiro.htm>). Ainda segundo Fabrício, este fazendeiro foi um "rico que imitou Mateus". Com certeza uma alusão ao apóstolo Mateus, que, segundo o evangelho que leva seu nome (9,9-13), era um publicano, cobrador de impostos, e largou seu ofício para seguir Jesus.

[25]   OTTEN, Alexandre. *Só Deus é grande*: a mensagem religiosa de Antônio Conselheiro. São Paulo, Loyola, 1990. p. 228.

escatológico. Em suas grandes linhas esse perfil pode ser notado também na coletânea de versículos bíblicos do manuscrito de 1897, que passamos a comentar.[26]

Com efeito, a nova seleção representa uma ampliação da anterior, principalmente numa segunda parte, que "não é mais citação de textos bíblicos, mas ostenta um caráter discursivo apologético", onde "é sensível a atmosfera de confronto".[27] No entanto a primeira, centrada fundamentalmente na transcrição dos versículos bíblicos, também se constitui de forma mais ampliada. Todas as citações encontradas em "Textos" se fazem presentes na nova coletânea, que, por sua vez, traz novas passagens. Estas, se não chegam a mudar o quadro que anteriormente percebíamos, reforçam alguns aspectos que vale considerar.

Em "Textos" (1895) encontramos três citações aproximadas dos evangelhos, por razões que logo aventaremos: Mt 10,32.33; 6,33; 5,44. Em duas delas supõe-se algum tipo de conflito: a necessidade de confessar o Filho do Homem em situações arriscadas, e a de amar os inimigos. Na nova coletânea, contudo, inscrevem-se mais três passagens, que aguçam essa perspectiva. Trata-se de Lc 10,7; Mt 6,21; Lc 6,22. Mt 6,21 soa bastante apropriado aos esforços do Conselheiro de mostrar a seus seguidores as verdadeiras e promissoras opções.[28] Já Lc 6,22 poderia figurar como um conforto à gente conselheirista, mas terá também relevância autobiográfica: estimula o Conselheiro, consciente de ser perseguido por sua fidelidade a Jesus, a resistir.[29]

Já o aforismo recolhido de Lc 10,7: "O trabalhador é digno do seu jornal",[30] pode ter dupla repercussão. Primeiramente indicaria um aspecto do olhar do Conselheiro, sua discordância ante as formas aviltantes de exploração do trabalho sofridas por grande parte da gente que agora constituía seu séquito, e a nova

---

[26] MACIEL, Textos extraídos da Sagrada Escritura, cit., pp. 427-485. Editado em: NOGUEIRA, *António Conselheiro e Canudos...*, cit., pp. 157-167. Alexandre Otten apresenta um rápido comentário a respeito (*Só Deus é grande...*, cit., pp. 219-222).

[27] OTTEN, *Só Deus é grande...*, cit., pp. 221-222.

[28] MACIEL, Textos extraídos da Sagrada Escritura, p. 452. Editado em: NOGUEIRA. *António Conselheiro e Canudos...*, cit., p. 161.

[29] Ibid., p. 457. Editado em: NOGUEIRA, *António Conselheiro e Canudos...*, cit., p. 462.

[30] Ibid., p. 450. Editado em: NOGUEIRA, *António Conselheiro e Canudos...*, cit., p. 161.

organização das atividades e tarefas em Belo Monte. Mas podemos articular o versículo, e o conjunto de Lc 10, à trajetória missionária do Peregrino. Com efeito, o trabalhador a que o texto diretamente alude é aquele que anuncia o Evangelho. Se dermos crédito a Euclides, veremos que é uma recomendação de Jesus em Lc 10 que o Conselheiro recupera, ao ver negada pelo padre de uma vila a licença para pregar na igreja local: "O peregrino, então, encarou-o fito por algum tempo, e sem dizer palavra tirou de sob a túnica um lenço. Sacudiu o pó das alpercatas. E partiu. Era o clássico protesto inofensivo e tranqüilo dos apóstolos".[31]

A presença, nas duas coletâneas, destes versículos evangélicos que tematizam a missão ambulante, a precariedade de seu exercício, as possíveis rejeições e perseguições, não terá sido casual. Todos eles provêm, segundo as pesquisas exegéticas mais recentes, do evangelho Q. Pesquisas sobre esse hipotético evangelho dão conta de que sua redação poderia ser originária dos chamados "carismáticos itinerantes", grupos de pessoas que tinham como programa de ação o texto lido em Lc 10,2-12: renúncia à família, à propriedade, à moradia e à riqueza.[32] Os textos de Q fundam uma longa tradição, que passa pelo ascetismo siríaco e chega ao beatismo ambulante do sertão nordestino.[33] A recepção deles pelo Conselheiro

---

[31]   CUNHA, Euclides da. *Os sertões*: campanha de Canudos. Brasiliense, São Paulo, 1985. p. 228. "Sacudir o pó das sandálias" é recomendação registrada em Lc 10,11.

[32]   A possível existência deste documento é decorrente da hipótese, largamente aceita, chamada "teoria das duas fontes". Segundo ela o evangelho segundo Marcos e "Q" serviram de base para a elaboração dos evangelhos segundo Mateus e Lucas. Para maiores detalhes, KÖSTER, Helmut. *Introducción al Nuevo Testamento*. Salamanca, Sígueme, 1988. pp. 546-548; VIELHAUER, Philipp. *Historia de la literatura cristiana primitiva*. Salamanca, Sígueme, 1991. pp. 289-300. Sobre Q, uma boa síntese se encontra em VAAGE, Leif E. O cristianismo galileu e o evangelho radical de Q. *Revista de Interpretação Bíblica Latino-Americana*, Petrópolis, n. 22, pp. 84-108, 1995. Para a teoria da associação de Q aos carismáticos itinerantes, o texto básico é de THEISSEN, Gerd. Radicalismo itinerante: aspectos de sociologia da literatura na transmissão de palavras de Jesus no cristianismo primitivo. *Sociologia da cristandade primitiva*, São Leopoldo, Sinodal, 1987. pp. 36-55.

[33]   HOORNAERT, Eduardo. Questões metodológicas sobre a igreja do Caldeirão (heurística e hermenêutica). *Anais do 1º Simpósio Internacional sobre o padre Cícero e os romeiros de Juazeiro do Norte*. Fortaleza, Imprensa Universitária, 1990. pp. 93-95 e 103-107.

diz muito a respeito do que ele pensava sobre si mesmo: a fixação no Belo Monte não lhe tirou a percepção de que, de toda forma, estava a caminho, era peregrino, imitava o caminhar de Jesus e seguia seus indicativos nesse sentido.

Uma avaliação

Haveria mais o que dizer da incorporação do universo bíblico, por parte do Conselheiro, ao discurso religioso que ele propôs a sua gente em Belo Monte. Seria necessário verificar o sentido que ele imprimiu a sua atividade, qual Salomão, de construtor de igrejas, e principalmente sua relação com as tradições apocalípticas correntes no sertão. Não temos espaço, contudo, para aqui desenvolver essa temática.[34]

Isso não impede, no entanto, que esbocemos uma primeira avaliação. A produção literária de Antonio Conselheiro, e nela sua leitura da Bíblia, devem ser consideradas a partir de pelo menos duas referências: o universo sertanejo popular, do qual ele surge, e se destaca, ao ter acesso às letras e aos livros; e a cultura que chamaríamos "eclesiástica", representada principalmente pelo livro *Missão abreviada*, do padre Manoel José Gonçalves Couto, de que, sabidamente, o líder de Belo Monte era leitor.[35] É este último que queremos considerar neste momento.

---

[34] Nos dois cadernos encontra-se uma prédica relativa à construção, por ordem de Salomão, do Templo de Jerusalém, que, na típica leitura tipológica praticada pelo Conselheiro, "é, como o antigo Tabernáculo, uma figura das nossas igrejas" (Maciel, Construção e edificação do templo de Salomão. In: *Tempestades que se levantam no coração de Maria...*, cit., p. 536. Editado em: Nogueira, *António Conselheiro e Canudos...*, cit., p. 181). No caderno de 1897 há ainda uma prédica que teria sido proferida quando da inauguração da igreja de santo Antonio, padroeiro de Belo Monte, provavelmente em 1896. Quanto ao tema seguinte, sua importância se revela caso se considere que, para Euclides da Cunha, a pregação do Conselheiro era explícita e unicamente apocalíptica, centrada no fim deste mundo, algo que não aparece em nenhuma das páginas dos dois cadernos que estamos considerando. Também sobre essa temática, remetemos a nosso trabalho já citado.

[35] Trata-se de um livro de origem portuguesa que teve larga difusão no Nordeste católico de fins do século XIX. Seu tom é ameaçador, severo e eivado de descrições aterrorizantes do inferno e suas penas.

Nas palavras de Honório Vilanova, afilhado do Conselheiro, *Missão abreviada* era "o livro do Peregrino",

> [...] onde muito se fala da morte, do inferno, do céu, do juízo final, dos açoites e espinhos e da Paixão de Nosso Senhor Jesus Cristo. Os frades pregadores daquele tempo conduziam sempre este livro, que de tão cru, nas palavras, fechava sem piedade as portas do céu. Também o Peregrino amava esse livro e varava o dia e a noite lendo ou copiando as Meditações e os Exemplos dos Santos. Quando a mão do Peregrino estava cansada, escrevia por ele Leão de Natuba, que tinha boa caligrafia e era muito devoto.[36]

Que a *Missão abreviada* serviu de fonte para as prédicas conhecidas, não há dúvidas: "o beato tirou deste livro muitos subsídios para as prédicas que se referem aos mandamentos. Passagens de *Missão abreviada*, praticamente transcritas pelo Conselheiro, comprovam esta nossa afirmação". No entanto, não se trata de simples cópia:

> Há outros fragmentos em que o beato reelabora os elementos que o seremonário lhe oferece. É preciso verificar que, mesmo as passagens transcritas, ele não as reproduz sem qualquer alteração, mas resume alguns trechos, muda a ordem dos elementos, altera determinadas construções, atenua algumas expressões, adapta o vocabulário, acrescenta ou suprime períodos. Em síntese, poderíamos dizer que ele adapta as instruções de *Missão abreviada* para um público específico.[37]

Essa observação é fundamental, pois permite estabelecer uma distinção entre a *Missão abreviada* e as formas de sua recepção pelo Conselheiro. O uso dela era seletivo, não servil. No alterar de construções, no atenuar expressões, no resumir uns trechos e eliminar outros, é possível vislumbrar acentos diferenciados, perspectivas próprias, não redutíveis, no todo ou em parte, às pretensões

---

[36] MACEDO, Nertan. *Memorial de Vilanova*. 2 ed. Rio de Janeiro/Brasília, Renes/ Instituto Nacional do Livro, 1983. p. 49.

[37] FIORIN, José Luiz. O discurso de Antônio Conselheiro. *Religião e Sociedade*, Rio de Janeiro, n. 5, p. 118, 1980.

expressas na obra. Não é possível simplesmente situar ambos os escritos sob o genérico "ideologia da Igreja Católica".[38] Justamente a criatividade no uso de sua fonte, talvez a principal, deve fazer pensar na originalidade que daí pode provir. A conclusão seguinte é acertada:

> Mesmo admitindo como verdadeiros os testemunhos que falam de trechos da *Missão Abreviada* usados pelo Conselheiro em suas instruções espirituais aos fieis, é lícito pensarmos que ele se servia daquele livro mais como um meio para animar a oração da assembléia do que como fonte de pregação. Com efeito, para o apostolado da palavra ele dispunha de uma série de sermões que havia preparado, escrevendo-os de próprio punho, num estilo completamente diferente do de pe. Gonçalves Couto.[39]

Por outro lado, as duas coletâneas de versículos bíblicos ("Textos" no manuscrito de 1895; "Textos extraídos da Sagrada Escritura", no de 1897) de alguma forma demarcam o universo religioso do Conselheiro e o distanciam do âmbito rigorista e ameaçador da *Missão abreviada*, em que a ênfase é o pecado, a ameaça divina, o sacrifício. Mesmo nas passagens em que se percebe uma dependência direta em relação a esta, as palavras do Conselheiro vão em direção distinta:

> Encontram-se nos manuscritos uma série de testemunhos da [...] cristologia sacrificial seguida pelo imperativo dolorista da reparação dos pecados correlacionada à imagem de um Deus irado e temível, que obviamente provém da *Missão abreviada*. Mas pode-se observar a tentativa de equilibrar essa corrente teológica sacrificial com uma condescendente [...]. De onde vem a teologia condescendente do Conselheiro? Surge ela vigorosa quando ele se aproveita da própria Bíblia. Os "Textos extraídos da Sagrada Escritura" exaltam os prodígios e as maravilhas do amor de Deus, a grandeza dos benefícios do amor de Jesus Cristo que superam vitoriosamente o peso do pecado. A razão da encarnação do Filho de Deus é o amor.[40]

---

[38] Ibid., p. 120.

[39] REGNI, Pietro Vittorino. *Os capuchinhos na Bahia*. UTJ/Jesi, 1991. v. 3, p. 100.

[40] OTTEN, *Só Deus é grande...*, cit., pp. 283-284.

Com efeito, as palavras atribuídas ao Conselheiro e registradas nos dois cadernos manuscritos se distinguem bastante do que era o dominante das pregações de missionários e vigários em geral nos sertões nordestinos. Um tom marcadamente penitencial, de culpabilização pessoal e de ameaças quanto a inferno e condenação eterna (que praticamente não dá lugar ao tema da graça, detalhe particularmente grave num contexto em que a vida no além é a grande referência e a salvação, o grande anseio), é substituído por expressões de esperança e apelos à vida comunitária, bem como à imitação de Jesus e à devoção. Se a *Missão abreviada* fechava as portas do céu, o empenho decidido e ousado do Conselheiro era em abri-las. Suas prédicas salientam a gratuidade da ação amorosa de Deus e a necessidade de corresponder a ela.

Outro aspecto decisivo em que a pregação conselheirista se afasta do paradigma expresso pelo livro de Manuel Couto é, mais uma vez, mostrado competentemente por Otten: as prédicas contidas nos cadernos manuscritos evidenciam

> a resistência do beato à interiorização e privatização da vida religiosa que a *Missão abreviada* tematiza [...]. O fato de ele estar profundamente enraizado no catolicismo popular autêntico o preservou de uma espiritualidade intimista e desencarnada [...]. A teologia do Conselheiro mantém o caráter popular enquanto preserva a visão popular integrativa na qual não se separam céu e mundo, corpo e alma, espiritual e temporal, individual e comunitário.[41]

Essa postura "integrativa" terá feito toda a diferença; doutra forma o próprio Belo Monte não se viabilizaria a partir do pensamento (tornado ação) de Antonio Maciel. Ela não passou despercebida aos contemporâneos; a envenenada afirmação de um dos amigos do barão de Jeremoabo deixa claro que o beato rompe a dicotomia, tão convencional e tão conveniente, entre esperanças escatológicas e compromisso histórico. Com efeito, Aristides Borges lamenta que o Conselheiro "possa ter esquecido as coisas do Céu para só cuida(r) no que é exclusivamente terreno".[42] Evidencia-se que as prédicas que levam o nome do Conselheiro não

---

[41] Ibid., pp. 286-287.
[42] Carta de Aristides Borges ao barão de Jeremoabo, de 2/4/1897, citada por Alexandre Otten, em *Só Deus é grande...*, cit., p. 332.

se inserem num quadro de cunho milenarista: mais que apontar para um futuro misterioso, ameaçador e alvissareiro ao mesmo tempo, elas convocam para a responsabilidade histórica, para a construção da comunidade, para a solidariedade efetiva. As citações da Escritura, particularmente do Novo Testamento, indicam para a atenção aos pobres e esquecidos,[43] o que não contradiz a convicção fundamental de que todos estão aqui de passagem, em peregrinação à pátria celeste.[44]

Convergências em prol de Belo Monte; reagindo à repressão

De que forma o discurso do Conselheiro, do qual apresentamos alguns contornos anteriormente, contribui para a configuração assumida por Belo Monte? Os recursos à Bíblia encontrados nos cadernos atribuídos ao Conselheiro e nas tradições da gente que com ele viveu em Belo Monte adotam registros particularmente distintos e permitem evidenciar uma significativa diversidade de perspectivas a animar líder e liderados em Belo Monte.[45] O que, obviamente, coloca a questão da continuidade. De que forma elas se articularam na viabilização do arraial? De dois pontos que poderíamos aqui indicar, salientemos um deles.[46]

O fulcro da articulação entre as visões do Conselheiro e da gente que o seguia se encontra primeiramente na preocupação com a vida presente, entendida, para

---

[43] Maciel, *Tempestades que se levantam...*, cit., pp. 442-443 e 558-559. Editado em: Nogueira, *António Conselheiro e Canudos...*, cit., pp. 159.185.

[44] Ibid., pp. 343-346. Editado em: Nogueira, *António Conselheiro e Canudos...*, cit., pp. 136-137.

[45] A identificação prática entre um posicionamento e outro é, em grande parte, responsabilidade de Euclides. Embora algumas das expressões conselheiristas sejam citadas em *Os sertões* (e, efetivamente, devamos a ele boa parte do que se conservou das vozes da gente belomontense), Euclides efetivamente as subordinou à perspectiva que considerou fundamental, o suposto milenarismo do Conselheiro.

[46] O outro diz respeito à convergência entre o Conselheiro e sua gente na repulsa ao novo regime político instalado no Brasil, a República, para a qual se articularam motivações sociopolíticas e teológicas. Também para este assunto remetemos a nossa tese de doutorado.

usar uma expressão consagrada, não como um "vale de lágrimas", mas como espaço privilegiado de vida que prepara a que vem após a morte, o que se pode perceber considerando as formas de que se revestiram as apropriações da história bíblica do êxodo, bem como suas implicações. De alguma forma Belo Monte recupera um traço característico da religiosidade popular brasileira, qual seja, a atenção à vida terrena, aspecto de longa duração em nossa história. Tal valorização não se deu necessariamente, como já se disse, em detrimento da vida espiritual. Não havia descompasso, ou contradição, entre a valorização da vida terrena e a salvação espiritual, da alma. O conflito com a instituição eclesiástica não se manifesta pela negação pura e simples daquilo que ela proclamava (e julgava ser a única mediadora), ou seja, a salvação eterna, mas pela apropriação criativa desta e proposição em novos moldes, em pelo menos duas direções. Primeiramente, rompendo com o monopólio dos padres; por fim, definindo os termos da vida aqui como decisivos para a vida no além: cabe lembrar que a garantia dada pelo Conselheiro a quem fosse e morresse na luta era a salvação da alma, segundo o "jaguncinho" Agostinho, entrevistado por Euclides da Cunha.

O Belo Monte materializava para seus habitantes a terra da promissão; a roupagem é explicitamente política e utópica.[47] Já a apropriação que o Conselheiro faz da história do êxodo, o resultado é muito menos espetacular: a narrativa que vai desde o chamamento de Moisés até a posse da terra prometida e a liderança dos juízes aparece fundamentalmente como prefiguração das inúmeras realidades teologais e eclesiais que todos são convidados a compreender e assimilar. O resultado prático desta confluência pode ser aquilatado nas palavras de Honório Vilanova:

> Recordações, moço? Grande era o Canudos do meu tempo. Quem tinha roça tratava de roça, na beira do rio. Quem tinha gado tratava do gado. Quem tinha mulher e filhos tratava da mulher e dos filhos. Quem gostava de reza ia rezar. De tudo se tratava porque a nenhum pertencia e era de todos, pequenos e grandes, *na regra ensinada pelo Peregrino*.[48]

---

47 Em nosso trabalho também detalhamos essa visão sertaneja do Belo Monte como terra da promissão.

48 MACEDO, *Memorial de Vilanova...*, cit., p. 67 (grifo nosso).

Honório reconhece na palavra do Peregrino a fonte e o sustento da experiência belomontense. Doutro lado, é recorrente, nos testemunhos de inimigos do arraial, a afirmação de que a ação e a palavra do Conselheiro instituem uma nova legalidade: "A política dele é toda diferente".[49] É inevitável, portanto, supor que a palavra do Peregrino se revista de um forte componente ético. Vai na mesma direção a menção que o mesmo Honório faz de que nas orações e devoções "o Peregrino estava sempre presente e sempre pronto a repetir os Mandamentos da Lei de Deus e aconselhar o povo".[50] Lembremo-nos de que são comentários ao decálogo que formam grande parte dos dois cadernos de prédicas que levam o nome de Antonio Conselheiro. Elas sugerem uma ética a ordenar a vida do arraial, ao mesmo tempo em que viabilizam a salvação eterna das almas. A recepção criativa das palavras do Conselheiro, aliada à certeza de se estar refazendo a saga dos hebreus libertados, propiciou à gente do Belo Monte ensaiar uma recriação da forma de vida da primeira comunidade cristã, de acordo com o livro neotestamentário dos Atos dos Apóstolos. As palavras do Conselheiro, feitas conselhos, viabilizam a comunidade, orientam decisões particulares, vislumbram horizontes inusitados e ensinam o caminho da salvação.

Ao mesmo tempo, as prédicas do novo Moisés sertanejo terão sido capazes de neutralizar o teor legalista, repressivo e amedrontador das pregações do clero. Eduardo Moniz faz um comentário esclarecedor a respeito de uma passagem que Euclides da Cunha, mais uma vez, lê de forma desabonadora ao Conselheiro e a sua gente:

> Mas se Antônio Conselheiro não admitia a violência, aceitava a franqueza dos que cediam diante da tentação ou da impulsividade do próprio temperamento. Ao ter conhecimento de que uma jovem ainda solteira se entregara sem relutância, apenas disse: "Seguiu o destino de todas; passou por baixo da árvore do bem e do mal". Estas palavras [...] eram a réplica aos moralistas mais exigentes, que pediam a punição da pecadora [...]. Antônio Conselheiro conhecia a

---

49 Nas cartas enviadas ao barão de Jeremoabo, essa percepção se repete (ver SAMPAIO, Consuelo Novais [org.]. *Canudos*: cartas para o Barão. São Paulo, Edusp, 1999. pp. 97.111.114; a citação é da p. 131).

50 MACEDO, *Memorial de Vilanova...*, cit., p. 68.

falsidade dos preconceitos, bem como o valor da compreensão e da tolerância.[51]

O tom algo idealizado destas afirmações não impede que se conclua sobre a vida no arraial:

> Daí o irresistível clima de alegria e liberdade que caracteriza a comunidade e exerce uma atração forte sobre todos quantos dela se aproximam [...]. O Deus do Conselheiro fala diretamente ao homem, e lhe dá coragem de tomar a vida nas mãos e caminhar livremente, mesmo sabendo-se abandonado pelos poderes públicos.[52]

Nesse ponto reside um aspecto central, mas pouco notado, para a compreensão do sentido da pregação do Conselheiro e para se perceber melhor as motivações que levaram tanta gente a deixar tudo o que tinha para viver naquele lugar abençoado. Não é, portanto, sem razão que Belo Monte pôde ser considerada por seus habitantes uma nova "barquinha de Noel", imagem da Igreja, lugar de proteção, caminho para a salvação. Rompe-se, portanto, a dicotomia entre expectativas escatológicas e compromissos no campo histórico, tão própria de uma mentalidade religiosa secularmente enraizada: a comunidade "viabiliza, desta forma, um novo modo de vida, este sim, concreto e real que, em si, é uma prefiguração da vida futura".[53]

---

[51] MONIZ, Eduardo. *Canudos*: a guerra social. 2. ed. Rio de Janeiro, Elo, 1987. p. 50. Euclides situa a palavra do Conselheiro em outra perspectiva: "Ao saber de caso escandaloso em que a lubricidade de um devasso maculara incauta donzela teve, certa vez, uma frase ferozmente cínica, que os sertanejos repetiam depois sem lhe aquilatarem a torpeza: 'Seguiu o destino de todas: passou por debaixo da árvore do bem e do mal'. Não é para estranhar que se esboçasse logo, em Canudos, a promiscuidade de um hetairismo infrene" (*Os sertões...*, cit., p. 238). O que torna suspeita a leitura de Euclides é que Manuel Ciríaco, sobrevivente do arraial, em entrevista "desmente a versão de que o Conselheiro contemporizava com os atentados à moral das moças" (*Canudos*: cinqüenta anos depois [1947]. Salvador, Fundação Cultural do Estado, 1993. p. 48).

[52] HOORNAERT, *Os anjos de Canudos...*, cit., pp. 117-118.

[53] CONSORTE, Josildeth Gomes. A mentalidade messiânica. *Ciências da Religião*, São Bernardo do Campo, n. 1, p. 47, 1983.

Disjuntivas: a transcrição interrompida e a guerra

Para a guerra que efetivamente começou em fins de 1896, foi necessário não só munição, organização militar, acordos dessa ou daquela natureza, mas também estigmatizar Belo Monte e o Conselheiro; aliás, essa última tarefa precedeu a guerra e sobreviveu a ela, como mostram a obra maior de Euclides da Cunha e tantos pronunciamentos que se repetiram durante o século XX, reproduzindo ou reforçando ainda mais os preconceitos já tão enraizados:

> Não lhe [a Euclides] importa muito o porquê será Canudos, aos olhos dos jagunços, "a terra da promissão, onde corre um rio de leite e são cuscuz de milho suas barrancas". Puro engano de broncos, o rio é positivamente de água, um elemento químico bem conhecido por suas propriedades, e não haverá sentido algum perscrutar a sua essência.[54]

Mas os termos do relatório que leva o nome de frei João também são funcionais: preparam a guerra. Efetivamente o "cerco discursivo" (para usar a feliz expressão de Danilo Dawid Bartelt) a que foi submetido o Belo Monte precedeu o surgimento do arraial e não terminou com seu trágico desaparecimento.[55] Parti-

---

[54] Vargas, Milton. Euclides da Cunha e a poesia. In: Lins, Ivan. *História do positivismo no Brasil*. 2. ed. São Paulo, Companhia Editora Nacional, 1967. p. 509.

[55] Sem contar todas as tentativas, que nos levariam à década de 1970, em anular a influência do Conselheiro no sertão, por parte das autoridades locais e da própria Igreja Católica na Bahia. O próprio estilo de vida ambulante de Antonio Maciel, entendido por ele como seguimento dos caminhos de Jesus, é objeto de condenação, como evidencia documento arquidiocesano de 1888: "De nenhum modo deve ser aceito tal indivíduo nas igrejas deste arcebispado acompanhado de seus sequazes [...] nenhum trabalho dele deve ser aceito, pela razão de desviar de suas ocupações os pobres homens do campo com as práticas supersticiosas de que usa, levando-os errantes pelas estradas [...] tornando-se assim ociosos e prejudiciais à sociedade" (citado por Costa e Silva, Cândido da. O peregrino e os pastores. *Cadernos de Literatura Brasileira*, São Paulo, nn. 13/14, p. 221, 2002). Não é como peregrino, mas como vagabundo que Antonio Conselheiro é visto há tanto tempo. O que, obviamente, prepara a guerra contra Belo Monte que ainda está por vir.

cularmente foi preciso estigmatizar Belo Monte em relação ao delicado processo de reformas vivido pela Igreja Católica no Brasil, costumeiramente chamado de romanização. João Evangelista deixa, no relatório que leva seu nome, indicações muito claras nesse sentido, ao avaliar a maneira de Antonio Conselheiro e sua gente conceberem a função dos padres no contexto em que viviam. A avaliação desqualificadora que o frei capuchinho fazia das expressões rituais da gente belomontense, particularmente do culto às imagens dos santos, soa coerente com o que expressara alguns parágrafos antes: "[Antonio Conselheiro] desconhece as autoridades eclesiásticas, *sempre que de algum modo lhe contrariam as idéias, ou os caprichos*".[56] Assim, nota-se que a destruição, antes de ser aquela provocada pelas armas e pelo fogo, foi a do mundo religioso, primeiramente no sertão em geral e, depois, em Belo Monte:

> [...] afeita a viver longe do padre, a gente do sertão habituou-se a prescindir da sua presença. Isto não significa reconhecer-se desvinculada da hierarquia, nem muito menos infensa a ela. São oferecidas, no entanto, condições especiais para viver a sua fé. Um espaço é aberto para que o cristão leigo sinta-se capaz de tomar iniciativas no campo do culto e repassar, com certa liberdade, os conteúdos doutrinais remanescentes. Entregue a si mesmo pela imposição das circunstâncias, ele encontra margem para desenvolver um processo seletivo e reinterpretativo das expressões da fé, em particular do culto que entre nós, como na história milenar do cristianismo, foi o momento privilegiado dessa metamorfose.

---

[56] MONTE MARCIANO, João Evangelista de. *Relatório apresentado, em 1895, pelo reverendo Frei João Evangelista de Monte Marciano, ao Arcebispado da Bahia, sobre Antonio Conselheiro e seu séqüito no arraial dos Canudos*. Tipografia do Correio da Bahia, Salvador, 1895 (edição em fac-símile pelo Centro de Estudos Baianos, 1987). p. 5 (grifo nosso). Mas a questão é mais complexa e impede conclusões simplistas, que o próprio frei pretende tirar. No estreito limite entre o reconhecimento e a repulsa, parecem se mover Antonio Conselheiro e sua gente. Não dispensam o ministério dos padres, nem os sacramentos por eles ministrados. No entanto, constata-se que, se por um lado os aceitam, por outro não os consideram estruturantes da organização religiosa que se está a fazer, nem prestam aos sacerdotes, mesmo os mais simpáticos ao arraial, obediência cega.

Nesse filtro as crenças e os ritos sofrem evidentemente alterações, revestem-se de novos conteúdos.[57]

Mas "de repente, [o povo] se viu separado dos seus santos, impedido de cumprir suas típicas promessas. E o clero passou a reprovar suas atitudes e costumes religiosos. Não é, pois, de estranhar que alguns desses grupos marginalizados vissem no sacerdote um inimigo de sua religião e de sua fé".[58]

Levando em consideração esse cenário, deslocamo-nos, imaginariamente, ao Santuário, nome da casinha em que vivia Antonio Conselheiro nos primeiros meses de 1895, antes de maio, certamente. O beato munia-se da Bíblia, como havia tanto tempo, e dedicava-se a fazer (sozinho ou com a ajuda de seu secretário Leão de Natuba) a transcrição do Novo Testamento para um caderno de anotações, pequeno mas com mais de oitocentas páginas disponíveis. O trabalho de cópia avançava, e já deixava o livro dos Atos dos Apóstolos para entrar na carta de Paulo aos Romanos, quando o arraial recebeu algumas visitas inesperadas: o padre Sabino, do Cumbe, depois de cerca de um ano reaparecia no arraial, acompanhando dois missionários capuchinhos, o já citado frei João Evangelista de Monte Marciano e o frei Caetano de S. Leo. Chegavam eles para a missão também antes mencionada. O trabalho de transcrição certamente teve de ser interrompido, ou ao menos haveria de prosseguir mais lentamente, dada a tensão do momento e as exigências que a missão colocava. Mas em algum momento, com toda probabilidade durante a missão, parou-se com a cópia. Sabemos disso porque o caderno de 1895 tem, após a interrupção, a folha de rosto onde se lê "Apontamentos dos preceitos da divina lei..." e a data 24 de maio de 1895, três dias após a partida abrupta dos missionários e a maldição pronunciada sobre a Jerusalém do sertão. No relatório a respeito da missão se lê que frei João diz ter começado sua querela com o Conselheiro em torno do tema da submissão à República, e teria dito o seguinte: "Senhor, [...] se é católico, deve considerar que

---

57 Costa e Silva, Cândido da. *Roteiro da vida e da morte*. São Paulo, Ática, 1982. p. 23.

58 Azzi, Riolando. Elementos para a história do catolicismo popular. *Revista Eclesiástica Brasileira*, Petrópolis, n. 141, p. 130, 1976. Segundo Honório Vilanova, o Conselheiro, após a partida dos missionários, teria dito: "Conheço os padres falsos. Os que eu quero, abraço. Aceito quem acredita no Bom Jesus" (Macedo, *Memorial de Vilanova...*, cit., p. 129).

a igreja condena as revoltas, e, aceitando todas as formas de governo, ensina que os poderes constituídos regem os povos, em nome de Deus".[59] A reação da gente do Conselheiro também se deu no campo da polêmica: "V. Revm. é que tem uma doutrina falsa, e não o nosso *Conselheiro*".[60] O que isso teria a ver com a transcrição truncada, se é que teve?

Basta verificar onde a cópia é interrompida, antes da folha de rosto com a data. A última frase diz: "Não te deixes vencer do mal, mas vence o mal com o bem" (Romanos 12,31), no fim da p. 554 do caderno. Exatamente antes da frase que certamente, inspirara frei João: "Todo o homem esteja sujeito às potestades superiores; porque não há potestade que não venha de Deus; e as que há, essas foram por Deus ordenadas" (Rm 13,1)!

O poder é de direito divino. Submeter-se a ele é, de alguma forma, reconhecer o poderio de Deus, agindo por seus representantes. Ora, foi justamente em torno deste problema, o da submissão à autoridade estabelecida por conta do mandato divino, que esta possuiria, que se desenrolou o tenso debate entre os missionários e o Conselheiro. Este tinha diante de si, naquele momento, o texto que fundamentaria o argumento de frei João. O conteúdo de Romanos 13 estivera no centro do debate e do impasse representado pela missão, e parecia dar razão ao capuchinho...

Podemos então suspeitar que a interrupção da transcrição do texto sagrado por Antônio Conselheiro seja expressão de um dilema, na medida em que, o que haveria então de ser copiado, da forma como tinha sido interpretado, lhe pareceria inadmissível. Ser-lhe-ia possível admitir que tal texto pudesse ser aplicado à República, algo que sempre repugnou as concepções católicas convencionais? A interrupção da cópia seria a expressão de uma recusa hermenêutica, mas também o reconhecimento de uma impossibilidade interpretativa, ao menos no momento. Naquela situação, como em todas as outras, o texto sagrado não era absorvido de forma mecânica, mas seletiva. Se o Conselheiro se afastava de suas fontes, como vimos no caso da *Missão abreviada*, naquele instante o distanciamento era particularmente dramático, visto que se referia a um texto que não apenas tem aprovação eclesiástica, mas se apresenta como sagrado e inspirado.

---

[59] Monte Marciano, *Relatório...*, cit., p. 4.

[60] Ibid., p. 5.

Se o discurso religioso é aquele no qual "o homem faz falar a voz de Deus",[61] o Conselheiro teria notado incompatibilidades irreconciliáveis entre o que se fazia Deus falar antes e depois da proclamação da República. Em outras palavras: a aplicação que Romanos 13, reconhecidamente, para ambas as partes, voz de Deus feita palavra, recebia da parte de frei João Evangelista soava incoerente com aquilo que por décadas o Conselheiro escutara como voz de Deus e internalizara, conformando sua trajetória existencial a ela. A resposta a esse impasse, situado tanto no âmbito do texto como da situação a que ele aparecia vinculado, o Conselheiro sugerirá no manuscrito seguinte, de 1897, em plena guerra, em sua prédica sobre a República, quando os poderes dela já se estiverem articulando para o choque definitivo contra o arraial. A resposta do Conselheiro (a si mesmo, ao texto sagrado, aos missionários e principalmente a seu séquito) ressoa nesta página lúcida e categórica:

> Todo poder legítimo é emanação da Onipotência eterna de Deus e está sujeito a uma regra divina, tanto na ordem temporal como na espiritual, de sorte que, obedecendo ao pontífice, ao príncipe, ao pai, a quem é realmente ministro de Deus para o bem, a Deus só obedecemos [...]. É evidente que a República permanece sobre um princípio falso e dele não se pode tirar conseqüência legítima...[62]

Temos nessa passagem a formulação do que foi o pensamento católico por tantos séculos, a que o Conselheiro se mostra fiel e militante, como o fora a Igreja nos tempos anteriores à proclamação da República e mesmo depois desta. O Conselheiro nada inventa, mas demarca seu modo de ver, perfeitamente católico, distinguindo-o daquele expresso por frei João Evangelista em maio de 1895. A seu modo, Antonio Maciel insere um elemento relativizador à afirmação categórica do missionário: "os poderes constituídos regem os povos, em nome de Deus". Ao inserir o adjetivo "legítimo" após "todo poder", o Conselheiro "desmonta" o

---

[61] Orlandi, Eni Pulcinelli. *As formas do silêncio*: no movimento dos sentidos. 4. ed. Campinas, Unicamp, 1997. p. 30.

[62] Maciel, A Companhia de Jesus – O casamento civil – A família imperial – A libertação dos escravos. In: *Tempestades que se levantam...*, cit., pp. 566-567. Editado em Nogueira, *António Conselheiro e Canudos...*, cit., p. 186.

tom indiscutível dos dizeres de frei João e recoloca o problema num nível mais delicado: o da legitimidade.

Assim, Antonio Conselheiro se apresenta como um dos últimos defensores dos valores e convicções que a hierarquia católica buscou incutir em seus fiéis durante tanto tempo, e que em poucos anos descartou, em nome de uma composição sempre mais estreita com o novo regime. Embora esse elemento não explique, sozinho, o surgimento do arraial[63] e mesmo a guerra, ele é indispensável para a compreensão dos dramáticos conflitos que o originaram e o levaram à brutal eliminação. Esse embate particular, contra o novo regime e contra os padres que se aliaram ao demônio, é um fulcro decisivo em torno do qual se definiram os contornos da guerra, simbólica e armada. Também o é aquela interrupção forçada na cópia da Bíblia. Ela tem como objetivo insistente "a vossa [dos belomontenses] salvação e o bem da Igreja".[64] Salvação que deriva necessariamente da vida bem vivida; bem que é fruto da fidelidade da Igreja a sua doutrina, e não de adesões oportunistas. Por esses ideais Belo Monte surgiu, e foi dizimado.

Conclusão

Esta rápida síntese espera ter evidenciado que uma avaliação da saga de Belo Monte que desconsidere, ou mesmo minimize, o componente religioso (e bíblico!) será inevitavelmente deficiente. Cosmovisões diferenciadas convergiram às margens do Vaza-barris, perfazendo um dos mais sangrentos lances da história brasileira. O sonho por reeditar a terra da promissão não era incompatível com o anseio pela salvação escatológica; aliás, este último se desenhou com contornos diferenciados ao se articular com o primeiro. Mas ambos puderam pouco diante de posições peremptórias, inviabilizadoras do dissenso; não sobreviveram à proclamação categórica e oportunista da sacralidade do poder (qualquer poder) e da inferioridade de quem pensa e age a partir de outros referenciais e parâmetros.

---

[63] "Com ou sem regime republicano, o abandono dos sertanejos teria gerado Canudos" (SALLES, R. *Nostalgia imperial*: a formação da identidade nacional no Brasil do Segundo Reinado. 1. ed. Rio de Janeiro, Topbooks, 1996. v. 1, 212 p.).

[64] MACIEL, Despedida. In: *Tempestades que se levantam...*, cit., pp. 616-617. Editado em Nogueira. *António Conselheiro e Canudos...*, cit., p. 197.

E não basta considerar o religioso da gente que fez o arraial; há que perguntar por ele também do outro lado, mesmo dos setores (aqui representados por Euclides da Cunha) alheios e até hostis a ele.

Espero ainda ter chamado a atenção para a importância de se considerarem as múltiplas formas de recepção da Bíblia na história desses quinhentos anos de Brasil, particularmente entre os setores, grupos e movimentos populares (algo que já vem sendo reconhecido por antropólogos como Otavio Velho e Carlos Alberto Steil, que falam de uma cultura popular bíblico-católica).

Termino mencionando a observação do notável historiador inglês, marxista, Christopher Hill, autor de *A Bíblia inglesa e as revoluções do século XVII*. A certa altura, se lê: "A Bíblia jogou papel central no conjunto da vida e da sociedade: arriscamo-nos ao ignorá-lo".[65] Com certeza isso vale não só para a Inglaterra do século XVII, mas também para a história do Brasil e da América Latina nestes últimos cinco séculos e, por que não dizer, para os dias atuais. Afinal de contas, como dizia Milton, no que foi o primeiro texto dele que me caiu nas mãos e de minha mente não saiu mais, "na América Latina, a Bíblia se manifesta como memória inquietadora".[66] O texto que começava com esta frase suscitou uma primeira conversa, nos idos de 1984 (e do acidente de moto do Milton), e de lá para cá uma admiração deste seu discípulo e uma amizade pelo mestre, do que esse texto, junto com a homenagem, quer ser sincero tributo...

[65] HILL, Christopher. *The English Bible and the Seventeenth-Century Revolution*. New York, Penguin, 1993. p. 4.

[66] SCHWANTES, Milton. Interpretação de Gn 12–25, no contexto da elaboração de uma hermenêutica do Pentateuco. *Estudos Bíblicos*, Petrópolis, n. 1, p. 31, 1984.

La Palabra de Dios en las Pequeñas Comunidades de Base

Pablo Richard

Una mirada a los orígenes de la Iglesia

El Movimiento de Jesús, después de Pentecostés, nació "por las casas", donde se reunían las pequeñas comunidades. Los Hechos de los Apóstoles nos dan testimonio de ello, cuando nos dice que "partían el pan por las casas". Además de esta celebración de la Eucaristía, *perseveraban por las casas* en la enseñanza de los Apóstoles (la Palabra viva de Dios) y la fraternidad: tenían un solo corazón, todo lo tenían en común y no había pobres entre ellos (Hch 2, 42-47). Cuando Pablo de Tarso, antes de su conversión, quiso destruir la Iglesia, tuvo que perseguir a *los cristianos casa por casa*: "entraba por las casas, se llevaba por la fuerza hombres y mujeres y los metía en la cárcel" (Hch 8, 3). El centurión Cornelio, para escuchar el Evangelio de parte de Pedro, había reunido en su casa a sus parientes y a los amigos íntimos. Pablo en Filipos convertirá a "Lidia y a los de su casa" y "predicará la Palabra del Señor al carcelero *y a todos los de su casa*" (Hch 16, 15. 31-34). En Corinto "Crispo el jefe de la Sinagoga, creyó en el Señor *con toda su casa*" (Hch 18, 8). El movimiento de Jesús, según los Hechos de los Apóstoles, comienza en una casa en Jerusalén, donde la comunidad vive Pentecostés (Hch 2, 2) y termina en Roma donde Pablo "en una casa que había alquilado recibía a todos los que acudían a él; predicaba el Reino de Dios y enseñaba lo referente

al Señor Jesucristo con toda valentía, sin estorbo alguno" (Hch 28, 30-31). Todo comienza y termina en una casa, donde se reúnen las primeras comunidades cristianas.

Pequeñas comunidades que escuchan la Palabra de Dios

Hoy en día las pequeñas comunidades cristianas se reúnen sobre todo para escuchar *la Palabra de Dios*. Aquí encontramos la identidad y la fuerza de las comunidades. Nosotros los cristianos creemos en *un Dios que habla*, que se comunica, que se revela. Cuando leemos la Biblia, con fe y en comunidad, es Dios mismo que en ese momento nos dirige su Palabra. Dios no solamente habló en el pasado, sino que sigue hablando en el presente. Es un Dios vivo, que nunca ha dejado de comunicarse con su Pueblo. Nosotros en la oración *pedimos* muchas cosas a Dios, le *contamos* nuestros problemas, *hablamos* a Dios de nosotros mismos, pero casi nunca hacemos silencio para *escuchar* lo que Dios quiere comunicarnos. Cuando rezamos nos dirigimos a Dios. Cuando leemos la Biblia es Dios que se dirige a nosotros.

Biblia y Espiritualidad en las comunidades cristianas

Las Pequeñas Comunidades de Base leen la Biblia y escuchan la Palabra de Dios. Una comunidad centrada en la Biblia es también necesariamente una comunidad de oración. Por eso en las pequeñas comunidades se sigue el método llamado "Lectura Orante de la Biblia".

En la lectura orante de la Biblia la comunidad se hace tres preguntas:

1. *Qué dice el texto bíblico. Esta pregunta exige que se haga una lectura muy atenta del texto bíblico. Leer lo que realmente dice el texto y no leer en el texto lo que ya tenemos en la cabeza.*
2. *Qué nos dice el texto bíblico. Leer el texto como Palabra de Dios. Dios se comunica con nosotros en el momento mismo de leer el texto y quiere ser realmente escuchado en el contexto actual de la comunidad.*

3. *Qué nos hace decir a Dios el texto Bíblico. Si Dios se comunica con nosotros, entonces Dios espera una respuesta de la comunidad.*

4. *Qué nos enseña la Biblia para discernir su Palabra en nuestra realidad. La Biblia nos revela donde Dios se revela. La Biblia ha sido escrita para descubrir su Palabra en el Libro de la Vida.*

Citas textuales de mons. Romero sobre la Palabra de Dios que utilizamos en el Movimiento de Lectura Popular de la Biblia

Citaremos aquí los dichos proféticos de mons. Oscar Arnulfo Romero, que más nos han ayudado en nuestro trabajo bíblico:

> No podemos segregar la Palabra de Dios de la realidad histórica en que se pronuncia, porque no sería ya Palabra de Dios. Sería historia, libro piadoso, una Biblia que es libro en nuestra biblioteca. Pero se hace Palabra de Dios porque anima, ilumina, contrasta, repudia, alaba lo que se está haciendo hoy en esta sociedad (27.11.1977)

> La Biblia es Palabra de Dios cuando no la segregamos del *Libro de la Vida*. La Biblia como libro piadoso en nuestra biblioteca, no es Palabra de Dios. La Biblia *se hace Palabra de Dios* cuando anima e ilumina lo que sucede hoy en nuestra sociedad. Esto es lo que sucedía siempre en las homilías de Mons. Romero: el texto bíblico se hacía Palabra de Dios. "Lo que importa para la Biblia no es la nube ni el maná, ni el mar ni la roca. Lo que importa es algo más grande: la presencia de Dios" (28.3.1978).

Los especialistas bíblicos muchas veces se enredan con los textos bíblicos y confunden al Pueblo de Dios, cuando reducen la explicación del texto a detalles insignificantes. Lo que interesa en la explicación y proclamación de la Palabra de Dios es la *presencia de Dios en la historia,* tanto en el pasado como en la actualidad. La pregunta fundamental es saber dónde está Dios y donde Dios no está, cual es el plan de Dios para la humanidad, con quien está Dios y con quien Dios

no está, cual es la opción preferencial de Dios. Esto quedaba siempre claro en las homilías de Mons. Romero, por eso era o aplaudido o maldecido.

> [...] tenemos que ver con los ojos bien abiertos
> y los pies bien puestos en la tierra,
> pero el corazón bien lleno de Evangelio y de Dios (27.8.78).

Nuestras comunidades tienen ojos *para analizar la realidad*, tienen el Evangelio en su mente y corazón *para discernir y juzgar esa realidad* y los pies sobre la tierra *para caminar* por el camino de la liberación. El trabajo bíblico busca poner la Biblia en las manos, el corazón y la mente del Pueblo de Dios.

Textos de la tradición de la Iglesia que utilizamos en nuestra Lectura Popular de la Biblia

Hay muchos textos de la tradición que se utilizan en la hermenéutica popular. He seleccionado solo tres textos que orientan en forma frecuente nuestra Lectura Popular de la Biblia.

> La Biblia, el segundo libro de Dios, fue escrita para ayudarnos a descifrar el mundo, para devolvernos la mirada de la fe y de la contemplación, y para transformar toda la realidad en una gran revelación de Dios (San Agustín: 354-430 d.C.).

> Instruidos por aquello que nosotros mismos sentimos, ya no percibimos el texto como algo que sólo oímos, sino como algo que experimentamos y tocamos con nuestras manos; no como una historia extraña e inaudita, sino como algo que damos a luz desde lo mas profundo de nuestra corazón, como si fuesen sentimientos que forman parte de nuestro propio ser. Insistimos: no es la lectura la que nos hace penetrar en el sentido de las palabras, sino la propia experiencia nuestra adquirida anteriormente en la vida de cada día (Juan Casiano: siglo V).

> Sin el Espíritu Santo, Dios está lejos, Cristo se queda en el pasado, el Evangelio resulta letra muerta, la Iglesia una mera organización, la autoridad un poder, la misión una propaganda, el culto un arcaísmo y el obrar moral un obrar de esclavos (Atenágoras: siglo II).

Impresso na gráfica da
Pia Sociedade Filhas de São Paulo
Via Raposo Tavares, km 19,145
05577-300 - São Paulo, SP - Brasil - 2007